U0115411

張耀建周易研究叢書

《周易》卦象解析与企业战略

张耀建　著

目录

卷三

周易下经

自序

　　《周易》卦象解析，是几近失传的《周易》古筮法卦象学说，以及象的具体应用。它与企业战略的结合，在取象、用象上，就更具难度。故迄今为止，没有这样的书籍和综合知识方法问世。几年来，笔者一直有这样的愿望，把已完成的古筮法卦象解析，结合企业战略写成一本书，帮助企业界的朋友用《周易》为自己决疑、解惑。此书的出版发行，将为事业有成的企业家和正在创业的国人，包括国际友人，提供一个在事业发展中决疑的战略分析工具。

　　本书采用的《周易》卦象解析，是中古到近古的春秋战国时代所使用的、以卦象所含信息为断卦依据的古筮法，由于卦象所代表的是《周易》的核心智慧，而且含有深刻的哲理，故，用象的方法，与清代之后出现的"体用五行生克法"是完全不同的思路和方法。而其最大的难度，就在于取象和用象，进而得到完整的卦象解析。卦象解析虽然难学，但利于解卦后得到深刻的哲理指导，与战略管理学结合后，利于战略的判断。正因为古筮法卦象解析的难度大，故，易学爱好者往往在学会"五行生克法"后，就会放弃具哲理指导的古筮法，放弃对卦象的探索，这对于希望真正掌握《易》学的爱好者，是学《易》的遗憾。故，笔者在安排此次易学的系列著作时，有意把梅花易数、纳甲筮法、奇门遁甲等预测术的介绍放在古筮法之后，让买到此系列周易专著的读者，先读到古筮法的卦象解析，先掌握融入哲理指导的、可用于战略分析的卦象解析。

　　《周易》卦象解析，在市场经济大发展的年代，在层出不穷的创新导致激烈的市场竞争的时代，会逐渐显现出其高端知识和决策分析工具的特殊价值。许多企业家朋友在事业发展过程中，都有岁月蹉跎的感叹，很多时间都因为"困"于某事而白白浪费了，几年走不出困境，甚至十几年都走不出困境的，大有人在。大家都明白做大事需"先谋而后定"，但遇到具体事情时都归于无效。这是因为决策阶段人们往往会被机会带来的虚假信息所迷惑，也都明白机会伴随着陷阱，每次都小心再小心，但总会落入陷阱，而这完全可以通过学习和掌握《周易》卦象解析予以弥补。

唐朝虞世南推崇《周易》时，曾说过一句名言："不读《易》不可为将相。"要成为将相之才，首先就要精通易理。在知识经济的时代，有助于决策阶段使用的知识体系，不会有超过《周易》宇宙时空模式的系统工具。因此，掌握《周易》在战略分析中的应用方法的人，才堪称行业精英中的睿智者。企业界的朋友们，让我们一起在应用中走近《周易》吧！

张耀建　于福州陋室

2016 年 12 月 21 日

开场白
《周易》卦象解析与企业战略

学生：孔子说："加我数年，五十以学《易》，可以无大过矣。"对于我们而言，就要奔五十而去了，这次下决心来张老师这里学习《周易》，应该不算晚啊！就是阅历尚浅，对《易》的理解不容易深入，还要请老师多指点。

老师：学《易》，若有师从，则是最好的。近年来，出现过《周易》热，有很多讲《周易》的书，但都回避卦象的解析，从儒学义理层面进行随意的发挥，讲的让人迷迷糊糊，好书不多。而且初学者无法鉴别，等你有能力鉴别的时候，你就不算是初学者了，已经是专家了，那得赔进去二十年的时间。

学生：是啊！不是所有人都可以用二十年时间来研究《周易》，一开始做企业，读书的时间都没有了，更不用说去读充满奥秘的《周易》了。这次和几位朋友一起来张老师这里，现在对《周易》已经有了理解，接下去就着重学习解卦，希望通过系统的学习，在张老师的细致解答下，对六十四卦用于企业战略分析能有深入的理解，掌握这门战略分析工具。

老师：你们中也有读过 EMBA 课程的企业家，战略分析所涉及的知识在工商管理的硕士课程里也曾学过。但，工商管理课程里面，还没有与《易》学能够相交集的学科，而且，从我做过的对比研究来看，《周易》的智慧要远远超过现在著名大学为企业有成就的 CEO 传授的工商管理课程的知识。所以，这次的讲解，以中国文化最高端的知识和智慧，来传授一门用于企业战略分析的方法，希望对企业家和刚刚进入创业阶段的朋友们都有所帮助。

学生：老师，那就开始吧！我们都渴望等待很久了呢。

卷一

周易上经

第一章 乾、坤

《乾》为天 ☰☰（卦序号：1）

☰☰ 《乾》卦的卦象，是乾上乾下，其象代表天。

先看《乾》卦的卦辞，及现代文注释：

乾：元亨利贞。

现代文注释：

乾，是卦名。《乾》卦代表天的功能，是阳气的开端，万物创始的伟大根源。"元"为始，乾元的开始，宇宙间的一切就从这里产生。大哉乾元！带有创造性的乾元！万物得以繁茂，亨通无阻，祥和有利，无所不正。

学生：老师，为什么卦名不直接命名为"天"呢？

老师：乾的字义，是日出的阳气舒展的形态，并含有"健"的意思。健，是动力充沛、永不停息的意思。《乾》卦是纯阳卦，其上卦、下卦皆为经卦的乾，上乾下乾，卦体为天。从其特性的至健，故而不言天而言健。明朝易学家来知德《周易集注》说："六画皆奇，则纯阳而至健矣，故不言天而言乾也。"

学生：解卦、断卦要用到卦辞，这能明白，但为什么有些易学家却告诉读者要用《彖》辞来断卦呢？卦辞、彖辞两者的作用有没有区别呢？

老师：孔子作"十翼"，也就是《易传》，十篇里面写的最好的是《系辞》和《彖》，而对于解卦、断卦，《彖》就是对卦辞的裁断，故在孔子之后的很长时期里，《彖》辞被作为解卦、断卦时最重要的依据，与卦辞并列，有些易学家甚至在解卦时直接用彖辞代替卦辞。但，由于孔子的《彖》辞在某些卦的裁断上出现了偏差，故还是并列作为参考比较稳妥。

学生：明白了。那我们接下来看孔子对《乾》卦是怎么说的。

孔子《易传·彖》对《乾》卦的卦辞，是这样裁断的：

《彖》曰：大哉乾"元"，万物资始，乃统天。云行雨施，品物流形。大明始终，六位时成，时乘六龙以御天。乾道变化，各正性命，保合太和，乃"利贞"。首出庶物，万国咸宁。

现代文注释：

《彖》辞说：伟大啊！乾元！万物都从这里产生、开始，繁茂而亨通，乾元的运行统帅着宇宙。乾元的动力，驱使大自然的水和气循环运行，通过行云和降雨，将天的生气流布四方，形成天下万物的多样化。从始到终，乾元的大光明健动着，从下而上在六个阶段的时位发挥着功用，而六爻的发动，其变化作用就将万事万物的变化都包含其中了，依时势的不同而呈现不同阶段的成就，通过时空的分布，有如乘着六条龙，统御着不同时空的天道。乾道是天道。它依时的变化，赋予万物不同性质的生命，万物各得其所，正其生命的天然禀赋，以保证宇宙和自然的大和谐，使宇宙间阴阳的和合之气得以保全，万物各有其利，正固持久的成长。乾天的阳气是万物之本原，有它的统领，万国都得到安宁、康和。

学生：企业战略的占问结果，要以《乾》卦的卦辞为断。结合我们的主题，还请老师为我们做个卦象解析。

老师：好的。以《乾》卦的卦辞为断，占问结果分为两大类情况，第一类情况《乾》卦为本卦，六爻皆不变。第二类情况《乾》卦为之卦，本卦有三根爻变，变卦为《乾》卦。

学生：老师，您先讲第一类情况，《乾》卦为本卦，六爻皆不变。这种占问结果对于企业战略分析包含着什么信息呢？

老师：好的。《乾》卦为本卦，六爻皆不变的占问结果，对于企业战略的占问，含有不好的信息。表面看，得天道，有旺盛的创造力，但因为其象为重乾，无子之象，是无儿无女的卦象，故不利。《乾》虽统领天道的变化，六爻皆得以发动，但其子女不见，人事之道不通，是为道不通，求事业无功之象。企业战略的占问，得此结果，不利事业，求事无所得，战略实施不会成功。

学生：明白了。老师，您继续讲第二类情况，《乾》卦为之卦，本卦有三根爻变，变卦为《乾》卦。

老师：好的。《乾》为之卦的情况，从变卦的观点，认为乾卦是由本卦而来，故其吉凶的判断，就要把本卦卦象与之卦卦象结合起来看，通过两个卦象结合的卦象解析，得到卦象里的信息，不能只看卦辞。我举几个例来具体解析，先看占得《贲》之《乾》，从卦象看，《贲》卦卦象☲☶，《乾》卦卦象☰☰，两卦卦象结合起来看，乾为宗祠，为国，互震为帝，艮伏兑为秋，味辛，暗喻帝辛商纣王，坎为灭，为破，艮为家，震为长口之兑，喻妲己，这是商纣王因妲己而灭国破家之象。对于企业战略而言，卦象信息，有隐忧在其中，会有失败。

再看一个例，占问结果得到《否》之《乾》。从卦象看，《否》卦卦象☰☷，《乾》卦卦象☰☰，两卦卦象结合起来看，坤为多，为聚，互巽为利，艮为家，为国，乾为富，这是家国聚利多，富饶之象；巽为禾稼，艮为府，乾为天，为盈，为盛茂，这是天府之国，收成很好之象。对于企业战略而言，卦象信息，意味着有很好的收获，利多而富，战略实施会成功。

学生：明白了。那我们接下来看孔子对《乾》卦的观象说了什么。

☰ 孔子《易传·象》对《乾》卦的卦象特点，做了如下表述：

《象》曰：天行健，君子以自强不息。

现代文注释：

《象》辞说：天的运行，刚劲而强健，君子效法天的精神，因而发愤自强，永不停息的学习、奋斗，不懈的努力，造福天下。

学生：张老师，孔子对《乾》卦的观象准确吗？《易传·象》里的这句话，是不是在说《乾》卦的时义呢？

老师：《乾》卦作为祖卦，孔子是十分重视的，故，孔子对《乾》卦的观象没有出现问题或偏差。《象》辞的这句话，说的就是《乾》卦的时义。《乾》卦的时义，是"天行健，君子以自强不息"。

学生：明白了。那接下来我们可以进入到《乾》卦的爻辞了。

☰ 初九：潜龙勿用。

现代文注释：

初九，六爻的最低位，按天、地、人三才的位置来看，初九、九二皆为地，而初九在地的下位，是低于地面的深渊，故可以比作潜伏在深渊下的龙。初九，阳气初生，暂不发挥作用，这是爻位的初始阶段所决定的特点。但"潜龙勿用"绝不那么简单，这是"待时"的勿用。

学生：企业战略的占问结果，要以《乾》卦初九为断。联系我们的主题，还请老师为我们做个卦象解析。

老师：好的。占问结果以《乾》卦初九为断，得到的是《乾》之《姤》。从卦象看，《乾》卦卦象☰，《姤》卦卦象☴，两卦卦象结合起来看，乾为君，巽为柔顺，为臣，为草木，为万物，为利，伏震为春，半艮为求，为果，为成，艮巽为门，这是君臣合好，草木逢春而自然生长，进入利门，求利有果，得小成之象。对于企业战略而言，占到《乾》卦六爻皆不变，是雄花不育，有花无果；而此占的初爻变，得到之卦《姤》卦，阴爻从下方进入，阴阳得以调和，是求事有果之象；明白这个道理，就知道当下应该怎么做对企业战略最有利；在易理明确的情况下，不要犹豫，要抓住阴阳遇合出现的生机，让一两个项目开花结果；得此占，会有成功。

学生：老师，《乾》初九爻变，得到《姤》卦，是宇宙时空推移的必然吗？《姤》的下卦是巽，《巽》初六的"利武人之贞"在这里有什么含义吗？

老师：在宇宙时空里，乾卦为六月卦，姤卦为七月卦，因此可以理解为这是时空推移的必然。《姤》卦的下卦是巽，你看到《巽》初六爻辞"利武人之贞"那句话，是说"利阳刚之正"，阳刚回复随时会发生，对于《乾》之《姤》的占，这是一个路口。

学生：这种情况下，是不是应该顺其自然呢？要做些什么吗？若顺应时势的自然进展，那是不是直接面对《姤》卦的到来呢？

老师：这是企业发展的转折点，假如这个转折成为现实，《乾》卦走到初爻就停止了，未来不会有《乾》卦九二的到来，更不会有《乾》卦九五飞龙在天的到来，所以《易》最大的智慧，就在于让你懂得转换。你接受《姤》卦到来，在后面等待你的就不是《乾》九二，而是如《临》卦卦辞说的"至于八月有凶"，在七月的《姤》卦之后，八月的《遁》卦会依时而至。

学生：老师，我多问一个问题，《周易》的道理里，对于《姤》卦，是定为小人的到来，占问者占到《乾》之《姤》，与小人有关吗？

老师：这要看占问者所问何事，假如占问的事与项目上马选择主持人有关，或是在人事上考虑接班人，那《乾》之《姤》就已直接回答你有小人，要警惕。假如你心里所想的事，仅仅是企业项目的开花结果，那阴爻到来所显示的就是，出现了阴阳遇合的机会。

学生：明白了。那我们继续看《乾》卦九二的爻辞。

▤ 九二：见龙在田，利见大人。

现代文注释：

九二，也为地，但在"地"的上位，故曰"在田"。龙出现在田间，有利于大德大才之人出现。龙显现了，贤人的理想可以推行了，大德大才的伟大人物可以显见了。九二，阳刚居中位，具备"刚中"之德，品格修养已经成熟；故，居此位的龙可以浮出水面，走在田间，显露才华，不必再躲藏掩饰。君子到了这一阶段，其品德、才干被人们所认识，是崭露头角的最好时机。此时，利于"见"的环境出现了。君子，等待符合他志向的机会，等待利于"见"的社会环境，现在，实现理想的时间节点到了，去显见自己的才华吧！

学生：企业战略的占问结果，要以《乾》卦九二为断。联系我们的主题，还请老师为我们做个卦象解析。

老师：好的。占问结果以《乾》卦九二为断，得到的是《乾》之《同人》，从卦象看，乾卦卦象▤，《同人》卦卦象▤，两卦卦象结合起来看，乾为老，为老人，离为巢，离中虚为空，这是老人多，空巢之象；乾为富，为富人，三乾为富人多，巽覆兑，兑为华，为辅佐，覆兑为无华，为失辅，离为麟凤，巽为利，为散，巽伏震，震为开，为通利，伏震为闭，为不通利，这是麟凤散去，春华不再，失辅佐，不通利之象。对于企业战略而言，卦象信息，企业有一次大成功，出现富人的群体，其后失去创业时的斗志，企业步入老态，富人多，实干的人少，麟凤散去，从人才的角度，近于空巢，故不通利，企业在大成功后走向败落；得此占，初吉终咎，会先得到成功。

学生：明白了。那接下来我们看《乾》卦九三的爻辞。

▤ 九三：君子终日乾乾，夕惕若，厉无咎。

现代文注释：

九三，位置在六爻的天、地、人三才里，居于"人"的位置，是"上不在天，下不在田"的阳刚之位，处在上乾与下乾的相重之地，自身又不居中位，无地位可言，故着重谈"人"的努力。九三，君子终日勤奋工作，努力不懈，到夜间，心还总是放不下，还在思虑白天的工作有无差错、疏漏；始终努力、谨慎的坚持，随时反省检讨，并保持着成功前的高度警惕，故尽管处在危险的处境，却可以做到没有咎害。

学生：张老师，我的团队最近在做一个项目，昨晚就此事占问，得到的占问结果，其断在《乾》卦的九三，今天能当场听您讲此断的卦象解析。

老师：好的。占问结果以《乾》卦九三为断，得到的是《乾》之《履》。从卦象看，《乾》卦卦象☰，《履》卦卦象☱，两卦卦象结合起来看，兑为倾危，半震为起，这是倾而复起之象，但复起的力量小；离伏坎，离为明，坎为忧，为祸患，坎伏为无祸，无忧，半艮为安，乾为福，这是祸伏而转安，有福无忧之象；卦象中含有转危为安之意，也符合《乾》九三的爻辞"夕惕若，厉无咎"，虽有"厉"，但无咎害，不会受到伤害。对于企业战略而言，占问信息告诉你们，所做的项目会先遇到倾覆，而后会有转机，倾而复起，最终成功。卦中震象和艮象，皆为半象，是矮小之象，力量不足之象；得此占，会有成功。

学生：明白了。看来我们要解决力量不足的问题。好，那我们继续看《乾》卦九四的爻辞。

☰ **九四：或跃在渊，无咎。**

现代文注释：

九四，进入上卦，逼近九五尊位，故多惧，九四仍居于全卦的"人"位，是经九三"进德修业"的努力，进入到下一个阶段，即奋身一跃的阶段，身下是深渊，要从深渊中直接跃出升空，所需要的能量就要更大。故，勇气、准备、时机三者都不可或缺，君子从初九的潜龙到九四的"跃"，是很自然的升进。九四试图"跃"出深渊，飞上九天，成功就成为"飞龙"，不成功就毅然返身于深渊，继续安身在渊中做"潜龙"。渊者，龙潭也，本来就是龙的居所，故无咎。

　　学生：我最欣赏《乾》卦九四，可进可退。张老师，您就为我们讲一讲占问结果以《乾》卦九四为断，对企业战略而言，隐藏着什么信息吧。联系我们的主题，还请老师为我们做个卦象解析。

　　老师：好的。占问结果以《乾》卦九四为断，得到的是《乾》之《小畜》。从卦象看，《乾》卦卦象☰，《小畜》卦卦象☰，两卦卦象结合起来看，乾为福，互离伏坎，坎为灾祸，为忧，伏坎为祸伏而灾自免，这是有福无忧之象；互兑伏艮，艮为星，艮数七，为北斗，伏艮居上卦，罡魁在上，天罡顺向无冲，是乾天顺行之象。对于企业战略而言，卦象信息，有福无忧，灾祸自免，企业无灾患，天象是乾天顺行，故，战略实施会顺利，但占者要知惧而慎，以《小畜》卦的危厉为警示，过于勉强的事，时止则止；得此占，战略实施成功。

　　学生：明白了。那接下来我们看《乾》卦九五的爻辞。

☰九五：飞龙在天，利见大人。

现代文注释：

　　九五，居三才的天位，故"飞龙在天"。与九二一样，都有"利见大人"的爻辞，利于"见"的环境是一样的，只是九五已居君王的尊位，阳刚的九五，居中又得正，有德又有地位，故九五是乾动的生命最为完美、自由的状态，在天的龙，正如孔子所说的"从心所欲而不逾矩"，刚健而自由。

　　九五刚健而自由的完美生命状态，只有得到在下的贤人的辅佐，才会更加的完美，懂得"用贤"之道，创造最有利的"利见大人"的环境，让"大贤"出世而得大用，这才是九五"飞龙在天，利见大人"的真正意义，也更能体现飞龙的成功。

学生：企业战略的占问结果，要以《乾》卦九五为断。这是飞龙在天，进入人生最完美的成功阶段，刚健而自由。还请老师为我们做个卦象解析。

老师：好的。占问结果以《乾》卦九五为断，得到的是《乾》之《大有》。从卦象看，《乾》卦卦象☰，《大有》卦卦象☲，两卦卦象结合起来看，离为日，为乾宫，离居上代表未来，为大光明，半艮为安，互兑为悦喜，伏艮为北斗，天罡无冲，乾天顺行，这是快乐且安宁之象；离象柔爻居中位，其象虚中，虚中为有孚之象，其下乾为德，为信，君位与众阳爻孚信相交，以诚信为道德基础，又不失尊，是大光明之象。对于企业战略而言，卦象信息，天象吉祥，未来光明，飞龙以威济柔，得吉而长安，战略实施会成功。

学生：明白了。爻变得到的之卦，《大有》卦是大富有，其六五为君王，而君王却是阴爻，是虚中之象，有柔中之德，又有威信。阴爻不富，其他五根阳爻为众富，众阳爻孚于六五，于是六五就成为大富有之主，这影响到《乾》卦九五之断，是这样的吗？

老师：是的，之卦的《大有》卦告诉你：你的大富有，需要依靠五根阳爻的众富，这是强调团队的作用，以虚中之德团结大家。

学生：明白了。那我们继续看《乾》卦上九的爻辞。

☰ 上九：亢龙有悔。

现代文注释：

上九，自我膨胀的龙，骄傲的龙，为了自我的满足而亢奋，只知进，不知退，走向迷乱、狂乱的状态。物极必反，亢奋的龙，最终有悔。

生命的成长，盈则不可持久，特别是自盈自满的狂悖，怎能持久？孔子重视居上位者必须具备的仁爱、无私、谦逊、大度、节制的品德，故他在《乾文言》中写道：上九曰："亢龙有悔。"何谓也？子曰："贵而无位，高而无民，贤人在下位而无辅，是以动而有悔也。""子曰"的这段话，孔子是说："上九，尊贵而已无执政的地位，高贵而无民众的聚附，在下位的贤人也不再依附上九，这样情况下的上九，如若轻举妄动，做一些与他已退位的身份不相符的事，就会自取其辱，得不到在下的尊重。已离开君王之位，退居太上皇的闲位，应该想到此时此刻其实已处在穷极之地，君子处在穷极之地，就需'穷则思变'，若不思改变，仍然有行动，轻则自取其辱，重则招致灾难。故曰'动而有悔也'。"

学生：张老师，上九是在说"不在其位，不谋其政，"的道理，是吗？谋之则有悔，是因为他已处于无位、无民的状态。

老师：亢龙的迷乱，其表现是多方面的。《乾》卦的上九寓意深刻，值得深思。在现实中，亢龙并不完全是孔子说的"贵而无位，高而无民"的人物。故，孔子的理解，与文王的本义在这里略有差池。在周文王的时代，给民众和社会带来最大麻烦的亢龙，是商纣王。商纣王的暴虐，听不进不同意见，其行为走向迷乱、狂乱，给那个时代带来最大的灾难，故，周公写爻辞，《乾》卦上九的亢龙隐喻商纣王，这是我们学习《周易》必须了解的历史背景。你们都是企业的当政者，要警惕自身的作为，不要成为亢龙，走向迷乱。

学生：我今天总算明白了，"亢龙有悔"也是说给当政者听的，同时兼顾着讲给退位的老人听，老师今天的指点让我终生受益。张老师，企业战略的占问结果，要以《乾》卦上九为断，还请您为我们做个卦象解析。

老师：好的。占问结果以《乾》卦上九为断，得到的是《乾》之《夬》。从卦象看，《乾》卦卦象☰，《夬》卦卦象☰，两卦卦象结合起来看，兑伏艮，艮为夫，艮伏为不见其夫，重乾为不见其妻之象。对于企业战略而言，这是阴阳不配合的卦象，不会有成果，归于失败。

学生：明白了。那接下来我们看《乾》卦的"用九"。

☰用九：见群龙无首，吉。

现代文注释：

用九，出现一群龙，都不以首领自居，吉祥。

　　用九，是占筮得到六个数都是"九"，六爻皆变。用九，是在六爻之外另加的一个爻辞。《周易》六十四卦中，唯有《乾》和《坤》，六爻之外另加"用九"和"用六"两爻，以表示《乾》《坤》两卦六爻皆变的特殊情况。

　　学生：老师，"用九"出现的概率很小吧，可以忽略吗？

　　老师：如果从纯数学的观点，"用九"出现的概率，和其他任何一爻出现的概率几乎是相等的，只是它很特别，所以它的出现让人觉得很稀罕。

　　学生：占问的结果，如果要以《乾》卦"用九"为断，吉凶如何呢？六爻皆变，成为《坤》卦，有走向反面的感觉。老师，您给我们指点一下。

　　老师：从表面看，用九的"见群龙无首"，是谦逊、和顺的嘉美状态，这种嘉美的状态，群龙配合默契，无誉无功，善为而无争，吉祥。但六爻皆变，《乾》变为《坤》，就有"物极必反"的含义，阳德转为阴德，至动转为至静。卦象上，这种转变就有不好的含义，六阳皆毁，居上的艮阳为手，居下的震阳为足，手足皆毁，卦象为凶。对于企业战略而言，这就提醒企业家，会有人才的重大流失，并伴随着项目的重大损失。得此占，会有失败。

　　学生：明白了，此占问结果为凶。《乾》卦的爻都讲完了，很受教益。

《坤》为地 ䷁（卦序号：2）

䷁ 《坤》卦的卦象，是坤上坤下，其象代表地。

先看《坤》卦的卦辞，及现代文注释：

坤：元亨，利牝马之贞。君子有攸往，先迷，后得主，利。西南得朋，东北丧朋。安贞吉。

现代文注释：

　　坤，是卦名。《坤》卦以大地为象，卦德为顺。其"元亨"之德者，乃特指：坤元必配合乾元，与乾合德而育万物，才能开创化生万物，而使之亨通。元亨，是说万物始生便繁茂亨通，为大亨通，纯净无邪的亨通。"利牝马之贞"是说：乾为马，坤为牝马，利牝马贞正之道，即"阴顺阳"的大道。坤阴主静，取牝马以喻坤道之静怡至极。坤以顺为贞正，坤的正道就是顺从乾，配合乾元的乾动，这就有利于固守正道，故曰"利牝马之贞"。攸，所也。"君子有攸往"，是说具有坤德的君子，其前进，必有所作为。"先迷，后得主，利。"是说：坤若脱离乾、领先于乾，则必迷失，故"先迷"；阴以阳为主，当从后跟随而顺之，视乾为主人，故"后得主"；坤跟随乾之后，才能有所得，才会有"利"；故曰"君子有攸往，先迷，后得主，利。""西南得朋，东北丧朋"，是说坤为阴，阴遇阴为得朋，阴遇阳为失朋，西南为坤位，故"西南得朋"，东北为艮阳之位，故失朋。对于坤道而言，安于顺则吉，安柔、静怡则吉，因之，得朋、失朋皆吉。安贞，意思是安守正道，顺承乾道，乾之所至，坤亦所至，此乃坤之至德，是"坤德"中最大的德，守之可得吉祥，故曰"安贞吉"。

　　学生：老师，《坤》卦的卦辞里，和《乾》卦相同的是都有"元亨"，不同的是"利贞"的贞之前加"牝马"，是因为《坤》是纯阴卦的缘故吗？

老师：是有关系，乾阳之"贞"是刚健自强，而坤阴之"贞"是柔顺配合。《坤》卦强调顺从，暗喻西南联盟对西岐的忠诚，在周武王起兵伐纣时，兵锋所向，联盟的军队服从指挥，如同一个国家训练有素的军队；这就如同是一群牝马追随着雄马那样的顺从。

学生：明白了。那我们接下来看孔子对《坤》卦是怎么说的。

孔子《易传·彖》对《坤》卦的卦辞，是这样裁断的：

《彖》曰：至哉坤"元"，万物资生，乃顺承天，坤厚载物，德合无疆。含弘光大，品物咸"亨"。"牝马"地类，行地无疆，柔顺"利贞"，"君子"攸行，"先迷"失道，"后"顺"得"常。"西南得朋"，乃与类行。"东北丧朋"，乃终有庆。"安贞"之"吉"，应地无疆。

现代文注释：

《彖》辞说：至极广大的玄妙啊！坤元！万物从这里孕育而生，它顺从、承接乾元的动力和创造力，成就乾元进达坤元的玄妙，完成坤道承接天道的使命，静匿无声的化育万物。坤地的至厚，承载着天下的万物，有地才有物，无地岂能有物，故坤德与乾德之合，方能成就万物，从而弘扬天道之伟大，广大而辉光。坤德的广大，无边无际，化生的万物具万种形态，并皆繁茂、亨达、畅意，"亨"藏于物中，有物方可言"亨"，无物岂能言"亨"。坤德之为物，如同牝马奔跑在大地，跟随着领头的公马，可达至远之地，无处不达，无边无际。坤的至柔至顺，利于固守正道，也是君子所向往的正道，前往必有所得。坤若脱离乾，先行于乾，则必迷失，迷而失道。应当从后跟随乾而顺从之，视乾为主人，而后才能有所得，才会有利，才能得到天地间的常理。西南得朋，乃与同类结伴而行，聚结联盟的力量，以谋天下之大事。而在东北方向失去一些朋友，最终也会有吉庆。安于正道，不论往西南还是东北，都会吉利，没有地域的限制。

学生：老师，企业战略的占问结果，要以《坤》卦的卦辞为断，要怎么理解其中的含义呢？还请老师为我们做个卦象解析。

老师：好的。占问结果以《坤》卦的卦辞为断，分为两大类情况，第一类情况《坤》卦为本卦，六爻皆不变。第二类情况《坤》卦为之卦，本卦三根爻变，变卦为《坤》卦。

学生：老师，您先讲第一类情况，《坤》卦为本卦，六爻皆不变。

老师：好的。这种情况对于占问者，会有好的结果；得天道，具有完成天的创造力的配合能力，安于柔顺之道，故有元亨。从卦象看，《坤》卦卦象☷☷，卦中无巽兑之象，无风无雨，坤为大道，为顺，为阶，伏乾为天，这是无风无雨，大道通天，升阶顺达之象。对于企业战略而言，要领会"利牝马之贞"，守坤德，顺从天，把配合工作做到极致，就能在产业链中得到一个稳固的位置，这对于企业的长期稳定发展是最有利的；得此占，会有成功。

学生：明白了。老师，您继续讲第二类情况，《坤》卦为之卦，本卦有三根爻变，变卦为《坤》卦。

老师：好的。我举几个例来具体解析，先看占问结果得到《益》之《坤》。从卦象看，《益》卦象☴☳，《坤》卦卦象☷☷，两卦卦象结合起来看，中爻互艮为城，上九为停在城上的大鸟，历史上解卦都暗指上九这只大鸟是商纣王，九五以下到初九为大离，离为鸟，大离中有坤，坤为毒，故有鸩毒之象，坤为国，巽为风，为败坏，这是国家风气败坏，商纣王用鸩毒赐予忠臣，自伤股肱之象；互艮为家，坤为破，这是家破国亡之象。对于企业战略而言，卦象信息，寓意企业高层的内部斗争很激烈，导致企业的最终败亡；得此占，归于失败。

再举一个例，占问得到《归妹》之《坤》。从卦象看，《归妹》卦卦象☳☱，《坤》卦卦象☷☷，两卦卦象结合起来看，坤为田，为荒芜，震为耕，为禾稼，为粮，为年岁，离为夏，为牛，为目，为见，兑为月，为倾，为毁，互坎为折，这是牛见月而喘，喘牛不能耕田，年岁收成受损之象。对于企业战略而言，卦象信息，寓意主将出了问题，战略实施不会成功。

学生：明白了。那我们接下来看孔子对《坤》卦的观象说了什么。

☷ 孔子《易传·象》对《坤》卦的卦象特点，做了如下表述：

《象》曰：地势坤，君子以厚德载物。

现代文注释：

《象》辞说：大地之势广大舒展，顺承天道。君子观此卦象，要取法于地，学习大地宏大、宽厚的德行来承载万物，承担重大的社会责任。

学生：老师，孔子对《坤》卦的观象准确吗？在以卦辞为断的情况下，时义是不是特别重要呢？孔子说到《坤》卦的时义了吗？

老师：《坤》卦也是祖卦，孔子是十分重视的，故孔子对《坤》的观象没有出现问题或偏差。在以卦辞为断的情况下，时义特别重要，孔子在《象》辞里就说到了时义。《坤》卦的时义，就是"地势坤，君子以厚德载物"。坤就是大地的特点，宽厚、包容、柔顺、安静，代表了坤德。祖卦之德，在《周易》里具有最显要的地位，坤德亦可理解为"承合天道，顺而生物。"

学生：明白了。那我们接下来可以进入《坤》卦的爻辞了。

☷ 初六：履霜，坚冰至。

现代文注释：

初六，坤的最下方，踏在深秋的寒霜之上，能感觉到严冬即将到来。"坚冰"从"易象"上是指乾阳，乾为冰，为坚，故"履霜，坚冰至"是指《坤》的初六将会爻变为初九；而初六变为初九，《坤》卦就变为《复》卦。故，这句话预示着《坤》卦之后紧跟着的就是《复》卦。

学生：企业战略的占问结果，要以《坤》卦初六为断。《坤》卦初六，所含的信息量很大，《坤》卦初六的变爻信息，也包含在爻辞里了。联系我们的主题，还请老师为我们做个卦象解析。

老师：好的。占问结果以《坤》卦初六为断，得到的是《坤》之《复》。从卦象看，《坤》卦卦象☷☷，《复》卦卦象☷☳，两卦卦象结合起来看，震为步，为履，坤为重载多负，是负重而步履沉重之象；震为行，为惊，为商旅，坤为寒冬，为夜暮，为暗，为惧，震覆艮，艮为居，覆艮为无居所，这是商旅在寒冬的夜暮中行走，无居所而心有惊惧之象。卦象信息，寓意初始阶段的艰辛和环境的恶劣。爻辞说，走在寒霜覆地的路上，能感觉到严冬的到来。对于企业战略而言，初始阶段的艰难，就如同寒霜覆地，尽管企业的创造力开始转盛，但企业要度过一段寒冬期；得此占，战略实施不会成功。

学生："坚冰至"是说企业的寒冬期，但初阳来复，春天就要到了啊！

老师：是这样，春天就在前面，但眼前的寒冷也是很现实的，不能对寒冬期视而不见，企业在寒冬期里很多事都不会成功。

学生：明白了。那我们继续看《坤》卦六二的爻辞。

☷☷ 六二：直方大，不习无不利。

现代文注释：

六二，爻位居中得正，坤为地，为下，故"坤"以下为主，六二是下卦的主位，因此也是《坤》卦的主位，为卦主，故六二爻要充分表达坤德。"直"，其意为正行，不偏不邪，是"刚"的外在体现。在易象中，乾为直，而坤德顺而承天，"坤元"为"乾元"之所达，"坤元"中含有"乾元"，坤德合于天德，故，坤亦为直；"方"是整齐、有规矩的意思，是原则性。"大"，是说坤德广大，无处不至。六二，为《坤》之主位，故而统言坤道，以"直方大"形容其德用。有如此德用，无需加进别的，故曰"不习"。"不习"亦指坤德之"静"，《坤》德之静，自有其利，故曰"不习无不利"。

学生：企业战略的占问结果，要以《坤》卦六二爻辞为断。真的有些难啊！真不知道其含义是什么。还请老师为我们做个卦象解析。

老师：好的。占问结果以《坤》卦六二为断，得到的是《坤》之《师》。从卦象看，《坤》卦卦象☷，《师》卦卦象☷☵，两卦卦象结合起来看，爻变，坤变坎，坤为虚，坎中实，为得，这是由虚转实，有得之象；互震为登，坤为台阶，坤象重叠，为远，为劳苦，这是由虚转实，但路途遥远，登高劳苦之象；坤伏乾，乾为富，为福喜，伏乾为不见福喜，不见富余。对于企业战略而言，这是过程漫长、效益尚未显见的投资，要登上很长的台阶，劳苦而不见其功，要继续投资，暂时看不到富余；但，卦象信息，中实而有得，是有果，会有成功。

学生：明白了。那我们继续看《坤》卦六三的爻辞。

☷ 六三：含章可贞。或从王事，无成有终。

现代文注释：

六三，阴爻居阳位，力量有限，处下卦之极位，迫近上卦而多凶，"含章"为内含章美，蕴含美德，"可贞"为守持正道，这就是周文王的"含晦"之道。六三之位，必须恪守臣道，守职以终王事，"含藏"而不争功，故可"无成"，可以无"可赞美之善"，而后必能"有终"。周文王在灭商之前，施行"含晦"之道，恪守臣道，守职以终其王事，在这上面可谓"无成"，不能改变商纣王的暴政。但，周文王用"含晦"之道，保全了自己，在韬光养晦中固守正道，故有其善终，终于等来了有足够力量伐纣的那一天。故曰"无成有终"。

学生：占问结果要以《坤》卦六三为断，老师，《坤》卦六三讲"含晦"之道，企业战略分析怎么使用呢？还请老师为我们做个卦象解析。

老师：好的。占问结果以《坤》卦六三为断，得到的是《坤》之《谦》。从卦象看，《坤》卦卦象☷，《谦》卦卦象☷☶，两卦卦象结合起来看，坤为年岁，为国，为邑，互震为帝王，为乐，互震伏巽，巽为风，伏巽为风止，艮为安，伏兑为雨停，这是风雨过后，国邑为安之象。对照爻辞，爻变后得到的是《谦》卦九三，爻辞"九三，劳谦，君子有终，吉。"是之卦所含信息；可以看到本卦的

《坤》卦六三爻辞的"有终"，也出现在之卦《谦》九三的爻辞里，两个"有终"都有"利建侯"的战略指向，最终成就王侯的基业。对于企业战略而言，卦象信息，风雨过后，国邑得安，有成功的含义；得此占，终有成功。

学生：明白了。那接下来我们继续看《坤》卦六四的爻辞。

䷁六四，括囊，无咎，无誉。

现代文注释：

六四，为接近六五君位的爻，为"多惧"之位，有"誉"则可致"君疑"而招祸。括囊，即扎紧囊口而不露出也。对"誉"，会有过度之名，而招君王之忌，故"括囊口"而不露，闭口不言，深藏不露，亦是"含晦"之道，可得"无咎"。君子处乱世，唯有谨慎而不炫其才智，如括囊口，方可得"无咎"。而此时君子的心须安于"无誉"，不为"贤名"所累，不在乎其"贤名"的失去，不图虚名，安其"无用"，方可安其"无誉"。

学生：企业战略的占问结果，要以《坤》卦六四为断。《坤》卦六四也是讲"含晦"之道，还请老师为我们做个卦象解析。

老师：好的。占问结果以《坤》卦六四为断，得到的是《坤》之《豫》。从卦象看，《坤》卦卦象䷁，《豫》卦卦象䷏，两卦卦象结合起来看，震为玉，互艮为君子，为坚，为温，坤为志，为厚，这是君子志坚如玉，温厚如玉之象；此象与志向相合。但卦象中，互艮为时，坤为虚，为无果之象；与爻辞"无誉"相合。故，安于"无誉"而勿用，是合于时势，战略实施暂无成功。

学生：明白了，此爻是为人谨慎的君子，不图安乐，也不图虚名，修得如玉的君子之德，守"含晦"之道，安于无功。老师，您觉得我的理解对吗？

老师：对！是这样。战略执行的成败，要与时空配合，身安是首要的，故，此爻的暂无成功是一种明智的选择。

学生：明白了。那我们继续看《坤》卦六五的爻辞。

☷ **六五：黄裳，元吉。**

现代文注释：

六五，居尊位，在卦位里常为君王之位，然而《坤》卦为至柔之卦，为臣道，故，坤卦之六五，居者仍为臣，只是臣之极贵者而已，如同封建制度里的诸侯王，相对天子而言，诸侯王为臣，这里六五以"中和"之德居臣子之职。黄，中色也，裳，下饰也。六五，阴居尊位，为中顺之德。其占，为大善之吉。元，大而善也。黄裳，亦为元吉，同义也，故云"黄裳，元吉"。

学生：企业战略的占问结果，要以《坤》卦六五为断。联系我们的主题，还请老师为我们做个卦象解析。

老师：好的。占问结果以《坤》卦六五为断，得到的是《坤》之《比》。从卦象看，《坤》卦卦象☷，《比》卦卦象☵，两卦卦象结合起来看，坎为幽谷，艮为鸟翼，为飞，这是艮阳可出幽谷之象；艮为辉光，为国，坤为天下，为万国，这是辉光普照万国的大光明之象。《坤》卦的六五爻变，成为《比》卦的九五，居君位并为盟主。对于企业战略而言，卦象信息，有企业发展前景极好的吉兆；企业战略策划执行得当，就会成为行业的盟主，稳居首位，这与《坤》卦六五的"黄裳，元吉"寓意相同，企业战略会有大成功。

学生：明白了。那我们继续看《坤》卦上六的爻辞。

☷ **上六：龙战于野，其血玄黄。**

现代文注释：

上六，坤道之极位。"龙"，指乾。"战"，乃阴阳之消息，阳息阴，阴消阳，阴阳消长，乃自然规律的运行。"野"，开阔之地，寓意天穹之下的大地，大地即为"坤"，故"龙战于野"其意即为"乾战于坤"。"战"为阴阳消息，阴阳之间有长、消之道，推动着四时循环，并无"两败俱伤"的阴阳之战。"其血玄黄"，言其"色"，可理解为天地"其色玄黄"。

　　学生：老师，企业战略的占问结果，要以《坤》卦上六为断。从上六的爻辞看，阴的力量已至其极，坤德在这里好像有走向反面的趋向，或者说坤德被阴爻走到极盛之时的剥力给搞迷乱了，故没有给人以吉祥的感觉。老师，您觉得呢？还请老师为我们做个卦象解析。

　　老师：好的。你的理解是对的。到《坤》卦的上六，阴的极盛走到了极致，是阴阳消长的一个极端时刻，阴阳的和洽在此刻被"阴疑于阳"所代替，坤德被剥力所抑制。占问结果以《坤》卦上六为断，得到的是《坤》之《剥》。从卦象看，《坤》卦卦象☷，《剥》卦卦象☶，两卦卦象结合起来看，艮为止，为果，艮覆震，震为进，为开，为事遂，震覆为退，为闭，为事不遂，坤为怯，为亡，这是天地闭，怯而退，事不遂，终无果之象。故，企业战略的占问，以《坤》卦上六为断，只有遗憾，君子无作为，战略实施不能成功。

　　学生：阴阳不和洽，不能化生万物。此爻上位的极致位状态，是阴疑于阳，坤德就不会起作用，乾德也因此而受到逼迫，同样不起作用，所以不能有作为，是这样吗？

　　老师：是的，尽管阴阳消长是宇宙的规律，是天道在运行，但在极端的时位会影响人事的作为，企业战略在这个时位不会有作为。

　　学生：明白了。老师，那我们继续看《坤》卦用六的爻辞。

☷☷ 用六：利永贞。

现代文注释：

　　"用六"之数，利于永远守持正道。这是占筮得到六个数都是"六"，六爻皆变的情况。《周易》六十四卦中，唯有《乾》卦和《坤》卦，在六爻之外另加"用九"和"用六"两爻，以表示《乾》《坤》两卦六爻皆变的特殊情况。用六的"利永贞"，是贞正、和顺的嘉美状态，这种嘉美的状态，众臣配合默契，无誉无争，故吉祥。

学生：老师，"用六"代表六爻皆变，《坤》变为《乾》，那么企业战略的占问以《坤》卦的用六为断，如何理解它对战略的影响呢？

老师："利永贞"就是它对企业战略的影响，它的意思是：把企业战略建立在固守贞正之上，就会有利，因为是"用六"，坤德要让位给乾德，但坤德的影响仍然会长期保持，故守其"贞"，就有乾德之"贞"和坤德之"贞"两个方面。乾德之"贞"，会增加企业的创造力，企业会在不断创新之上得到发展，生机勃勃。而坤德之"贞"，会使企业内部始终处在和顺、嘉美的状态，没有内耗，信息交流和团队合作极为顺畅，企业战略的执行也就处在顺畅的状态。这就是守其"贞"的好处，故它是吉祥的。再从卦象看，《坤》卦卦象☷☷，《乾》卦卦象☰☰，两卦卦象结合起来看，坤为万物，乾为茂盛，坤变为乾，就是万物出生后，进入生长的茂盛期。对于企业战略而言，得此占，战略实施成功。

学生：老师，经您这么一说，我们全都明白了。"用六"的状态真的很好，无内耗，万物出生后，顺畅的进入到茂盛期，几乎就是一种完美的状态啊！真希望我们的企业也能处在这样的状态。

老师：以上，介绍完了《坤》卦在企业战略分析上的应用，《坤》也是祖卦，因此是六十四卦中受到特别重视的一个卦，对《坤》卦的理解，会影响到对其他卦象的正确领会。

学生：张老师，听完《乾》《坤》两卦，我们已经觉得在企业战略分析上的认识水平大大提高了。我们已下定决心，要跟着您把六十四卦的解卦学完。

第二章　复、姤

在《乾》《坤》两卦之后，《复》卦作为起始的第一卦，是遵从宇宙时空的规律。古代的中国人虽然不知道中国在北半球的地理位置影响，但却知道冬至日太阳运行轨道的北移开始了，日照出现了转折性的变化，这一天就被作为阳气重回的时空节点，定为《复》卦的时空，阳息阴开始了，阳开始走向强盛。而《姤》卦作为夏至日的时空，也一样是通过天文观测得到准确的时空点。因此，《复》《姤》两卦在六十四卦中有其特别的意义。

地雷《复》䷗（卦序号：3）

在《坤》卦初六的爻辞里，已经明白的告诉我们，在坤之时，乾阳的进入已经是必然的，而且《坤》卦还明确了阳气是从初爻进入，这就明确了《坤》卦之后紧跟的就是一阳来复。故《复》卦紧跟《坤》卦之后，是卦序的必然。

先看《复》卦的卦辞，及现代文注释：

复：亨。出入无疾，朋来无咎。反复其道，七日来复，利有攸往。

现代文注释：

复，是卦名。《复》卦，是亨通的。在纯阴的《坤》卦之后，到了《复》

卦，阳气又在下方发生。阳刚的再次返回，再度生机勃勃，万物即将开始进入亨通的繁盛期，故曰"亨"。从《剥》卦最上方一根阳爻被剥尽，到《复》卦一阳在下方发生，太阳运行的变化让阳气出现"穷上反下"的突变。阳气从上方出，又从下方入，这不是出了什么问题，而是宇宙自然规律使然，故曰"出入无疾"。志同道合的朋友来了，共同做一番事业，也不会有灾难，故曰"朋来无咎"，朋友是指阳爻。从消息卦来看，从一阴发生的《姤》卦开始，阴气消阳，直至阳气被消尽而成为纯阴的《坤》卦，再到一阳复始的《复》卦，天地运行的规律就是如此，这就是阴阳消长的"反复其道"啊！从《姤》走到《复》，从《姤》《遁》《否》《观》《剥》《坤》到《复》走过七个卦，可理解为"阴阳反复"的自然之道要经过七个阶段，故称之为"七日来复"。《复》卦来了，从《复》卦开始，阳刚之气又开始生长，阳气前进，必有所作为，这是有利于行动的时节。

　　学生：张老师，您对《复》卦卦辞的注释，与您给孔子所写《象》辞的注释比较一下，好像"反复其道，七日来复"的解释是不同的，您给孔子象辞的注释里只简单的说走过七个爻，这对于用象辞作为断卦参考有影响吗？

　　老师：没有影响，我保留着这个不同，以作对比。我们来看孔子的象辞吧。

　　孔子《易传·象》对《复》卦的卦辞，是这样裁断的：

《象》曰：复"亨"，刚反，动而以顺行，是以"出入无疾，朋来无咎"。"反复其道，七日来复"，天行也。"利有攸往"，刚长也。复，其见天地之心乎？

现代文注释：

　　象辞说：复卦是亨通的，这是由于阳刚的再次返回，再度生机勃勃。又因为，内卦"震"是动，而外卦"坤"是顺，阳的发动顺从自然的规律从下方进入，遇到"坤"的至顺，故没有阻碍的进入了，在《坤》之前，《剥》卦最上方阳爻的退出也是一样，阳气的出和入都没有妨碍，朋友来参与共同行动也无咎。从《坤》走到《复》，走过七个爻，象征七个阶段。按此而行，即"天行"之道。"刚长"即君子之道长，在《易》中，阳刚为君子，君子所向往，前行必有所得。《复》卦，体现出的是：阳刚之气又开始生长，阳气前行，必有所作为，有利于所向往目标的实现。《复》卦，它体现出的就是"天地之心"吗？

学生：张老师，孔子在象辞的最后说到了《复》卦体现的是"天地之心"，您给解释一下吧。

老师：《系辞传》说："天地之大德曰生。"《复》卦，被称为天地之心，它的意思，是说"生万物"是为"天地之心"。当《剥》卦之时，一阳残存将被消尽，这残存之阳被消尽后就进入《坤》卦，然而大自然不会让生机停止，《坤》卦之后一阳来复，万物在此后又将是生机勃勃，可见天地的本心是使万物生生不息，永无毁灭之时。宋代易学的一代宗师张载，就对"天地之心"为生，说过这样的话："天地之心唯是生物。"他用了一个"唯"字，更突出了"生万物，使万物生生不息"是天地之心的唯一本心。从《象》提到"天地之心"来看，孔子知道《复》卦紧跟《坤》卦，但孔子被《屯》卦的一些说法给迷惑了，就把《屯》卦作为万物初生的第一卦，这是卦序的一个歧路口。

学生：孔子对《复》卦卦象的观察，是否也有不周到的地方呢？孔子的观象有偏差吗？

老师：是的。孔子没有对《复》卦作为"天地之心"继续做观象的研究，仅对古代先王在冬至日到来时宣布闭关，为过春节期间的平安所采取的措施做了解释，下面我们就来看孔子对《复》卦的观象说了什么。

☷ 孔子《易传·象》对《复》卦的卦象特点，做了如下表述：

《象》曰：雷在地中，复。先王以至日闭关，商旅不行，后不省方。

现代文注释：

《象》说，上卦坤为地，下卦震为雷，故曰"雷在地中"，这就是《复》卦的卦象。雷在地中，有尚未发动、处在潜藏状态的意味。"先王以至日闭关，商旅不行，后不省方。"古代，冬至日到来之时，过年就开始了，此时君王就宣布闭关，停止商旅的外出，君王也不外出巡视。

学生：老师，那这样孔子就没有通过观象来明确《复》卦的时义，是吗？这对于准确理解《复》卦，是不是有影响呢？

老师：是的，孔子没有对《复》卦给予足够的重视，故没有在《象》辞里提到《复》卦的时义，这对解卦、断卦有影响，故而孔子在解卦上准确率仅达百分之七十，或许更低。从《复》卦的卦辞，我们就可以领悟到《复》卦卦象的宇宙时空所对应的时义，那就是：一阳来复，阳气复盛，万物生生不息。

学生：企业战略的占问结果，要以《复》卦的卦辞为断。联系我们的主题，还请老师为我们做个卦象解析。

老师：好的。占问结果以《复》卦的卦辞为断，分为两大类情况。第一类情况《复》卦为本卦，六爻皆不变。第二类情况《复》卦为之卦，本卦有三根爻变，变卦为《复》卦。

学生：老师，您先讲第一类情况，《复》卦为本卦，六爻皆不变。

老师：好的。从卦象看，《复》卦卦象䷗，震为帝，为伐，是帝王的军队就要出征之象；坤为野，为牧，隐喻牧野，周文王当年用它寓意伐纣之时的牧野决战。卦象含义与孔子的观象是不一样的。孔子观象，只说要过年了，要放假了。而《复》卦的卦象，却隐含大决战的信息。故，对于企业战略而言，卦象信息，是战略的大决战时机的到来，上卦坤为道路平坦，与卦辞相合，有利于行动，亨通无阻，这对战略是有利的，战略实施可以成功。

学生：明白了。老师，您继续讲第二类情况，《复》卦为之卦，本卦有三根爻变，变卦为《复》卦。

老师：好的。我举几个例来具体解析，先看占问结果得到《坎》之《复》，从卦象看,《坎》卦卦象☷,《复》卦卦象☷,两卦卦象结合起来看,互艮为门,震为出,坎为灾,这是出门遇灾患之象;不利企业的战略实施。

再举一个例,占问得到《大畜》之《复》,从卦象看,《大畜》卦卦象☷,《复》卦卦象☷,两卦卦象结合起来看,艮为虎狼,正反艮为虎狼聚集,乾伏坤为牛,互兑为羊,这是牛羊入虎口之象;震为往,坤为虚,这是所往为虚之象。对于企业战略而言,这寓意投入的资金会有很大的损失,不会有好结果。

学生:明白了。那接下来我们可以进入到《复》卦的爻辞了。

☷ 初九:不远复,无祗悔,元吉。

现代文注释:

初九,是复卦唯一的一根阳爻。一爻为主,故初九就是复卦的卦主。爻辞的最后,是"元吉",意思是从一开始就繁茂亨通的"吉",是大吉。"不远复,无祗悔","不远"即"近",其意是:"走近复,不会后悔。"不远离君子之道,走近"复"。复者,将曾失去的美好恢复起来。阳气曾失,今阳返,来复,记忆中的善与仁,其念犹存。既有复,"近复"而守之,不可再失。

学生:企业战略的占问结果,以《复》卦初九为断,卦象是《复》之《坤》,复卦又走回坤卦,让人很疑惑。还请老师为我们做个卦象解析。

老师:好的。此卦象有初阳返坤的表象,会让人感觉疑惑,这就是所谓雌从其雄之象。从卦象看,《复》卦卦象☷,《坤》卦卦象☷,两卦卦象结合起来看,震为乾元,为君王,为武,为马,为雄,坤为牝马,为军,牝马忠诚的追随雄马,暗喻西南联盟的军队坚定追随武王;震为帝,为征伐,坤为牧,为野,这是武王伐纣,牧野决战之象。对于企业战略而言,卦象信息,初阳的元吉,牧野决战的胜利,都明示中兴的到来,明示成功。

学生:明白了。那我们继续看《复》卦六二的爻辞。

䷗ **六二：休复，吉。**

现代文注释：

六二，居中得正，与初九为亲比，接近无障碍，故，"走近复"是六二的愿望和行动。休，是指美好的事物。"休复"之意，让美好的事物回到身边，特别是指道德的回归。复归"善良"与"仁"的美德于己身，故是吉祥的。

学生：企业战略的占问结果，要以《复》卦六二为断。联系我们的主题，还请老师为我们做个卦象解析。

老师：好的。占问结果以《复》卦六二为断，得到的是《复》之《临》。从卦象看，《复》卦卦象䷗，《临》卦卦象䷒，两卦卦象结合起来看，震为德，为履，为升，坤为义，为重，为阶梯，为顺，这是履德重义，顺利升阶之象；坤为大道，为万里，为平陆，为国，为顺，兑为辅，为盛，震为马，为奔，为兴，这是国有良辅，顺达兴盛，如骏马奔跑在万里平川之象。对于企业战略而言，卦象信息，天时、地利、人和俱备；得此占，战略实施成功。

学生：明白了。那我们继续看《复》卦六三的爻辞。

䷗ **六三：频复，厉无咎。**

现代文注释：

六三，阴居刚位，不得正，故其特点就是力量柔弱，意志不坚定，"频"，通"颦"，颦为皱眉的样子，愁眉苦脸的，很勉强并且有多次的反复，也会不断传来其"复"的成绩，但心志不定，频繁的改变。这是一位志向不坚定者，求复过程摇摆不定，这样的状况有"厉"，即有危厉，但这不会受到怪罪，毕竟不是危害他人的过错，可得"无咎"，故曰"厉无咎"。

学生：企业战略的占问结果，要以《复》卦六三为断。老师，我觉得六三的不坚定，除了自身的问题，是不是与他所处环境也有关系呢？

老师：都有关系，六三位不居中，又不得正，自身就有缺陷，其爻变结果是《复》之《明夷》，明入地中，环境也不好，光明受伤，君子晦其明，企业战略的占问自然会受到影响。有些企业家会决定放弃战略的实施，而意志特别坚定者则会因势利导，积蓄力量，只是隐藏其锋芒，而不是完全放弃。

学生：此爻的状态，企业战略还能继续实施吗？

老师：可以继续。从卦象看，《复》卦卦象☷☳，《明夷》卦卦象☷☲，两卦卦象结合起来看，震为帝，为圣王，为乐，离为王宫，为光明，离数三，艮为拜，坎为酒，坤为礼，这是尧舜禹三圣礼聚饮酒之象，禹王拜酒尧舜；卦象吉。对于企业战略而言，此卦象含有光明大道有圣贤指引之意，可以大胆向前；其后光明就会复出，照耀大地；得此占，战略实施成功。

学生：明白了。企业发展的大环境不太好的情况，是很正常的，不能指望做什么事都遇到最好的大环境。假如遇到困难就放弃，意志不坚定，那做什么事都不会成功。好，接下来我们继续看《复》卦六四的爻辞。

☷☳ 六四：中行独复。

现代文注释：

六四，居四爻之位，居群阴之中，上下都有两根阴爻，当此情势，六四尚能独自与初九的阳爻应与，这是六四与众同行，而不畏惧众意的坚强，是六四独能从善、亲仁之易象。《复》卦，一阳从下发生，当此之时可谓阳气微弱，还不足以说在不久的将来就必有作为，六四爻中行独复，可谓仁者无惧。古代之贤士，谓此爻之义最宜玩味，有"慎独"之义，唯有内心的憬然自觉，才能使之如此。故，唯有仁义之士，方能守其志，而独行此道矣。

学生：企业战略的占问结果，要以《复》卦六四为断，六四爻位得正，守其正道而不放弃；结果怎样，还请老师为我们做个卦象解析。

老师：好的。占问结果以《复》卦六四为断，得到的是《复》之《震》，从卦象看，《复》卦卦象▤，《震》卦卦象▤，两卦卦象结合起来看，震为德，为车，为载，坤为天下，这是大德载天下之象；上下为震，震为百里，为南，为行，艮为秦，这是百里奚南行赴秦之象，其位先微而后显，是未来大富贵之象。对于企业战略而言，卦象信息，是百里奚从奴隶直升宰相之位的吉兆，寓意战略实施会有意外的好结果。六四位中正，走在中行之正道上，爻辞说的六四"中行独复"，是六四独得的好处，有大富贵的结局；得此占，会有大成功。

学生：明白了。那我们继续看《复》卦六五的爻辞。

▤六五：敦复，无悔。

现代文注释：

六五，居上卦坤的中位，有坤德，敦，为厚，故曰"敦复"。六五，虽在《复》卦中不为卦主，但六五守持中道，厚道之至，亦可无悔。敦，在古文里还有巡视、督查和催促的意思，六五对上六的督查，会使上六走入中正之道。六五与六二无应，但六五的"敦复"与六二的"休复"却似有呼应，六五的"敦复"，厚德载物，其结果必然会使"美好的复"盛大起来、强大起来。

学生：企业战略的占问结果，要以《复》卦六五为断。六五居君位，只得到判辞"无悔"，还请老师为我们做个卦象解析。

老师：好的。占问结果以《复》卦六五为断，得到的是《复》之《屯》。从卦象看，《复》卦卦象▤，《屯》卦卦象▤，两卦卦象结合起来看，爻变，坤变坎，坤为虚，坎中实，为得，这是由虚变实，有得之象；艮为手，为牵，坤震为子女，这是手牵子女，拖家带口之象；艮为贵，为望，为求，坎为阻，其下的坤为贫贱，这是望求富贵反归贫贱之象；上坎象征产难，难生，是遇到很大的困难。对于企业战略而言，卦象信息，寓意战略实施会受阻，有长期很困难的过程，要做长时间的等待和积蓄，但，战略实施最终会成功。

学生：明白了。那我们继续看《复》卦上六的爻辞。

☷☳ 上六：迷复，凶，有灾眚。用行师，终有大败，以其国君凶，至于十年不克征。

现代文注释：

上六，已到复卦的极位，是上而无位的状态，在《复》卦里，上六是指那些对自己无严格道德要求的散漫之人。"复"，一阳生于下，君子之道长，小人之道消。"迷"，是"心"的迷失，心窍为鬼所迷，是真正意义的"迷"，"复"也没有了居所，故曰"迷复"。而心的迷失来自内心，是己过，是自作孽，故"凶"，会有人祸发生。爻辞中出现"国君"，"国君"亦即"天君"，古代称呼"心"为天君，"心"就是自己的国，这里很明确是在说心的迷失所带来的严重后果，会有很大的灾祸。《复》为君子之道，要近复，而不远离复，更不能"迷失"复。"心"迷失"复"之后，还勉强出征用兵，以至于十年时间都无法恢复国力，已没有力量再赢得一场征伐。

学生：此爻的爻辞很不吉祥啊！是有凶险吗？企业战略的占问要以《复》卦上六为断，会出现什么情况呢？还请老师为我们做个卦象解析。

老师：好的。占问结果以《复》卦上六为断，得到的是《复》之《颐》。从卦象看，《复》卦卦象 ☷☳，《颐》卦卦象 ☶☳，两卦卦象结合起来看，爻变得艮，艮为贤人，是得到贤人之象；震为君王，正反震方向相对，震为言，为乐，震阳与上方刚进入的阳爻对话，是君王与贤人对话之象；艮为止，为居，为安，正反艮的方向也是相对，这是贤人来了之后都能安居，快乐无忧的与君王交流对话之象。对于企业战略而言，卦象信息，是得到了人和，有长久的安定；作为企业的战略，实现战略认同，要通过贤人与企业核心人物的对话，从而得到战略认同，形成理想追求；而有了一致的理想追求，战略实施才不会出现梗阻，事业的成功只是伴之而来的结果；得此占，战略实施会成功。

学生：明白了。六爻占问的解卦，都讲完了，收获很大。老师，您在卦序编排上，把《复》卦作为《乾》《坤》之后的第一卦，是进行新卦序的尝试吧！

老师：是这样。孔子把《周易》作为儒生教科书传世，已经是很大的功德。现在以儒家哲学为要旨的时代过去了，这次学习解卦，我们可以兼顾《周易》的决疑功能，故，这次的讲解中，我们再做一次文王卦序的尝试。

学生：明白了。《复》卦，是通过天文观测得到精确时空位置的，《姤》卦也一样，也是通过天文观测得到精确的宇宙时空点，把《姤》卦与《复》卦并列，这样的安排，很有道理啊！那我们接下来就可以学习《姤》卦了。

天风《姤》☰ ☴（卦序号：4）

　　我们这次以《周易》本义的安排，在卦序上区别于孔子在《序卦传》里安排的卦序。故，卦序的编排不同于通行本的卦序。本书中，从《乾》《坤》两卦开始，相邻两卦全部以相互的错卦出现，规律统一。

　　《姤》卦与《复》卦是一对错卦，而且《姤》卦的标准时空点，也同样是由天文观测独立测定的。《姤》卦，卦象的"一阴从下而入"，与天象中太阳运行在地球南北回归线上空的规律可以准确对应，明确对应在夏至日，是白昼最长、中午日影最短的夏至日。古代天文学家用日圭测出这一天后，《姤》卦的时空也就确定了。因此，在宇宙时空中，《姤》卦的到来，就是"夏至"的到来，夏至日之后，太阳在地球南北回归线上空运行轨道的移动发生了根本性的变化，停止了北行，开始南移了。阴阳力量的发展趋势也从这一天发生了根本性的变化，从"阳决阴"的《夬》卦，阳能决胜阴，到了《姤》卦就是阴开始"消"阳。

　　《姤》卦的卦象，是在纯阳的《乾》卦之后，阴气从最下方进入消减阳气，这是阴气开始剥蚀阳气的卦象，这种"阴剥阳"的总趋势一旦开始，就会一直持续到《剥》卦，阳气被剥尽，而到达《坤》卦，这与《复》卦的"一阳来复"最终到达《乾》卦，刚好是两条路线的会合，或者说是两个半圈的会合。

　　从《姤》卦开始，阴转盛而阳转衰。一阴从下方发生，阴气就会继续进入，阴开始消阳的规律不会受到阻碍，直到阴把阳消尽，成为纯阴的《坤》卦。《姤》卦在古代更久远的年代，记为"狗"卦，汉墓出土的帛书《易》就记为"狗"，这和太阳移动发生了根本性变化有关，在此影响下风向会有变化，狗能感觉到风的变化，故在这个节气会出现狗的狂吠。《姤》卦卦象为"入而健"，既指《乾》之后的女壮，阴转盛，又指卦义的"遇"，遇就会有相处，就会有阴阳频繁、强健的交合，《姤》卦，用男女之事作为探讨的基本问题，但这不影响我们记住《姤》卦是"阴消阳"的开始，它与《复》卦在"宇宙时空四时卦序"大圆图上刚好是相差三十二卦的错卦。

　　故，《姤》卦的正确时义，就是阴盛阳衰的开始，是四季转换的一个新起点。

学习"文王六十四卦卦序"之时，要记住，在《复》《姤》两卦的后面，也都是两两互为错卦，一直到最后的《夬》《剥》两卦，若把每一对的错卦都分开，排成两条路线，这两条路线就分别到达《乾》与《坤》，这是本书的卦序安排。

先看《姤》卦的卦辞，及现代文注释：

姤：女壮，勿用取女。

现代文注释：

姤，是卦名。《姤》卦，警示阴从下方进入的强势，提醒：女子过分强壮，不宜娶作妻室。"姤"，象征阴阳的遇合，这里是说，阴从下方进入，很强势，故不要与之结合的太紧密，以免受其控制。

学生：老师，我基本上明白了。《姤》卦是阴消阳的开始，是六十四卦分别以阴阳的盛衰来予以区分而形成的两条路线中的一条路线，《姤》卦是阴盛阳衰的起始卦，在大圆图上，是阴的力量不断强大的那个半圈的起始卦。

老师：是这样的。理解了卦序的这个道理，就会对我们接下去学习六十四卦有很大的帮助。

学生：老师，孔子对《姤》卦卦辞的裁断有无偏差呢？这对解卦时参考孔子的《彖》辞很重要啊！

老师：孔子很重视《姤》卦，但孔子对《姤》卦的裁断还是略有偏差。我们就来看孔子的《彖》辞吧！

孔子《易传·彖》对《姤》卦的卦辞，是这样裁断的：

《彖》曰：姤，遇也，柔遇刚也。"勿用取女"，不可与长也。天地相遇，品物咸章也。刚遇中正，天下大行也。姤之时义，大矣哉。

现代文注释：

象辞说，"姤"为卦名，是不期而遇之意。柔爻从下方进入，遇五刚爻。故不宜娶这样的女子为妻，这是因为不可与她长久相处，长久则会出现反客为主，为其控制的局面。天地阴阳相互遇合，这又是大自然的规律，阳光普照、雨露滋润，万物皆因天地阴阳的交感而章显出茂盛的生机。刚爻遇阴，从未来的趋势而言，阴将要成为主导的力量，会出现阴盛阳衰的局面；但就目前而言，五根刚爻居上，并非弱势，而是强势，能够控制住"阴"的一方。本卦的九五，阳刚居中得正，其德因其位而更为章显，九五的卦主地位仍然控制着卦义的"遇"，始终主导着"遇"的时义。阴从下方进入，下卦变为巽，巽为风，象征君王刚中之德的迅速传播，如风行天下，无所不达。姤卦的时义，真的很大啊！

学生：老师，孔子对《姤》卦的裁断，偏差出在哪里呢？《姤》卦的时义，应当怎样准确表述呢？

老师：孔子对《姤》卦的裁断，前面一半是准确的，后一半"天下大行也，"这一句偏离了本义，这个偏差是孔子把《巽》卦的时义放进《姤》卦了。《姤》卦不同于《巽》卦，不讲政令的"天下大行"，《姤》卦的时义，是遇合，是天地之间的阴阳遇合之道，它与《复》卦共同阐释天地的"生生之道"。

学生：明白了。企业战略的占问结果，要以《姤》卦的卦辞为断，其含义应该如何理解呢？还请老师为我们做个卦象解析。

老师：好的。以《姤》卦的卦辞为断，占问结果分为两大类情况，第一类情况《姤》卦为本卦，六爻皆不变；第二类情况《姤》卦为之卦，本卦有三根爻变，变卦为《姤》卦。

学生：老师，您先讲第一类情况，《姤》卦为本卦，六爻皆不变。

老师：好的。从卦象看，《姤》卦卦象 ䷫，巽为鱼，为入，为潜，乾为河海，巽伏震，震为龙，震伏为龙隐，乾伏坤为渊，这是鱼入河海，龙隐在渊之象。对企业战略而言，这是小事顺利，大事仍处在潜龙勿用的阶段。

学生：明白了。老师，您继续讲第二类情况，《姤》卦为之卦，本卦有三根爻变，变卦为《姤》卦。

老师：好的。我举几个例来具体解析，先看占问结果得到《蹇》之《姤》。从卦象看，《蹇》卦卦象☷，《姤》卦卦象☰，两卦卦象结合起来看，坎上艮下，乾为奔马，遇坎艮而止，这是奔马无可通的道路之象；艮阳入坎，为失位，巽伏震，震为君，伏震为不见君王，这是君王失位之象。对于企业战略而言，卦象信息，是战略实施遇阻，而君王失位，寓意企业发展会遭遇重大挫折，或企业的大股东会有变化，企业易主，战略实施归于失败。

再举一个例，占问结果得到《艮》之《姤》。从卦象看，《艮》卦卦象☶，《姤》卦卦象☰，两卦卦象结合起来看，艮为狐，为手，为操，大离为笋，为捕鱼工具，操笋搏狐，自然抓不到狐；巽为鱼，震为射，坎为弓，操弓箭射鱼，同样不得法，这是劳而无功之象。对于企业战略而言，卦象信息，有尚未得到正确方法的含义，劳而无功的结局，战略实施归于失败。

学生：明白了。那我们接下来看孔子对《姤》卦的观象说了什么。

☰　孔子《易传·象》对《姤》卦的卦象特点，做了如下表述：

《象》曰：天下有风，姤。后以施命诰四方。

现代文注释：

《象》说，上卦乾为天，下卦巽为风，故曰"天下有风"，这就是《姤》卦的卦象，君王效法《姤》卦的精神，将要施行的政令传告四方。

学生：老师，孔子对《姤》卦的观象准确吗？

老师：孔子对《姤》卦的观象，略有偏差，与象辞相对照，孔子的观象，都是把《姤》卦的下卦巽看为风，强调君王将政令传告四方的道理，这不是《姤》卦的时义，也不是《姤》卦的精神。

学生：老师，那对于《姤》卦的时义，要怎样准确表述呢？《姤》卦的精神又是什么呢？

老师：《姤》卦的时义，是遇合，是天地之间的阴阳遇合之道，它与复之道共证天地的"生生之道"。《姤》卦的上卦乾为玉，下卦巽为石，为工，是攻玉之象；故而，《姤》卦的精神，是君子修德，琢玉而成器。

学生：明白了，不论是阳息阴，还是阴消阳，都是天地之道，都和天地间的"生生之道"相合。那接下来我们可以进入到《姤》卦的爻辞了。

☰☴ 初六：繫于金柅，贞吉；有攸往，见凶，羸豕孚蹢躅。

现代文注释：

初六，阴爻从下方进入，与五阳相遇，从形势上看，未来必然会出现阴继续进入而不断消阳的趋势。但从目前来说，阳的力量并不弱，足以控制住一根阴爻。故，初六要约束自己，不要随便行动，就如同牵引车闸控制车辆，固守正道才会吉利。初六与九四有应，故"有攸往"，但前往相会，有可预见的"凶"，知道有"凶"，但内心在挣扎而不能自已，初六被约束而没有前往，如同一只被绳子捆绑住的猪，在焦躁的不停挣扎。

学生：企业战略的占问结果，要以《姤》卦初六为断。联系我们的主题，还请老师为我们做个卦象解析。

老师：好的。占问结果以《姤》卦初六为断，得到的是《姤》之《乾》，从卦象看，《姤》卦卦象☰☴，《乾》卦卦象☰☰，两卦卦象结合起来看，乾为君德，巽为柔顺，为臣，为草木，为生，为利，巽伏震为春，半艮为求，这是君臣合好，生命逢春而自然生长，求利可得之象。对于企业战略而言，卦象信息，爻变并非回到《乾》卦雄花不育，有花无果的状态；在《姤》卦的"女壮"已明确阴盛的情况下，这就是所谓的雄恋其雌，众阳追求与"一爻为主"的阴爻相遇合之象；明白这个道理，就会知道当下应该怎么做对企业战略最有利。在易理明确的情况下，不要有任何的犹豫，要坚定的贯彻新战略，抓住阴阳遇合的生机，让一两个项目开花结果，这是企业发展的生机，战略实施会成功。

学生：明白了。让《姤》卦的阴阳遇合结出一个有大市场的果实，做好创新成果产品化的工作，拿出一个能主导市场的产品，就是战略调整的胜利。

老师：这就对了，《姤》卦并不是很不好的卦，得到《姤》之《乾》也不必迷惑，这是所谓的雄恋其雌之象。明白了雄花不育的道理，尽快让企业战略结出果实就是当务之急。

学生：明白了。那我们继续看《姤》卦九二的爻辞。

☴ 九二：包有鱼，无咎；不利宾。

现代文注释：

九二，刚居中位，地位、家境不错，厨房有鱼，九二居巽体之中，巽为鱼，和初六的"繫于金柅"相联系，控制初六的就是九二，故曰"包有鱼"，"包"为控制之意，阴爻被控制，故，无咎害。但，爻辞仍然强调九二的控制不能放松，九二与初六的遇合只利于居主导的控制，而不利于宾服于壮女，与壮女的邂逅要有节制，故曰"不利宾"，这里的"宾"为宾服之意，而不是指宾客。

学生：张老师，《姤》卦九二的爻辞强调九二对初六的控制不能放松，不利宾服于壮女，但，阳对阴的控制终究会被打破，占问结果以《姤》卦九二为断，结果就是《姤》之《遁》，在《遁》卦到来之时，控制权就落到了阴的势力手中。老师，这个占问结果，对企业战略的影响又是什么呢？

老师：你说的控制权的反转，那是客观存在的，但我们最需要搞清楚的是以此爻为断，当前是什么状况，是不是这样的呢？

学生：是啊。但难的是，我们可以大约的猜到未来发展趋势，但却不明白在当下是怎么样的情况出现了，还请老师为我们做个卦象解析。

老师：好的。占问结果以《姤》卦九二为断，得到的是《姤》之《遁》。从卦象看，《姤》卦卦象☴，《遁》卦卦象☶，两卦卦象结合起来看，巽为忧伤，伏震，震为乐，震伏为欢乐离去，乾为惕，艮为居室，为虎狼，虎狼盘踞居室，这是没有了欢乐，忧伤气氛笼罩，虎狼盘踞居室，危惕之象。对于企业战略而言，卦象信息，虎狼当政，乾阳陨落，都是很不利的状况，形势危厉，企业战略实施进入危惕阶段，君子忧伤，贤人离去，归于失败。

学生：明白了。确实是这样啊！《遁》卦成为之卦，实际上形势的走向就已确定了，是这样吗？

老师：《遁》卦的出现，会导致阳爻的陨落，之卦在两卦卦象的结合上同样处于重要地位，在解卦中影响很大。

学生：明白了。那我们继续看《姤》卦九三的爻辞。

☰☴ 九三：臀无肤，其行次且，厉，无大咎。

现代文注释：

九三，为了与壮女邂逅，结局有点惨，屁股的皮都打破了，走路一瘸一拐，这是阳刚过盛"得敌"之故，过于阳刚的九三与其他刚爻有冲突，这种状况危险啊！在《姤》卦里，初六的"一爻为主"的地位，决定了所有其他阳爻与它或遇或离，不是遇合就是分离，九三为九二所阻隔，不能降下与初六遇合，而是处于与初六的隔离状态，故，没有大的咎害。

学生：九三的爻辞有些意思，九三就像是只斗败了的公鸡。爻辞中有"厉"，最后又说"无大咎"，有些不好理解，还请老师为我们做个卦象解析。

老师：好的。占问结果以《姤》卦九三为断，得到的是《姤》之《讼》。从卦象看，《姤》卦卦象☰☴，《讼》卦卦象☰☵，两卦卦象结合起来看，坎为灾，为害，巽为利，为蝗，这是有蝗灾，害利之象；坎为忧，巽伏震，巽为鸡，震为时，为鸣，这是鸡鸣失时，有忧之象。对于企业战略而言；此卦象是项目失时，有危厉，原定战略要考虑停止；得此占，归于失败。

学生：明白了。那我们继续看《姤》卦九四的爻辞。

☷☰ 九四：包无鱼，起凶。

现代文注释：

九四，进入上卦，离开巽，巽为鱼，故曰"包无鱼"，九四与初六有应而被阻隔，阴为鱼，亦即"包无鱼"。这里"无鱼"有诸多的寓意，在经济条件上指的没有鱼吃，在男女关系上指的没有鱼水之欢或没有女人，在政务权力上指君子失去了地位，君王失其民，这样的情况凶险起也，故曰"起凶"。

学生：企业战略的占问结果，要以《姤》卦九四为断，此爻的爻辞有凶，结果怎样，还请老师为我们做个卦象解析。

老师：好的。占问结果以《姤》卦九四为断，得到的是《姤》之《巽》。从卦象看，《姤》卦卦象☰，《巽》卦卦象☰，两卦卦象结合起来看，爻变失乾得巽，乾为福，失乾为失福，巽为忧伤，为败落，巽伏震，震为动，伏震为不动，爻变得大坎，大坎为灾，这是不动也有灾患，失福有忧，事业败落之象；与爻辞的"起凶"合。对于企业战略而言，占问信息，寓意有凶祸到来，未来更多的是不利，战略调整要以迅速退出为宜；得此占，归于失败。

学生：明白了。那我们继续看《姤》卦九五的爻辞。

☰☰ 九五：以杞包瓜，含章，有陨自天。

现代文注释：

九五，"杞"是杞柳，九五阳刚居中得正，"以杞包瓜，含章，"是说用杞柳做的筐盛放甜瓜，含藏香气，寓意君王与贤人的遇合，与九二无应而志合，君王与贤人美德相互吸引而走到一起。与此同时，阳刚的君王守持中正之道，既能抑制阴爻，又遵守天地之常道，如象辞中所说的"天地相遇，品物咸章"，九五接受阴爻初六在下方进入的天命规律，而初六就如同自天而降的陨石，从"天位"降下到初六的地位，这里，寓意《姤》卦的阴爻初六就是《夬》卦上六的那根阴爻从上方出，而后自天而下，到达初位，这是从天而降的遇合。

学生：企业战略的占问，要以《姤》卦九五为断。此爻的主人是君王，爻辞未判吉凶，还请老师为我们做个卦象解析。

老师：好的。占问结果以《姤》卦九五为断，得到的是《姤》之《鼎》。从卦象看，《姤》卦卦象☰，《鼎》卦卦象☰，两卦卦象结合起来看，离为麟凤，互乾为太公，为大，巽为命，巽承乾，为大命，巽伏震为功业，为君侯，互兑伏艮为拜，这是姜太公拜受大命，功成名就，最终封侯之象。对于企业战略而言，卦象信息，寓意企业知遇有德之大才，得大贤而问鼎成功。

学生：明白了。那我们继续看《姤》卦上九的爻辞。

☰上九：姤其角，吝，无咎。

现代文注释：

上九，隐士在荒远的边角之地，居穷极之位而无法遇合，有所遗憾，但隐士已与世无争，故无咎。

学生：企业战略的占问，要以《姤》卦上九为断。爻辞中的人物是隐士，有"吝"，结果怎样，还请老师为我们做个卦象解析。

老师：好的。占问结果以《姤》卦上九为断，得到的是《姤》之《大过》。从卦象看，《姤》卦卦象☰，《大过》卦卦象☰，两卦卦象结合起来看，上乾下巽，乾为玉，巽为工，是攻玉之象；兑伏艮在上，艮为石，即"他山之石"，为攻玉之器，兑为辅，艮为贤人，伏艮为贤人隐，良辅离去，震为出，巽伏震为不出，这是良辅成隐士，隐士不出山，缺攻玉之器的卦象。对于企业战略而言，卦象中的攻玉，是君子修德，企业同样要琢玉成器，才能成大气候；故，隐士贤人不出山，企业难成大气候；得此占，战略实施不会成功。

学生：明白了。《姤》卦六爻都讲完了，真正理解了阴阳遇合之道，第一次感觉到《姤》卦的时义真的很大啊！

第三章　颐、大过、屯、鼎

在这一章里，解析《颐》、《大过》、《屯》、《鼎》四个卦，在这四个卦里，《颐》、《屯》两卦是紧跟在《复》卦之后的"阳息阴"的卦，下卦皆为震，卦序号皆为奇数；而《大过》、《鼎》两卦是紧跟在《姤》卦之后的"阴消阳"的卦，下卦皆为巽，卦序号皆为偶数。

山雷《颐》☷☳（卦序号：5）

此次我们建立文王卦序系统，贴近《周易》本义来解卦，进而，在卦象内含信息的帮助下，结合占问结果，对企业战略进行分析。本章我们到了歧义特别多的《颐》卦。

《颐》卦，按通行本的注释，被定为讲颐养之道。但，应该说这种注释完全离开了文王的本义，也与卦象所含信息完全不符。为了正确解卦，以下我们采用新注释，以符合文王的本义，这样结合卦象解析可进行企业战略的分析。

先看《颐》卦的卦辞，及现代文注释：

颐：贞吉。观颐，自求口实。

现代文注释：

　　颐，是卦名。《颐》卦，固守正道，吉祥。饥荒到来之年，要观察天下苍生的颐养状况，做好安排和指导，提倡自养，提倡勤劳，自力更生才能足食。

　　学生：老师，听您讲过，孔子写《易经》，在《颐》卦这个时空丢失了饥荒之年的信息，那《颐》卦的爻辞和六爻的注释，就都不一样了，是吗？

　　老师：是这样的。尽管我们不知道孔子和他的弟子为什么回避中古时代商朝末期所出现的大饥荒，但《颐》卦回避讲饥荒年岁，肯定会改变《颐》卦的时义，会给爻辞的注释带来歧义，这就给解卦及其应用带来很大的问题。从我对《颐》卦的研究，以及我对西汉年代著名易学家焦延寿所著《焦氏易林》的研究探索，我发现自汉朝以来凡《颐》卦在变卦中出现，就会说到饥荒的影响，不论《颐》作为本卦，还是作为之卦，都如此。这就坚定了我对《颐》卦的看法，孔子一定是因为某种原因而在《颐》卦里丢失了饥荒的信息。

　　学生：张老师，听说《焦氏易林》以一卦变六十四卦，变卦多达四千多个，认真细致看完后再做分析，要花很多时间，也是很难的一件事吧。

　　老师：是这样，要找到孔子丢失的信息，准确回归文王的本义，要花很多时间和精力，包括反复看《易林》。好，我们来看孔子对《颐》卦说了什么。

　　孔子《易传·象》对《颐》卦的卦辞，是这样裁断的：

《象》曰：颐"贞吉"，养正则吉也。"观颐"，观其所养也。"自求口实"，观其自养也。天地养万物，圣人养贤以及万民。颐之时，大矣哉！

现代文注释：

　　象辞说：颐，占得吉兆，这是供养得其正道的缘故啊！供养得其正道就会得到吉祥。观察前来占筮之人的面相，是为了判断他的供养情况。他是自食其力的类型，这位劳动者，辛劳的痕迹都刻画在面腮上，很容易判断他是自食其力者。

自食其力，也是天地之道啊！天地养万物，无为而治，让天下自食其力者，都能适得其所。这和圣人养天下贤人以及养万民的道理是一样的。《颐》的"时义"确实很伟大啊！

学生：孔子确实是把《颐》卦的卦辞作为看面相的记录，但文王给普通劳动者看面相，并把它作为一个卦的卦辞，好像不符合卦的宇宙时空的道理啊！

老师：是的。同时，这一整段的象辞，也就是断卦之辞，并没有让人听明白，夫子想告诉我们的是什么？而在最后，夫子发出感叹，说《颐》的"时义"确实很伟大，也没讲明白"伟大"所指的是哪一方面。

学生：张老师，我们都知道《象》辞是用于裁断卦辞的，那周文王留下来的卦辞的本义是什么呢？

老师：周文王留下《颐》卦的卦辞给后世，其本义是警示：在饥荒的艰难岁月里，生存是大事，守正道吉祥，要观察天下苍生的颐养状况，在困难之年，要做好应对，提倡自养，提倡勤劳，不怕颠簸劳碌，自力更生才能足食。

学生：明白了。回到正题，企业战略的占问结果，要以《颐》卦的卦辞为断；联系我们的主题，还请老师为我们做个卦象解析。

老师：好的。以《颐》卦的卦辞为断，占问结果分为两大类情况，第一类情况《颐》卦为本卦，六爻皆不变，第二类情况《颐》卦为之卦，本卦有三根爻变，变卦为《颐》卦。

学生：老师，您先讲第一类情况，《颐》卦为本卦，六爻皆不变。

老师：好的。这类情况只与《颐》卦的卦象相关，《颐》卦卦象䷚，艮为终，为成，震为功业，为颂，为声，震数四，这是功业终成，颂声四起之象；互坤为胡，为夷，艮为拜，为服，这是四夷宾服之象。对于企业战略而言，卦象信息，寓意企业有功成名就、成为行业领袖的好机会，事业成功。

学生：老师，既然有饥荒之虞，怎么会有功成名就呢？没有矛盾吗？

老师：没有矛盾。打天下往往都是在饥荒之年，饥荒之年天下大乱，枭雄四起，最后打下天下的就是大英雄。行业大萧条之年一样，是造就新的行业盟主的机会，这是常理，只是人们注意力往往被不利的环境给吸引了。

学生：明白了。老师，那您继续讲第二类情况，《颐》卦为之卦，本卦三根爻变，变卦为《颐》卦。

老师：好的。第二类的情况，我举几个例来具体解析，先看《蛊》之《颐》。从卦象看，《蛊》卦卦象☶☴，《颐》卦卦象☶☳，两卦卦象结合起来看，震为怒，为发，坤为江河，震数三，这是三江泛滥，水浪怒涌之象；艮为居，为屋，大水怒涌席卷家园，屋舍尽失；震为粮，为年岁，坤为民，为虚，为无，民无粮，困于食，饥荒的艰难正考验着一个王国。对于企业战略而言，灾患过后，同样是饥荒的考验，没钱周转，发不出工资，战略实施归于失败。

再举一个例，《既济》之《颐》，《既济》卦卦象☵☲，《颐》卦卦象☶☳，两卦卦象结合起来看，水被烧开，但火被浇灭，刚有小成就，转而就出现乱象；艮为求，对于企业战略而言，所求就是战略目标，艮为日，为坐，坤为暮，震为叹息，日暮坐而叹息，这是战略目标没有实现，失望叹息之象；艮为终，坤为年岁，为丧，这是终年无功之象。对于企业战略而言，卦象信息，终年无功，坐而叹息，明确战略实施失败。

最后看一个例，占问得到《大有》之《颐》。从卦象看，《大有》卦卦象☲☰，《颐》卦卦象☶☳，两卦卦象结合起来看，离为南，为戈兵，下乾为富，为福，为王侯，艮为关，为城，为安，震为征，中爻坤为土地，为国，这是南征得地，国土得以扩大，迁都设关，国家安定之象；卦象中有牛、马、羊，坤为牧，为多，这是南征归来，得到大量牛马和羊，畜牧业得以发展之象，寓意农业欠收的困难已经从畜牧业的发展得以补充解决。对于企业战略而言，卦象信息，寓意企业在原来主业之外寻找到了生机，开辟新业务，战略实施成功。

学生：明白了。《大有》之《颐》这样的结果，带有在饥荒之年果断出击，南征获得重大胜利的信息，发展畜牧业解决农业欠收的粮食困难；这样的结果，对于企业战略而言，就是产业调整的果断出击，靠新的增长点解决问题。

老师：好，那我们接下来看孔子对《颐》卦的观象说了什么。

☲　孔子《易传·象》对《颐》卦的卦象特点，做了如下表述：

《象》曰：山下有雷，颐。君子以慎言语，节饮食。

现代文注释：

　　《象》说，上卦艮为山，下卦震为雷，故曰"山下有雷"，这就是《颐》卦的卦象。春雷在山下震动，山上草木生长，象征天道的养育，君子效法这种精神，要言语谨慎，以修德行，节制饮食，以遵从养生之道。

　　学生：老师，孔子这一段观象的《象》辞，读起来有点怪怪的。孔子之后的二千五百多年来，人们就把《颐》卦作为养生之道了，还把养生之道分为两类生物类型，一类为龟，有灵性的养生，以"静"养生；另一类为虎，多摄取营养，以"动"养生。

　　老师：是这样。但《颐》卦实际上并不讲养生，虽然初爻里出现了"灵龟"，但它意指灵明的人性，而不是说要学习灵龟的养生。在有生命的世界里，有一些生物，它们的生命形式是很特别的，如熊的冬眠，熊冬眠期排泄系统的体内循环就很特别，不会出现长时间不排泄而导致体内的中毒；龟吃的很少而长寿，等等；这些生命形式是大自然经过几亿年形成的，人类要在有生之年贴近熊、龟的生命形式，是不可能的。当然，这又是另外的话题了。

　　学生：老师，还请您说一下孔子《象》辞里关于《颐》卦还有什么主要的疏忽，特别是最后的那段话，好像偏离主题了。

　　老师：好的，我来讲一下。从《颐》卦的宇宙时空节点来看，它是每年阳历十二月二十八日至下一年阳历一月三日这六天时间，这六天已靠近节气"小寒"，寒冬到了。在这六天里，是听不到雷声的。此时春雷尚未发动，夫子观象系辞，略显粗心，说山下有雷，有些随口而出，这是夫子看到下卦为震，就说雷。夫子又讲到慎言语，而君子"慎言之德"与天道化生万物的精神之间，似乎无法联系上。节制饮食之议论，又与春雷发动、万物得天道养育之间，扯不上关系。总之，整段话让人听的迷迷糊糊。《颐》卦的象，是不应该这样解释的。《颐》卦在宇宙时空上，紧跟《复》卦，在《颐》之后有：《屯》、《益》、《震》、《噬嗑》、《随》、《无妄》六个卦，这八个卦的下卦都是震，但前四个卦《复》《颐》《屯》《益》的宇宙时空里都不会有雷的发动，这四个卦的时空大约为二十四天，这个时段里不会有雷声，雷声要到《震》卦之后的时空，在正常年份要到其后《丰》卦的时空，《丰》卦时空的节气是惊蛰，春雷发动，地下蛰伏的虫被惊醒。

因此，理解《颐》卦的内卦，不要往"雷声"上去想，要理解为阳的"动"，这是鼓励民众辛勤劳作。"动"的目标，在《颐》卦时空里，只能是养家糊口，解决百姓填饱肚子的问题。遇到饥荒的年岁，能生存下去就是胜利。《颐》卦，其卦象是张开的口，口中无食，饥饿之象。

学生：明白了。老师，那又有了新问题，孔子观象的偏差，一定会导致对《颐》卦时义的误解，从我们看到的孔子的"《象》说"的那段话，看不懂夫子想告诉我们的时义是什么。老师，以您的理解，《颐》卦的时义是什么呢？

老师：从《颐》卦的卦辞，我们就领悟到了《颐》卦卦象时空所对应的时义，《颐》卦的时义，就是应对饥荒的年岁，固守正道。

学生：明白了。那接下来我们可以进入到《颐》卦的爻辞了。

☲☲ 初九：舍尔灵龟，观我朵颐，凶。

现代文注释：

初九，居下位的人士，劳动强度大，食欲旺盛，贪吃嘴馋，故舍弃了灵明的态度，流着口水看着我大快朵颐。初九口中无物，主"动"而不能动，只能张着嘴看别人的嘴在动；初九位虽居正，而不能守正，这是食欲太强，失去了尊贵。但对于吃不饱饭的下层人民，这又有什么办法呢？这是农业年景不好之时下层百姓的行为体现；而占为凶，是指农业欠收这种情况若持续多年，有凶。

学生：老师，企业战略的占问要以《颐》卦初九为断，我思考过爻辞，知道此占有凶，但找不到感觉，还请老师为我们做个卦象解析。

老师：好的。占问结果以《颐》卦初九为断，得到的是《颐》之《剥》。从卦象看，《颐》卦卦象▤▤，《剥》卦卦象▤▤，两卦卦象结合起来看，爻变导致震失而变坤，震为足，为根基，这是足被阴所消，无足不能行之象，也是根基损毁之象；其上方艮为屋顶，屋顶虽在，基石已毁，有塌陷之危；坤为水，艮为火，处水火之中；艮为身，坤为万物役，为劳，此乃身劳之象。对于企业战略而言，卦象信息，是说做的很辛苦，身劳心疲，虽不辞赴汤蹈火，却不能前行，企业状况得不到改观，没有好的前景，战略实施不会成功。

学生：老师，卦象里的根基有失，对于企业战略而言，是不是指饥荒的困难导致处在基层的人才完全流失，企业连基本业务都不能正常开展，发展的前景就更不用说了，是这个意思吗？

老师：有这层意思包含其中，此占问结果提醒企业家，不要在最困难的时候自毁手足，剪裁人员不要砍断双足，无足不能行，企业只能等死，要与员工共度艰难，留住基层的骨干。

学生：明白了。那我们继续看《颐》卦六二的爻辞。

▤▤ 六二：颠颐，拂经于丘颐，征凶。

现代文注释：

六二，阴爻得正居中，"颠"，是颠簸，勤劳、奔波的意思，来回上下奔波于丘陵山坡，是为了到山丘上开荒，填饱肚子，这是守持正道。六二居下卦震的中位，震为动，为征伐。此时六二的"动"是奔波于山坡上辛勤开荒种地、颠簸劳碌呢？还是去征伐邻国、抢夺邻国的收成呢？爻辞警示：征有凶。

学生：老师，我看此爻的"凶"前面多一个"征"，企业战略的占问要以《颐》卦六二为断，这意味着什么？

老师：企业战略的占问要以《颐》六二为断，从爻辞看，联盟内部各国面临团结的考验，对于企业，就是核心层、股东层面的团结面临考验，如若有"征"，也就是有"争"，则必有凶。这种情况往往无法避免，就看内部斗争达到什么程度，假如达到相互伤害，一方过于强势，利用企业困难和对方的过失而制造斗争的理由，无限升级，那就是自毁家园，核心团队分崩离析，关键人物遁离，会对战略的实施产生毁灭性的打击；强势的一方从斗争中夺到的好处，会在企业走向颓势的消耗中完全失去，其夺到的利益无法挽救企业的颓势。

学生：明白了。老师，那从企业战略分析的角度，以《颐》卦六二为断，会出现什么状况呢？还请老师为我们做个卦象解析。

老师：好的。占问结果以《颐》卦六二为断，得到的是《颐》之《损》。从卦象看，《颐》卦卦象䷚，《损》卦卦象䷨，两卦卦象结合起来看，下震为君，为行，上艮为止，损卦的初爻到六五，互卦是《临》卦，故，君之行，君王之临，都为上艮所止，天下没有不散的宴席，都到此为止了。《颐》卦伏《大过》，阳刚的力量就要被阴的势力完全封锁而失去功用了；《临》卦伏《遁》，君子就要退出舞台了。对于企业战略而言，这象征企业内部会有权力斗争出现，伴随着激烈、不正常的伤害，企业原来的创始人所带的团队会受到冲击而退出企业，最终导致企业颓势的出现，战略实施失败。

学生：明白了。从爻辞的"征凶"，再到《颐》之《损》的卦象解析，所包含的信息全都显露出来了。

老师：对于企业战略的占问，以《颐》卦六二为断，此时对企业战略的解析要把爻辞分为两段，前面一段"颠颐，拂经于丘颐"说的是原先创建企业的领导人带领团队辛劳奔波，创立了一个有前景的企业，后段的"征凶"，说的是股东层面有财力的人物开始介入，翻云覆雨，制造出内部斗争的理由，导致《遁》卦的局面出现。

学生：我经营企业多年，在业内也听说过很多这类的事情。老师，占问结果得到《颐》之《损》，就一定会出现这类事情吗？

老师：是的，卦象如此，就一定会是如此，与君子的心愿无关。占问到这个结果，要做好准备，争取到最低的伤害，也努力做到最低损失的遁离。故，占问得到《颐》之《损》，并不是坏事，你会得到提醒，思想上才会做好准备。

学生：明白了，老师。那我们继续看《颐》卦六三的爻辞。

☲☳ 六三：拂颐，贞凶。十年勿用，无攸利。

现代文注释：

六三，人位，三公大臣和封疆大吏，"拂"，这里是拂袖的意思，即意不合而离去，结盟的邻邦不能互助，反而争吵，争吵后不欢而散，互助之事没有结果，不能得到协调，占为凶。六三居坤中，坤数十，故曰"十年勿用"，这种状况，大家都不会有所得，都不会在交往中得到利益。

学生：老师，《颐》卦六三是一场不欢而散的协调会，会议开的不成功，参加协调会的各方都很生气的佛袖而去，我想他们最终还是解决了思想的不一致，否则也不会有西岐最终的帝王功业。

老师：是的，《颐》卦的六三，争吵后拂袖而去，只是很短暂的一个阶段，饥荒的出现是大家都没有预料到的，第一次协调会开的不好，很正常。

学生：老师，企业战略的占问要以《颐》卦六三为断，那协调的最终结果，会是怎样的呢？还请老师为我们做个卦象解析。

老师：好的。占问结果以《颐》卦六三为断，得到的是《颐》之《贲》。从卦象看，《颐》卦卦象☲☳，《贲》卦卦象☲☳，两卦卦象结合起来看，震为怒，离为明智，怒变为明，明白之后就能好好商量，艮为果，是有了结果，这是协商最终有结果之象。对于企业战略而言，卦象信息，合作最终成功，虽然刚开始意见不统一，最终还是达成了一致，有了合作的愿望，其结局是成功。

学生：明白了。那我们继续看《颐》卦六四的爻辞。

☲☳ 六四：颠颐，吉。虎视眈眈，其欲逐逐，无咎。

现代文注释：

六四，与初九有应，帮助下层人民度过艰难，上下互帮互助，填饱肚子，吉祥。尽管相互还有介意，在分粮食时因其强烈的欲望而"虎视眈眈"，也不断有"其欲逐逐"的相互计较，但互助是总的原则，故无咎。

学生：企业战略的占问，要以《颐》卦六四为断，这里面包含了什么重要信息呢？还请老师为我们做个卦象解析。

老师：好的。占问结果以《颐》卦六四为断，得到的是《颐》之《噬嗑》。从卦象看，《颐》卦卦象 ☷，《噬嗑》卦卦象 ☲，两卦卦象结合起来看，艮为星，离为日，震为随，跟随着太阳而运行，这是在说天象，太阳系中的九颗卫星包含地球都有这样的运行规律；互坎为肉，为酒，口中有肉类食物，有酒，艮为安，震为君，为乐，坤为国，这是年景转好，国安君乐之象；与爻辞对应，上下互助，已度过艰难，但刚度过饥荒，有粮食可分，故，分配时虎视眈眈、其欲逐逐；但总体来说无咎错。对于企业战略而言，也是一样，形势已转危为安，高层也就有了欢乐，战略实施成功。

学生：明白了。那我们继续看《颐》卦六五的爻辞。

☷ 六五：拂经，居贞吉。不可涉大川。

现代文注释：

六五，君王鼓励大家勤劳养家，开荒种地；六五、上九为反震，不宜动，不动为居，故曰"居贞吉"，国力虚弱时，不可涉大川，即不可对外有大动作。

学生：企业战略的占问，要以《颐》卦六五为断，饥荒的情况好像略有好转，这是因为大家意见统一了，都开始开荒种地，勤劳养家，但国力仍然虚弱，对外还不能有大动作，这是不是意味着企业不能有大项目的上马，不要有大的投资项目启动，还请老师为我们做个卦象解析。

老师：好的。占问结果以《颐》卦六五为断，得到的是《颐》之《益》。从卦象看，《颐》卦卦象☷，《益》卦卦象☴，两卦卦象结合起来看，震为行动，艮为安，互坤为顺，为台阶，巽为利，这是行动有利，登阶而上之象。对于企业战略而言，大项目可以启动，但要缓，如登台阶，战略实施会成功。

学生：明白了。那我们继续看《颐》卦上九的爻辞。

☶ 上九：由颐，厉吉。利涉大川。

现代文注释：

上九，其地位可以得到较好的供养条件，但上九是世事通达的老人和贤人，处艮的主爻之位，得艮的"止"之道，能克制自己；"由"，自得，随缘。人生随缘，万事"由"它自来，"由"它自去，颐养在饥荒的年岁也要自得、随缘，这样的境界，通达的上九才会具备。自得、随缘的颐养，就是"由颐"，特别是在艰难岁月里，不求多给长辈照顾，才能保证儿孙不会饿死。虽然这样会有危险，但度过艰难就有吉祥。有仁爱、宽容的心和克己的态度，有利于涉过大川，这里的大川指饥荒年景的粮食困难。

学生：企业战略的占问结果，要以《颐》卦上九为断。此爻的爻辞有点难，还请老师为我们做个卦象解析。

老师：好的。此爻居天位，为老人，也是德高望重的贤人，本该得到供养的照顾，但贤人和老人懂得后代的重要，也出于慈爱之心，才有爻辞里的"由颐"，也正如爻辞所写的"厉吉"，这样做有"厉"，是有危险的，这种危险就是贤人自己处在危险之中。我们来看一下卦象中的信息，以《颐》卦上九为断，得到的是《颐》之《复》，从卦象看，《颐》卦卦象☷，《复》卦卦象☳，两卦卦象结合起来看，坤为文，震为周，为王，卦象为周文王，艮为拘，是文王被囚羑里之象；艮为虎狼，坤为身，为祸殃，震为逼近，这是虎狼逼近，祸殃近身之象；爻变失艮得坤，艮为囚，失艮是囚禁得解，坤为天下，得坤为得天下，这是文王解脱被囚之灾，得天下之象。以文王之贤明，他完全明白自己到商朝的都城会发生什么，但他还是去了，他为子孙后代着想，自己去犯险，其终为吉，这就是爻辞里的"厉吉"。对于企业战略而言，卦象信息，提醒企业最高领导人在关键时刻要把艰难留给自己，会有终吉；得此占，会有成功。

学生：明白了。风雨之后，才见彩虹。《颐》卦六爻都讲完了，深受教益。张老师，我们完全赞同您的见解，《颐》卦必须离开养生之道的神侃，才能有如此精彩的企业战略分析，我们真的是大长见识了。

泽风《大过》☰☱（卦序号：6）

《大过》卦，是紧跟在《姤》卦之后的"阴消阳"的卦。从《大过》卦整体的大象来看，《大过》是一个大大的坎卦，象征水灾的到来。《姤》卦，阴从下而入；到《大过》卦，阴开始从上进入，希望尽快消除夏至的暑气，却带来大水的冲刷，大水冲走家具、木材、牲畜和家中的财产。从《大过》卦的大象联想，是水灾来了；阴气过盛的消暑，从一开始，就通过《大过》卦给人们留下水患的印象。孔子在《象》辞里解释"大过"，就是阳刚的力量仍然强大，在阴的力量过度的举动之后，又在阳刚力量的作用下恰好回到中位，这就是"大过"的道理。下卦巽的木道，利涉大川，上卦兑为悦，愉快的前行，可以有勇气前往解决问题，有利前往，故占到《大过》卦的人，可得亨通。

先看《大过》卦的卦辞，及现代文注释：

大过：栋桡，利有攸往，亨。

现代文注释：

大过，是卦名。房屋的栋梁弯曲了，梁的弯曲表现出了不正常，这种不正常需要解决，"大"，在《周易》中指阳，故"大过"是阳刚的过失，但，刚爻仍然居中，且下卦巽为谦逊而上卦兑为喜悦，如此状态的行动，有利前往，故要有勇气前往解决问题，这就是"大过"，它是亨通的卦。

学生：张老师，我们对《大过》卦的卦象和它的卦辞有些迷惑。"过"指的是过失呢，还是指的过盛？阳刚的过失，又指的是什么呢？有些不解，觉得接受下来很勉强，有盲目接受的感觉。

老师：是的。《大过》卦寓意很深，所含易理深奥，要有个思考理解的过程，我给大家做个浅显的解析吧。首先《大过》卦的"过"，其意为"失"，指的是失其功用，"大"指阳爻，天道及于人事，那就是指君子，故，从卦名来解读，本义是说阳爻或君子失去了功用。那为什么会失去其功用呢？从卦象看，上下两头都是阴爻，把阳爻或君子封锁在里面，或者说是困锢在里面，我们知道《坎》卦的时义是"阳之陷"，也就是"阳之困"，而《大过》卦从卦象上看，是一个大大的《坎》卦，故，阳爻被困在两阴爻中间，功用尽失。汉朝时代，人们就以《大过》卦为死卦，为棺椁之卦，认为阳爻就如同被封锁在棺椁之中，已尽失其功用了，死了。因此，《大过》卦至少是一个让人有担忧的卦。

学生：经老师这么一说，好像有些明白了，先不管君子有什么过失，首先从卦象上理解，阳的功用有失。老师，那孔子对《大过》卦的裁断正确吗？

老师：我们虽然不能贸然说孔子的裁断有很大的偏差，但至少是不周全的，孔子所取的观察角度，更多是从"纠枉过正"的道理来进行解释。两头的阴爻，被孔子理解为本和末的虚弱；中间的栋梁弯曲了，被理解为阳刚有大的举动，过了所导致，而阳刚的力量足够强大，在阳刚力量作用下弯曲的栋梁又回到中位。我们就来看看孔子的《象》辞是怎么说的。

孔子《易传·象》对《大过》卦的卦辞，是这样裁断的：

《象》曰：大过，大者过也。"栋桡"，本末弱也。刚过而中，巽而说行，"利有攸往"，乃"亨"。大过之时，大矣哉！

现代文注释：

象辞说，此卦的卦名为"大过"，大为阳，是阳刚之过。房屋的栋梁弯曲了，是底部和上部虚弱。这是大的举动，过了；阳刚的力量强大，在过度的举动之后，又在阳刚力量的作用下恰好回到中位，这就是"大过"的道理。有下卦巽的木道，利于涉过大江大河，又有上卦兑的愉悦前行，可以有勇气前往解决问题，有利前往，故它是亨通的。《大过》的时义，真的很大啊！

学生：老师，由于六十四卦中还有一个《小过》卦，因此我们在学习您所写的"《周易》本义"一书时，把您提出的区别原则记在心上，您不把"纠枉过正"作为主要的卦旨，而是更偏向于两个卦的历史背景，从殷商末世的商纣王暴政，以及周文王的"含晦"作为历史背景，来看《大过》卦与《小过》卦的区别，我们觉得这样区分还是挺有道理的，符合文王的本义。

老师：我们应当尊重历史，尊重卦象决定卦名的历史背景。离开这种尊重的态度，那就是想怎么说就怎么说了。至于孔子的用意，在他更重视儒家义理阐释的背景下，还是做到了最好。孔子对于《大过》就很深刻的说到"大过"是阳刚的过失，是君子的过失。孔子对他的弟子就说过："君子之过失，有如日食月缺，人人都可以看到；君子改正了错误，人人都会景仰他。"孔子的这个见解从某种角度来看，是很到位的，对后世的影响也很大。

学生：老师，这下我们完全明白了，不会再像以前那样，云里雾里的不知道《大过》卦是怎么回事。那接下来您就为我们讲一下企业战略的占问，遇到占问结果要以《大过》卦的卦辞为断，怎么理解这里面包含的有用信息呢？

老师：企业战略的占问结果，要以《大过》卦的卦辞为断，可分为两大类情况。第一类情况《大过》卦为本卦，六爻皆不变；第二类情况《大过》卦为之卦，本卦有三根爻变，变卦为《大过》卦。

学生：老师，您先讲第一类情况，《大过》卦为本卦，六爻皆不变。

老师：好的。从卦象看，《大过》卦卦象☰，兑为月，为损，为缺，为花，兑伏艮为星，互乾为流水，巽为陨，巽覆兑为花落，这是月缺星陨，花落流水之象；下卦巽为香草，互乾为德，为福，伏坤为灾隐，这是君子美德如兰，有福而灾隐之象。对于企业战略而言，卦象信息，月缺星陨，寓意有折损，不会圆满，花落流水寓意败落，但君子美德如兰，有德而无灾患；结合卦辞，"栋桡"是栋梁出问题弯曲了，危险情况出现，君子有过，但仍然亨通，利于前往。

学生：明白了。老师，您继续讲第二类情况，《大过》卦为之卦，本卦三根爻变，变卦为《大过》卦。

老师：好的。我举几个例来具体解析。先看《归妹》之《大过》，从卦象看，《归妹》卦卦象 ䷵，《大过》卦卦象 ䷛，两卦卦象结合起来看，大坎之象上下皆为缺边的半个离，离为镜，这是镜子破为两半的卦象；坎伏离，离伏为无光，这对于本占问里的嫁女，意味着镜破而无缘出嫁，无光彩的被遗弃，嫁女的事情被拒绝；卦象不吉；中爻伏坤，坤为文，坤伏为无文章，也就是没有文章可做，是无结果之象。如果此时企业正在谈一项合作，那合作就会破裂；对于企业战略而言，卦象信息，寓意原有的事，即原来的文章已做不下去了，无论企业此刻正在做什么大事，都寓意事情凉了，没了。对于企业战略而言，此占问显示的信息结论就是：事情不会成功。

再举一个例子，占问得到《同人》之《大过》。从卦象看，《同人》卦卦象 ䷌，《大过》卦卦象 ䷛，两卦卦象结合起来看，乾为天福，兑为乐，巽为商贾，巽伏震为时，震数四，这是有天福，商人四时欢乐之象；乾为天门，为富，为福，为昌隆，为百年，半震在上，为开，巽为齐，为长，这是天门开，商人得天福，富福长久，百年昌隆之象。对于企业战略而言，卦象信息，明示成功。

学生：明白了。那接下来我们来看孔子对《大过》卦的观象说了什么。

䷛　孔子《易传·象》对《大过》卦的卦象特点，做了如下表述：

《象》曰：泽灭木，大过，君子以独立不惧，遁世无闷。

现代文注释：

《象》说，上卦兑为泽，下卦巽为木，大水不断的淹没巽木，这就是《大过》卦的卦象。君子观察《大过》卦，效法它，能够独自的处于此种境况而不恐惧，不为世所用也不会烦闷忧愁。

学生：老师，孔子对《大过》卦的观象准确吗？孔子说到《大过》卦的时义了吗？《大过》卦的时义，应当怎样准确表述呢？

老师：孔子对《大过》卦的观象，有他特有的观察角度，由于《大过》卦的卦象深藏奥妙，故，想换一个更好的角度也很难。孔子说到了《大过》卦的时义，只是语义分散，要在理解后再整理一下。《大过》卦的时义，就是君子处于阴阳失衡的阶段，且有过，但它是君子之过。

学生：明白了。那接下来我们可以进入到《大过》卦的爻辞了。

☲ 初六：藉用白茅，无咎。

现代文注释：

初六，上承四根刚爻，故有"慎"之状，"藉"，其意为铺垫，《大过》下卦为巽，巽为白，为茅，故初六就是"藉用白茅"中的白茅；恭敬的祭祀，铺上清洁的白茅，寓意行动前的慎重，是极为重视的态度。古人祭祀时有一项重要内容就是用酒浇地，此时在地上铺垫上白茅，把酒浇在地上的白茅之上，充分表达对天地和祖宗的尊敬，怀着如此虔诚而谨慎的心，必然会慎始慎终，故无论将来结果如何，皆为无咎。

学生：企业战略的占问结果，要以《大过》卦初六为断。此爻得到无咎，结果怎样，还请老师为我们做个卦象解析。

老师：好的。占问结果以《大过》卦初六为断，得到的是《大过》之《夬》。从卦象看，《大过》卦卦象☱，《夬》卦卦象☱，两卦卦象结合起来看，震阳回复，巽变乾，阳刚恢复生机，功用之失得以恢复，是失而复得之象；下卦乾为健，上爻兑为悦，回到刚健而喜悦的状态；乾为天福，巽伏震为随，是有天福相随之象。有了这些条件，此时虔诚、谨慎的做事，又有何咎呢？对于企业战略而言，这是回复到很好的状态，战略实施成功。

学生：明白了。那我们继续看《大过》卦九二的爻辞。

☱ 九二：枯杨生稊，老夫得其女妻，无不利。

现代文注释:

九二,是盛大居中的阳刚,其伏象为震,震为老夫,九二在上卦与九五无应,故与初六的亲近会有结果,阴阳遇合,无不利,故曰"老夫得其女妻,无不利"。寓意:生繁华于枯荑;故曰"枯杨生梯"。君子始终不放弃的努力坚持,就会有生机出现;这样的生机,尽管存在着不够理想的地方,但毕竟足以济难。

学生:企业战略的占问结果,要以《大过》卦九二为断。爻辞难懂,结合企业战略分析,还请老师为我们做个卦象解析。

老师:好的。占问结果以《大过》卦九二为断,得到的是《大过》之《咸》。从卦象看,《大过》卦卦象☴,《咸》卦卦象☱,两卦卦象结合起来看,阳爻退却,《咸》卦初六往上至九五,互卦之象为《遁》卦,寓意遁离,《咸》卦六二往上至上六仍然是棺椁之象,下艮为门,上兑为虎,门外有虎,中爻巽为墙,为逃,翻墙而逃,脱离虎口;《大过》和《咸》,两卦卦象相近,都有翻墙而逃,尽快脱离虎口之象,这是虎口之下的生机;这样的生机尽管不值得夸耀,但能够脱离虎口已是得吉,没有不利。从企业战略的角度,预知危险之所在,而果断的脱离险地,就是明智的举动。能够遁离成功,更是重获生机,后福有望,这与爻辞里的"无不利"相合;得此占,可得成功。

学生:明白了。那我们继续看《大过》卦九三的爻辞。

☵ 九三:栋桡,凶。

现代文注释:

九三,阳爻居阳位,虽得位而过于阳刚,从卦象看,刚爻集中在中爻,九三为其代表,阳刚控制了整个中间过程,对于阴的控制是很有力量的,阴爻居本末之位,而中间过程阳的力量过盛;九三居大坎之坎中,与九四皆为"栋",此时栋梁已经不堪重负,栋梁弯曲,故曰"栋桡"。本末的虚弱,中间栋梁弯曲,危险即将发生,故凶。九三太过阳刚,又有九四、九五合而为乾,排斥了阴的应与，得不到底部和上部的辅助，故陷入困境，有凶。

学生：企业战略的占问结果，要以《大过》卦九三为断。爻辞明确栋梁弯曲，凶。还请老师为我们做个卦象解析。

老师：好的。占问结果以《大过》卦九三为断，得到的是《大过》之《困》。从卦象看，《大过》卦卦象☰，《困》卦卦象☰，两卦卦象结合起来看，大坎变为小坎接中坎，阳爻被阴爻包围封锁之象并没有改变；变卦后，阳爻仍然陷在坎中；乾为门户，坎为河，兑为虎，虎未离去，虎从挡在门户前方改为蹲在河边，这是极为凶险的环境。对于企业战略而言，卦象信息，吃人的猛虎先是门外据守，后又在河边拦截，大坎未变，又出现两坎的相接，故此时要暂停原战略的实施，重新进行评估，有些重大项目要进行调整，这样才符合战略管理的阶段再评估原则；得此占，战略实施归于失败。

学生：明白了。那我们继续看《大过》卦九四的爻辞。

☰九四：栋隆，吉，有它吝。

现代文注释：

九四，阳居阴位，得到居阴位的用柔之道，使得九四不同于九三的一味用刚，对阴爻的排斥得以缓解，得到本末两端的支持，栋梁向上隆起而恢复平直，吉利。但栋梁的支撑如果有其他变故出现，刚恢复的平衡还会被打破，这是"有它"的字面含义；但其爻位的含义，是指九四靠近九五，有辅佐九五君王的重大责任，若九四有其他的志向，比如前往应初六，那就会有遗憾。

学生：企业战略的占问，要以《大过》卦九四为断。爻辞中有"吉"，但又提醒"有它吝"。还请老师为我们做个卦象解析。

老师：好的。占问结果以《大过》卦九四为断，得到的是《大过》之《井》。从卦象看，《大过》卦卦象☰，《井》卦卦象☰，两卦卦象结合起来看，爻变导致兑变坎，兑为喜，坎为忧，由喜转忧之象；忧的来源在下卦巽，巽为败坏，为腐变，巽上为乾，乾为德，这是德行开始败坏、腐变，德行有损之象；爻变还导致互乾变为互兑，乾为业，为仁德，兑为毁折，为损，爻变明显含有基业毁折，仁德有损之意；巽伏震，震为功业，震伏为无功；兑伏艮，艮为宗庙，艮伏为宗庙有失，宗庙寓意基业，故，这是基业有失之象；卦象明显是阳被封锁，阳刚在棺椁中腐变；爻变后，阳爻仍被阴爻封锁；不吉。卦象与爻辞的"有它吝"相合，只是卦象信息进一步明确了"吝"的结局。故，爻辞中的"吉"，只是说栋桡的危险解除，并没有功业上的吉。对于企业战略而言，卦象信息，更贴合于爻辞的"有它吝"，也就是说，最终有遗憾，不会成功。

学生：明白了。那我们继续看《大过》卦九五的爻辞。

☰☱ 九五：枯杨生华，老妇得其士夫，无咎无誉。

现代文注释：

九五，阳刚居中得正，与九二无应，故与上六的亲近会有结果，九五是健壮男子，即"士夫"，上六是"老妇"，故有"枯杨生华，老妇得其士夫"的爻辞，此结果虽然不理想，无誉可言，但阴阳得以匹配，当然也是"无咎"的。中爻得乾乾之象，其过程已体现了自强不息的精神，已经做过努力了，故不必再强求，对俗世的看法更不必在意，阴阳遇合的结果，可能是有花无果，但不管是生出花朵还是长出小树，都无咎无誉。

学生：企业战略的占问结果，要以《大过》卦九五为断。九五没有出现凶辞，联系我们的主题，还请老师为我们做个卦象解析。

老师：好的。占问结果以《大过》卦九五为断，得到的是《大过》之《恒》。从卦象看，《大过》卦卦象☰☱，《恒》卦卦象☳☴，两卦卦象结合起来看，大坎为忧患，爻变得震，震在上，为已经走出忧患，震为福，为载，为春，为生，为木，为杨，兑为友，巽为利，为蛊，为腐，为枯木病树，这是忧患得解，枯杨逢春生华，载福同行，与利为友之象。对于企业战略而言，卦象信息，是天时到来，进入到很好的发展状态，战略实施成功。

　　学生：明白了。那我们就继续看《大过》卦上六的爻辞。

☰ 上六：过涉灭顶，凶。无咎。

现代文注释：

　　上六，阴爻虽得正，但一阴凌乘群阳，受到阳刚的逼斥，为居险之象，老妇有过河、涉过大川的勇气和行动，故，即使水淹过了头顶，有危险，也没有咎错，因为这是形势使然，这样的努力没有过错。上六爻揭示的道理就是，刚爻的力量过盛，会导致产生"灭阴"的趋向，故有凶；阴爻没有过失，故无咎。

　　学生：企业战略的占问结果，要以《大过》卦上六为断。上爻变，棺椁之象变为《姤》卦之象，爻辞为凶，对于企业战略的占问，这意味着什么呢？张老师，还请您为我们做个卦象解析。

　　老师：好的。占问结果以《大过》卦上六为断，得到的是《大过》之《姤》。从卦象看，《大过》卦卦象☰，《姤》卦卦象☰，两卦卦象结合起来看，兑为害，乾为人，巽为鞭，鞭打为害之人，这是有人祸，不和谐之象；巽为鱼，乾为河海，巽伏震，震为功，震伏为无功，这是河海捕鱼，劳而无功之象。对于企业战略而言，这是企业不得地利，也不得人和，没有助力发展的有利条件，故战略实施不会有成效，虽无灾殃，但也无功，得不到利，归于失败。

　　学生：明白了。《大过》卦的六爻都讲完了。老师，听完您的卦象解析，对占到《大过》卦，我已经找到感觉了，除了要慎始慎终，还要及时做战略评估，适时果断的进行调整。在危险的环境里要及时离开，哪怕就像九二爻里面那样，翻墙而走，及时离开那只蹲守在大门口的老虎。对于九三爻里面那只四面拦截的老虎，那就要停下来认真考虑如何逃脱虎口了。

水雷《屯》䷂（卦序号：7）

《屯》卦，是紧跟在《颐》卦之后的"阳息阴"的卦，"阳"进一步壮大，但力量仍然有限，必须"屯"之以待。"屯"，有等待的意思，同时有积蓄、储备的意思。《屯》卦，其下卦为阳气之始动，而上卦之坎，被寓意为天地交合后生命在坤体内的孕育；故，通行本《周易》中，"屯"被认为是天地结合而生物的开始。

先看《屯》卦的卦辞，及现代文注释：

屯：元亨，利贞，勿用有攸往，利建侯。

现代文注释：

屯，是卦名。《屯》卦，下卦震为春，上卦坎为冬，从春到冬，四时毕备，春夏"元亨"，秋冬"利贞"；"屯"，既充满生机，又相当的艰难，出生在寒冬，一阳来复，意志坚定的走向春天，起始的亨通就包含了纯正无邪的方向，这利于固守贞正。等待时机，不求急用，而求成长后的大用，故不可轻举妄动；卦主为震主，震为君王，可奠定公侯基业，故曰"利建侯"。

孔子《易传·象》对《屯》卦的卦辞，是这样裁断的：

《象》曰：屯，刚柔始交而难生，动乎险中，大"亨贞"。雷雨之动满盈，天造草昧，宜"建侯"而不宁。

现代文注释：

象辞说，屯卦，阳刚始入阴柔的体内而有了坤体内的怀育，刚陷坎中而难出，故曰"难生"；阳的动，遇坎险，是又有艰难生成的阶段，阳气动于艰险的环境，不动就不能出险，故"阳"动则有大亨通，是正道。云雷的阴阳二气充盈天宇，创建大事业的开始，如同天地造物的开始，充满艰难和草莽荒野的气息，其状态不能与和平繁荣的年代相提并论。虽然具备创建公侯基业的自身条件，但同时又有不安宁的外部环境需要面对。

学生：老师，孔子对《屯》卦卦辞的裁断准确吗？

老师：孔子很重视《屯》卦，把它的卦序位置放在紧跟《乾》《坤》之后，这样孔子在完成《乾》《坤》两卦后，紧接着就写《屯》卦，裁断很准确。孔子定《屯》卦为"难生"，用"难"字定下了《屯》卦的总基调。

学生：企业战略的占问，要以《屯》卦的卦辞为断，孔子裁断《屯》卦卦辞的总基调是"难"，而卦辞里有"元亨利贞"，又有"利建侯"，又都是吉利的，这具体意味着什么呢？

老师：我们具体细致的来看看，占问结果以《屯》卦的卦辞为断，可分为两大类情况，第一类情况《屯》卦为本卦，六爻皆不变，第二类情况《屯》卦为之卦，本卦有三根爻变，变卦为《屯》卦。

学生：老师，您先讲第一类情况，《屯》卦为本卦，六爻皆不变。

老师：好的。《屯》卦为本卦，六爻皆不变的情况，只与本卦的卦象有关，从卦象看，《屯》卦的卦象☵☳，坎为众，中爻互坤为民，为军，农业经济的时代，寓兵于民，故，卦中有兵之象；震为征战，坎为寇，是战于寇之象；艮为城，坎艮相接，寇已兵临城下，震为粮，中爻坤虚，为无粮，这是外寇兵临城下，城中已近绝粮，处于危境之象；此状态，就是孔子在象辞里提到的"不宁"。对于企业战略而言，卦象信息，基调还是"难"，城中无粮，民困于食，代表企业的财政状况很不好，在内困的同时，外寇兵临城下，有"不宁"要面对，有强大的竞争对手出现，故不能盲目乐观于"利建侯"；内困外忧，难以成功。

学生：明白了。老师，您继续讲第二类情况，《屯》卦为之卦，本卦三根爻变，变卦为《屯》卦。

老师：好的。我举几个例来具体解析，先看占问得到《剥》之《屯》。从卦象看，《剥》卦卦象▓，《屯》卦卦象▓，两卦卦象结合起来看，艮为山，为果，为采摘，为待，坎为北，坤为百里，为园，这是北山大片果园已经挂果等待采摘，震为乐，为盛，为丰，为筐，伏巽为香，这是百里果园丰收之象。对于企业战略而言，卦象信息，是有丰盛的收获，战略实施成功。

再举一个例，占问结果得到《夬》之《屯》。从卦象看，《夬》卦卦象▓，《屯》卦卦象▓，两卦卦象结合起来看，乾为忧惕，兑为暗昧，为失，震为时，为晨，为鸣，震伏巽为鸡，为报时，坤为民，为劳，艮为果，为成，艮阳进坎中，故无果，不成，这是因失时，民劳苦而无功，忧惕之象。对于企业战略而言，这是选择项目没有掌握时机，故无果，战略实施失败。

学生：明白了。那我们接下来看孔子对《屯》卦的观象说了什么。

▓ 孔子《易传·象》对《屯》卦的卦象特点，做了如下表述：

《象》曰：云雷，屯。君子以经纶。

现代文注释：

《象》说，上卦坎为云，下卦震为雷，故曰"云雷"，这就是《屯》卦的卦象。君子观察此卦象，得到启示，初创阶段的艰难，只能坦然的面对；必须努力于经营治理，负起策划长久成长、经营和积蓄力量的责任。

学生：老师，孔子对《屯》卦的观象准确吗？最后的一句话是说《屯》卦的时义吗？孔子只说了"经纶"两个字。古人的语言很精炼啊！老师，您的一大段注释的话，倒是让我们看得很明白。

老师：《屯》卦，在孔子的《序卦传》里被放在很突出的地位，紧跟《乾》《坤》两卦之后，孔子对《屯》卦的观象也很仔细，故，对《屯》卦的观象准确。最后一句话，孔子是在说《屯》卦的时义。《屯》卦的时义，是君子处在事业的初创阶段，需要等待和积蓄力量。《屯》卦的宇宙时空，与《颐》卦相差六天。其"时义"的差别，在于上方的阳爻向内移动了，阳刚的力量略有增强，故企业战略在此时空可谋求大事业，但仍然处在等待的阶段，其大战略从《颐》卦的求生存，要调整到扩大生存空间，提高能力。在这个时空，总体还处于初创阶段，故，需要等待和积蓄力量。

学生：明白了。那接下来我们可以进入到《屯》卦的爻辞了。

䷂ 初九：磐桓，利居贞，利建侯。

现代文注释：

初九，一阳处于群阴之下，是这一卦的卦主。志向纯正，又能以贵居下，礼贤下士，大得民心。坎险在前，不能直通向前，故"磐桓"，初九耐心的多磐桓几日，不是浪费时间，是"居正"守正道的表现，有利于建立王侯的基业。

学生：企业战略的占问结果，要以《屯》卦初九为断，此爻就是"利建侯"的爻，还请老师为我们做个卦象解析。

老师：好的。占问结果以《屯》卦初九为断，得到的是《屯》之《比》。从卦象看，《屯》卦卦象䷂，《比》卦卦象䷇，两卦卦象结合起来看，震为粮，为耕，为功业，坤为国，为兵，中爻艮为城，为刀兵，为防卫，君位九五成为比卦的盟主，这是以粮、兵为基础，做长久御敌准备之象；卦象体现"建侯"的战略意图。对于企业战略而言，这是定下"建侯"的战略方向，做长期的积累和等待，恪守正道；但，得此占，处在固守、防御阶段，尚未成功。

学生：明白了。那我们继续看《屯》卦六二的爻辞。

䷂ 六二：屯如邅如，乘马班如。匪寇，婚媾，女子贞不字，十年乃字。

现代文注释：

六二，居中得正，与九五有应，本应前往，但九五居坎中，六二阴爻无能力入险再出险，又为其上二阴爻所阻，阴遇阴则止，故彷徨不前，欲前行而又止，故曰"屯如邅如，乘马班如"；前方坎中之九五，对于六二，不是寇盗，是婚媾，六二柔爻守其贞正，等待着有一天能和九五一起出坎险，六二之上为互坤，坤数为十，在"屯"之时空，六二往应九五被阻隔了十年，但无论如何，六二与九五的正应，最终能得以实现，故曰"女子贞不字，十年乃字"。

学生：企业战略的占问结果，要以《屯》卦六二为断。爻辞难懂，也很难进行联想，还请老师为我们做个卦象解析。

老师：好的。占问结果以《屯》卦六二为断，得到的是《屯》之《节》。从卦象看，《屯》卦卦象☲☲，《节》卦卦象☲☲，两卦卦象结合起来看，坎为北，震为南，为君，为立，坤为国，六二变为九二，九二为新君，这是南国立新君之象；艮为安，正反艮为相安，震为语，正反震为相向而语，商量国家之间的事，坎兑为友，这是南北两国结为友好，相安之象。对于企业战略而言，卦象信息，无凶，且有吉，含有企业得到圣明英主的意思，且企业外部环境也在逐步改善，消除了恶性的竞争，建立了友好的合作，战略实施成功。

学生：明白了。那接下来我们继续看《屯》卦六三的爻辞。

☲☲ 六三：即鹿无虞，惟入于林中，君子几不如舍，往吝。

现代文注释：

六三，阴爻居阳位，柔弱性格的人也参加勇敢者的训练活动。训练骑射，安排打猎，追逐野鹿进入了山林，鹿钻进了密林，看不清密林里面的情况，此时向导和林官都不在，六三面临选择，是进入密林，还是停下来，有远大志向追求的君子，此时明智的决定就是："几不如舍"，停止追逐。如果太蛮撞冒失而进入密林，会有危险，前往有吝。

学生：老师，企业战略的占问结果，要以《屯》卦六三为断。爻辞里出现的危险，要如何理解呢？对于企业，爻辞里的"君子几不如舍"是说要放弃项目的进行吗？还请老师为我们做个卦象解析。

老师：好的。占问结果以《屯》卦六三为断，得到的是《屯》之《既济》。从卦象看，《屯》卦卦象 ䷂，《既济》卦卦象 ䷾，两卦卦象结合起来看，中爻本有虚空之忧，爻变后，中爻坤虚变为实，《屯》卦的艮阳得《既济》九三之辅，栋梁更坚固，下震为车，也得九三之辅而更坚强，可以载物，故得成功；艮阳为高贵，发出辉光，震阳为福乐，与艮阳的高贵配合，是为吉象。对于企业战略而言，这是在出现危险之时，及时得到了援助，危险解除，得到成功的结果；此时，如有项目正在进行，无需放弃，可以顺利的走向成功。

学生：明白了，在停止追逐猎物之时，向导和护林官都来了，危险解除。接下来我们继续看《屯》卦六四的爻辞。

䷂六四：乘马班如，求婚媾，往吉，无不利。

现代文注释：

六四，其位得正，有初九的正应，但其下方也有两阴爻的阻隔，其应也不顺利，欲前又止，故曰"乘马班如"；初九乘马而来，是求婚媾，故六四前往迎接初九，前往大吉，无不利。

学生：企业战略的占问结果，要以《屯》卦六四为断。此爻爻辞吉祥，结果怎样，还请老师为我们做个卦象解析。

老师：好的。占问结果以《屯》卦六四为断，得到的是《屯》之《随》。从卦象看，《屯》卦卦象 ䷂，《随》卦卦象 ䷐，两卦卦象结合起来看，爻变导致失坎得兑，坎为忧，兑为悦，这是从忧转为喜悦之象；震为福，为功业，为王侯，为喜，中爻艮为星，为成，巽为高，这是福星高照，功成，喜得封侯之象。对于企业战略而言，喜得封侯，是战略目标达到，战略实施成功。

学生：明白了。那我们继续看《屯》卦九五的爻辞。

☲ 九五：屯其膏，小贞吉，大贞凶。

现代文注释：

九五，虽得正居中，但所居为坎中，故九五所谋的事，首先就是出坎险，而不能有大的作为，坎在上为云，而不为雨，故不能施恩泽于下民，故曰"屯其膏"。屯其"膏泽"而不施，实为"无民"；故九五爻提醒：密云不雨，无膏泽施予下民，这对九五不利，有凶。九五与六二皆为正中，为正应，故皆称"贞"；"小"，指阴爻，"小贞"为臣道，指六二，六二的"臣道"守正，其等待应于上是吉祥的；"大"，指阳爻，"大贞"为君王之道，说的是九五，九五的"君道"暂处密云不雨的状态，因无膏泽施予下民，虚有其位，膏泽无处可施只能"屯其膏"，其占为凶，故曰"小贞吉，大贞凶"。

学生：企业战略的占问结果，要以《屯》卦九五为断。爻辞有"凶"。老师，这种情况的凶，会有什么事发生吗？还请您为我们做个卦象解析。

老师：好的。占问结果以《屯》卦九五为断，得到的是《屯》之《复》。从卦象看，《屯》卦卦象☲，《复》卦卦象☷，两卦卦象结合起来看，爻变导致失坎得坤，坎为难，为苦，坤为甘，为国，为土，这是苦尽甘来，得国土之象；坤伏乾，乾为惕，乾伏为无忧惕，震为乐，乐可解忧，卦象吉。对企业战略而言，得国土，是得到市场；卦象已显示，并无凶事发生，爻辞"大贞凶"是说九五的君王之道暂且还不能行之天下，与卦旨的积蓄、等待是相合的，不必过多忧虑；卦象信息，已明确企业没有灾患，苦尽甘来，战略实施会成功。

学生：明白了。那我们继续看《屯》卦上六的爻辞。

☵ 上六：乘马班如，泣血涟如。

现代文注释：

上六，物极必反，太过随意的求婚媾，必然有被拒之门外，哭着回来的场面，这种事也不稀奇。《屯》卦，最上的这一爻与前面有呼应，上六与六三无正应，故骑在马上盘旋，不知该往何处，六四爻求婚媾成功，到了上六，求婚媾的结局就变为不成功，这就是有笑也就有哭的自然规律。上六，居坎之上爻，下无应，"泣血"暗喻此时的坎会成为血卦，有难，凶险。

学生：企业战略的占问结果，要以《屯》卦上六为断。上六爻辞不吉祥啊！会出凶事吗？还请老师为我们做个卦象解析。

老师：好的。占问结果以《屯》卦上六为断，得到的是《屯》之《益》。从卦象看，《屯》卦卦象☳☵，《益》卦卦象☴☳，两卦卦象结合起来看，爻变导致失坎得巽，坎为难，巽为入，为利市，这是新产品在难产之后终于面世，进入市场，企业面对的将是，利市是好还是坏的严峻考验；震为行动，坤为劳，为虚，为忧，这是虽积极行动，但多劳而无功，利市为虚，忧愁常伴之象。对于企业战略而言，市场反应冷淡，利市仍然为虚，此时营销工作就有很多的劳苦。市场打不开，劳而无功，企业与忧愁相伴，此种状况对于企业战略是不利的，拖延时日则有凶，会拖垮一个企业，要努力改变现状，打开局面。得此占，有艰难，但成功就在前面，努力加上营销策划得当，就会成功。

学生：明白了。《屯》卦六爻都讲完了，听完卦象解析后明白了很多。《屯》卦真的很难，虽然有"利建侯"的希望，却有很多困难和外部的"不宁"要面对，爻辞理解起来也特别难。

火风《鼎》䷱（卦序号：8）

《鼎》卦，是紧跟在《大过》卦之后的"阴消阳"的卦。阴进一步深入，调和暑气，治理水患也获得成功，出现新的气象；从卦象看，上卦光明普照，下卦和风吹拂，是理想的治世的气象。《鼎》卦，有"问鼎"之意，故，很明确是心怀"平天下"之志，要做成一番大事业的卦象。但要实现伟大的志向，绝不简单，故，在《鼎》卦，从初爻的推陈出新开始，九二、九三、九四代表鼎腹的三根阳爻都出现带有警示的爻辞，这是君子要实现大志向的警示。《鼎》卦，象征更新，是新时代开启的象征，故，吉祥，亨通。

先看《鼎》卦的卦辞，及现代文注释：

鼎：元吉，亨。

现代文注释：

鼎，是卦名。《鼎》卦，象征庄严和更新，从黄帝铸鼎开始，到禹铸九鼎，鼎代表的"国之重器"的特殊含义越来越明确，改朝换代都会铸鼎以象征新时代的开始，并附上吉祥、亨通的祝愿。故，《鼎》卦的"元吉"，象征从始至终的吉，纯正而盛大的吉；《鼎》卦，是大亨通的卦。

孔子《易传·彖》对《鼎》卦的卦辞，是这样裁断的：

《彖》曰：鼎，象也。以木巽火，烹饪也。圣人亨以享上帝，而大亨以养圣贤。巽而耳目聪明，柔进而上行，得中而应乎刚，是以"元亨"。

现代文注释：

彖辞说，鼎卦，其象如鼎，初爻像鼎足，往上像鼎腹，六五爻像鼎耳，上九像鼎杠。其象，下卦巽为木，上卦离为火，象征燃薪煮鼎，为烹饪之器的形象。圣王制器祭享宗庙和天帝，也用以养享圣贤。下卦巽象为耳，上卦离象为明为视觉，故联想为"耳目聪明"。下卦巽柔顺而上行，上卦六五得中而应九二的阳刚，这是元亨之象，故鼎卦元吉、亨通。

学生：张老师，《鼎》卦因象而名，鼎足、鼎腹，到鼎耳、鼎铉，看似简单明了，但包含的道理却不简单，看了老师的现代文注释后，明白了很多，今天还要当面请教老师。孔子在《彖》辞里讲到《鼎》卦的享帝养贤，这个主张是不是中古圣人周文王的主张呢？

老师：是的。孔子的时代仍在周朝，周推至文王的时代，《鼎》卦就有享帝养贤的功用，古代"享"和"亨"可视为同一个字，故，卦辞里的"亨"就包含有"享帝养贤"的意思在里面，只是我在卦辞的注释不把它展开，留给《彖》辞的现代文注释。《彖》中，在说到奉养圣贤时，用了"大亨"，加了"大"字以区别于祭祀之礼。祭祀用鼎烹牛，献给上帝天神即可，而奉养圣贤就得更丰盛的供养才可以，故为"大亨"。

学生：明白了。孔子在《彖》辞中，用了"耳目聪明"来形象化《鼎》卦之卦象，有更深层的含义吗？

老师：是有更深层的含义。帝王奉养圣贤，其目的就是为了让圣贤能够顺逊的辅佐君王，让君王能做到耳聪目明。《鼎》卦的象，离为目，大坎为耳，离有明之意，乾有聪之意；帝王奉养圣贤，而圣贤则顺逊的辅佐君王，故，古代就有"圣贤以目为君王视，以耳为君王听"的说法，圣贤以他们的忠诚，成为君王的耳目，君王因他们而更加耳目聪明。卦中的六五就是《鼎》卦里的君王，柔爻居尊得中，与九二相应，奉养圣贤，治理天下。

学生：明白了。那接下来进入主题，企业战略的占问结果，要以《鼎》卦的卦辞为断，还请老师为我们做个卦象解析。

老师：好的。占问结果以《鼎》卦卦辞为断，可分为两大类情况，第一类情况《鼎》卦为本卦，六爻皆不变。第二类情况《鼎》卦为之卦，本卦有三根爻变，变卦为《鼎》卦。

学生：老师，您先讲第一类情况。《鼎》卦为本卦，六爻皆不变。

老师：好的。这类情况，从卦象看，《鼎》卦卦象☲，上离为明，为明君，下巽为逊顺，为股肱之臣，中爻乾为富，为仁德，为君，伏坤为国，艮为得，为安，巽为股肱，为臣，为齐，为长发，指的是齐国首任诸侯王姜太公，这是周的两代明君文王、武王都以仁德治理天下，得股肱之臣姜太公的辅佐，国富民安之象；卦象吉祥。对于企业战略而言，卦象信息，寓意得圣贤之才的辅佐，元吉，亨通，富足且安定，战略实施成功。

学生：明白了。老师，您继续讲第二类情况，《鼎》卦为之卦，本卦有三根爻变，变卦为《鼎》卦。

老师：好的。我举几个例来具体解析。先看占问结果得到《涣》之《鼎》，从卦象看，《涣》卦卦象☴，《鼎》卦卦象☲，两卦卦象结合起来看，两卦皆有巽，巽为风，乾为天，为德，震为公，坤为故，故公指古公亶父，这是古公之德如风行于天下之象；坤为民，为心，为聚，震为周，为兴，这是民心聚于周，周得兴盛之象。对于企业战略而言，卦象信息，是有德可得成功。

再举一个例，占问结果得到《困》之《鼎》。从卦象看，《困》卦卦象☱，《鼎》卦卦象☲，两卦卦象结合起来看，兑伏艮，艮为时，伏艮为失时，坎为伤，为病，巽为忧，为退却，巽伏震，震为足，为前行，伏震为足伤不能前行，这是失时且有疾，不能前行之象。对于企业战略而言，卦象信息，企业因失时而不能前行，明示战略实施已停滞，归于失败。

最后举一个例，占问结果得到《咸》之《鼎》。从卦象看，《咸》卦卦象☱，《鼎》卦卦象☲，两卦卦象结合起来看，兑为悦，乾为富，伏坤为故，为穷，离为新，这是故穷而新富，喜悦不禁之象；艮为抱，为牵，乾为福，巽为利，这是抱福牵利，大吉之象。对于企业战略而言，卦象信息，含义明确，企业过去贫穷，新近转富，抱福牵利，战略实施成功。

学生：明白了。接下来我们来看孔子对《鼎》卦的观象说了什么。

☲　孔子《易传·象》对《鼎》卦的卦象特点，做了如下表述：

《象》曰：木上有火，鼎。君子以正位凝命。

现代文注释：

　　《象》说，上卦离为火，下卦巽为木，故曰"木上有火"，这就是《鼎》卦的卦象。君子观察《鼎》的卦象，要效法《鼎》卦的精神，应当"正位凝命"，才能享受《鼎》卦的丰盛。

　　"正位"是明正其位，告知天下其得位的光明正大，"凝命"是生命的忘我"神凝"状态，如佛教的"涅槃寂静"，这里是指君子做事极为"专注"的状态。《鼎》卦有"问鼎"之意，寓意君子要实现大志向，要做成一番大事业。故，做事的心要"正"且"专"，正大光明，并专注于事业；故，心底无私，心无旁骛，这两点都是首先必须做到的。

　　学生：老师，《象》说的"正位凝命"就是《鼎》卦的时义，对吗？
　　老师：是的。孔子说的就是《鼎》卦的时义，正位凝命，推陈出新，君子要有使命感来做事，创建全新的时代。
　　学生：明白了。孔子用词真的很精炼准确啊！就几个字，能包含很深刻、广大的意思在里面。那接下来我们就可以进入到《鼎》卦的爻辞了。

≣ 初六：鼎颠趾，利出否，得妾以其子，无咎。

现代文注释：

　　初六，鼎足朝上，这是有利于倒出鼎中的陈旧食物，故曰"颠趾"；为了延绵子嗣而得到了一个称心的妾室，也没有咎害。这里的倒出陈旧食物，以及得到一个称心的妾室，都是寓意君王会得到新的贤臣，象征王朝的兴旺，推陈出新，不断有新的气象。

　　学生：企业战略的占问结果，要以《鼎》卦初六为断。此爻讲推陈出新，还请老师为我们做个卦象解析。

老师：好的。占问结果以《鼎》卦初六为断，得到的是《鼎》之《大有》。从卦象看，《鼎》卦卦象▤，《大有》卦卦象▤，两卦卦象结合起来看，上卦离为日，日新之象，下卦巽为松柏，长青之象；爻变，巽变为乾，乾为百年，乾伏坤，坤为忧，伏坤为无忧，这是百年无忧之象。对于企业战略而言，卦象信息，寓意企业的长青不败要靠日新，不断的推陈出新，企业可得百年无忧；得此占，战略实施成功。

学生：明白了，现代企业面对的市场环境，没有日新，怎能生存，很多产品都退出了市场，人们的消费习惯随着新技术的出现在改变。日新包含了多方面，有产品、技术和商业模式的更新，也有制度、人才、观念、道德和形象的更新，老师您觉得我这样理解对吗？

老师：是这样，企业要成为长青树，就要创新，还要日新其德，提高美誉度。各位企业的当政者，要勤勉，不要懈怠。

学生：明白。那我们继续看《鼎》卦九二的爻辞。

▤九二：鼎有实，我仇有疾，不我能即，吉。

现代文注释：

九二，通过初六倒出陈旧食物后，进入"鼎有实"的阶段；九二阳刚居中，具刚中之德，有真才实学，能发挥作用。有人对我有妒害之意，但却不能靠近我、亲近我，又能奈我何！吉祥。这里"仇"是"相对应的人物"，"疾"是"妒害"的意思，连起来"我仇有疾"就是对我有妒害之心的、相对应的人物，而要做到不为其所妒害，就不能给他靠近自己、亲近自己的机会。故，"我仇有疾，不我能即，"寓意很深，君子应做到不让小人接近，不接受贿赂、不接受奉承，不让小人有可趁之机，所谓"无欲则刚"，小人又能奈我何！

学生：张老师，先向您请教一下爻辞的注释。在我看过的通行本的《周易》里，"我仇有疾"更多是注释为：我的配偶有疾患，生病了。您的注释，和现在其它版本的《周易》不一样，您能给解释一下吗？

老师：是这样的。各种版本的《周易》在《鼎》卦九二的注释上有把"仇"作为配偶，有的把"仇"作为怨妇，怨妇也指配偶，但这实际上是曲解，在古代文字里"仇"的本义是"相对应的人物"，这里相对应人物，不一定非得是婚配关系的对应人物。假如非要把"仇"定为婚配关系的对应人物，那就得找个理由说明为什么九二那么害怕配偶前来帮忙，汉朝最有名的易学家王弼的《周易注》里说的理由是：九二此时最讨厌有人来帮忙，鼎中有实，不能再添加，添加就会溢出。但我感觉这个解释太过勉强，前来帮忙的人不一定会往鼎里再添加食物；帮倒忙的事情，只要九二指挥得当就不会出现。对于这位来不了的配偶，有两种说法，一种说法配偶是六五，一种说法配偶是初六。在配偶来了之后会怎么样也有说法，最常见的说法是配偶会加害九二，也就是说，假如配偶不生病，九二就会被配偶所害。这样编造理由来说明配偶会加害九二，让人看了之后觉得怎么会有这么变态的事，这也是我觉得不合常理的地方，一定有错误的理解在里面。至于错误的理解和注释，其最早的来源，就要慢慢去寻找证据了。

学生：明白了。老师，我们进入主题吧！企业战略的占问结果，要以《鼎》卦九二为断，还请老师为我们做个卦象解析。

老师：好的。占问结果要以《鼎》卦九二为断，得到的是《鼎》之《旅》。从卦象看，《鼎》卦卦象☲☴，《旅》卦卦象☲☶，两卦卦象结合起来看，离为文，乾为王，巽为旅客，艮为安，这是文王客居殷商，得安之象；从爻位看，《鼎》卦二爻进入鼎有实的阶段，《旅》卦二爻是商旅得安，巽为商贾，为利，艮为求，为得，为时，这是商旅求利得时，得利而平安之象。爻变后，九三成为艮，艮为鸟，艮伏兑为号，这是古代射日的羿所用"乌号"之弓，离为后羿，羿张开乌号之弓射的是卦中的天狼星，艮位为天狼。对于企业战略而言，卦象信息，是志在射天狼，勇于进取，有能力做惊天动地的大事，有实且得安，寓意战略实施目标远大，利有实，且得平安；得此占，战略实施成功。

学生：明白了。那我们继续看《鼎》卦九三的爻辞。

☲ 九三：鼎耳革，其行塞，雉膏不食，方雨亏悔，终吉。

现代文注释：

九三，居人位的下者，阳刚之才，做事有点粗心鲁莽，鼎耳掉了，道路堵塞不通，事先都不知道；导致鼎不能搬动到就餐的地点，美食没能派上用场，天上又正下着雨，其悔能少吗？好在最终结果还不错，得到教训，改正后认真做事，终为吉祥。

学生：企业战略的占问结果，要以《鼎》卦九三为断。爻辞有"终吉"，结果怎样，还请老师为我们做个卦象解析。

老师：好的。占问结果以《鼎》卦九三为断，得到的是《鼎》之《未济》。从卦象看，《鼎》卦卦象☲，《未济》卦卦象☲，两卦卦象结合起来看，爻变，巽失而得坎，巽为利，坎为灾祸，这是利失而祸来之象；巽为利，为蝗，半震为稼禾受害，故矮小，萎靡不振，半艮为收获减半，互兑为秋，这是蝗灾肆虐，黍稷受损，秋天收获减半之象。爻辞有"终吉"之断，是说九三事情没做好，有悔，改正后能认真做事，由未济而得到必济的未来，故言"终吉"。对于企业战略而言，卦象信息，利失而祸来，明示了战略实施的失败。

学生：明白了。那我们继续看《鼎》卦九四的爻辞。

☲ 九四：鼎折足，覆公餗，其形渥，凶。

现代文注释：

九四，居人位的上者，已经得到了地位，但任人的不当，同样会有凶。鼎足折了，为王公做的美食撒了一地，其形象会好看吗？所任非人，凶。九四之凶，是初六的上应所致，九四任用了能力差的初六。

学生：企业战略的占问结果，要以《鼎》卦九四为断。爻辞有凶，联系我们的主题，还请老师为我们做个卦象解析。

老师：好的。占问结果以《鼎》卦九四为断，得到的是《鼎》之《蛊》。从卦象看，《鼎》卦卦象☲☴，《蛊》卦卦象☶☴，两卦卦象结合起来看，爻变导致中爻失乾得兑，乾为盈满，为福，兑为食，为倾覆，为毁折，巽为利，这是鼎倾覆，食物撒了一地，鼎有毁折之象，也是失福，利有折损之象；艮为求，为止，为道路，巽为商贾，为利，大坎为险，为陷，为曲折难行，这是求利的道路难行之象。对于企业战略而言，卦象信息，寓意失败，求事难成。

学生：明白了。那我们继续看《鼎》卦六五的爻辞。

☲☴ 六五：鼎黄耳，金铉，利贞。

现代文注释：

六五为鼎耳，黄色为中色，是吉祥的色，铉为抬鼎之器物，为鼎做了如此华美的黄色鼎耳和金铉，是对鼎的重视，利于固守正道。

学生：企业战略的占问结果，要以《鼎》卦六五为断。老师，您在解卦之前，先为我们把《鼎》卦六五的爻辞做一个补充说明，六五是指哪一种人物？

老师：好的。《鼎》卦是形象的卦，象如鼎，六五的位置在鼎耳，其位在离中，离为"黄"，故曰"黄耳"，六五得中位，有中虚之德，下有九二相应，上承上九的玉铉，所以鼎功到六五应该说基本成功了，如果要拿企业里的人物来对照，六五就是企业家本人，鼎耳的功用就在于行鼎和举鼎。

学生：明白了。老师，企业战略的占问结果，要以《鼎》卦六五为断，得到的应该是《鼎》之《姤》。我看过《姤》卦的九五，卦辞是"以杞包瓜，含章"。是说君王如同杞柳做的筐，贤人如同筐中的香瓜，含藏香气，君王重视贤人的美德。结果怎样，还请老师为我们做个卦象解析。

老师：好的。占问结果以《鼎》卦六五为断，得到的是《鼎》之《姤》。从卦象看，《鼎》卦卦象☲☴，《姤》卦卦象☰☴，两卦卦象结合起来看，乾为德，为玉，巽为石，这是贤人之德如玉，经砥石的磨砺，可成为旷世奇才之象；巽为命，乾为太公，为大，巽承乾为大命，巽伏震为功业，为君侯，中爻伏艮为拜，这是姜太公拜受大命，功成名就，最终封侯之象。对于企业战略而言，卦象信息，是企业得贤人辅佐而问鼎成功，强调人才的作用，也强调德的作用，与《姤》卦九五的爻辞"以杞包瓜，含章"的意思相合，有大德的贤才加盟，企业问鼎成功，可完成大的功业；得此占，可得成功。

学生：明白了。那我们继续看《鼎》卦上九的爻辞。

☲☴ 上九：鼎玉铉，大吉，无不利。

现代文注释：

上九，居于柔位。鼎也配了玉铉，玉代表柔美的品德，上九是刚柔相济的人才，鼎外有铉，铉为鼎杠，可杠起巨鼎，爻辞以鼎外配的玉铉来比喻上九，寓意：鼎功已告成，到了鼎"功成致用"的状态了。故大吉，无所不利。

学生：企业战略的占问结果，要以《鼎》卦上九为断。爻辞大吉，结果怎样，还请老师为我们做个卦象解析。

老师：好的。占问结果以《鼎》卦上九为断，得到的是《鼎》之《恒》。从卦象看，《鼎》卦卦象☲☴，《恒》卦卦象☳☴，两卦卦象结合起来看，震为仁德，为兴，为车，为载，巽为利，乾为禄福，为百年，伏坤为无忧，这是仁德以兴，有福载利，百年无忧之象；离为麟凤，巽为松柏，互大坎为雨露，震为君，为乐，为功业，互兑为辅佐，这是松林得雨露滋润，麟凤栖息，君王得辅，功业有成，常乐无忧之象。对于企业战略而言，卦象信息，有利又有福，百年常乐无忧，已明确企业战略实施成功。

学生：明白了。《鼎》卦包含的道理真多啊！

第四章　益、恒、震、巽

　　在这一章里，解析《益》、《恒》、《震》、《巽》四个卦，在这四个卦里，《益》、《震》两卦是紧跟在《屯》卦之后的"阳息阴"的卦，下卦皆为震，卦序号皆为奇数，是《复》卦之后"阳息阴"一条路线上的卦；而《恒》、《巽》两卦是紧跟在《鼎》卦之后的"阴消阳"的卦，下卦皆为巽，卦序号皆为偶数，是《姤》卦之后"阴消阳"一条路线上的卦。

风雷《益》䷩（卦序号：9）

　　在《周易》六十四卦中，除了乾、坤二卦历来受到特别的重视之外，历史上的哲人对于损、益二卦中蕴含的道理也是给予了特别的思考，寄予特别的情怀。史载，孔子传授《周易》给几位特别选出的弟子，其中一位叫子夏，他留下了迄今所能见到最早的注易书籍《子夏易传》。在《孔子家书》中，说到孔子与子夏对坐讲"易"，在读至损、益二卦时，孔子喟然而叹，子夏避席而问。孔子与子夏，在其后的对答中，会有很多讨论的心得，这些心得也许并不准确，但我们从现有已得到的信息中，就已得到了启发。

　　清朝时期，易学家尚秉和对《益》卦给予了特别的关注，认为《损》《益》二卦为《周易》中讲人事进退的枢纽。《益》卦的时义，是益下。从卦象解析的角度，《益》卦初爻的木道，其"利涉大川"的元吉，是力量和能力的体现，是具有强大信心的基础。《象》辞中"利涉大川，木道乃行"一句，也提醒《益》卦中人，要同舟共济，共克时艰。九五居尊位，以真诚来践行"益下"的志向，是《益》卦时义的体现，也是《益》卦的信念的表达。

先看《益》卦的卦辞，及现代文注释：

益：利有攸往，利涉大川。

现代文注释：

益，是卦名。卦辞说，《益》卦"利有攸往"，即利于君子前往，必能有所作为，指九五和上九，九五爻在本卦得到"正中"之位，且为卦主，在卦主大君之命下，上九会与九五同往应六三和六二，阳为大，因此这就是"大来而益下"，体现了《益》卦里"益"的主旨。"大来而益下"之后，变为《泰》卦，这就是君子的"有所作为"和"利有攸往"。"利涉大川"指初九爻。《益》卦中，大川之象即二、三、四这三根阴爻，"坤"之象为大川，而初九的"震"之象为舟，为木。初阳遇阴而通，故曰："利涉大川"。

孔子《易传·彖》对《益》卦的卦辞，是这样裁断的：

《彖》曰：益，损上益下，民说无疆，自上下下，其道大光。"利有攸往"，中正有庆。"利涉大川"，木道乃行。益动而巽，日进无疆，天施地生，其益无方。凡益之道，与时偕行。

现代文注释：

彖辞说，"益"，是卦名；卦体损上益下，君上减税赋，下行补助，自损而益民，故民悦无疆。惠泽自上而下，遍及四方，可称大称光。六二与九五的爻位皆为正中，为正应，故利于所往，实现"大来而益下"；君臣一心共益天下，必有福庆。《益》卦下体为震，为舟，为木，利涉大川，震为春，故"木道乃行"。上卦巽为风，下卦震为舟，风吹船帆，顺风而进，初九至九五为大离，离为日，故"日进无疆"。"天施地生，其益无方"是说万物为天地所生，四时循环而有变，故"益"道没有固定规则。四时有变，舟随风而行，故曰"与时偕行"。

学生：老师，孔子对《益》卦卦辞的裁断准确吗？孔子说到《益》卦的时义了吗？《益》卦的时义，应当怎样准确表述呢？

老师：孔子对《益》卦卦辞的裁断准确，孔子在《彖》辞里也说到了《益》卦的时义，说《益》卦的卦体损上益下，是君王自损而益民。《益》卦的时义，是"益下"，进而"益天下"，这是有德君王才会具有的志向。

学生：企业战略的占问结果，要以《益》卦卦辞为断。如何理解卦辞里包含的有用信息呢？还请老师为我们做个卦象解析。

老师：好的。以《益》卦的卦辞为断，占问结果分为两大类情况，第一类情况《益》卦为本卦，六爻皆不变；第二类情况《益》卦为之卦，本卦有三根爻变，变卦为《益》卦。

学生：老师，您先讲第一类情况，《益》卦为本卦，六爻皆不变。

老师：好的。第一类情况，从卦象看，《益》卦卦象䷩，上巽为志，下震为周，为王，中爻坤为文，这是文王之志，是益卦的基本象；第二层意思，震为王，为仁德，为载，坤为天下，这是王以仁德载天下之象；第三层意思，震为载，为德，为兴，为开，巽为利，艮为门，这是利门开启，载德以兴之象；第四层意思，震为王，坤为后，坤数十，艮为子，这是文王和王后太姒有十子，子嗣后代兴旺之象。对于企业战略而言，卦象信息，明确含有战略要以德载天下，以利子孙后代之意；得此占，事业成功。

学生：明白了。老师，您继续讲第二类情况，《益》卦为之卦，本卦有三根爻变，变卦为《益》卦。

老师：好的，我举几个例来具体解析。先看占问结果得到《坎》之《益》。从卦象看，《坎》卦卦象䷜，《益》卦卦象䷩，两卦卦象结合起来看，巽为绳，为网，为鱼，坤为河海，艮为手，为拉，这是在河海拉网捕鱼之象；巽为敝漏，坤为失，震为逃，网漏而鱼逃失，这是得而复失之象，寓意做事无功而返。对于企业战略而言，卦象信息，拉网捕鱼代表商业活动，网漏代表企业自身有问题，是战略实施达不到预期目的，得而复失，最终无果。

再举一个占例，占问结果得到《乾》之《益》。从卦象看，《乾》卦卦象 ☰，《益》卦卦象 ☳，两卦卦象结合起来看，益卦中有大离之象，离为火，和乾天结合则为天火《同人》之象；艮为友，巽为双，大离为见，坤为故，震为君子，为喜，为出，为车，坤为衣裳，乾为德，为福禄，这是君子喜得良友，一见如故，寒则赠衣，出则共车，同德而共享福禄之象。对于企业战略而言，喜得良友，有了同心同德的同人，终身做事业的相伴，这是事业成功的重要条件，战略的实施有了"同人"的保障，喜得人和，终会成功。

最后看一个例，占问结果得到《遁》之《益》。从卦象看，《遁》卦卦象 ☰，《益》卦卦象 ☳，两卦卦象结合起来看，乾为福，艮为星，巽为陨，这是福星陨落之象；震为车，为船，为出行，坤为亡，这是出行有险难之象；艮为虎狼，震为出，为旅，坤为野，为死，巽为商贾，这是商人出行遇虎狼之象。对于企业战略而言，卦象信息，凶，前行有险难，会有失败。

学生：张老师，您举了三个《益》卦为之卦的占例，两个是最终无果或凶，那总体看，《益》卦的卦象吉祥吗？

老师：单独从《益》卦的卦象看，是吉祥的。《益》卦的九五、上九为乾象，为天，其下是大离之象，离为火，故有天火《同人》之象，象征上下志向相同。正如《九家易》里注《同人》卦时说的："乾舍于离，同而为日。"这是上下一心，胸怀宽广的光明之象，这对于君子谋划大事，是相当吉祥的。《益》卦中含有《同人》之象，也就含有《同人》的理念。《同人》的理念是人人志向相同，意志沟通，能共同犯险犯难，故符合君子的原则，能克服艰难险阻，促成大同。《礼记·礼运篇》中所说的，天下为公的大同世界，正是《同人》卦的理想境界，也是《益》卦的理想境界。再从其本义来理解，《益》的时义，光明正大，益下，直至益天下，这对于尊重人才、尊重团队创造力的利益分配制度，就是一个理论的依据；行"益"之道，有团结大家共谋大业的效果，其长久效果一定会显现出来。《益》卦的制度思维，应该是长久、有效的。

学生：明白了。那接下来我们看孔子对《益》卦的观象说了什么。

䷩ 孔子《易传·象》对《益》卦的卦象特点，做了如下表述：

《象》曰：风雷，益。君子以见善则迁，有过则改。

现代文注释：

《象》说，上卦巽为风，下卦震为雷，风雷互动，这就是《益》卦的卦象。君子观此卦象，要效法风雷的精神，迅速而果断，见到他人比自己更优秀、善良，就像风一样迅速的追随。自己有了过失，就果断的改正。

学生：老师，孔子对《益》卦的观象准确吗？《易传·象》，以风雷的特点，迅速而果断，作为体会《益》卦时义的角度。老师，这样的观象，选择的是正确的观象角度吗？

老师：孔子和他的弟子，观《益》卦之象，其《象》辞的这段话，与文王演《周易》作卦辞的本义有很大的不同，给人的感觉孔子是在说另外一个卦。文王的"本义"就是《益》卦的卦辞："益：利有攸往，利涉大川"。文王是在讲益道，"大来而益下"之道，此"道"进行的结果，就是到达《泰》的时空，君子照此做了，就是有所作为的行动。故文王观象，上卦巽为志，君子视"益下"为其志；下卦震为舟，木道乃行，故"利涉大川"。《益》卦的时义，是"益下"，进而"益天下"，这是有德君王才会具有的志向。

学生：明白了。那下面我们就进入《益》卦的爻辞。

䷩ **初九：利用为大作，元吉，无咎。**

现代文注释:

初九，虽然居于最下位，但以贵处下，大得民心，有利于初九被启用做大事，初阳得正，且带来乾元之吉，故曰"元吉"。下卦与《复》卦相同，故"无咎"即为"朋来无咎"，这里有大事可做，朋友都会来参与，朋友指上卦的两根阳爻，朋友都来参与共同行动，无咎害。

学生：企业战略的占问结果，要以《益》卦初九为断。初九是吉辞，其结果怎样，还请老师为我们做个卦象解析。

老师：好的。占问结果以《益》卦初九为断，得到的是《益》之《观》。从卦象看，《益》卦卦象☶☳，《观》卦卦象☴☷，两卦的卦象结合起来看，震为鹤，为飞，为随，坤为凤，这是鹤在追随凤凰之象；巽为鱼，艮为家，这是家有鱼之象；巽为风，艮为鸿鹄，为翅，震为展，为飞，为举，坤亦为风，为千里，这是鸿鹄乘风展翅一举千里之象。对于企业战略而言，卦象信息，有鱼吃，是没有出现经济困难，鸿鹄乘风一举千里，象征宏图大志和机会，鹤追随凤凰，象征人和，得此占，事业可成，战略实施成功。

学生：明白了。那我们继续看《益》卦六二的爻辞。

☴☳ 六二：或益之十朋之龟，弗克违。永贞吉。王用享于帝，吉。

现代文注释:

六二，与初九比邻，且是亲比，故初九要做大事，六二会有响应。九五艮象为宗庙之象，故这一句是说举行祭祀；二、三、四爻坤象为牛，用大牲祭祀；坤之数为十，故象征十朋之龟；震象为帝象，故曰"王用享于帝"。

学生：企业战略的占问结果，要以《益》卦六二为断，爻辞出现两个"吉"，结果怎样，还请老师为我们做个卦象解析。

老师：好的。占问结果以《益》卦六二为断，得到的是《益》之《中孚》。

从卦象看，《益》卦卦象☳☴，《中孚》卦卦象☱☴，两卦卦象结合起来看，巽为利，为志，震为君，为车，为载，为仁德，为兴，互坤为天下，为民，这是君王立志，以德载天下，仁德以兴，利天下万民之象；兑为祷，为祭祀，坤为牛，震为上帝，这是用大牲祭祀享于帝，用虔诚和孚信感格上帝之象。对于企业战略而言，卦象信息，是要以仁德牵引事业发展，做利天下万民的大事，故虔诚祈祷，以求顺利；得此占，仁德以兴，享帝而得吉，战略实施会成功。

学生：明白了。那我们继续看《益》卦六三的爻辞。

☳☴ 六三：**益之用凶事，无咎。有孚，中行，告公用圭。**

现代文注释：

六三，爻位规律三多凶。故六三"益之用凶事，无咎"，六三也确实有"凶"事，从象上看，初九为震，六三居坤之中，有地震灾害之凶。故"益之"六三，用在地震灾害的凶事，故无咎。"有孚，中行，告公用圭"乃是春秋时期天子与诸侯的一种约定制度，无论报喜讯还是报灾害，都要如实有孚；要有中道可行之议论附上；见天子、诸侯王，要持圭，圭为玉器，留作信物。

学生：企业战略的占问结果，要以《益》卦六三为断。此爻的爻辞有些难懂，如何结合企业战略的应用，还请老师为我们做个卦象解析。

老师：好的。占问结果要以《益》卦六三为断，得到的是《益》之《家人》。从卦象看，《益》卦卦象☳☴，《家人》卦卦象☲☴，两卦卦象结合起来看，震为乐，为善，艮为安，互坎为孚信，坎中实，为得，离为麟凤，为文明，坤为国，为政，为民，这是国有善政，麟凤呈祥，民得安乐之象；中爻水火俱备，是阴阳和调之象，利于生。对于企业战略而言，卦象信息，国有善政，外部环境良好，利于企业发展，祥瑞已出，事业会成功。

学生：明白了。那我们继续看《益》卦六四的爻辞。

䷩ **六四：中行，告公从，利用为依迁国。**

现代文注释：

六四，君王九五身边的重臣，阴爻居阴位，在中爻坤象的最上方，坤为臣，阴爻居正，为柔顺守正之臣，有"中行"之德，能够持中而行，六四居震象之上，震为告，九五为公，故曰"中行，告公从"，这是六四以其益民之志向，及时禀报下情给君王决策。坤象为国，靠近九五阳爻是为了有依靠，故称"为依迁国"。六四，已居益卦上体，主持赈灾事务，在发生自然灾害之时，提出迁国的方案，是为了让灾民可以有新的家园，是遵循"益"道的益民之举。

学生：企业战略的占问结果，要以《益》卦六四为断，此爻用于企业战略也是较为难懂的，还请老师为我们做个卦象解析。

老师：好的。占问结果以《益》卦六四为断，得到的是《益》之《无妄》。从卦象看，《益》卦的卦象䷩，《无妄》卦的卦象䷘，两卦卦象结合起来看，坤为水，为海，巽为鱼，震为游，为东，这是鱼儿顺水自西向东顺利游向东海之象；艮为求，为财贝，乾为大，为恩福，震为迁，坤为国，这是为了灾民迁移，求得国家大笔财政预算支持的卦象；乾为天，为福祉，震为龙，为乐，为东，艮为飞，为往，为乡，为邦国，为安居，这是龙飞往东方，到东乡邦国可快乐安居，得到新的福祉。对于企业战略而言，卦象信息里，有开辟新家园的含义，战略实施会得到新开辟的领域，鱼游向东海的顺利，和求得大笔国家财政补贴之象，都体现了企业在解除灾难过程中得到了支持，虽被迫迁移，但新家园已经建成，已得安，事业有成；得此占，事业成功。

学生：明白了。那我们继续看《益》卦九五的爻辞。

䷩ **九五：有孚惠心，勿问，元吉。有孚，惠我德。**

现代文注释：

　　九五，下据众坤阴，且为尊位；坤象为顺，为心。九五与上九，为乾天之位，乾之德，有信，惠及天下，进入下坤的民众之心，"问"是指占筮，九五下据群阴，有信而惠民，不用占就知道是大吉，故曰"有孚惠心，勿问，元吉"。尊位之乾为天道，为德，有孚是指九五有孚下坤的三根阴爻，故曰"有孚，惠我德"。九五真诚"益下"，得《益》卦之时义，大吉。

　　学生：企业战略的占问结果，要以《益》卦九五为断。此爻"勿问，元吉"是很确定的吉，还请老师为我们做个卦象解析。

　　老师：好的。占问结果以《益》卦九五为断，得到的是《益》之《颐》。从卦象看，《益》卦卦象䷩，《颐》卦卦象䷚，两卦卦象结合起来看，巽为陨，为倾，坤为地，为灾患，为心忧，艮为止，为安，为居，震为惊，为解，为速，为行动，这是突发大地倾陷之灾难，先有惊惧和心忧，而后迅速行动起来救灾，不再有惊惧和心忧，得安之象。对于企业战略而言，卦象信息，是君王的孚信和益下的德行惠及民众，才有灾患中忧虑解除的结果，寓意在有善德又坚强有力的政府领导下，灾患中的企业可得安定而无忧，这样的大环境，对企业来说，也是"勿问，元吉"，事业可成功。

　　学生：明白了。那我们继续看《益》卦上九的爻辞。

䷩上九：莫益之，或击之，立心勿恒，凶。

现代文注释：

　　上九，居极致之位，就有极致而走向反面的可能，其下为大离之象，上九居大离之象的上方，离象为兵戈，为乖离，依其卦象，故曰"莫益之，或击之"，这是对六三而言，上九产生与"益下"相背离的念头，这对于上九是凶险的，故曰"立心勿恒，凶"；是对上九的警示，上九避其凶，可随九五共同益下。

学生：企业战略的占问结果，要以《益》卦上九为断，此爻的爻辞出乎意外，也最难懂，还请老师为我们做个卦象解析。

老师：好的。占问结果以《益》卦上九为断，得到的是《益》之《屯》。从卦象看，《益》卦卦象䷩，《屯》卦卦象䷂，两卦卦象结合起来看，爻变导致巽变坎，巽为谷，巽数五，为五谷，坎为酒，为肉，这是五谷酿酒，有肉吃之象；寓意五谷丰登，年岁好；初九至九五为大离之象，坤在离中，坤为民，为文明，这是民得教化，文明在中之象；震为德，为乐，为言，艮为君子，震艮相向，坤在中，为渊泓，这是君子和乐沟通，德行渊泓之象。对于企业战略而言，卦象信息，寓意战略实施是有效的，有丰实的收获，五谷可以拿来酿酒又有肉吃，年岁收获有余；民得教化，寓意企业发展与人的发展同步，君子德行渊泓，人的素质提高，故吉祥，无凶；得此占，事业可成功。

学生：明白了。讲的真好，消除了上九"凶"的疑虑。《益》卦六爻都讲完了，很受教益。

雷风《恒》☳☴（卦序号：10）

《恒》卦，上雷下风，都是动荡之象，象征宇宙世界永恒地处于风雷变动之中，变动才是恒久的。《恒》卦，其意为恒久，而其内涵为"中道"，故在儒家理论独尊的古代中国社会，推崇中庸之道而及于推崇"恒"道。故，儒家学者注释《周易》，历来重视《恒》卦的地位，故卦序排列，孔子把《恒》卦放在正中，为第32卦，象征"中道"。本书，按照文王演周易的本义，恢复各卦在卦序里原本应该有的地位，故《恒》卦的卦序，在文王卦序里为第10卦。

先看《恒》卦的卦辞，及现代文注释：

恒：亨，无咎，利贞，利有攸往。

现代文注释：

恒，是卦名。《恒》卦，六爻皆有应，是亨通之象，无咎害。九二刚爻居中，有刚中之德，利于固守正道，且下卦覆兑，兑为秋，故曰"利贞"。"利有攸往"是针对上卦和下卦的卦主，上、下卦的卦主之间有应与，且初六上应九四会同时改变上下卦卦主失位不得正的状况，也符合其伏象"大来益下"的原则；初六上应九四，《恒》就变为《泰》卦，所往有利，故曰"利有攸往"。

学生：张老师，先向您请教卦辞里的一个问题，就是"亨，无咎"，您的现代文注释说："六爻皆有应，是亨通之象，无咎害。"我有些不明白，这里说到的"无咎害"是指什么。

老师：是这样的。六十四卦里，六爻皆有应的卦不多，比如《泰》卦就是六爻皆有应，"有应"最后成为《泰》卦转化为《否》卦的条件。一般而言，六爻皆有应的卦最终都会转化为它的伏象的卦，就是转化为它的错卦。而《恒》卦，伏象是《益》卦，故，假如"皆有应"得到实现，《恒》卦就变卦为《益》卦。

因为这样的变卦符合文王的志向，是可以接受的，故，文王就写下了"无咎"。学习《恒》卦，要知道《恒》和《益》有共同的志向，都走向《泰》。

学生：明白了。文王接受《恒》卦的变卦，认为变卦后是无咎害的。那孔子对《恒》卦的卦辞的裁断准确吗？

老师：基本准确。我们来看一下孔子对《恒》卦的卦辞说了什么。

孔子《易传·彖》对《恒》卦的卦辞，是这样裁断的：

《彖》曰：恒，久也。刚上而柔下，雷风相与，巽而动，刚柔皆应，恒。恒，"亨，无咎，利贞"，久于其道也。天地之道，恒久而不已也，"利有攸往"，终则有始也。日月得天而能久照，四时变化而能久成，圣人久于其道，而天下化成。观其所恒，而天地万物之情可见矣。

现代文注释：

彖辞说，恒，意思是恒久。阳刚在上，阴柔在下。雷与风相互助长，上卦震为动，下卦为巽风，故曰"巽而动"，阳刚和阴柔皆相应，这就是"恒"。恒久，可以亨通，没有咎害，利于坚守正道，这就保持住恒久的道，使其经久而不变。天地运行之道，恒久而不停止；所往有利，故能"终则有始"，年复一年。日月依靠天作为载体，而能永久的大放光芒。四时变化，周而复始，永久的成就万物的生长繁茂。圣人深知恒久之道，故能持之以恒的坚守正道，教化万民。故学习恒卦，通过对日月、四季、圣人的守恒之例的观察，自然可以明白天地万物间的"恒久"之理，明见《恒》卦的大义，于是天地万物之情可得以显见。

学生：老师，孔子对《恒》卦卦辞的裁断，讲到了"恒"的天道含义，是雷风相与，终而有始，循环往复，得其恒久，这是在说《恒》卦的时义吗？

老师：是的。孔子把阴阳相应，雷风相与，作为恒久之道，这样的理解基本准确，符合易理。宇宙的恒久，是运动的恒久，天地运行，阴阳相应，终而有始。《恒》卦的时义，是雷风相与，阴阳相应，永恒的变化。

学生：明白了。回到我们的主题，企业战略的占问结果，要以《恒》卦卦辞为断。如何理解卦辞里的有用信息，还请老师为我们做个卦象解析。

老师：好的。占问结果以《恒》卦的卦辞为断，分为两大类情况，第一类情况《恒》卦为本卦，六爻皆不变；第二类情况《恒》卦为之卦，本卦有三根爻变，变卦为《恒》卦。

学生：老师，您先讲第一类情况，《恒》卦为本卦，六爻皆不变。

老师：好的。这类情况，从卦象看，《恒》卦卦象☳☴，巽为利，互乾为富，阳富不虚，为万年，震为玄黄，为帝，为功业，这是黄帝万年功业之象；卦象吉。对于企业战略而言，卦象信息，利实而不虚，是成功的基础；得此占，企业战略会顺利实现目标，有长久的稳定发展，战略实施成功。

学生：明白了。老师，您继续讲第二类情况，《恒》卦为之卦，本卦有三根爻变，变卦为《恒》卦。

老师：好的。我举几个例来具体解析，先看占问结果得到《乾》之《恒》，从卦象看，《乾》卦卦象☰，《恒》卦卦象☳☴，《恒》与《益》同志向，故旁通卦《益》会进入卦象的结合，《益》卦卦象☴☳，三卦卦象结合起来看，震为东，兑为西，乾为日，为天，太阳从东升起，中行到西，代表吉祥的恒道；互艮为手，为牵，为扶，震为仁德，为生，为喜，坤为义，巽为利，乾为天福，这是以利牵义，仁义相扶，喜得天福之象。对于企业战略而言，卦象信息，得恒道之吉，义利相扶，德义茂生，天下归仁，事业成功。

再看《坤》之《恒》。从卦象看，《坤》卦卦象☷，《恒》卦卦象☳☴，旁通卦《益》卦卦象☴☳，三卦卦象结合起来看，震为粮，艮为仓庾，为安，乾为盈实，坤为民，这是年丰而仓庾盈实，民有粮而安之象；震为履，为德，为归，为功业，艮为成，为手，为抱，巽为商贾，为利，这是商人履德不忒，功业有成，抱利而归之象。对于企业战略而言，卦象信息，民有粮，代表日子好过，仓庾盈实，代表有积累，有做大事的基础条件，履德而抱利归，是谋财走正道，求利有所得，战略实施成功。

再看《离》之《恒》。从卦象看，《离》卦卦象☲，《恒》卦卦象☳，旁通卦《益》卦卦象☴，三卦卦象结合起来看，震为东，为春，巽为风，坤为地，乾为寒冰，这是春风解冻，大地回春之象；兑为和悦，巽为气，乾为财富，震为进，为升，艮为高贵，这是和气生财，进升高贵之象；震为粮，乾为实，为盛盈，艮为仓庾，坤为年岁，兑为华，为丰，离为礼，这是年丰岁登，仓庾充实之象；管子言："仓廪实则知礼节，衣食足则知荣辱"。对于企业战略而言，这意味着战略的推进有了基础，企业内部和风徐徐，暖人心脾，富民益下的思想得到贯彻，民心思进，创造力得以提高，财富日增，员工知礼节、知荣辱，有上进之心，知恩、感恩之心起到了众志成城的作用，员工知道何为高贵，何为低贱，企业文化最终起到了百年稳定发展的核心作用，企业前景一片光明。

最后看《兑》之《恒》。从卦象看，《兑》卦卦象☱，《恒》卦卦象☳，旁通卦《益》卦卦象☴，三卦卦象结合起来看，巽为虫，为蛊，乾为圣贤，大离为陶，色朱，震为公，这是陶朱公范蠡之象；陶朱公是商业奇才，从越国隐退后迁居齐国，隐居经商；三卦中，互艮为手，为抱，震为珠，乾为金玉，巽为利，这是经商得利，抱珠宝、金玉而归之象。对于企业战略而言，结合卦象的信息，《恒》卦卦辞"亨，无咎，利贞，利有攸往"的含义就更明确，陶朱公秉持谋利有道的经商原则，自守贞正，得亨通，往而有利，事业获得大成功。

学生：明白了。老师，您讲的真好，就《恒》卦为之卦，讲了这么多道理给我们听。那接下来我们来看孔子对《恒》卦的观象说了什么。

☳ 孔子《易传·象》对《恒》卦的卦象特点，做了如下表述：

《象》曰：雷风，恒。君子以立不易方。

现代文注释：

《象》说，上卦震为雷，下卦巽为风，故曰"雷风"，这就是《恒》卦的卦象，君子观此卦象，效法其精神，藉之以为"立身之道"和永不改变的为人做事的原则。

学生：张老师，孔子对《恒》卦的观象准确吗？

老师：《恒》卦，是《益》卦的"伏象"之卦，故其卦辞与《益》卦的卦辞，有相同的指向，或者说有相同的志向。文王演周易，观象系辞，卦辞皆紧密贴合卦象，故对于观象的表述，反过来也要贴近文王所写卦辞的本义。这里《恒》卦"《象》曰"的这段话偏离了文王所写卦辞的本义。《恒》卦，"雷风相与"是天道，而天道及于人事，恩泽天下，惠泽万民，就是社会发展的恒久之道，也是有道君王的理想志向，而能够符合伏象《益》卦里"大来益下"的理想志向的，是初六与九四的应，故上卦、下卦的卦主之间相应，使《恒》卦变为《泰》卦，完全契合卦辞的"利有攸往"，而这一点被孔子在观象时忽略了。

学生：明白了。那接下来我们可以进入到《恒》卦的爻辞了。

☳☴ 初六：浚恒，贞凶，无攸利。

现代文注释：

初六，伏象为乾之初，即潜龙之渊，渊之深为浚，故曰"浚恒"。初六，离开中道而求"恒"道，不会有结果，所求不能实现，占为凶，没有利。

学生：企业战略的占问结果，要以《恒》卦初六为断。爻辞有凶，结果怎样，还请老师为我们做个卦象解析。

老师：好的。占问结果要以《恒》卦初六为断，得到的是《恒》之《大壮》。从卦象看，《恒》卦卦象☳☴，《大壮》卦卦象☳☰，两卦卦象结合起来看，震覆艮，艮为肌肤，覆艮为肌肤不生，互兑为伤，巽为木，为蛊，为朽，这是用壮而受内伤，肌肤不生，枯朽之象；乾为刚，兑为鲁猛，为毁折，是过刚则折之象。对于企业战略而言，卦象信息，寓意过度鲁猛用强，有内伤，受伤的积累影响到机能的恢复，机能日益走向衰落，进入没落期；如若不调整思路，一个缺乏智慧的企业就会很快没落衰亡；得此占，不会成功，归于失败。

学生：明白了。那我们继续看《恒》卦九二的爻辞。

☶ 九二：悔亡。

现代文注释：

九二，阳居阴，本有悔，但阳刚居中位，中正自守，后悔就没有了。执"中"即可得"恒"道。"中"道之于"恒"道的意义，为中行，不偏不邪；故只有中行，方可守"恒"。九二得其中行的"恒"道，又有何悔！

学生：企业战略的占问结果，要以《恒》卦九二为断，爻辞太简单，有些不明白其真实之所指，还请老师为我们做个卦象解析。

老师：好的。占问结果以《恒》卦九二为断，得到的是《恒》之《小过》。从卦象看，《恒》卦卦象☶，《小过》卦卦象☶，两卦卦象结合起来看，艮为山，为室，震为迁徙，为生，为子，为兴，兑为孙，乾为族，为千万，伏坤为国，大坎为室，为舍，为家，这是家族迁徙后，繁衍子孙后代，家国人口兴旺之象；隐喻周部落当年迁徙至西岐，发展壮大成为周国王朝。从当年周部落时代，古公亶父的经历来看，从躲避灾难开始，迁徙到新的地方，一切遵循正道而行，艰难和悔恨本来也会有的，但坚持下去后悔就会消失，一切从头做起，发展民生经济，建立新家园，守恒道，长期坚持，最终形成了有规模的大气候。对于企业战略而言，卦象信息，寓意企业战略也会有处于低潮的阴暗期，如同九二的阳居阴位，不得其位，但自守中正，则无悔，坚持走到最后，做正确的事，终会有成就；得此占，战略实施成功。

学生：明白了。那我们继续看《恒》卦九三的爻辞。

☳ 九三：不恒其德，或承之羞，贞吝。

现代文注释：

九三，阳居中爻互乾之中，乾为德，故九三宜静而守其德，但九三求与上六之应强烈，对机遇的盲目追求，使他失去了对德行的坚守。故，警示九三要思考其"德行"的守"恒"持久，不要去追求不切实际的机遇，否则就会蒙受耻辱，会有遗憾。九三与上六的应，受到九四的阻隔，不得应。

学生：企业战略的占问结果，要以《恒》卦九三为断。爻辞中有警示，还请老师为我们做个卦象解析。

老师：好的。占问结果以《恒》卦九三为断，得到的是《恒》之《解》。从卦象看，《恒》卦卦象☳，《解》卦卦象☵，两卦卦象结合起来看，震为飞鸟，为飞，为出，坎为忧患，为困，互兑为暗昧，巽为志，震在上，为已离开暗昧，脱出困境。对于企业战略而言，卦象信息，寓意摆脱了暗昧之困，走出了困境；得此占，战略实施成功。

学生：明白了。那我们继续看《恒》卦九四的爻辞。

☵ 九四：田无禽。

现代文注释：

九四，三才之人位的上者，以"恒"德而言，尽人事即可。遇到天时不利，田无禽，空有一身本事也无法建功，隐喻九四不当位而求"恒"道，徒劳而无功。此时，"无所得"的人生应放下，如庄子所言："得者时也，失者顺也。"君子安时而处顺，生活才会再次得到充实。

九四，时位不利，不是得恒道的时位，故爻辞的警示为不得"禽"，九四与初六是正应，故此时，九四应当坚定的等待初六的上应，才能改变其时位，方为有利的所往，才能实现卦辞里的"利有攸往"。

学生：企业战略的占问结果，要以《恒》卦九四为断。爻辞的意思，好像是不得天时，还请老师为我们做个卦象解析。

老师：好的。占问结果以《恒》卦九四为断，得到的是《恒》之《升》。从卦象看，《恒》卦卦象☳，《升》卦卦象☷，两卦卦象结合起来看，坤为野，为虚，为无，震为禽鸟，这是田野无禽之象；巽为利，震为往，为生，这是出现另外的一线生机之象。对于企业战略而言，这是主产品失去市场，而同时又发现有另外的市场机会，此时企业要改变时位，动则有利；而改变时位，意味着业务的全面转向，是生与死的转换；得此占，战略实施成功。

学生：老师，此爻里九四等待初六的上应，在企业战略里有没有什么特别的含义，或有什么特殊意义。

老师：九四等待初六的上应，在企业战略里，代表的含义是项目的收购，新项目团队的到来，结果对初六也是好的，双赢，这是市场的大胆整合。

学生：明白了。那我们继续看《恒》卦六五的爻辞。

☷ 六五：恒其德，贞，妇人吉，夫子凶。

现代文注释：

六五，恒守其德，是正道。但应当明白"恒"之道亦有刚柔之别，六五阴爻，恒守女性柔顺之德，是吉祥的，若守男人的阳刚，对于六五却不当，有凶。永恒的事，同样是刚柔有别。六五为《恒》卦的卦主，为守恒之爻，故爻辞说六五之恒德应为柔顺之德。

学生：企业战略的占问结果，要以《恒》卦六五为断。联系我们的主题，还请老师为我们做个卦象解析。

老师：好的。占问结果要以《恒》卦六五为断，得到的是《恒》之《大过》。从卦象看，《恒》卦卦象☷，《大过》卦卦象☱，两卦卦象结合起来看，巽为商贾，为利，为陨，震为功业，互乾为福，兑为毁折，为损，大坎为灾患，这是有灾患，利损福陨，功业毁折之象。对于企业战略而言，卦象信息，利损福陨，功业毁折，已明确了失败。

还要注意的是，六五是柔爻得中，故有"妇人吉，夫子凶"之辞，寓意企业战略，宜取柔中之道，不宜取刚中之道，对于企业很想获取的目标，要以柔顺取，不宜以刚强取。故，进行战略调整之时，应特别注意。

学生：明白了。那我们继续看《恒》卦上六的爻辞。

☷☳ 上六：振恒，凶。

现代文注释：

上六，走向极致。"恒"也有不同的状态，不一定都是好的。"震荡不安"如果成为"恒"态，那就是处于"天下大乱"的时局，凶。

学生：上爻都有走向反面的倾向，恒道走向极致，要怎么理解呢？老师，您先在这个问题上讲一讲。

老师：《恒》卦的时义，是阴阳相应，雷风相与，变动的永恒。故，恒久之道，由天道及于人事，要利于君子坚持正道，利于所往，才会亨通。恒卦的雷风相与，大来益下，上下卦的卦主相应后同时得正，有确定的指向，贴合这种确定的指向就是吉祥的，而其反向的动则凶，宇宙中的恒，是运动中的恒，故其"动"也讲规律。

学生：明白了。回到我们的主题，企业战略的占问结果，要以《恒》卦上六为断。爻辞有凶，我们都感到有疑惧，还请老师为我们做个卦象解析。

老师：好的。占问结果以《恒》卦上六为断，得到的是《恒》之《鼎》。从卦象看，《恒》卦卦象☳☴，《鼎》卦卦象☲☴，两卦卦象结合起来看，巽为利，互乾为实，震为行，为功业，半艮为小成，这是利为实，功业小成之象；爻变得鼎铉，是鼎功告成之象；卦象吉。对于企业战略而言，卦象吉祥，卦辞之凶有特定指向，故，避开凶，贴合《恒》卦亨通的正向而行，可得吉，在卦象吉的前提之下，不必疑惧，战略实施会成功。

学生：明白了。谢谢老师的指点。《恒》卦的六爻都讲完了，明白了很多，很受教益。

《震》为雷 ䷲（卦序号：11）

震卦的命名，更早的时期为辰。汉墓出土文物帛书《易》中，震卦的卦名就写为"辰"。

《震》卦，是纯卦。震上震下，接连的震。震卦的上卦、下卦皆为震，象征相继的动，动而动，这是六十四卦中突出"动"的时义的卦。

先看《震》卦的卦辞，及现代文注释：

震：亨。震来虩虩，笑言哑哑。震惊百里，不丧匕鬯。

现代文注释：

震，是卦名。《震》卦，重叠的震，相继的动，并象征力量，故可获亨通。大的雷声让人害怕，但人们知道雷声之后会有降雨，万物得以滋润，故又高兴的笑。雷声虽然震惊百里，但能担当大任的人，不会在雷声中跌落手中的酒杯。

学生：张老师，《震》卦的卦辞，只讲雷声让人惊惧，以及雷雨解除干旱的好处，那结合到企业战略分析，也是这样吗？

老师：震为雷，故，卦辞讲雷，感觉就很自然，以雷为主体，这个角度还是不可替代的，至于结合到企业战略分析，那就不一样了。

学生：老师，那孔子是不是也选择了同样的角度对卦辞进行裁断，有不同的地方吗？孔子的裁断准确吗？

老师：孔子在《震》卦的卦辞裁断上，忠实的依据文王的卦辞，平铺直叙，没有走样，很准确。我们现在就来看孔子的《彖》辞。

孔子《易传·彖》对《震》卦的卦辞，是这样裁断的：

《象》曰：震，"亨"，"震来虩虩"，恐致福也。"笑言哑哑"，后有则也。"震惊百里"，惊远而惧迩也。"不丧匕鬯"，出可以守宗庙社稷，以为祭主也。

现代文注释：

象辞说，《震》卦，是亨通的。它之所以亨通，是因为迅雷会给人带来恐惧，而知道恐惧就不会妄为，就不会做冒险的事，故，这样也就同时给人带来福祉。人们对雷声的体验是，雷声过后才会有笑声，在震动百里的雷声中，人们都会心怀恐惧。迅雷也是考验人的，能在震动大地的惊雷声中不跌落酒杯的人，才能够建功立业，担当大任。

学生：企业战略的占问结果，要以《震》卦的卦辞为断，我们还是有点困惑，只讲雷声考验人，还请老师为我们做个卦象解析。

老师：好的。以《震》卦卦辞为断，占问结果分为两大类情况，第一类情况《震》卦为本卦，六爻皆不变；第二类情况，《震》卦为之卦，本卦三根爻变，变卦为《震》卦。

学生：老师，您先讲第一类情况，《震》卦为本卦，六爻皆不变。

老师：好的。第一类情况，从卦象看，《震》卦卦象䷲，震为瓠，为舟船，互坎为河海，古代传说里瓠为葫芦，是雷神拔下一颗牙送给伏羲和女娲兄妹，让他们种在地里，长出葫芦，成熟后晾干，葫芦掏空可以漂浮，帮助他们在洪水中逃生，卦象中，瓠助舟济渡，利涉河海，没有溺水的忧虑，吉。对于企业战略而言，没有溺水的忧虑，就是没有失败的风险，可得成功。

学生：明白了，是雷神的牙，种地里长出葫芦，帮助人类逃脱洪水。老师，您继续讲第二类情况，《震》卦为之卦，本卦有三根爻变，变卦为《震》卦。

老师：好的。我举几个例来具体解析，先看占问结果得到《大有》之《震》。从卦象看，《大有》卦卦象䷍，《震》卦卦象䷲，两卦卦象结合起来看，离为东，兑为海，乾为江河，这是江河东流入海之象；震为粮，为年岁，为乐，乾为盈实，为富足，艮为居，为安，为止，止即不迁徙，互坎为民，这是粮丰民乐，安居而不迁徙之象。对于企业战略而言，卦象的江河东流入海，浩浩荡荡，奔腾向前，是吉象；粮丰民乐，寓意经济效益好，员工安定；安居而不迁徙，是项目选择正确，无需再冒业务转向的风险，事业成功。

再举一个例，占问结果得到《损》之《震》。从卦象看，《损》卦卦象☶☱，《震》卦卦象☳☳，两卦卦象结合起来看，震为君王，为德，为惠，为兴，为出，艮为山，为宗祠，为贤人，兑为辅佐，艮震相向，为君王与贤人对话，这是君王以德感召，得大贤之才辅佐，贤人出山，辉光普照，宗祠复兴之象。对于企业战略而言，以德行的口碑和德惠感召，得大贤之才前来加盟，是企业复兴的保障，企业迎来中兴，战略实施成功。

学生：明白了。那我们接下来看孔子对《震》卦的观象说了什么。

☳☳ 孔子的《易传·象》对《震》卦的卦象特点，做了如下表述：

《象》曰：洊雷，震。君子以恐惧修省。

现代文注释：

《象》说，上卦震为雷，下卦震为雷，雷声相继，这就是《震》卦的卦象。君子观此卦象，感悟其中的道理，在炸雷声中，要心存恐惧以反省自己，因恐惧而懂得修省，改己之过，就不会因贪婪而做冒险之事，就会增加福祉。

学生：老师，孔子对《震》卦的观象准确吗？孔子讲到《震》卦的时义了吗？《震》卦的时义，应当怎样准确表述呢？

老师：孔子对《震》卦的观象准确，也讲到了时义。《震》卦的时义，是相继的动，君子处惊惧而懂自省，化危为亨通。

学生：明白了。那我们接下来可以进入到《震》卦的爻辞了。

☳☳ 初九，震来虩虩，后笑言哑哑，吉。

现代文注释：

初九，初阳居下，是震卦的卦主，其上为重阴，阳遇阴而通，故初九"吉"。这是认识雷声的第一阶段，打雷了，炸雷的声响令人感到害怕；雷雨过后，觉得刚才害怕的样子确实很好笑，大家相视而笑；一场雷雨过后，旱情舒解，万物得雨水滋润而获生机，吉祥。

学生：企业战略的占问结果，要以《震》卦初九为断。与企业战略的结合，应该如何理解，还请老师为我们做个卦象解析。

老师：好的。占问结果以《震》卦初九为断，得到的是《震》之《豫》。从卦象看，《震》卦卦象☳，《豫》卦卦象☶，两卦卦象结合起来看，艮为虎，正反艮为两虎对峙，坤为野，为军队，坎为忧惧，为弓弩，艮为刀剑，这是兵藏于野，剑拔弩张，临战而有忧惧之卦象。对于企业战略而言，两虎对峙是遇到了强劲对手，此时有忧惧会少犯错；得此占，会有成功。

学生：明白了。那我们继续看《震》卦六二的爻辞。

☳ 六二：震来厉，亿丧贝；跻于九陵，勿逐，七日得。

现代文注释：

六二，居中得正，故能守中正之道，但在雷声中总还是心存恐惧，感觉身处危险之境，有危厉不安的感觉，故曰"震来厉"；原因是六二之位凌驾初九卦主之上的缘故，为阴乘刚的关系，因此在雷声大作的时候，会有惊惧。对于雷雨的认识也是一样，知道雷击的危险，在雷雨中，六二大失财贝，但他不顾一切的躲避于九陵，七日后，财贝失而复得，隐喻六二守持无为之道，失去的可以在将来再得到，不以物为念。六二有中正之德，故只要恪守中正之道就会平安。

学生：企业战略的占问结果，要以《震》卦六二为断。六二对雷声惊惧的感受又有不同，从旷野躲避于九陵，还请老师为我们做个卦象解析。

老师：好的。占问结果以《震》卦六二为断，得到的是《震》之《归妹》。从卦象看，《震》卦卦象☳☳，《归妹》卦卦象☱☳，两卦卦象结合起来看，三震一兑，震为德，为福，为时，为开，为乐，兑为花，为华，为月，为美好，为悦，这是有德多福，花好月圆，喜乐之象；互艮为贤人，为臣，为居，为安，互离为巢，为室，为麟凤，互坎中实，为得，兑为辅佐，震为君王，为乐，这是君王得麟凤之才辅佐，贤人安居，君乐臣安之象；卦象吉祥。对于企业战略而言，卦象信息，有德多福，花好月圆，寓意有善德自有福报，多积善德，就多得福报，有福相随，可得圆满的结果；君王得良辅，君乐臣安，寓意得人和，上下同心而相安；得此占，战略实施成功。

学生：明白了。那我们就继续看《震》卦六三的爻辞。

☳☳ 六三：震苏苏，震行无眚。

现代文注释：

六三，柔爻居刚位，其质本弱，位失中正，故在惊雷声中，其身体酥麻几乎瘫软，不能动弹，六三处在下卦雷与上卦雷的接续之处，迅雷交替发生，雷声使六三惊恐万状，这是六三"位不当"且胆小的缘故；六三往上是中爻的互坎，故担心前行有灾祸，在惊惧中检讨过失，六三无上应，亦无阴凌乘刚的情况，与它爻皆无利害关系，故只要慎行，就不会有"眚"，"眚"为人祸；六三质弱才疏，不惹事生非，没有人祸。

学生：企业战略的占问结果，要以《震》卦六三为断。此爻中的人物处在惊恐万状之中，还请老师为我们做个卦象解析。

老师：好的。占问结果以《震》卦六三为断，得到的是《震》之《丰》。从卦象看，《震》卦卦象☳☳，《丰》卦卦象☳☲，两卦卦象结合起来看，爻变导致中爻现巽象，巽为寇，震为战，互艮为城，这是都城被寇兵包围之象；坤为国，坎为危，离为戈兵，这是兵争起，国家出现危难之象。对于企业战略而言，这是企业主产品遇到各种品牌的挑战，竞争进入白热化，已经逼近到需背城一战，是产品技术成熟之时，走向红海的竞争，战略不成功。

学生：明白了。那我们就继续看《震》卦九四的爻辞。

䷲ 九四：震遂泥。

现代文注释：

九四，上卦卦主，雷雨大作，被雷声吓到，在雷雨中跌进泥水中了。按爻位规律，四多惧，故对四爻的描写，跌进泥水中是很自然的。这里，隐喻君王身边的权臣，包括"摄政王"地位的王公显贵，要守住自己的位份，不要轻举妄动。从卦象看，九四有正反震之易象，向上为正向的震，向下为反向的震，故，九四若不守正，就会违背正道逆向而动。易象，震为君，为帝，两震相叠，象征两代帝王先后登大位，九四为继位君王，不可违时逆行而动。"震遂泥"的警示，其意就是会坠入泥中，这既是对其不要轻举妄动的提醒，也是对其不会有大作为的比喻。与初九相比，初九是新王朝的创建者，亨通，又吉祥。而到九四的爻位，会有坠入泥中的遗憾。

学生：企业战略的占问结果，要以《震》卦九四为断。此爻的人物同样处在惊恐中，他跌进泥水里，这样的结果与企业战略实施结合，其含义是什么呢？还请老师为我们做个卦象解析。

老师：好的。占问结果以《震》卦九四为断，得到的是《震》之《复》。从卦象看，《震》卦卦象䷲，《复》卦卦象䷗，两卦卦象结合起来看，爻变导致上震消失，震为龙，为行动，居上的龙消失，变为坤，坤为渊，为灾殃，为隐，这是逆时而动，导致灾殃，龙潜入深渊，有咎过而潜伏之象。对于企业战略而言，卦象信息，是行动有过失，有咎害发生，龙回到深渊，意味着回到原点，变为潜龙，要重头再来；得此占，战略实施不会成功。

学生：明白了。那我们就继续看《震》卦六五的爻辞。

䷲ 六五：震往来厉；亿无丧，有事。

现代文注释：

六五，居君位，感觉到雷声往来的动荡，有危险存在。但六五感受到的，也只是潜在的威胁（雷声隐喻威胁），六五居尊而有柔中之德，行中正之道，其才虽不足济世，其德足以自守，作为君王的他，虽有潜在的威胁存在，但不会失去地位，爻辞中的"亿无丧"，亿为大，指君王的"大位"，他的大位不会失去，天上的炸雷只是警示他，肯定有事要发生。六五要做好准备，要以中正之道去面对即将到来的危厉的事。

学生：企业战略的占问结果，要以《震》卦六五为断。爻辞中提醒"有事"，要做好准备。结果怎样，还请老师为我们做个卦象解析。

老师：好的。占问结果以《震》卦六五为断，得到的是《震》之《随》。从卦象看，《震》卦卦象䷲，《随》卦卦象䷐，两卦卦象结合起来看，震为君子，为乐，为前行，为随，为功业，兑为悦，为友，互坎中实，为得，互艮为时，为成，这是得时，又得友悦随，功业有成之象；爻变，中爻得巽，且二爻以上互象为乾在坤中，坤为囊，乾为富实，巽为利，这是得利而囊中富实之象。对于企业战略而言，卦象信息，得时寓意得天时；得友悦随，寓意得人和，团队力量增大且内部团结，能快乐相处，功业有成，得利而富实，战略实施成功。

学生：明白了。那我们就继续看《震》卦上六的爻辞。

䷲ 上六，震索索，视矍矍，征凶。震不于其躬，于其邻，无咎。婚媾有言。

现代文注释：

上六，柔弱居上位者，在雷声中索索发抖的弱者，雷击并不对着他而来，可是他却惊惶的四处张望，想逃跑，但此时不可动，动则有凶。雷打在邻里附近，没有正对他，故曰"无咎"。而举行婚礼时，若遇到打雷，就有说法，是不吉利的。这里的"婚媾"，象征阴阳的相合，阴阳的相合本是正常的天道，也是正常的人道，但在本爻里却起了争执，故曰"有言"，这是上六居震卦极致之位的原因，也因为"有言"，故不会再有进一步的发展，动则不利，不宜妄动。"婚媾"代表人生大事，故，爻辞的"婚媾有言"，寓意上六不能做大事。

学生：企业战略的占问结果，要以《震》卦上六为断。此爻中的人物被认为是不能做大事的人，结果如何，还请老师为我们做个卦象解析。

老师：好的。占问结果以《震》卦上六为断，得到的是《震》之《噬嗑》。从卦象看，《震》卦卦象☳☳，《噬嗑》卦卦象☲☳，两卦卦象结合起来看，变爻出现离象，离为日，中爻艮为止，为舍，这是日中而止，止于舍中之象；与之相对应，中爻有互坎，坎为心，为恶，此乃心生畏恶，止而休息于舍中；震为出行，正反震为出行而复返，震数为三，艮为里，意为行三里路就复返，卦象中的人物出行不远就心生畏恶而放弃前行，仅到日中就止而休息于舍中，而后就折返回来。卦象中的人物与爻辞中的人物同类型，同样是不能做大事的人，没有决心做事，半途而废。对于企业战略而言，这是用人不当，所使用的人会随着自己的心情，想放弃就放弃，随时会当逃兵，更不用说做大事要闯难关、要拼搏；得此占，战略实施不会成功，归于失败。

学生：明白了。不能做大事的人，就像爻辞里所说的，随时都想逃跑，这样的人物不能委其重任。《震》卦六爻都讲完了，很有收获。

《巽》为风 ䷸（卦序号：12）

《巽》为纯卦，上卦、下卦皆为巽。巽为风，这是宇宙时空里"秋风"的卦，而在更早的时候，人们没有把它作为巽风卦，而是命名为"筭卦"，筭就是古代的算筹，也是用来占筮的小竹棍，故《巽》卦的爻辞中有一半是在说占筮。

但古代的人们很快发现，这个时节，夏至已过去十几天了，万物开始收敛，秋风阵阵发出警告，要早做准备了。人们观察到蛇虫开始找地方准备冬眠，于是就用两个代表蛇的"巳"字并在一起，下面一个"共"字，代表两条蛇共同在一起准备冬眠，这就是"巽"字。蛇虫在自然中生存，对秋风之后就有寒冬最为敏感，得到秋风的警告后，蛇虫的行动最为迅速，这就是巽为风的来历。

先看《巽》卦的卦辞，及现代文注释：

巽：小亨，利有攸往，利见大人。

现代文注释：

巽，是卦名。"小"指阴，《巽》卦是纯卦，上巽下巽，皆为阴卦的巽，阴为主爻，故，其占为"小亨"；这是"亨通"的卦，所往有利，君子能有所作为，有利于大德大才的人物显见，利于"见"的环境出现在这个时空。

学生：张老师，我们知道您对《巽》卦的注释和现行通行本的注释有很大的不同，因此对《巽》卦的学习就更认真了。先请教一个问题，卦辞中的"亨"、"利有攸往"、"利见大人"如何理解？看了现代文注释，还有些不解。

老师：巽有亨通，是指阴爻承阳，顺阳，故能通达，无阻碍，这就是亨通之意，能通达就是"亨"。利有攸往，是指阴遇阳而通，利于前进，利于前进就是利于所往，君子才能有所作为，如若被阻，如何作为呢？大人，是指上下卦中位的阳爻，在《巽》卦中，上下卦的中位都见到阳爻了，因此说"利见大人"，这是周易的说法。因为有亨通，君子可以顺利前行，有"利见大人"的做事环境，有了这样的做事环境，又有阳爻居于中位，就是卦中的九二和九五，就是确定的"利见大人"了，明白了吗？

学生：彻底明白了。我们接下来看孔子对《巽》卦的卦辞是怎么说的。

孔子《易传·彖》对《巽》卦的卦辞，是这样裁断的：

《彖》曰：重巽以申命，刚巽乎中正而志行，柔皆顺乎刚，是以"小亨，利有攸往，利见大人。"

现代文注释：

彖辞说，两经卦巽重叠，不断重申尊者的命令。阳刚的尊者就是九五，居于中位且得正，故其意志可以贯通执行。柔爻在巽体中为主爻，上下的柔爻都逊顺于阳刚，阴柔为小，故阴柔的亨通称为"小亨"；这是"阴遇阳而通"的易象，所往有利，能有所作为，有利于大德大才的人物显见。

学生：老师，孔子对《巽》卦卦辞的裁断准确吗？

老师：准确。巽的特质为顺，阴爻的逊顺若缺，所有"亨通"、"利有攸往"就都不成立，"顺"是保证卦辞里所说的这些都能成立的条件。而巽的任务就是传达命令，故，巽就是命令。任务能顺利完成，靠巽的能力，这个能力就是巽的本象，巽的本象是风，风的特点就是无处不达，无孔不入。

学生：明白了。《巽》是纯卦，因此如果不把这些彻底弄明白了，对于解卦的进一步学习就会困惑。老师，企业战略的占问结果，要以《巽》卦的卦辞为断，还请您为我们做个卦象解析。

老师：好的。占问结果以《巽》卦的卦辞为断，分为两大类情况，第一类情况《巽》卦为本卦，六爻皆不变，第二类情况《巽》卦为之卦，本卦有三根爻变，变卦为《巽》卦。

学生：老师，您先讲第一类情况，《巽》卦为本卦，六爻皆不变。

老师：好的。这种情况，从卦象看，巽卦卦象☴，互离为日，巽为松林，这是日光照进松林的自然之象；互兑为悦，为花，为华，为和，巽为风，离为鹊鸟，为凤，为丽日，乾为木果，这是大森林和风丽日，林中木果丰盛，引来鸾凤、鹊鸟栖息林中，皆得欢乐之象；卦象祥和。对于企业战略而言，卦象信息，寓意企业内部有良好的环境，人才汇聚，欢乐的在一起工作，共同创造未来，这是美好家园的写照，企业有很美好的未来，战略实施会成功。

学生：明白了。老师，您继续讲第二类情况，《巽》为之卦，本卦三根爻变，变卦为《巽》卦。

老师：好的。我举几个例来具体解析。先看占问结果得到《否》之《巽》。从卦象看，《否》卦卦象☴，《巽》卦卦象☴，两卦卦象结合起来看，互艮为星，乾为福，巽为陨，这是福星陨落之象；正覆兑相背，兑为口，为言，正覆兑相背为缄口不言，这是内部已无法沟通之象；艮为君子，兑为倾危，大坎为灾患，这是君子倾危，有灾患之象。对于企业战略而言，卦象信息，福星陨落，内部失和，无法沟通，君子无过也有灾患，战略实施不会成功。

再举一个例，占问得到《未济》之《巽》。从卦象看，《未济》卦卦象☴，《巽》卦卦象☴，两卦卦象结合起来看，半艮和半震重叠，为独立，各行其是，巽为权，巽重叠，为分权而立，政出二门，不利于事。对于企业战略而言，卦象信息，是做事环境不利，不能成事，战略实施不会成功。

最后举一个例，看《咸》之《巽》。从卦象看，《咸》卦卦象☴，《巽》卦卦象☴，两卦卦象结合起来看，巽为鱼，互大坎为江河，坎数一，乾为千，这是鱼的繁殖一转为千之象；巽伏震为周，震数为四，兑为海，这是鱼的子孙周流四海之象；吉。对于企业战略而言，卦象信息，寓意发展迅速，一转为千，企业的商业模式得以迅速复制，分店开遍四海，这是企业商业模式的成功，也是企业战略的成功。

学生：明白了。那我们接下来看孔子对《巽》卦的观象说了什么。

☴ 孔子《易传·象》对《巽》卦的卦象特点，做了如下表述：

《象》曰：随风，巽。君子以申命行事。

现代文注释：

　　《象》说，上卦巽为风，下卦巽为风，风与风相随，故曰"随风"，这就是《巽》卦的卦象。和风相随而吹拂，象征逊顺，这是《巽》卦想要表达的主要意思，"巽"与"逊"同音，藉以表达其意。君子观此卦象，理解其意，故效法《巽》的精神，效法"风行"之象，申命于众，并付诸行动。

　　学生：老师，孔子对《巽》卦的观象准确吗？孔子在《象》里说到《巽》卦的时义了吗？

　　老师：孔子对《巽》卦的观象准确，也说到了时义。《巽》卦的时义，就是风传达命令，申命于众，并付诸行动，巽就是命令。

　　学生：明白了。那我们接下来可以进入《巽》卦的爻辞了。

☴ 初六：进退，利武人之贞。

现代文注释：

　　初六，柔爻居阳位，不得正，故其意志不坚定，缺乏信心，心里犹豫。初六上为阳爻，可进，但其在上卦无应，又无需进，故曰"进退"；初六是下卦巽体的主爻，初六的弱和犹豫，象征秋风在初始阶段是更为柔和的和风，到上卦，巽风才会猛烈起来，才会带有明显的秋天的凉意，故，居下卦的初六的"进退"之状是秋风刚开始的规律。但这些都要往前发展，初六巽伏震，震为武人，故爻辞告诫初六要改变，要像武人一样刚毅果决，守正不疑，坚定向前。

　　学生：企业战略的占问结果，要以《巽》卦初六为断。爻辞中的人物，进退犹豫，结果怎样，还请老师为我们做个卦象解析。

老师：好的。占问结果以《巽》卦初六为断，得到的是《巽》之《小畜》，从卦象看，《巽》卦卦象☴，《小畜》卦卦象☴，两卦卦象结合起来看，离为目，互兑为眇，为暗昧不明，离伏坎，坎为耳，伏坎为耳失聪，这是不明方向、耳不聪、得不到正确信息之象；中爻伏艮为顶，伏坎为水，伏坤为渊，为灭，这是大水灭顶之象。对于企业战略而言，卦象之凶，其根本是在于耳不聪、目不明，没有精明强干的团队，故，战略实施失败，不会成功。

学生：明白了。那我们继续看《巽》卦九二的爻辞。

☴ **九二：巽在床下，用史巫纷若，吉，无咎。**

现代文注释：

九二，居中位，然而不得其正，阳爻居阴，这象征他还没有得到权柄。巽为床，"床下"指初六，九二在上无应，接受初六顺承之亲比，故曰"巽在床下"。来的史巫不少，走来走去，频繁的传话，故曰"用史巫纷若"，九二忠于使命，不断、快速的传达君王的申命，这样能得到君王的信任，自然有吉祥，无咎。

学生：张老师，先问一个问题，几乎所有现行通行本的《周易》，对《巽》卦九二的注释，都是说九二没有地位，躲在床下进行占筮，您为什么没有依照传统的说法来写现代文注释，您的注释依据是什么？您同样也认为九二还没有得到权柄，那他躲在床下进行占筮，不僭越礼数，不是很正常吗？

老师：古代占筮之礼，在桌几案台上进行，才是正常的，没有僭越的说法，对所有人都一样。在床下进行占筮，史书里从没有过记载，故不宜说在床下进行占筮。爻辞里的床，是巽象，巽为床，床下就是巽的阴爻。

学生：真的如此吗？

老师：真的如此，不要怀疑。上九也同样出现"巽在床下"，意思一样，对于上九，虽已退位，仍居太上皇之位，他不会躲在床下进行占筮的礼仪。

学生：回到我们的主题。企业战略的占问结果，要以《巽》卦九二为断。爻辞中人物阳刚居中，得吉，结果怎样，还请老师为我们做个卦象解析。

老师：好的。占问结果以《巽》卦九二为断，得到的是《巽》之《渐》。从卦象看，《巽》卦卦象☴☴，《渐》卦卦象☴☶，两卦卦象结合起来看，巽为利，艮为山丘，三巽一艮，是利多如山丘之象；艮为贤人，坎中实，为得，是得忠臣之象。对于企业战略而言，卦象信息，得利又得忠臣，事业成功。

学生：明白了。那我们继续看《巽》卦九三的爻辞。

☴ 九三：频巽，吝。

现代文注释：

九三，位正，而不得中，失刚中之德，"巽"即"筭"，占筮也，"频巽"为多次不断的占筮，其心多有疑虑，会有遗憾。多疑虑，是导致九三频频占筮的原因，爻辞警示：立下志向之后，更重要的是付诸积极的行动。

学生：企业战略的占问结果，要以《巽》卦九三为断。爻辞中人物似乎对前景有忧虑而频频占筮，结果怎样，还请老师为我们做个卦象解析。

老师：好的。占问结果以《巽》卦九三为断，得到的是《巽》之《涣》。从卦象看，《巽》卦卦象☴☴，《涣》卦卦象☴☵，两卦卦象结合起来看，巽为利，爻变得坎，坎中实，为得，是得利之象；爻变导致中爻兑失而得震，兑为毁折，为倾，震为起，为兴，这是倾而复起，毁而复兴，利为实之象；中爻为正反艮相向，正反震亦相向，艮为贤人，震为语，为动，这是贤人互语，且互动之象；巽为占筮，三巽为频频占筮。对于企业战略而言，贤人聚，企业倾而复起，是处在复兴的阶段，虽有疑而频频占筮，亦无害，终可得成功。

学生：明白了。那我们继续看《巽》卦六四的爻辞。

☴ 六四：悔亡，田获三品。

现代文注释:

六四,位得正,居天地人三才的人位的上位,其位为阴乘阳,本来有悔;但其位上承九五则又表现出六四的"柔以顺乎刚",其顺逊之德利于建功,故经过努力而有所建树,后悔消失。"田获三品"用打猎来隐喻大收获和建功。

学生:企业战略的占问结果,要以《巽》卦六四为断。此爻的主人,最终能建功立业。结果怎样,还请老师为我们做个卦象解析。

老师:好的。占问结果以《巽》卦六四为断,得到的是《巽》之《姤》。从卦象看,《巽》卦卦象☴,《姤》卦卦象☰,两卦卦象结合起来看,巽为风,为高,艮为飞,乾为龙,为天,这是龙乘风飞上云天之象;巽为利市三倍,乾伏坤为田,这是田获利三倍之象;巽为商贾,为长,艮为安,乾伏坤为邑,这是商旅之邑长久安宁之象。对于企业战略而言,飞龙在天,获利三倍,商旅之邑长安,皆为吉,与爻辞相合;卦象信息,寓意企业战略实施大获成功,企业已到飞龙在天的成功阶段,利润丰厚,所在地区平安祥和。

学生:明白了。那我们继续看《巽》卦九五的爻辞。

☴ **九五:贞吉,悔亡,无不利。无初有终,先庚三日,后庚三日,吉。**

现代文注释:

九五,阳爻居阳位,在体现顺逊的巽卦中,略显得过刚,不够谦逊,故先有悔,但九五居中位,且是君王的中位,得其中正,下孚六四,有贞正之吉,悔亡,巽为利,故曰"贞吉,悔亡,无不利"。在《巽》卦中,两巽重叠,不断重申尊者的命令,九五就是卦中的尊者,体现巽风的"申命"和君王的志行天下。巽伏震,震伏为"无",巽显为"有",故"无初有终"的意思就是:震为初阳,因其伏而"无初",震之终为巽,故而"有终",寓意此刻不见震而见巽;初到终,震走到巽,走过六个月,爻辞用六日来象征,以震卦纳庚"先庚三日,后庚三日,"来寓意震卦与巽卦的循环变化,互为初与终,此爻的爻辞正是

《巽》卦与《震》卦雷风相与、雷风相生的写照，这是天道在运行，故为吉。

学生：张老师，《巽》卦九五的注释，又出现了您与现行通行本注释的不同，爻辞中"无初有终"就是一处的不同，您能多说几句吗？为什么不简单的照搬前人的注释呢？

老师：如果所有的注释都照搬前人的，自己不去认真思考，那就会把不准确的注释留给后人，贻害后人，现行通行本的注释，多数把"无初有终"解释为初始阶段不太好，但最终有好的结果。这种解释很勉强，说最终有好的结果，但却找不到依据，故历代治学严谨的学者写到这里就跳过去了，不说为什么"有终"。这次我力求在注释上不留死角、不留遗憾，要把所有不通之处全部扫除，因此就在注释上认真了一点，为喜欢易学的读者留下一本最靠近文王本义的、有最完整注释的周易。

学生：爻辞中"先庚三日，后庚三日"也同样如此，老师您的注释也和现行通行本不一样。老师，您这样的注释有绝对的把握吗？

老师：有绝对的把握。现行通行本各种版本的书里，都把"先庚三日，后庚三日"作为古人写爻辞时使用了谐音字，"庚"谐音变更的"更"，前三日为"丁"谐音叮咛的"叮"，后三日为"癸"谐音揆度的"揆"，有点像玩文字游戏，故历代治学严谨的学者到了这个地方就跳过去，不加注释。这也从侧面说明了那些治学严谨的学者，不赞同这种谐音字的游戏。其实，这两句是与前面"无初有终"紧密相联、分不开的，因此也就必然涉及《巽》《震》两卦，《巽》与《震》互为始终，而作为天道的循环，就是最符合易理的注释，你们回看一下《恒》卦里解释天地间的恒久之道，就说到风雷变幻、雷风相与。

学生：明白了。企业战略的占问结果，要以《巽》卦九五为断。爻辞很深奥，结合战略分析理解起来很困难，还请老师为我们做个卦象解析。

老师：好的。占问结果以《巽》卦九五为断，得到的是《巽》之《蛊》。从卦象看，《巽》卦卦象☴，《蛊》卦卦象☶，两卦卦象结合起来看，爻变导致巽失而得艮，巽为利，艮为贤人，为高贵，这是失去一些利益换来贤人的加盟，企业的外在气质更加高贵之象；中爻互震为君，为德，互兑为悦，是贤人的加盟让君王喜悦不禁之象。对于企业战略而言，艮阳的光明在上，这是吉象，与爻辞相合，故无不利，巽为商贾，在艮下，艮为居，为安，为不迁徙，这是商人得到安定之象。故，此占是企业战略在充沛的利润基础上，增大了吸收高端人才的力度，使企业实力更加强大；贤人加盟，带进好的观念和作风，以正压邪，使企业战略建立在稳固的道德基础上。在企业的关键发展阶段，高层团队的结构调整，需要通过换血来完成，这会给企业带来新气象，不会因为高端人才队伍里的人的问题，而产生积弊；得此占，战略实施成功。

学生：明白了。那我们继续看《巽》卦上九的爻辞。

☴ 上九：巽在床下，丧其资斧，贞凶。

现代文注释：

上九，巽为床，"床下"指六四，巽卦的特点是阴顺阳，能顺逊上九的爻是上卦的四爻，也就是六四，故曰"巽在床下"；其意为：上九欲得六四顺逊的比应，得到六四的帮助。"资斧"，为俸禄和职权，上六居太上皇之位，就是说他已失去了应得的俸禄和权力，已到了穷极的地步，故曰"丧其资斧，贞凶"；从卦象上看，巽为陨落，陨落即为丧，故到了巽卦的天位，即最上位，其陨落就是必然的，就有尽丧俸禄和权力的状况出现，占为凶。

学生：企业战略的占问结果，要以《巽》卦上九为断。爻辞有凶。结合企业战略，结果看不清，还请老师为我们做个卦象解析。

老师：好的。占问结果以《巽》卦上九为断，得到的是《巽》之《井》。从卦象看，《巽》卦卦象☴，《井》卦卦象☵，两卦卦象结合起来看，天位阳陨，是失去福禄之象；坎为阳之陷，坎下出现正覆巽和正覆兑，皆为阳被阴掩，这是阳的功能有失，君子无作为之象；正覆巽相背向，为利不合，利益有冲突，正覆兑相背，则为缄口不言，无交流。对于企业战略而言，卦象的这种状态，就是到了穷极的地步，企业没有了生机活力，如同僵尸，战略实施不会成功。

学生：明白了。上九状态的企业，就是到了穷极状态的企业。《巽》卦六爻都讲完了，很受教益。

第五章　噬嗑、井、随、蛊

在这一章里，解析《噬嗑》、《井》、《随》、《蛊》四个卦，在这四个卦里面，《噬嗑》、《随》两卦是紧跟在《震》卦之后的"阳息阴"的卦，其下卦皆为震，卦序号皆为奇数，是《复》卦之后"阳息阴"一条路线上的卦。而《井》、《蛊》两卦则是紧跟在《巽》卦之后的"阴消阳"的卦，其下卦皆为巽，卦序号皆为偶数，是《姤》卦之后"阴消阳"一条路线上的卦。

火雷《噬嗑》☲☳（卦序号：13）

《噬嗑》卦是《系辞》十三卦之一，在《系辞》十三卦中，它代表市场集市活动的卦象，初爻和上爻代表集市两头的两道门，中间一根阳爻代表集市里面的管理员，中间的三根阴爻代表参加集市的老百姓。

《噬嗑》卦又被寓意刑罚，火和雷被认为是代表古代刑罚的严厉。故整个卦的卦辞、象辞、象、爻辞都在讲刑罚。

但《噬嗑》卦，直译就是"吃喝"；其卦象，从大象上看就是口中有物，有干的肉食可吃，是年景比较好的时空。故，《噬嗑》卦代表的含义，就是年景好了。对于市场的活动而言，上卦的离卦，代表光明，下卦的震卦代表行动。这样的角度，与《系辞》十三卦里面的集市活动，内容含义就靠的比较近了。

由于卦辞、象、象、爻辞都和古代刑罚有联系，故现代文注释先平铺直叙的解释，然后按系辞十三卦"噬嗑"代表市场集市的古老含义，都添上另一种注释，以体现、接近文王演《周易》时的本义。

先看《噬嗑》卦的卦辞，及现代文注释：

噬嗑：亨。利用狱。

现代文注释：

噬嗑，是卦名。《噬嗑》卦的占断说：噬嗑，是亨通的卦。《噬嗑》卦之所以亨通，是从其卦象而来；其卦象与《颐》卦的不同就是中间有一根阳爻，故象辞说"颐中有物"，也就是"口中有物"，中爻坎象为肉，这代表年岁好，不用整年喝稀粥，有肉吃，所以亨通。吃东西时，可以咬碎口中硬物，这样的含义，推及到刑罚用狱的领域，代表有能力铲除那些构成障碍的不良分子。上卦"离"象代表光明，明察秋毫，故"利用狱"。

孔子《易传·彖》对《噬嗑》卦的卦辞，是这样裁断的：

《彖》曰：颐中有物，曰噬嗑。噬嗑而"亨"，刚柔分，动而明，雷电合而章。柔得中而上行，虽不当位，"利用狱"也。

现代文注释：

彖辞说，"颐"是张开的口，口中咬着物，所以称作"噬嗑"。嘴中有食物，能咬合并嚼碎它，所以可以得到亨通。下卦为刚，上卦为柔，故曰"刚柔分"，下卦"震"为动，为雷，上卦"离"为明，为电，动而得到光明，这样，雷电的配合彰显了光明的正道，故曰"动而明，雷电合而章"。这一卦的卦主，为六五，柔爻居刚位，虽不当位，但是在上卦"离"的中位，得中而行中道，自然有正。这象征六五具有刚柔相济的禀赋，具备威吓、明察、中正的基本条件；所以，有利于断案明罪。

学生：老师，孔子对《噬嗑》卦卦辞的裁断准确吗？

老师：基本准确，孔子从更广大的社会角度来理解和注释《噬嗑》卦，应该说是哲理上的兼顾。

学生：企业战略的占问结果，要以《噬嗑》卦的卦辞为断。结合我们的主题，还请老师为我们做个卦象解析。

老师：好的。以《噬嗑》卦卦辞为断，占问结果分为两大类情况，第一类情况《噬嗑》卦为本卦，六爻皆不变；第二类情况《噬嗑》卦为之卦，本卦有三根爻变，变卦为《噬嗑》卦。

学生：老师，您先讲第一类情况，《噬嗑》卦为本卦，六爻皆不变。

老师：好的。第一类情况，从卦象看，《噬嗑》卦卦象☲，上离为光明，下为互大离，离与互大离重叠，有麒麟凤凰之吉，是善政之象；卦中水火俱备，是阴阳调和之象；互艮为国，坎为灾，震为乐，为解，为消，是国无灾患之象；卦象吉。结合卦辞的"亨"，对于企业战略而言，是企业有善政之德，阴阳调和，创造力可以开花结果，可得利，安定而无灾患，事业成功。

学生：明白了。老师，您继续讲第二类情况，《噬嗑》卦为之卦，本卦三根爻变，变卦为《噬嗑》卦。

老师：好的。我举几个例来具体解析。先看占问得到《大畜》之《噬嗑》。从卦象看，《大畜》卦卦象☲，《噬嗑》卦卦象☲，两卦卦象结合起来看，离东坎西，艮为高山峻岭，为道路，坎为险，为困，这是东西两面的道路均为险峻高山，道路不通畅，商旅为路不通畅所困之象，对于企业战略而言，卦象信息含有两面被困，看不到出路的意思；中爻从之卦的六二到六五，坎艮之象，上坎下艮，为《蹇》之象，象征过程的蹇难，战略实施不会成功。

再举一个例，占问得到《小过》之《噬嗑》。从卦象看，《小过》卦卦象☲，《噬嗑》卦卦象☲，两卦卦象结合起来看，离为火，坎为汤，为危难，危难如同汤与火，艮为身，这是身赴汤火，在危难中煎熬之象；震为解，为喜，喜得解脱，这是由危转喜之象；吉。对于企业战略而言，结合卦辞的"亨"，解脱出危难的状态，过去的煎熬就都结束了，企业得亨通的喜乐，如同换了人间，这是在艰难处境中坚持，而获得的成功。

学生：明白了。那我们接下来看孔子对《噬嗑》卦的观象说了什么。

☲ 孔子《易传·象》对《噬嗑》卦的卦象特点，做了如下表述：

《象》曰：雷电噬磕，先王以明罚敕法。

现代文注释：

《象》说，下卦震为雷，上卦离为电，卦象雷下电上，故曰"雷电噬嗑"，为雷电交击之表象，这就是《噬嗑》卦的卦象。雷电交击，雷有威慑力，电放光明，古代帝王效法这一现象，明其刑罚，正其法令。

学生：老师，孔子对《噬嗑》卦的观象准确吗？孔子说到《噬嗑》卦的时义了吗？《噬嗑》卦的时义，应当怎样准确表述呢？

老师：孔子对《噬嗑》卦的观象及其对时义的表述，偏向卦象中雷电的严厉，主叙古代的刑罚。而从卦象的本义来看，《噬嗑》卦有吃的含义，其主要含义还是口中有物，有肉吃，还有市场之象。故准确表述，《噬嗑》卦的时义，是口中有物，雷电相与，积极行动，到达光明。

学生：明白了。那我们可以进入《噬嗑》卦的爻辞了。

☲ **初九：屦校灭趾，无咎。**

现代文注释：

初九，基层的执行者，刚居刚位，用狱严厉的有些过。"屦"，古代用麻葛制成的一种鞋。"屦校"，带上脚镣。"校"，铐足的刑具。所有的犯人都穿着麻葛的鞋，脚镣盖住了足趾，对于犯小罪的人这是福啊！加重惩戒后就不会发展成"大恶"了，初九的过刚执法，没有带来咎害。

初九，身份换做阳刚勤奋的市场营销人员，有句话叫做"踏破铁鞋无觅处"，说的就是寻找市场四处奔波的辛苦，铁鞋都踏破了，脚趾自然也磨破了，说的也就是初九的情况，麻葛的鞋穿破了好几双，脚趾也破了，在市场上奔波好辛苦，但无咎。

学生：企业战略的占问结果，要以《噬嗑》卦初九为断。联系我们的主题，还请老师为我们做个卦象解析。

老师：好的。占问结果以《噬嗑》卦初九为断，得到的是《噬嗑》之《晋》。从卦象看，《噬嗑》卦卦象☲☳，《晋》卦卦象☲☷，两卦卦象结合起来看，爻变导致失震得坤，震为前行，震失为不再前行，坤为劳，为贫困，为民，为事，艮为止，这是事情难以成功，劳而止步之象；离为饥，坤为冰霜，震为行，中爻互坎为难，为困，为忧，这是有饥寒之忧，长久在困难中前行之象；卦象不吉。对于企业战略而言，卦象信息，是前行困难，劳而止步，对照爻辞的前一半，是被困的状况，后一半"无咎"，只是没有人为的过失，故，企业战略实施的前景暗淡，还在艰难中摸索着前行，事业不会成功。

学生：明白了。那我们继续看《噬嗑》卦六二的爻辞。

☲☳ 六二：噬肤灭鼻，无咎。

现代文注释：

六二，阴爻居中得正，对于用狱，刚柔适中，犯人被教育软化，就像坚硬的肉被烹制成为松软的嫩肉，捧到嘴边一咬，肉都淹没了鼻子，没有咎害。

六二，身份换做商界人士，柔爻居中得正，已是小有成就的市场部经理了，与客户一起吃饭，吃肉时咬到了嘴唇，肉还遮住了鼻子，有点尴尬，但没有咎害。有条件吃吃喝喝了，一高兴，吃相就不好，有些难为情，但无咎。

学生：企业战略的占问结果，要以《噬嗑》卦六二为断。此爻换了人物和情境，难以理解，还请老师为我们做个卦象解析。

老师：好的。占问结果以《噬嗑》卦六二为断，得到的是《噬嗑》之《睽》。从卦象看，《噬嗑》卦卦象☲☳，《睽》卦卦象☲☱，两卦卦象结合起来看，离为文章，兑为华，为盛茂，为辅，震为君王，为福，为功业，艮为贤人，为时，为成，震艮相对，为君王与贤人对话，这是君王有福得时，贤人辅佐，功业有成，华章盛茂之象。对于企业战略而言，卦象信息，已明示事业成功。

学生：明白了。那我们继续看《噬嗑》卦六三的爻辞。

☲☳ **六三：噬腊肉，遇毒；小吝，无咎。**

现代文注释：

六三，阴爻居刚位，不得正，位居艮下，为肉，中爻有坎象，坎为毒害，故曰"嚼腊肉，遇毒"，这是有条件吃腊肉了，但还有坎难，腊肉味道太重，太难吃，寓意谈判不顺利，条款苛刻，有怨，其如毒，小有遗憾，但无咎。

学生：企业战略的占问结果，要以《噬嗑》卦六三为断。爻辞难以理解，结合企业战略的占问，难度很大，还请老师为我们做个卦象解析。

老师：好的。占问结果以《噬嗑》卦六三为断，得到的是《噬嗑》之《离》。从卦象看，《噬嗑》卦卦象☲☳，《离》卦卦象☲☲，两卦卦象结合起来看，一震三离，震为君，为乐，离为麟凤，是人才济济，君王喜乐之象；震伏巽，震为人，巽为权，艮为拜，为授，这是用人得当，授权之象。对于企业战略而言，卦象信息，着重于人才，和用人的得当，结合爻辞，人才选好了，具体业务谈判过程的小吝就不算什么，即使遇毒也无咎，企业多麟凤之才，发挥人才作用，实行授权的做法，企业家自己也因此而少操心，也避免了企业家自己遇毒，故无咎；得此占，战略实施成功。

学生：明白了。那我们继续看《噬嗑》卦九四的爻辞。

☲☳ **九四：噬乾胏，得金矢，利艰贞，吉。**

现代文注释：

九四，就是本卦的"口中之物"，"胏"，干肉，九四在互艮之上，艮为金，中爻亦为坎中，坎为矢，故曰"得金矢"，咬嚼干肉，从骨头里得到金矢，金矢可以象征"干戈"也可以象征"誓约"，在商业上可以理解为艰难的谈判，最终得到约定或合同，这样的过程和结果，都有利于在艰苦中坚持，吉利。

学生：企业战略的占问结果，要以《噬嗑》卦九四为断。此爻得吉，是否意味着成功呢？还请老师为我们做个卦象解析。

老师：好的。占问结果以《噬嗑》卦九四为断，得到的是《噬嗑》之《颐》。从卦象看，《噬嗑》卦卦象☲☳，《颐》卦卦象☶☳，两卦卦象结合起来看，爻变导致中爻失坎得坤，坎中实，坤为虚，为艰难，为劳，这是由实转虚，艰难和劳苦留给新一代，新人接班之象；震为行，为功业，艮为成，坤为台阶，为远，为万里，爻变失去中爻九四的艮阳，离上九的艮阳更远，下震阳前行，要行万里路，登上很长的台阶，成功要走的路更长，与爻辞的"利艰贞"同义。对于企业战略而言，卦象信息，寓意形势转为困难，会有艰难的磨练，终会成功。

学生：明白了。那我们继续看《噬嗑》卦六五的爻辞。

☲☳ 六五：噬乾肉，得黄金；贞厉，无咎。

现代文注释：

六五，上卦的主角，咬嚼乾肉，得到黄金，意思是上卦变卦为乾，全卦变为《无妄》卦，会有意外之喜，也会有意想不到、从天而降的人祸，严厉的环境下固守正道，是因为危险随时存在，守正道虽艰难，但可得无咎。

学生：企业战略的占问结果，要以《噬嗑》卦六五为断，爻辞理解起来有些困难，还请老师为我们做个卦象解析。

老师：好的。占问结果以《噬嗑》卦六五为断，得到《噬嗑》之《无妄》。

从卦象看，《噬嗑》卦卦象䷔，《无妄》卦卦象䷘，两卦卦象结合起来看，震为君，巽为志，为高，艮为求，乾为富贵，这是君子志高，求富贵之象；卦中大离之象，是旱灾之象；震为行，互艮为止，覆震为返回，这是遇到灾患，不利行，止步返回之象。对于企业战略而言，卦象信息，寓意志高而不遇天时，战略目标成为虚幻，不能期望，还要应对灾患，故爻辞中有"贞厉"，守正道虽"无咎"，无过错，但难违天时，战略实施不会有结果，归于失败。

学生：明白了。那我们继续看《噬嗑》卦上九的爻辞。

䷔ 上九：何校灭耳，凶。

现代文注释：

上九，走到极致上位，商业活动走向反面，贿赂、贪污、不正当争夺资源，各种不正当的商业手段最终带来犯罪，罪与罚并行。"何"同荷，负荷的意思。"校"，为刑具。厚重的枷械盖住了他的耳朵，有凶。

学生：企业战略的占问结果，要以《噬嗑》卦上九为断。爻辞中的人物有凶，结果怎样，还请老师为我们做个卦象解析。

老师：好的。占问结果以《噬嗑》卦上九为断，得到的是《噬嗑》之《震》。从卦象看，《噬嗑》卦卦象䷔，《震》卦卦象䷲，两卦卦象结合起来看，爻变失去上九的艮阳，得上震，出现了重叠的震，震为奔驰，为马，双马为匹，为马车，互艮为道，艮阳在坎中，坎为险，这是马车奔跑在险道上之象；上九为缰绳，失去缰绳的马车奔跑在险道上，随时会有灾祸发生，故，这是奔驰的马车已失控之象。对于企业战略而言，卦象信息，马车在奔驰中失控，与爻辞里的商业活动走向反面，都寓意有覆灭的风险；得此占，事业会有失败。

学生：明白了。成功的企业界人士，决不能一失足成千古恨，要爱惜自己的名誉，同时也保护自己在法律层面上的安全，这样才有可靠的成功。《噬嗑》卦的六爻都讲完了，很受教益。

水风《井》䷯（卦序号：14）

　　《井》卦，是在《巽》卦之后的"阴消阳"的卦，从《姤》卦启始，到《井》卦总共走过了六个卦。《井》卦的卦象，与《噬嗑》卦互成"伏象"，互为影子跟随，吃吃喝喝离不开水，人类早期的文明离不开井。古代，在远离河流和山泉的地方，井水就是水源的象征。

　　先看《井》卦的卦辞，及现代文注释：

井：改邑不改井，无丧无得，往来井井。汔至亦未繘井，羸其瓶，凶。

现代文注释：

　　井，是卦名。古人有云：改邑不改井。《井》卦的卦象，为三阴三阳之卦，与《泰》卦对比，从变卦原理看，是《泰》的阴爻六五下降到初位，《泰》卦最下方的阳爻上升到坤的中位，坤为邑，故称"改邑"，而《泰》卦体中含有的兑之象不变，兑为井，故称"不改井"，这是用卦象来对古语"改邑不改井"进行解释。井，始终在原地不动，没有失去，也没有得到，故曰"无丧无得"。《井》卦的初爻到四爻，互为兑，一来一往，故称"往来井井"，它又象征取水的人流穿梭不停。"汔"，是"几乎"的意思，"汔至亦未繘井，"是说汲水用的绳子几乎到井的水面，但却到不了水面，要拉上来却没能拉出来，"羸其瓶"是说取水的瓦罐被挂住了无法动，汲水没有成功，故凶。这里是说，有了井，还得配好辅助设施，不然就和没有井一样。

　　学生：老师，您对《井》卦卦辞的现代文注释，让我们能完全明白这段经文在说什么。现代的城市包括城镇已经看不到井了。

　　老师：正因为此，《井》卦就更不容易懂了，首先要知道井对于居民的生活意味着什么，才能体会到卦辞和爻辞在说什么。

学生：是啊！那我们来看孔子对《井》卦的卦辞说了什么。

孔子《易传·彖》对《井》卦的卦辞，是这样裁断的：

《彖》曰：巽乎水而上水，井。井养而不穷也。"改邑不改井"，乃以刚中也。"汔至亦未繘井"，未有功也。"羸其瓶"，是以"凶"也。

现代文注释：

象辞说，用打水的器皿进入水中，灌满水后，把水提上来，这就是井。巽，为木，这里代表木制的汲水器具，在中国的北方，这种木制的器具名叫桔槔，是用杠杆的原理汲水的工具；井养人，有永不穷尽之德。故，改邑不改井，乃是"阳刚以中"之德，说的是九五有刚中之德，中爻的兑之象就像井一样的不可改动，守静而自通；其德，存之而不盈，取之而不竭，这就是"井德"。井，如果长久失修而出了问题，比如绳子短了，水罐够不着水面，又拉不出井来，水井就未能完成"施惠于人、养人"之功，取水的瓦罐在取水过程中又被井壁挂住了，所以井失修是"凶"啊！

学生：企业战略的占问结果，要以《井》卦的卦辞为断。联系我们的主题，还请老师为我们做个卦象解析。

老师：好的。以《井》卦的卦辞为断，占问结果分为两大类情况，第一类情况《井》卦为本卦，六爻皆不变；第二类情况《井》卦为之卦，本卦有三根爻变，变卦为《井》卦。

学生：老师，您先讲第一类情况，《井》卦为本卦，六爻皆不变。这种情况下，《井》卦卦辞对企业战略的含义是什么呢？

老师：好的。这情况只与本卦有关，从卦象看，《井》卦卦象☵，巽为商贾，为利市，坎为忧，这是商人对利市有忧愁之象；巽伏震，震为獐鹿，为功业，震伏为不得獐鹿，功业无成，坎为劳苦，这是劳而无功之象；中爻互兑为暗昧，上坎为愁苦，卦象不吉。对于企业战略而言，卦象和卦辞，都不得吉，有凶，而从《井》卦卦辞"凶"的特点来看，问题出在运行系统，要进行检讨，企业运行系统的设置是否高效，企业商业模式的设计是否能得利，认真的从运行系统和商业模式的重新设计入手，进行改革，才有可能改变此占之凶。

学生：明白了。老师，您继续讲第二类情况，《井》卦为之卦，本卦有三根爻变，变卦为《井》卦。

老师：好的。我举几个例具体来解析，先看《兑》之《井》。从卦象看，《兑》卦卦象☱，《井》卦卦象☵，两卦卦象结合起来看，兑为泽地，为泥潭，为眇，为暗目失明，坎为耳阕不聪，为陷，半震为行，卦中多坎，目不明耳不聪，前行就会陷入沼泽，跌进泥潭；对于企业而言，这是情况不明、信息不灵的昏暗状态；卦中正反巽相背向，巽为利，为心，这是利益不同，不能同心之象，也是利不可得之象；井上为坎水，中爻兑为渊，为灭，兑伏艮为顶，是大水灭顶之象。对于企业战略而言，卦象信息，不仅利不可得，还会跌进泥潭，有遭遇大水灭顶之灾患，战略实施不会成功。

再举一个例，占问结果得到《屯》之《井》。从卦象看，《屯》卦卦象☳，《井》卦卦象☵，两卦卦象结合起来看，震为帝王，为行，巽为高，为蛇，艮为刀剑，坎为夜，坤为道，这是汉高祖刘邦夜行，遇蛇挡道，挥剑斩蛇而过之象；卦象为吉兆。对于企业战略而言，卦象信息的吉兆，寓意要举大事，做一番轰轰烈烈的大事，斩蛇而过，寓意事业会成功。

学生：明白了。那我们接下来看孔子对《井》卦的观象说了什么。

☵ 孔子《易传·象》对《井》卦的卦象特点，做了如下表述：

《象》曰：木上有水，井。君子以劳民劝相。

现代文注释：

《象》说，下卦巽为木，上卦坎为水，故曰"木上有水"，这就是《井》卦的卦象。君子理解其中的道理，故劝勉百姓要辛勤劳动，互相帮助，效法井水的养人养物。

井水下面的木，说的是井底部的木质井盘，它是为了防止底部流沙层井壁塌陷而制作的。

学生：老师，孔子对《井》卦的观象准确吗？说到《井》卦的时义了吗？

老师：基本准确，也说到了《井》卦的时义。《井》卦的时义，是公共事业的养人功用。重要的是，在周文王的年代，《井》卦里的井就被拟人化了，《井》之德从天道及于人事，被赋予了人的品德的含义。这自然影响到后代的易学家，把《井》德列为重要的君子九德之一。

学生：《井》德有这么重要啊！

老师：是的。这是因为《井》德是利人的，和《益》卦相同。

学生：明白了。那接下来我们可以进入到《井》卦的爻辞了。

☵ 初六：井泥不食，旧井无禽。

现代文注释：

初六，阴爻居下，故有井泥之象，井底有污浊的泥水，人们就不会来汲水了；"禽"，通假"擒"，是"获取"的意思，这样废旧的井，不清理整治，将无法获取清水，"井养"就会出问题。

学生：企业战略的占问结果，要以《井》卦初六为断。此爻辞好像不太好啊！井不能用了，得不到清水了，有的书上把"禽"直接解读为飞鸟，说的是连飞鸟都不到这里来了。此占的吉凶，还请老师为我们做个卦象解析。

老师：好的。占问结果以《井》卦初六为断，得到的是《井》之《需》。从卦象看，《井》卦卦象☵，《需》卦卦象☵，两卦卦象结合起来看，巽为商贾，为市，乾为帝，为祖，为长者，伏坤为地，坎为酒，为浇，互兑为祷，这是迁邑后，邑中的长者用酒浇地，祷告上帝和祖宗，祈求平安之象。此象与爻辞里井的废弃有关，迁邑是找到理想的井泉而定居，长者找到可定居之地后，行祭祀礼，祈求祖先和神明保佑，祈求搬迁到新的定居点后可得长安和富有，这与《需》卦的祈雨有相似之处，以虔诚的心来感格神明和祖先，充满信心的迎接未来。对于企业战略而言，卦象信息，找到了新的井泉，完成了迁邑，意味着旧的结束，事业有了新的开始，虔诚祝福平安和富有，战略实施会成功。

学生：明白了。那我们继续看《井》卦九二的爻辞。

☶☴ 九二：井谷射鲋，瓮敝漏。

现代文注释：

九二，虽有阳刚之才，但居中而不得正，有地位而不干正事，不能带领大家共同关心公益事业，水井长年失修，泉眼被污泥堵塞，泉眼射出的水仅够养活几只小鱼，井的辅助设施也都坏了，取水的瓮也破了漏了，事态不好。

学生：企业战略的占问结果，要以《井》卦九二为断。井的状态好像不好啊！还请老师为我们做个卦象解析。

老师：好的。占问结果以《井》卦九二为断，得到的是《井》之《蹇》。从卦象看，《井》卦卦象☵☴，《蹇》卦卦象☵☶，两卦卦象结合起来看，互兑为子孙，为食，坎为困厄，为难，这是子孙后代难得饶足之象；巽为弊，为幽谷，艮为贤人，为辉光，坎在上为困，为险难，这是艮阳困于幽谷，贤人无作为之象；卦象不吉。爻辞中也有不好的事态，是人事上有问题。对于企业战略而言，卦象信息，是贤人受困而无作为，经济上很难得到饶足的保障，爻辞是主管不作为，导致很不好的事态，皆明示战略实施失败。

学生：明白了。那我们继续看《井》卦九三的爻辞。

☵☴ 九三：井渫不食，为我心恻；可用汲，王明，并受其福。

现代文注释：

九三，得正而不居中位，故为阳刚之质、有用之才，却被闲置，未得其用，就像井水已经清澈甘甜，却无人饮用，让人心中恻然惋惜。希望王道圣明，贤才能被使用，清澈的井水不穷而养民，百姓并受福泽。

学生：企业战略的占问结果，要以《井》卦九三为断。爻辞讲到人才的闲置，结果怎样，还请老师为我们做个卦象解析。

老师：好的。占问结果以《井》卦九三为断，得到的是《井》之《坎》。从卦象看，《井》卦卦象☵，《坎》卦卦象☵，两卦卦象结合起来看，坎象多现，坎为陷，是陷阱环布之象；互震为君王，互艮为贤人，震艮之阳皆陷入阴爻包围，功用有失；互离为罗网，坎为弓矢，震为射，巽为香，为饵，多坎在前，陷阱环布，这是罗网和陷阱中都有香饵引诱，凶险异常之象。对于企业战略而言，卦象信息提醒，机会如同罗网和捕兽器里放置的香饵，引诱前来吃香饵的猎物，前往就会被捕获，被射杀。得此占，企业只能停止行动，不会成功。

学生：明白了。那我们继续看《井》卦六四的爻辞。

☵ **六四：井甃，无咎。**

现代文注释：

六四，柔爻居阴位，得其正，但六四阴柔才弱，其才不能胜大任，故他先做修井的工作，"甃"，砌垒井壁，修治的意思，而"井养无穷"的大功还得等待时日，但无咎害。

学生：企业战略的占问结果，要以《井》卦六四为断。此爻得"无咎"，是什么寓意呢？还请老师为我们做个卦象解析。

老师：好的。占问结果以《井》卦六四为断，得到的是《井》之《大过》。从卦象看，《井》卦卦象☵，《大过》卦卦象☱，两卦卦象结合起来看，互坎与上坎相連，爻變後成為大坎，大坎為棺槨，為死亡之象，為陽剛的功能有失，這是陽陷坎中，做不成事之象。對於企業戰略而言，卦象信息，寓意能力和條件受到限制，戰略實施不會成功。

學生：明白了。那我們繼續看《井》卦九五的爻辭。

≡≡ 九五：井冽寒泉，食。

現代文注釋：

九五，具陽剛之才，居中正之位，為君王之尊，受到大家認可，有如清涼的井泉，為人所喜歡飲用。

學生：企業戰略的占問結果，要以《井》卦九五為斷。此爻中的人物居君王之尊，結果怎樣，還請老師為我們做個卦象解析。

老師：好的。占問結果以《井》卦九五為斷，得到的是《井》之《升》。從卦象看，《井》卦卦象≡≡，《升》卦卦象≡≡，兩卦卦象結合起來看，坤為朝政，為國，為文，震為君王，這是周文王和周王朝之象；互兌為華，為豐，巽為長久，震數為三、八，坤數十，坤伏乾，乾為百，這是周朝傳三十世，歷八百年，福佑豐實長久之象。對於企業戰略而言，卦象信息，寓意企業會長久得福佑和豐實，戰略實施成功。

學生：明白了。那我們繼續看《井》卦上六的爻辭。

≡≡ 上六：井收勿幕，有孚，元吉。

現代文注釋：

上六，是井德的至美的境界，水井歸公眾共用，不要加個蓋子鎖上，井養的信用最終保持住了，井德、井功得以大成，這是理所當然的"元吉"。

学生：企业战略的占问结果，要以《井》卦上六为断。此爻井德、井功得以大成，联系我们的主题，还请老师为我们做个卦象解析。

老师：好的。占问结果以《井》卦上六为断，得到的是《井》之《巽》。从卦象看，《井》卦卦象☵，《巽》卦卦象☴，两卦卦象结合起来看，互离为夏，巽为草木，为万物，伏震为春，互兑为华，为繁茂，这是草木春生夏茂，万物欣欣向荣之象；与爻辞"元吉"相合。对于企业战略而言，这是战略实施从一开始就很顺利，很快就到达昌盛的阶段，战略实施成功。

学生：明白了。《井》卦是讲君子作为的卦，有明确的人文含义。故，学完《井》卦，更加明白什么是施惠于人、养人不穷的大功。我们做企业，明白这些道理，就会懂得社会责任的含义。

泽雷《随》☱☳（卦序号：15）

从《复》卦开始，一阳来复，阳的力量不断增强，时空走到《随》卦，上卦变为"兑"了，兑为泽，这是万物繁盛的时空。在《随》卦的时空，君子确定追随的目标，准确判断将来要随从的人，结伴相随，这利于守正道，故有大亨通。选择志同道合的"同人"，有共同的大事业可做，君子有朋，则往而有功，事业必能有成。周文王从被拘到释放，民众从内心牵挂他，到心悦诚服的追随他，这就是民心；"随"之道，使文王的志向成为共同的志向，其作用是很大的。

先看《随》卦的卦辞，及现代文注释：

随：元亨，利贞。无咎。

现代文注释：

随，是卦名。《随》卦，卦象的性质是"动而悦"，高兴的跟随着前去，下卦震为大车，满载着丰盛的收成，五谷、木材、牛、羊、鸡，应有尽有。上卦兑为祀，人们前往祭祀，带着肉、牛、羊和其他祭品，和悦的前往，下卦的六二与上卦的九五皆为正中，且为正应，故可得大的亨通。《随》卦的时空，下卦震为春，上卦兑为秋，春有"元亨"，秋有"利贞"，故曰"元亨，利贞"，大吉。这样的年景，怎么安排都不会有过失，故曰"无咎"。

学生：老师，随卦的卦辞很吉祥，元亨，利贞，卦象的性质是"动而悦"，感觉特别好。而这里的动，应该是人们在一起的行动，对吗？

老师：是的。"随"，就是人有选择的在一起做事，包括孔子和他的弟子，也是一种"随"的状态。

学生：因为"随"是对人的选择，也就特别重要。我们来看孔子对《随》卦的卦辞说了什么。

孔子《易传·彖》对《随》卦的卦辞，是这样裁断的：

《彖》曰：随，刚来而下柔，动而说，随。大"亨贞，无咎"，而天下随时，随时之义，大矣哉！

现代文注释：

彖辞说，《随》卦，初九能以尊处下，阳爻处阴爻之下，得到民众拥护，故动而悦，民众跟随，心情和悦的前往，这就是"随"。故，"随"是行大道的随，而不是朋党之"随"，为大亨通之占，阳刚亨通且得正，岂会有咎。天下随时，这个"时义"确实很大啊！

学生：老师，孔子对《随》卦卦辞的裁断准确吗？

老师：孔子的裁断还是挺准确的。孔子的一生得到他的弟子们的追随，故，对《随》卦也是有深刻认识的。

学生：明白了。企业战略的占问结果，要以《随》卦的卦辞为断。联系我们的主题，还请老师为我们做个卦象解析。

老师：好的。以《随》卦的卦辞为断，占问结果分为两大类情况。第一类情况《随》卦为本卦，六爻皆不变；第二类情况《随》卦为之卦，本卦有三根爻变，变卦为《随》卦。

学生：老师，您先讲第一类情况，《随》卦为本卦，六爻皆不变。

老师：好的。第一类情况，从卦象看，《随》卦卦象☱☳，艮为鸟，为飞，震为鸣，为东，兑为西，为和，鸟儿在东方鸣叫，西方就有鸟儿相和；正覆艮为鸟儿相向飞而互迎，互随之意很明显；震为长男，兑为少女，这是阴阳和谐之象；卦象吉。对于企业战略而言，卦象信息，是阴阳和谐的相随，带来和悦的气氛和心情，正确的相随可以形成有力量的团队，这利于做事，利于战略实施的成功；卦象里，鸟儿相向飞而相迎，寓意志同道合的君子在汇聚，人心在聚集，同心同德，故无咎；得此占，战略实施成功。

学生：明白了。老师，您继续讲第二类情况，《随》卦为之卦，本卦有三根爻变，变卦为《随》卦。

老师：好的。我举几个例来具体解析，先看占问得到《大过》之《随》。从卦象看，《大过》卦卦象☱☴，《随》卦卦象☱☳，两卦卦象结合起来看，震为马，为车，为前行，互大坎为泥泞，为陷，艮为止，这是马车陷入泥泞不能前行之象；艮为虎，兑口为咬，震为人，这是遇虎前来吃人之象；卦象凶。对于企业战略而言，卦象信息，是战略实施遇到了问题，前行陷入泥潭，寓意企业被不利的外部环境条件所困，遇虎前来吃人，寓意企业或会被强者吞并，甚至身安也难保；原企业战略，明显归于失败。

再看一个例，占问得到《坤》之《随》。从卦象看，《坤》卦卦象☷☷，《随》卦卦象☱☳，两卦卦象结合起来看，坤为夜，重坤为长夜之象；艮为室，兑为暗，为夜，巽为长，是室内长夜无光之象；互大坎为棺椁，棺中无光，亦为长夜之象；震为动，遇艮而止，卦象从总体看，是漫漫长夜，止而不行之象。对于企业战略而言，漫漫长夜，意味着战略实施遇到停滞期，停滞期的漫长，如同长夜，这是不顺利的表现，基本上代表了企业战略的失败。

最后看一个例，占问得到《解》之《随》。从卦象看，《解》卦卦象☳☵，《随》卦卦象☱☳，两卦卦象结合起来看，兑为雨露，为膏泽，为滋润，互巽为草木，为万物，震为生，为繁育，这是水滋润草木，万物得以繁盛，欣欣向荣之象；卦象吉。对于企业战略而言，卦象信息，雨露滋润，寓意得天时，环境很好，利于成长；万物繁茂、欣欣向荣，寓意企业正处在昌盛期，战略实施很顺利；得此占，事业成功。

学生：明白了。那接下来我们来看孔子对《随》卦的观象说了什么。

☱☳　孔子《易传·象》对《随》卦的卦象特点，做了如下表述：

《象》曰：泽中有雷，随。君子以向晦入宴息。

现代文注释：

《象》说，上卦兑为泽，下卦震为雷，故曰"泽中有雷"，这就是《随》卦的卦象。雷为东方，泽为西方，象征太阳从东方升起，从西方落下。故，君子效法大自然的规律，白天勤奋工作，夜晚就要回到家中休息。

学生：老师，孔子对《随》卦观象准确吗？孔子说到《随》卦的时义了吗？《随》卦的时义，应当怎样准确表述呢？

老师：孔子对《随》卦的观象，不准确，和《象》辞里的表述不一致，好像不是同一个人写的。《象》里，也没有说《随》卦的时义。孔子"《象》曰"里的这段话，与文王作卦辞的本义，有很大的偏离。《随》卦的卦象，有很丰富的象征意义，其最重要的含义并不在于朝起、晚息，自然作息的规律不是《随》卦的时义。《随》卦的时义，是与"随从"之道相联系的时空状态，上对下选择能够跟随在一起做事业的终身相随，下对上的跟随，则为心悦诚服的随从。君子确定追随的目标，确定将来要跟随的人，需要判断准确，才不会枉费自己大量时间精力的投入，才能往而有功，事业有成。在周文王时代，西南联盟就是一种"随"的状态，周文王的韬晦，通过"随"道，积蓄了力量。

学生：明白了。那接下来我们可以进入到《随》卦的爻辞了。

☱☳ 初九：官有渝，贞吉；出门交有功。

现代文注释：

初九，阳刚得正，为下卦震主，震为主器的长子，王位的继承人，"官"为位，"渝"为变，其位因随六二而有变，不以震主居大，变为屈尊居下位，礼贤下士，得位守正道，吉，故曰"官有渝，贞吉"；初九，前方有重阴，震为出，六二居艮下，为门，故曰"出门"，初九出门之交就是六二，初九出门遇六二而得其随，象征初九交往的成功，故曰"出门交有功"。

学生：企业战略的占问结果，要以《随》卦初九为断。此爻爻辞吉祥，联系我们的主题，还请老师为我们做个卦象解析。

老师：好的。占问结果以《随》卦初九为断，得到的是《随》之《萃》。从卦象看，《随》卦卦象 ䷐，《萃》卦卦象 ䷬，两卦卦象结合起来看，兑为燕雀，为衔，巽为茅草，艮为家，为巢，互大坎为孚，这是燕雀衔茅草建巢孚雏之象；坎数为六，有六只雏鸟，震为子，为乐，为鸣叫，坤为母，艮为安，兑为和，这是母子和乐、安定之象。对于企业战略而言，卦象信息，燕雀建巢孚雏，寓意投资开发新项目，成功了六个，成绩不小；母子和乐、安定，是母公司和项目子公司之间的和乐配合，企业安定，事业成功，爻辞里的"出门交有功"，意思就是旗开得胜，战略实施成功。

学生：明白了。那我们继续看《随》六二的爻辞。

䷐ 六二：系小子，失丈夫。

现代文注释：

六二，与初九的比应关系是亲比，初九为震卦之主，震的易象为小子，六二向下为反巽，巽为系，故曰"系小子"，上卦的九五为六二的正应，为丈夫，六二已经随初九，不能再应九五，故曰"失丈夫"。六二与初九的相系，是"随"道的特点，与近邻的比应，会优先确定"随"的关系。

学生：企业战略的占问结果，要以《随》卦六二为断。爻辞中的人物，就近而跟随，结果会怎样，还请老师为我们做个卦象解析。

老师：好的。占问结果以《随》卦六二为断，得到的是《随》之《兑》。从卦象看，《随》卦卦象 ䷐，《兑》卦卦象 ䷹，两卦卦象结合起来看，三爻以上正反巽，巽为心，为志，巽口相背为心志不同，震为东，为始，兑为西，为终，这是心志不同，从始至终各奔西东之象。六二不应九五，也是各奔西东，六二随其下，九五随其上。对于企业战略而言，卦象信息，寓意更重视就近培育新关系，重视地利的发挥，以地利作为企业市场的倚重，战略实施成功。

学生：明白了。那我们继续看《随》卦六三的爻辞。

☷ 六三：系丈夫，失小子。随有求得，利居贞。

现代文注释：

六三，与六二的情况相反，靠近九四，九四为互艮，艮为丈夫，六三中爻为互巽，巽为系，故曰"系丈夫"；远离初九，又有六二的阻隔，六二已与初九相随，故六三不得随初九，初九震阳为小子，故曰"失小子"。六三顺承九四，其情况与九四的情况相同，皆为上下卦无应爻，故同气相求，以就近的亲比关系得以相随，六三和九四皆失位而不得正，相随后皆得正而求有所得，这利于居正而守正，故曰"利居贞"。

学生：企业战略的占问结果，要以《随》卦六三为断。此爻的爻辞，挺难懂，还请老师为我们做个卦象解析。

老师：好的。占问结果以《随》卦六三为断，得到的是《随》之《革》。从卦象看，《随》卦卦象☲，《革》卦卦象☲，两卦卦象结合起来看，兑为雨水，下离为火，雨水浇灭大火，是不能相助之象；震为言语，为争，为功业，大坎为反目，兑为毁折，这是言语之争导致反目，功业毁折之象；乾为寒，为冰，离为火，兑为和，这是寒冰与火之和，不能相容之象。对于企业战略而言，卦象信息，是企业内部的配合不协调，出现不和，本该相互助力，却相互抵消功用，如同寒冰与火放在一起，战略实施失败。

学生：明白了。那我们继续看《随》卦九四的爻辞。

☷ 九四：随有获，贞凶。有孚在道，以明何咎。

现代文注释：

　　九四，有六三的随从，已有收获，故曰"随有获"，但其位近君位，多惧也多凶，以"随"之道，九四得六三之随，本为阴顺承阳，亲比而得其随，但九四靠近君王九五，为君王身边大臣，九四隔开九五，而得到六三，从君王的角度看就是臣子阻隔君王而私下得民；大臣得民，自然会引起君王九五的忌恨，占为凶，故曰"随有获，贞凶"。"有孚"指九四下孚重阴，九四艮象为道，合乎正道，光明磊落，又有何过失呢？故曰"有孚在道，以明何咎。"

　　学生：企业战略的占问结果，要以《随》卦九四为断。爻辞已明确占为凶，还请老师给我们做个卦象解析。

　　老师：好的。占问结果以《随》卦九四为断，得到的是《随》之《屯》。从卦象看，《随》卦卦象☰，《屯》卦卦象☰，两卦卦象结合起来看，爻变失兑得坎，兑为折损，兑失，为不再有折损，坎中实，为获，为满，艮为仓庾，震为粮，坤为聚，为多，这是有富余，仓庾盈满之象。对于企业战略而言，卦象信息，是有富余和积累，是成功；爻辞"贞凶"是九五有疑于九四，"以明何咎"之辞已解了"贞凶"，故此爻是吉；得此占，战略实施成功。

　　学生：明白了。那我们继续看《随》卦九五的爻辞。

☷ 九五：孚于嘉，吉。

现代文注释：

　　九五，位正中，而有君王之尊，讲诚信，又有礼貌，态度谦和，这是君王的善德，九五刚下柔，屈尊以会贤人，有"孚"即极有诚信的安排与贤人的约会，此即为"嘉之会"的象征，"嘉之会"为亨，故此易象，显然象征亨通，这代表君王有信而天下贤人相随，就是"随"道的象，九五中正有信，自然受人爱戴，其"孚"乃"尚贤"也，"孚"于贤人，贤人即上六；故，其占为吉。

学生：企业战略的占问结果，要以《随》卦九五为断。此爻是吉，我不会再看错了吧，还请老师为我们做个卦象解析。

老师：好的。占问结果以《随》卦九五为断，得到的是《随》之《震》。从卦象看，《随》卦卦象☷，《震》卦卦象☳，两卦卦象结合起来看，兑为谗言，巽为绳，为缱，这是谗言迫害忠良，忠良自缢之象；震为奔逃，坤为重，坎为耳，这是晋文公重耳当年奔逃避难之象；艮为贤人，为安，震为君主，为仁德，兑为悦喜，这是君王有德，贤人得安而悦之象；卦象先凶后吉。对于企业战略而言，卦象信息，寓意曾经有迫害忠良的事发生，恶的环境现已得到了净化，这对未来发展是有益的；得天下贤人而安之，尚贤而有孚，就有"嘉之会"的亨通，企业的内部环境已能让贤人得安，故，战略实施开始走向成功。

学生：明白了。那我们继续看《震》卦上六的爻辞。

☳ 上六：拘系之，乃从维之，王用亨于西山。

现代文注释：

上六，是"随"道的极致状态，故，此爻结合卦象，上卦兑为西，兑伏艮，艮为山，为西山之象，九五为王，兑为亨祭，故曰"王用亨于西山"，这是引用周文王从羑里的监狱平安返回西岐后，用亨于西山的历史典故。周文王从被拘到释放，民众从内心牵挂他，到心悦诚服的追随他，故曰"拘系之，乃从维之"；说明了"随"道真正的道理所在，故此爻寓意：坚守信念，终有所成就。上六，讲的是周文王的事，但上六所代表的人物，是天下的贤人。

学生：企业战略的占问结果，要以《随》卦上六为断。此爻中的人物是天下的贤人，还请老师为我们做个卦象解析。

老师：好的。占问结果以《随》卦上六为断，得到的是《随》之《无妄》。从卦象看，《随》卦卦象☷，《无妄》卦卦象☰，两卦卦象结合起来看，爻变得乾，乾为圣贤，乾伏坤，为茅茹，根相连，震为君子，这是圣贤君子相投合之象；艮为居，大离为巢，震为行旅，乾为类，为群，这是群旅分类投宿，安居其巢之象；乾下有大离之象，是旱灾之象，也是不得天时之象。对于企业战略而言，君子选择符合自己志向的企业，分类择巢，是君子的类聚，会形成有共同理想相投合的团队；但，卦象信息虽有人和，亦有灾患，不得天时，环境不利做事；故，得此占，天时未到，不会成功。

学生：明白了。《随》卦的时义是随从。企业最大的一块成本在人力资源，而创造力的源泉也在于人，企业能得"随"道的精髓，就能形成好的团队。《随》卦的时义真的很大啊！

山风《蛊》 ䷑（卦序号：16）

蛊，通假"故"，即过去的事，帛书《易》作"箇"。这是一个讲故事的卦，讲"孝"道的卦，这个孝子的故事，就是继承父辈的事业。前辈人的事业，选择了新人接班，新人应该在开拓进取中继承这份事业，无愧于嘱托。对《蛊》卦的理解，不要被"蛊"字的表意给限制住了，那样就会被圈进"生虫了，腐败了，"狭隘的字面上的理解之中，就会产生迷惑，感觉《蛊》卦很难。《蛊》卦，在周文王的"本义"里，不是说"治理蛊乱"。《易》者，易也。不要把简单的《易》的道理，搞的太难。观《蛊》卦之象，下卦巽为入，是进入一项事业，上卦艮为止，止为目标，是为事业确定目标。

先看《蛊》卦的卦辞，及现代文注释：

蛊：元亨，利涉大川。先甲三日，后甲三日。

现代文注释：

蛊，是卦名。蛊卦，从泰卦变化而来，初阳乾元升至天位，下临群阴，容民得众，九三为震，震为春，其上大离，离为夏，故有"元亨"，震为舟，有木道配合，故曰"元亨，利涉大川"。泰卦的乾元上升为"先甲三日"，蛊卦是泰卦变化的第一日，先甲三日走完，进入否卦，而《否》变回《泰》是"后甲三日"。故，从《蛊》卦的"先甲三日"的第一日作为起始，走过《渐》、《否》、《随》、《归妹》，就到达《泰》卦，六个卦的卦变为六日，故曰"先甲三日，后甲三日"。寓意从《蛊》卦开始，会走向天下大治。

起始的大亨通，宣布立新，这就是文王的本义。文王选择了武王作为他的接班人，《蛊》卦的"元亨"，也说明接班的顺利、吉祥。接班的后辈单纯而没有邪念，前辈也留下了事业的正确方向，也没有留下事业的"蛊乱"，只是新人的顺利接班，故曰"元亨"。在文王的卦辞里，读不出父辈事业的蛊乱，也读不出需前往治理蛊乱之事。故往下到对爻辞进行注释的时候，"蛊"，都注释为"事"，事业之意。

　　学生：张老师，您对《蛊》卦的注释，有很多处与现在通行本的注释不同，是为了解卦的应用吗？

　　老师：对《蛊》卦的注释，我主要遵从文王的本义，不敢随心所欲的发挥，读者越是多次阅读，越会感觉到我改变通行本一贯说法的用心，只是为了不偏离文王的本义，没有其他。回归文王的本义，对于解卦的应用当然会有很大的帮助，它不仅影响《蛊》卦，还影响到其他六十四卦与《蛊》卦之间互变的解卦。

　　学生：明白了。那我们就来看孔子对《蛊》卦是怎么说的。

　　孔子《易传·彖》对《蛊》卦的卦辞，是这样裁断的：

《彖》曰：蛊，刚上而柔下，巽而止，蛊。蛊"元亨"，而天下治也。"利涉大川"，往有事也。"先甲三日，后甲三日"，终则有始，天行也。

现代文注释：

　　彖辞说，《蛊》卦，阳刚的艮在上，而阴柔的巽在下，下卦巽为入，上卦艮为止，入而止，这就是蛊卦。蛊卦，有从始到终的大亨通，它意味着蛊乱之后的天下大治。蛊卦利于涉过大川，前往有事，有需要治理整顿的蛊坏之事。治理之时，君王发布新的政令，甲日为"宣令之日"，要实施新政令，象征新的开始，新政需提前三天公布使民众知晓，新政令实施后的三天若有人违反，则予以叮咛告诫而不论罪，故有"先甲三日，后甲三日"；天下久安而积弊甚多，治理需要像天干之数循环往复那样进行，终了又重新开始，就像天道在运行。

　　学生：老师，您对孔子彖辞的现代文注释，"先甲三日，后甲三日"继续沿用通行本流行的谐音字的理解，后甲三日为丁，谐音叮咛的"叮"，这是要与您在卦辞里的注释进行对照比较，是吗？

老师：是的。有比照就能让读者也进入思考，会更好些。学术上的分歧，是允许有不同见解的，故保留下来与卦辞的现代文注释进行对比。

学生：企业战略的占问结果，要以《蛊》卦的卦辞为断。联系我们的主题，还请老师为我们做个卦象解析。

老师：好的。占问结果以《蛊》卦的卦辞为断，分为两大类情况，第一类情况《蛊》卦为本卦，六爻皆不变；第二类情况《蛊》卦为之卦，本卦有三根爻变，变卦为《蛊》卦。

学生：老师，您先讲第一类情况，《蛊》卦为本卦，六爻皆不变。

老师：好的。从卦象看，《蛊》卦卦象☶☴，巽为鱼，为商贾，为利，互大坎为江河，兑为海，巽数四，坎数一，震为生，为百，为周，为游，这是鱼儿游经江河，周流四海，一生百，百生万，有极强繁殖能力，商贾在流通中如同鱼的繁殖，可不停复制其商业盈利模式，利再生利之象。对于企业战略而言，可复制的商业模式有很强大的繁殖力，是企业的核心竞争力，创立具有自身独特优势的商业模式，其重要性不亚于技术创新，战略实施成功。

学生：明白了。老师，您继续讲第二类情况，《蛊》卦为之卦，本卦有三根爻变，变卦为《蛊》卦。

老师：好的。我举几个例来具体解析，先看《小过》之《蛊》。从卦象看，《小过》卦卦象☳☶，《蛊》卦卦象☶☴，两卦卦象结合起来看，震为人，为行，艮为荷，这是人以头顶物行走，看不到天之象；艮为天，为星，互兑为暗，这是天空暗淡，不见星辰之象；巽为利，震为福，为出，为逃，艮为墙，这是利福逃出墙外之象。对于企业战略而言，卦象信息，星空暗淡，就是前景黯淡，寓意企业前景不光明，未来运道衰微；利福逃出墙外，意为：福气离去，利不可得；得此占，战略实施不会成功。

再举一个例，占问得到《大壮》之《蛊》。从卦象看，《大壮》卦卦象☳☰，《蛊》卦卦象☶☴，两卦卦象结合起来看，震为德，乾为大君，为德惠，为天福，为实，互大坎为蛮夷，巽为顺服，这是君王的德惠让周边蛮夷顺服之象。对企业战略而言，卦象信息，是以德服众，获得市场主导权与控制权，行业领袖地位得到稳固，不战而屈人之兵，战略实施成功。

学生：明白了。那我们接下来看孔子对《蛊》卦的观象说了什么。

䷑　孔子《易传·象》对《蛊》卦的卦象特点，做了如下表述：

《象》曰：山下有风，蛊。君子以振民育德。

现代文注释：

《象》说，上卦艮为山，下卦巽为风，故曰"山下有风"，这就是《蛊》卦的卦象。君子效法此卦象的精神，要振奋民心，培养道德风尚。

学生：老师，孔子观象后得出的卦象的精神，是《蛊》卦的时义吗？

老师：孔子《象》曰的最后一句话，想表述《蛊》卦的时义，但表达错了。孔子的观象，显然认为天下久安之后，民心涣散而不震，社会风气开始败坏，故孔子强调民众的教化和国家的德治，把它作为《蛊》卦的"时义"。但是，这并不是《蛊》卦的时义。而且，单纯就观象而言，山下有风与蛊乱、败坏的联系，也很牵强。

学生：老师，那《蛊》卦的时义，到底是什么呢？

老师：《蛊》卦的时义，就是承父之业。这个时义，很简单。至于父辈留给新人接班的事业到底如何，以及其他，都无需进入"时义"。

学生：明白了。那接下来我们可以进入《蛊》卦的爻辞了。

䷑**初六：干父之蛊，有子，考无咎，厉终，吉。**

现代文注释：

初六，其位不居中，也不得正，说明六五的接班是在父辈没有成就的前提下进行的，初六没有父辈的成就可以继承，没有父辈的威望可以借用，甚至还有父辈失败的耻辱压在头上，肩膀上的重担更为沉重。"干"，为"习"，"蛊"为"事"，子承父业，必须先熟悉这个行业。有了继承父业的儿子，父亲就没有了罪过，往事即使不堪回首，也都过去了，故曰"厉终"，吉祥。

学生：企业战略的占问结果，要以《蛊》卦初六为断。联系我们的主题，还请老师为我们做个卦象解析。

老师：好的。占问结果以《蛊》卦初六为断，得到的是《蛊》之《大畜》。从卦象看，《蛊》卦卦象☶☴，《大畜》卦卦象☶☰，两卦卦象结合起来看，互震为雷，为功业，互兑为雨，乾为大，巽为长，艮为止，这是长时间大雨，水灾成患，功业止步之象。对于企业战略而言，卦象信息，是面对一场长时间的灾害，企业运行进入到应对灾害的非正常时期，经济利益受到很大影响，这是处在灾患的环境里，战略实施尚未成功。

学生：明白了。那我们继续看《蛊》卦九二的爻辞。

☶☴ 九二：干母之蛊，不可贞。

现代文注释：

九二，与六五有应，六五阴爻在卦中为"后"，故称母，父辈在世时接班，实为有利条件，这里六五虽居五爻的尊位，但仍为朝廷的臣子，故不称君父而称王母。九二阳刚之才，居阴位而得柔顺之质，得到内刚外柔的优点，故他承业，不与母争，顺从母意之下而有自己新的的安排，"贞"，其意就是"争"，同音而通假。"不可贞"意思，就是不急于改变老母旧的做法，等待时机。

学生：企业战略的占问结果，要以《蛊》卦九二为断。此爻好像是暂时不急于行动的状态，结果怎样，还请老师为我们做个卦象解析。

老师：好的。占问结果要以《蛊》卦九二为断，得到的是《蛊》之《艮》。

从卦象看，《蛊》卦卦象☶，《艮》卦卦象☶，两卦卦象结合起来看，巽为利，兑为危，为毁折，正反巽背向，为利益不合，震为言，为责备，正反震为相互指责，艮为子，为止，为时，为待，这是接班人所处的环境不得人和，利折而有危，等待时机之象。对于企业战略而言，卦象信息，是内部对企业战略的看法不一致，形不成人和，利有折损，暂无成功。

学生：明白了。那我们继续看《蛊》卦九三的爻辞。

☶九三：干父之蛊，小有悔，无大咎。

现代文注释：

九三，居天地人三才的人位的下位，但却是一个阳刚且有能力的年轻人，他刚刚承父之业，还不太习惯这个位置，小有后悔，但这样的状态很正常，没有大的咎害。之所以无大咎，是因为他很快就投入精力去熟悉父辈的事业，掌握这项事业的新知识，总结前辈的经验教训，故后悔很快消失；九三刚爻居刚位，有过刚之嫌，做事会有"过急"的毛病，但没有大的咎害。

学生：企业战略的占问结果，要以《蛊》卦九三为断。此爻的人物带给企业战略的信息不太明朗，还请老师为我们做个卦象解析。

老师：好的。占问结果要以《蛊》卦九三为断，得到的是《蛊》之《蒙》。从卦象看，《蛊》卦卦象☶，《蒙》卦卦象☶，两卦卦象结合起来看，互兑为海，艮为涯，为边角地，坎为湍流，坤为深水，正覆艮为环抱，这是处天涯海角之地，深水湍流环抱之象；互震为行，坤为孤，这是环境不好，独行孤单之象。对于企业战略而言，卦象信息，是处在不利的险地，且孤军无援，前景不看好，无利可言，战略实施不会成功。

学生：明白了。那我们继续看《蛊》卦六四的爻辞。

☶六四：裕父之蛊，往见吝。

现代文注释：

六四，居天地人三才的人位的上位，已经长时间承父之业，对父辈的事业也有了体会，但六四柔爻居柔位，过于柔弱，父辈的事业交托别人管理，自己整天悠然自得的闲处，这样长期以往的懈怠，有吝，即会有遗憾。

学生：企业战略的占问结果，要以《蛊》卦六四为断。此占问结果带给企业战略的信息是什么，还请老师为我们做个卦象解析。

老师：好的。占问结果以《蛊》卦六四为断，得到的是《蛊》之《鼎》。从卦象看，《蛊》卦卦象☶☴，《鼎》卦卦象☲☴，两卦卦象结合起来看，兑为野羊，艮为獐鹿，为狐，坤为雉，为聚，为郊外，这是鸟兽聚于郊外之象；互震为猎，为追逐，为获，为乐，离为网罟，巽为绳网，为获利三倍，这是田猎禽兽，大有所得，喜乐之象。对于企业战略而言，卦象信息，寓意市场出现了大行情，且回报丰厚，抓住市场时机，可有所作为，事业可成功。

学生：明白了。那我们继续看《蛊》卦六五的爻辞。

☶☴ 六五：干父之蛊，用誉。

现代文注释：

六五，已居尊位，得中和之道，又阴爻居刚，刚柔相济，故没有过急的急躁，也没有过于悠然自得的懈怠，故而得到大家的信赖，从而能得到多方面的支援，呈现"多助胜"的有利状态，六五承父之业，能总结经验并用其"多助"的优势，又有了新的思路和具有智慧的方案，最终大功告成。"用"，为承父之业的实践过程，其过程见证了一个有才华、有事业心的青年的成长，在进入父辈的事业后，他的努力和聪明才智，他的组织能力，都得到见证，最终得到赞誉。

学生：企业战略的占问结果，要以《蛊》卦六五为断。此爻中的人物好像是获得大成功了，结果怎样，还请老师为我们做个卦象解析。

老师：好的。占问结果以《蛊》卦六五为断，得到的是《蛊》之《巽》。从卦象看，《蛊》卦卦象 ䷑，《巽》卦卦象 ䷸，两卦卦象结合起来看，巽为芝兰香草，为利，互震为喜，互兑为悦，艮为安居，为贤人，正覆艮为贤人之间交往，这是得利有喜，贤人安居，芝兰高贵之象；卦象吉。对于企业战略而言，卦象信息，寓意正处在战略发展的最佳阶段，市场获利丰厚，美誉如芝兰，人才汇聚，贤人安居为乐，战略实施成功。

学生：明白了。那我们继续看《蛊》卦上九的爻辞。

䷑ 上九：不事王侯，高尚其事。

现代文注释：

上九，在下无应，其下的中爻有震象，震为王侯，上九已归隐，与王侯无事可涉，故曰"不事王侯"。老人放心的隐退了，超然退出世事；后辈已经接班，上九可以做他自己喜欢的、无须讨王侯欢心的事情，故曰"高尚其事"。

学生：企业战略的占问结果，要以《蛊》卦上九为断。此爻的主人，进入到人生的新阶段，结果怎样，还请老师为我们做个卦象解析。

老师：好的。占问结果要以《蛊》卦上九为断，得到的是《蛊》之《升》。从卦象看，《蛊》卦卦象 ䷑，《升》卦卦象 ䷭，两卦卦象结合起来看，巽为鸡，为利，艮为山，为我，为狐，覆震方向往下，为狐下山，鸡为狐所逐之象；巽为齐，兑为食，艮为狐，坤为聚，这是狐齐聚而有食之象；巽为商贾，为利，为长，艮为安，震为出，坤为地，为天下，这是利商人走出家门，推广其商业模式，可得长安之象；卦象吉祥。对于企业战略而言，狐代表逐利的相关者，也代表自己，鸡代表利，有获利的机会，就会引来狐狸的追逐，狐逐鸡，得到利益链中的一环，大家共得其利而无伤利益链的大体，不会有咎害；这是企业有了一个新的可获利的商业模式，此时出现了利益相关者都前来逐利的好形势，说明商业模式是成功的，可利用好这个机会，战略实施会成功。

学生：明白了。此爻大吉。《蛊》卦六爻都讲完了，很受教益。

巻二

第六章　无妄、升、明夷、讼

在这一章里，解析《无妄》、《升》、《明夷》、《讼》四个卦，在这四个卦里面，《无妄》卦的下卦是震，从《复》卦开始，到《无妄》卦是第八个下卦为震的"阳息阴"的卦。《明夷》卦的下卦为离，它是紧跟《无妄》卦之后的"阳息阴"的卦。《升》卦的下卦是巽，从《姤》卦开始，到《升》卦是第八个下卦为巽的"阴消阳"的卦。《讼》卦的下卦为坎，它是紧跟在《升》卦之后的"阴消阳"的卦。

天雷《无妄》☳（卦序号：17）

《无妄》卦，在帛书《易》里为"无孟"卦，是六十四卦中相对较难理解，歧义也较多的一个卦，各种解释都有。本书为了服务于占筮的用途，不能有歧义，故依其卦"象"，贴近文王的本义，给出其时空模式的准确解析。

先看《无妄》卦的卦辞，及现代文注释：

无妄：元亨，利贞。其匪正有眚，不利有攸往。

现代文注释：

无妄，是卦名。《无妄》卦，象征不妄为，也就是没有虚假，真实而无虚假即所谓"无妄"。天道自然规律之中，多为具真实性的事物；而社会人事，则有某些人会生出"妄"念，导致人祸。《无妄》卦，卦象为"动而健"，故有元亨，其利贞者，守正道有利，守正道即不起妄心、妄念，要努力耕耘。如若有"匪正"，即心若有不正，则必"有眚"，也就是说：心若不正，必有人祸。"匪正"既出，则"不利有攸往"，前往不利，不可行动。

学生：老师，您的这段现代文注释，和所有的周易读本都不同。您给卦名做了定义：不妄为。又明确指出"妄为"的事情已经发生，也就是您在注释里说的："匪正"既出。是吗？

老师：是的，我觉得直白的表述更好些。现行的周易读本，在《无妄》卦上很少有让人能看懂的，在字义上绕来绕去，你如果读它一百遍想搞的更明白些，就一定会导致神经错乱，成为精神病的病人。

学生：明白。那我们就看看孔子对《无妄》卦的卦辞是怎么说的。

孔子《易传·彖》对《无妄》卦的卦辞，是这样裁断的：

《彖》曰：无妄，刚自外来，而为主于内。动而健，刚中而应，大"亨"以正，天之命也。"其匪正有眚，不利有攸往"，无妄之往，何之矣？天命不佑，行矣哉？

现代文注释：

彖辞说，可以把《无妄》卦看作是《否》卦变卦而来，刚爻自外来，进入到下方为初九，成为卦主于内，动而健，上下就有了相交，九五具刚中之德，且与六二正应，可得亨通，故曰"刚中而应，大'亨'以正，"，这样的"象"不就是天道吗？天的使命正是如此啊！天地阴阳保持统一且相合，这不就是《乾·象传》所说的"保合太和，乃'利贞'"吗？故若离开"天命"的正道，必生灾祸，不利前往。那"无妄"的去处，是要去何处呢？天若不佑，还能行动吗？

学生：老师，孔子对《无妄》卦卦辞的裁断正确吗？孔子这段话好像很难懂啊！最后的设问，不知道在说什么。

老师：孔子的裁断，偏离了文王的本义。孔子先说到《无妄》卦的来源，说是《否》卦的变卦，这自古就有争论，更多的说法《无妄》是《讼》卦的变卦。最后的两句设问，是孔子的困惑，这个困惑来自孔子没有完全理解社会人事的复杂性，有人已经做出了"妄为"之事，就像六三爻里有人把村里的牛顺手牵走，这是人的问题，不是孔子说的"天若不佑"的问题。

学生：明白了。企业战略的占问结果，要以《无妄》卦的卦辞为断。联系我们的主题，还请老师为我们做个卦象解析。

老师：好的。占问结果以《无妄》卦的卦辞为断，分为两大类情况。第一类情况《无妄》卦为本卦，六爻皆不变。第二类情况《无妄》卦为之卦，本卦三根爻变，变卦为《无妄》卦。

学生：老师，您先讲第一类情况，《无妄》卦为本卦，六爻皆不变。

老师：好的。从卦象看，《无妄》卦卦象☰☳，乾为天，初九到九四为大离，为太阳在天空，阳光普照，震为春，这是"春旱"之象；震为黍稷，为禾苗，大离为日，为干燥，为枯，乾为危惕，伏坤为云，互巽为风，这是风吹云却，炎日和燥风使禾苗枯槁，危惕之象。在这样的时空里，劳作得不到利益，周围的乡村邻里，难免有人在这个时空产生"妄念"，并有所"妄为"，此时，意外的人祸会不期而至。对于企业战略而言，周边环境"匪正"已生，不合正道的、胆大妄为的事情既已发生，就不利于行动；得此占，谋事不成。

学生：明白了。老师您继续讲第二类情况，《无妄》卦为之卦，本卦有三根爻变，变卦为《无妄》卦。

老师：好的。我举几个例来具体解析，先看《比》之《无妄》。从卦象看，《比》卦卦象☵☷，《无妄》卦卦象☰☳，两卦卦象结合起来看，坤为众，为多，巽为商贾，震为行动，为助力，这是得众支持帮助之象；震为足，为动，为业，为生，为复，乾为百，互巽为虫，坤为灾祸，为死，这是百足之虫，死而不僵，业多复生之象。对于企业战略而言，卦象信息，是遇到灾祸，主业受到挫折，因有多项辅业，得众帮助，终获重生，倾而复立，战略实施成功。

再举一个例，占问结果得到《未济》之《无妄》。从卦象看，《未济》卦的卦象☰，《无妄》卦卦象☰，两卦卦象结合起来看，艮为山，巽为高，乾为天极，这是很高的山巅之象；乾为高山，震为春，为粮，为播种，离为燥，坎为孤，巽为草莽，这是春播在干燥的山巅，粮食作物活下来的不多，稀稀拉拉的几根禾苗也被草莽遮住了，是不会高产之象；收获不好，秋收后要饿肚子了；卦象不吉。对于企业战略而言，卦象信息，是不得地利，而对于企业的战略实施，不得地利是最严重的不利条件，且很难改变；其结局，要面对秋后的饥荒，对企业而言，就是要面对财政的困难，战略实施失败。

学生：明白了。那我们接下来看孔子对《无妄》卦的观象说了什么。

☰ 孔子《易传·象》对《无妄》卦的卦象特点，做了如下表述：

《象》曰：天下雷行，物与，无妄；先王以茂对时，育万物。

现代文注释：

《象》说，上卦乾为天，下卦震为行，故曰"天下雷行"，这就是《无妄》卦的卦象。雷震生出万物，万物此时已成长茂盛，先王以茂盛的大自然对应时势，勉励自己，担负养育万物的责任。

学生：老师，孔子对《无妄》卦的观象，和《无妄》卦的时义表述，准确吗？

老师：孔子写象辞对《无妄》卦卦辞进行裁断之时，就有了困惑，因此到了观象和对时义进行表述，就出现了偏差。

学生：老师，《无妄》卦的时义，应当怎样准确的表述呢？

老师：《无妄》卦的时义，就是君子处在"匪正"已生的时空。在这个时空里，已经有人起了"妄心"，生出了"妄念"，这对于"无妄"时空的影响就是"匪正"已出，妄为的事已经发生；此时，即使你自己不妄为，意外的人祸也会不期而至；故，"匪正"既出，则"不利有攸往"，前进不利，不可行动。

学生：明白了。这个时义的表述，只有一句话。后面对这句话的再解释，是长了些，但对于《无妄》卦，在理解的过程中不会让你精神错乱就行了。

老师：是的，我要为大家的精神健康负责，不要学了一半，疯了。

学生：张老师，您也很幽默啊！好，我们接下来就进入《无妄》卦的爻辞，先看《无妄》卦初九的爻辞。

☰ 初九：无妄，往吉。

现代文注释：

初九，纯阳无虚，是"无妄"的主体，卦主的作用亦无虚幻，始终在行动，没有"妄"念的行动，这样自然符合天道，故无往而不吉，前往吉祥。

学生：企业战略的占问结果，要以《无妄》卦初九为断。这是六爻里唯一有吉的爻，其结果怎样，还请老师为我们做个卦象解析。

老师：好的。占问结果以《无妄》卦初九为断，得到的是《无妄》之《否》。从卦象看，《无妄》卦卦象☰，《否》卦卦象☰，两卦卦象结合起来看，震为时，为德，乾为天，是天时之象；坤为我，为民众，艮为敬，为贤人，这是敬贤得人，合天道，亲民众，人和之象；互大离为文明，艮为安居，乾为福惠，这是地利之象；坤为大车，巽为齐，为利，艮为手，为抱，乾为禄福，震为载，为乐，为归，这是利和禄福齐得，抱福载利而归，喜乐之象。对于企业战略而言，卦象信息，天时、地利、人和三者俱备，战略实施顺利推进，得利而长安，贤人得其所，禄福常有；得此占，战略实施成功。

学生：明白了。那我们继续看《无妄》卦六二的爻辞。

☰☰ **六二：不耕获，不菑畬，则利有攸往。**

现代文注释：

六二，位居中得正，而其象为田，所处时势为春耕之时，故以"耕获"为喻，"菑"，为垦荒，指刚开垦一年的田地，"畬"，指耕种多年的熟田，"则"，意为"岂能"，不耕耘，就不期待有收获，不经过多年的开垦，田地高产的耕耘之利岂能获得。六二为阴爻，本卦对阴爻皆有警示。六二居中得正，正行则不妄，故，六二辛勤耕耘，不存有任何虚幻的期求，所往有利。

学生：企业战略的占问结果，要以《无妄》卦六二为断。联系我们的主题，还请老师为我们做个卦象解析。

老师：好的。占问结果以《无妄》卦六二为断，得到的是《无妄》之《履》。从卦象看，《无妄》卦卦象☰☰，《履》卦卦象☰☰，两卦卦象结合起来看，震为春，为耕种，为乐，为庆，兑为秋，为酒，为饮，为悦，正反兑方向相对，这是秋收欢乐对饮，庆祝之象；乾为福，震为乐，艮为贤人，为安居，为得，巽为利，为齐，这是利与禄福齐得，贤人安居，喜乐之象。对于企业战略而言，卦象信息，寓意辛勤耕耘，自会成功；有成功后的喜庆，事业成功。

学生：明白了。那我们继续看《无妄》卦六三的爻辞。

☰☰ **六三：无妄之灾，或系之牛，行人之得，邑人之灾。**

现代文注释：

六三，阴爻，虽居正而为虚，故因自身的无"实"而被疑。中爻出现互巽和互艮之象，巽为盗，艮为牛，为牵；中爻之象，有人盗牛，把牛牵走，产生无妄之灾；故爻辞以"系牛"为喻，"系"，是牵的意思。有时，没有过失，也会有意外的灾祸，就像系在村中的牛，被路过的行人牵走，村里的人反而有盗牛之嫌，而蒙受不白之冤；故曰"行人之得，邑人之灾"。这是意外的人祸，也与六三阴爻之"虚"有关联，六三没有"实诚"之信誉，故受到怀疑。

　　学生：企业战略的占问结果，要以《无妄》卦六三为断。此爻就是"匪正"已生的爻，结果怎样，还请老师为我们做个卦象解析。

　　老师：好的。占问结果以《无妄》卦六三为断，得到《无妄》之《同人》。从卦象看，《无妄》卦卦象☰☳，《同人》卦卦象☰☲，两卦卦象结合起来看，震为行，巽为盗，艮为门户，乾为开，乾伏坤为夜，离伏坎为阴蜆，寓意黑夜里隐伏阴蜆，这是有人在夜里偷行妄为之事的卦象。对于企业战略而言，社会环境会对企业有很大影响，卦象信息，已有人在黑暗中偷行妄为之事，故，此占提醒，已有暗昧之事发生；得此占，归于失败。

　　学生：明白了。那我们继续看《无妄》卦九四的爻辞。

☰☳ 九四：可贞，无咎。

现代文注释：

　　九四，刚爻居阴位，刚柔相济，上为阳无亲比，在下又无应，故九四心无所系，行动自由，可以固守正道，故无咎。

　　学生：企业战略的占问结果，要以《无妄》卦九四为断。爻辞很简单，结果怎样，还请老师为我们做个卦象解析。

　　老师：好的。占问结果以《无妄》卦九四为断，得到的是《无妄》之《益》。从卦象看，《无妄》卦卦象☰☳，《益》卦卦象☴☳，两卦卦象结合起来看，巽为鱼，为齐，震为游，为乐，为东，为龙，乾为天，为河海，艮为飞，为家，为安，这是鱼在水中游，龙在天上飞，齐奔东海和东方家园，快乐且平安之象。对于企业战略而言，卦象信息，有平安走向新家园，奔向理想目标之含义，进入新开辟的领域；得此占，战略实施成功。

　　学生：明白了。那我们继续看《无妄》卦九五的爻辞。

☰☳ 九五：无妄之疾，勿药有喜。

现代文注释：

　　九五，刚爻居中得正，虽无吉而有喜，故若身体感到不适，不是真的生病了，不要吃药就会好转，实为喜庆。九五的爻辞，寓意会有问题发生，就是"疾"，但对于九五，这些问题会自行消失；在"无妄"的时空，这就是喜事。

　　学生：企业战略的占问结果，要以《无妄》卦九五为断。此爻虽无吉而有喜，结果怎样，还请老师为我们做个卦象解析。

　　老师：好的。占问结果以《无妄》卦九五为断，得到《无妄》之《噬嗑》。从卦象看，《无妄》卦卦象☰☳，《噬嗑》卦卦象☲☳，两卦卦象结合起来看，艮为抱，为安，震为子，是得安抱子之象；震为功业，为喜，乾为天，巽为命，为系，为商贾，为利，互坎中实，这是功业为天命所系，商人得利为实之象。对于企业战略而言，卦象信息，抱子寓意新产品问世；功业为天命所系，是得天时，新产品符合消费潮流；得利为实，是经济效益好，新产品有赢利，企业战略实施进展顺利；得此占，无忧有喜，战略实施成功。

　　学生：明白了。那我们继续看《无妄》卦上九的爻辞。

☰☳ 上九：无妄，行有眚，无攸利。

现代文注释：

　　上九，无妄的穷极状态，自己不妄为，但一行动却也有祸生，无利益。处于穷尽之时，不妄为的行动，也会遭遇灾祸。在《无妄》卦的时空里，人祸的几微端倪已出现之时，停止行动是最明智的。

　　学生：企业战略的占问结果，要以《无妄》卦上九为断。此爻所呈现的状态很不好，结果怎样，还请老师为我们做个卦象解析。

　　老师：好的。占问结果以《无妄》卦上九为断，得到的是《无妄》之《随》。从卦象看，《无妄》卦卦象☰☳，《随》卦卦象☱☳，两卦卦象结合起来看，爻变导致失乾而得兑，乾为天福，兑为毁折，为倾，艮为国，为家，震为君王，为社稷，为功业，这是失去天福，社稷基业毁折之象，也是家业破败之象；卦象不吉，与爻辞的"有眚"相合，灾患将会到来。对于企业战略而言，卦象和爻辞的信息，都显示不利，战略实施不会成功。

　　学生：明白了。得到此爻的占问结果，你自己不妄为，但行动却有祸，无利益，已处于穷极之时，此时停止行动是最明智的。《无妄》卦的六爻都讲完了，有四根爻作为本卦得到了成功，只有两根爻是失败，出乎意料之外，《无妄》卦为本卦，成功居多。

地风《升》䷭（卦序号：18）

《升》卦，在更早的时代，记做《登》卦。"升"和"登"，原义中都包含收获的意思。"登"为收割，《登》卦的时空就是在收割的季节，《礼记·月令》中说："农乃登麦。"就是说到了收割麦子的时节了。《升》卦，还是一个隐秘记载周文王一段历史的卦，卦辞、爻辞中都透出周文王历史中的某些信息。

先看《升》卦的卦辞，及现代文注释：

升：元亨。用见大人，勿恤，南征吉。

现代文注释：

升，是卦名。《升》卦的时空，乾元上升，遇坤而通，此为乾元的亨通，故曰"元亨"，是大亨通。这一时空，其时用可以见证一个伟大人物的生命成长，故不用担心什么，把发展、征战的方向放到南面的方向，就是有利的，吉祥。

卦辞中的"用见大人"，"用"为《升》卦的时用，大人就是周文王自己，文王为自己的将来确定了方向，就是"南征"，实现南方的局部统一，后来西岐在西南方形成的西南联盟就是武王伐纣的主要支持力量。这个过程，经历了很长时间的积累，体现了周文王在制定战略之后的耐心和坚定的志向。

学生：老师，升卦是文王对抗商纣王的计划吗？

老师：可以这么认为，升卦就是文王的一个战略方案。这个方案的核心就是南征，通过南征壮大自己，卦中九三的互震之象就是南征。

学生：明白。那我们就来看孔子对《升》卦是怎么说的。

孔子《易传·象》对《升》卦的卦辞，是这样裁断的：

《象》曰：柔以时升，巽而顺，刚中而应，是以大"亨"。"用见大人勿恤"，有庆也。"南征吉"，志行也。

现代文注释：

象辞说，至柔的坤，在这个时空上升到上卦位置。下巽而上顺，九二阳刚居中而与六五有应，遇坤而顺，可以重回尊位，得到大的亨通。这一时空，其过程可以见证一个伟大人物的生命成长，不用忧虑，九二上应于六五，由二升至五，故为"有庆"之象。九三以上，为震以坤行之象，震为征，为帝王，坤为志，寓意周文王的帝王之志，其志行，吉祥。"南征"借"商汤王南征灭桀"历史典故，隐喻周文王的西南联盟和"剪商"计划，志向之所行，吉祥。

学生：企业战略的占问结果，要以《升》卦的卦辞为断。联系我们的主题，还请老师为我们做个卦象解析。

老师：好的。占问结果以《升》卦的卦辞为断，分为两大类情况。第一类情况《升》卦为本卦，六爻皆不变。第二类情况《升》卦为之卦，本卦有三根爻变，变卦为《升》卦。

学生：老师，您先讲第一类情况，《升》卦为本卦，六爻皆不变。

老师：好的。从卦象看，《升》卦卦象☷☴，坤为大水，为国，为民众，互震覆艮，艮为安，覆艮为不安，这是洪水到来，民不安之象；巽为木，坤为水，这是木被大水反复淹没之象；震为帝，为大禹，为东，互兑为海，这是大禹治水疏导洪水流入东海，民复得安之象。忧患的时代就有伟大的人物出来领导大众，从民不安到民复得安。对于企业战略而言，卦象信息，寓意企业也有忧患存在，需要坚强的领导人；得此占，事业成功。

学生：明白了。老师，您继续讲第二类情况，《升》卦为之卦，本卦有三根爻变，变卦为《升》卦。

老师：好的，我举几个例来具体解析。先看占问结果得到《损》之《升》，从卦象看，《损》卦卦象☶☱，《升》卦卦象☷☴，两卦卦象结合起来看，兑为秋，坤为冬，为霜，为大地，巽为草木，坤闭，为不生，这是霜覆大地，草木不生之象。对于企业战略而言，遭遇不景气，大环境如寒霜覆地，寒气逼人。

再举一个例，占问结果得到《比》之《升》。从卦象看，《比》卦卦象☷☵，《升》卦卦象☷☴，两卦卦象结合起来看，震为谷粮，坤为积聚，坎中实，艮为仓庾，这是年丰岁熟，谷粮丰盈之象；巽为齐，兑为悦，震为君，为乐，坤为民，这是君王与民齐欢乐之象。对于企业战略而言，卦象信息，是年景好，日子好过，有丰盈的积累，战略实施成功。

学生：明白了。那我们接下去看孔子对《升》卦的观象说了什么。

☷☴　孔子《易传·象》对《升》卦的卦象特点，做了如下表述：

《象》曰：地中生木，升。君子以顺德，积小以高大。

现代文注释：

《象》说，上卦坤为地，下卦巽为木，故曰"地中生木"，这就是《升》卦的卦象。君子观察此卦象，应当效法这一精神，谨慎自己的德行，不断进修，顺天德而行动，小处着手，积累到大成，由矮小长到高大。

学生：老师，孔子对《升》卦的观象准确吗？孔子说到《升》卦的时义了吗？《升》卦的时义，应当怎样准确表述呢？

老师：孔子的观象准确，也说到了时义。《升》卦的时义，是种子发芽破土而出，树木不断长大升高，积小以成高大。

学生：明白了。那我们接下来可以进入《升》卦的爻辞了。

☷☴　初六：允升，大吉。

现代文注释：

初六，阴爻居阳位，力量弱小且不得位，且与六四无应，本不能升；"允升"的"允"从其直接的意思，是初六的"升"得到了六四乃至六五、上六整个上卦的允许。初六为下卦巽的初爻，也是下卦的主爻，有卦主的地位，巽为系，故从其卦义，初六必能系之九二得"允升"，"允"之义为"宜"，顺宜之意，初六，是有逊顺之德的卦主，自身力量弱小，不能"升"，就与九二、九三形成一个整体，跟着一起上升。整体的升，大吉祥。

学生：企业战略的占问结果，要以《升》卦初六为断。爻辞吉，结果怎样，还请老师为我们做个卦象解析。

老师：好的。占问结果以《升》卦初六为断，得到的是《升》之《泰》。从卦象看，《升》卦卦象☷☴，《泰》卦卦象☷☰，两卦卦象结合起来看，互震为迁，为兴，坤为国，为邑，为安宁，乾为长久，为福，为盛隆，这是迁邑建国，得到长久安宁，盛隆有福之象。对于企业战略而言，迁邑建国，是进入新的领域，新项目是战略实施的核心，新项目成功，就会给企业带来长久安宁，卦象信息，寓意新项目已经成功，得盛隆而有福喜；得此占，战略实施成功。

学生：明白了。那我们继续看《升》卦九二的爻辞。

☷☴ **九二：孚乃利用禴，无咎。**

现代文注释：

九二，阳刚居阴位，有柔顺、谦逊之德，居中位，能恪守中道，有刚中之德，具备前往应六五而升的条件，九二就是周文王。"孚"，指九二与六五有孚；"禴"，是古代春天的一种祭祀礼，是祭品朴素的薄祭，卦象指的是六五所居的上卦坤，坤为吝，为薄祭；故曰"孚乃利用禴"。有条件祭祀时，九二仍俭约办理。心存诚信，就能得到神灵的感应，即使祭品俭朴，也无咎。

学生：企业战略的占问结果，要以《升》卦九二为断。爻辞只得到无咎，结果怎样，还请老师为我们做个卦象解析。

老师：好的。占问结果以《升》卦九二为断，得到的是《升》之《谦》。从卦象看，《升》卦卦象䷭，《谦》卦卦象䷎，两卦卦象结合起来看，坤为大地，艮为丘陵，大坎为雨露，巽为松柏，互震为生长，为繁茂，这是松柏得雨露滋润，生长繁茂之象；互震为时，坤为顺，巽亦为顺，艮为得，为时，这是顺时、得时之象。对于企业战略而言，这是得时运之助，战略实施成功。

学生：明白了。那我们继续看《升》卦九三的爻辞。

䷭ 九三：升虚邑。

现代文注释：

九三，阳刚居阳位，上方为坤的三阴，阳遇阴，顺畅无阻，下卦巽整体上升，进入上方，前行无阻如入无人之境，故曰九三升上了"虚邑"。阴为虚，故上卦的坤象整体为"虚邑"，坤为国，故这里"虚邑"隐喻"国邑"，有建国之隐喻。下卦巽整体上升，一起升上了虚邑。

学生：企业战略的占问结果，要以《升》卦九三为断。此爻的爻辞里，暗含战略成功之意，结果怎样，还请老师为我们做个卦象解析。

老师：好的。占问结果要以《升》卦九三为断，得到的是《升》之《师》。从卦象看，《升》卦卦象䷭，《师》卦卦象䷆，两卦卦象结合起来看，震为鸢，鸟中之雄，为东，坤为聚，为郊，巽为蛇，为利，兑为食，坎中实，为饱，鸢以蛇为食，这是东郊有蛇，群鸢聚以饱食，利为实之象。对于企业战略而言，鸢的远视高飞，象征战略的正确，饱食和利为实，明确战略实施成功。

学生：明白了。那我们继续看《升》卦六四的爻辞。

䷭ 六四：王用亨于岐山，吉，无咎。

现代文注释：

六四，人位的上者，此爻的王也是说周文王，此时的周文王尚未得天下，为殷商之臣，只能以祭祖的名义，在岐山举行祭祀仪式，故曰"王用亨于岐山"。周文王脱离了被囚羑里的灾难，回到西岐之后，在岐山举行了祭告天地、祖先的祭祀仪式，向神明、祖先表明心迹，欲行其剪除殷商暴政的伟大志向，此事吉祥，没有咎害。

学生：企业战略的占问结果，要以《升》卦六四为断。爻辞为"吉，无咎"，结果怎样，还请老师为我们做个卦象解析。

老师：好的。占问结果以《升》卦六四为断，得到的是《升》之《恒》。从卦象看，《升》卦卦象䷭，《恒》卦卦象䷟，两卦卦象结合起来看，震为君王，为动，为时，为通达，为乐，坤为万国，巽为心，为齐，为志，互兑为悦，为和，乾为天福，为长久，这是君王之志合天时，万国齐心，和悦相从，行动通达，天福长久之象。对于企业战略而言，卦象信息，寓意所立志向能够实现，有天福相伴，战略实施顺利通达，会有大成功。

学生：明白了。那我们继续看《升》卦六五的爻辞。

䷭ 六五：贞吉，升阶。

现代文注释：

六五，柔爻居上卦的中位，柔居刚位不得正，居至尊之位的六五在《升》卦的整体形势下，明白自身只有固守贞正之道，才能得吉，故曰"贞吉"。六五与九二有应，对九二没有疑虑，欢迎九二的到来，这体现了六五的德行，六五固守其柔顺之德，积极配合《升》卦的主旨。从整个卦的发展过程来看，周文王最终由九二升至六五之位，一路拾阶而上。"升"的时义，通过其"时用"，在周文王的身上见证了一位伟大的人物，故卦辞中写道："用见大人"。"升"，就如同登山，拾阶而上，其过程要坚守正道，方得吉祥。

学生：企业战略的占问结果，要以《升》卦六五为断。爻辞吉，此爻的主人起的是配合作用，结果怎样，还请老师为我们做个卦象解析。

老师：好的。占问结果以《升》卦六五为断，得到的是《升》之《井》。从卦象看，《升》卦卦象▤，《井》卦卦象▤，两卦卦象结合起来看，爻变，坤变坎，坤为虚，坎中实，是由虚变实之象；震为功业，为车，为载，为归，巽为利，这是功业有了实绩，利由虚变实，大车载利而归之象。对于企业战略而言，卦象信息，是战略实施得到了实利，与爻辞的"升阶"相符，战略实施稳步向前，得到可持续发展的成功。

学生：明白了。那我们继续看《升》卦上六的爻辞。

▤ 上六：冥升，利于不息之贞。

现代文注释：

上六，这是升卦的极致上位，"冥"，为暗，"冥升"，即为暗升，没有写出吉凶判断，只给出要一生永不停息坚守正道的警示，"升"在极致的"冥冥"之中，有因果的轮回，故"冥升"对于一生永不停息坚守正道的君子是有利的，鬼神也会暗中给予帮助。

学生：企业战略的占问结果，要以《升》卦上六为断。爻辞是固守正道的提醒，结果如何，还请老师为我们做个卦象解析。

老师：好的。占问结果以《升》卦上六为断，得到的是《升》之《蛊》。从卦象看，《升》卦卦象▤，《蛊》卦卦象▤，两卦卦象结合起来看，巽为商贾，互震为行，为德，为福，坤为冥，艮为获，这是商业道德冥冥有知，祸福自获之象。此象合于爻辞之意。对于企业战略而言，此占问提醒占者，要有善德之本，种下善缘，才会有福报，顺与不顺自有冥冥中的因果之报，你收获的就是你自己种下的；得此占，以德行得冥升，战略实施成功。

学生：明白了。企业家的善念，也是事业的基础。要谨慎自己的德行，最终成长为一个有大功德的伟大人物。《升》卦六爻都讲完了，深得教益。

地火《明夷》䷣（卦序号：19）

这是六十四卦里，出现周文王、微子、箕子，并用这几位圣贤韬晦及坚守的过程来说明道理的一个特别的卦，是"以史叙卦"的经典，其"时义"深含韬晦和坚守之道。不论有没有占到《明夷》卦，都应当学习领会此卦的道理。

先看《明夷》卦的卦辞，及现代文注释：

明夷：利艰贞。

现代文注释：

明夷，是卦名。光明受到伤害，这就是《明夷》卦之意。在《明夷》的时空里，唯有艰难的忍耐，用艰忍的意志固守正道，才会有利。

孔子《易传·彖》对《明夷》卦的卦辞，是这样裁断的：

《彖》曰：明入地中，明夷。内文明而外柔顺，以蒙大难，文王以之。"利艰贞"，晦其明也，内难而能正其志，箕子以之。

现代文注释：

彖辞说，光明进入地中，这就是明夷。内卦文明，外卦柔顺，可以承受大难，周文王就是如此。艰难中坚守正道，收敛光芒，国家蒙受大难时还能够坚持光明正大的意志，箕子就是如此。

学生：老师，《明夷》以史叙卦的特点是最突出的，也很有名。我们读历史读到过孔子请鲁国太史为他占卦，得到的就是《明夷》，孔子落泪，喟然叹曰："吾道穷矣！"。是这样吗？

老师：是的。孔子希望在自己的有生之年，实践治国的理论，实现政治抱负，故，孔子不希望自己还要"用晦"，收敛光芒。《明夷》卦是给人以希望的卦，光明会复出普照大地，但《明夷》卦的希望与孔子的希望是不相同的，故，孔子占到《明夷》卦后落泪，喟然而叹。

学生：明白了。老师，我们回到主题吧。企业战略的占问结果，要以《明夷》卦的卦辞为断。还请您为我们做个卦象解析。

老师：好的。占问结果以《明夷》卦的卦辞为断，分为两大类情况。第一类情况《明夷》卦为本卦，六爻皆不变。第二类情况《明夷》卦为之卦，本卦三根爻变，变卦为《明夷》卦。

学生：老师，您先讲第一类情况，《明夷》卦为本卦，六爻皆不变。

老师：好的。第一类情况，从卦象看，《明夷》卦卦象䷣，坤为邦国，为邑，为我，互震为君，为屏藩，为卫，为玉，离为戈兵，艮为城防，为据守，为肌肤，覆艮为城防有失，肌肤受伤，玉被击，有破碎的危险。对于企业战略而言，这是产品竞争激烈，已兵临城下，城破意味着遭遇失败，玉碎是团队解散、企业倒闭；得此占，会有失败。

学生：明白了。老师，您继续讲第二类情况，《明夷》卦为之卦，本卦三根爻变，变卦为《明夷》卦。

老师：好的。我举几个例来具体解析，先看《剥》之《明夷》。从卦象看，《剥》卦卦象䷖，《明夷》卦卦象䷣，两卦卦象结合起来看，坤为年岁，为聚，艮为君子，为堂，为坐，为金，为贵，为功，震为玉，为欢乐，为言，离为温，互坎为酒，这是岁末君子围坐一堂，把酒交谈，庆功言欢，金玉满堂，尊而贵，喜乐温馨之象。对于企业战略而言，卦象透出的信息，是战略实施成功。

再举一个例，占问结果得到《大有》之《明夷》。从卦象看，《大有》卦的卦象䷍，《明夷》卦卦象䷣，两卦卦象结合起来看，乾为天，离为日，坤为志，下离为温，互坎为酒，震为出征，互兑为祝祷，这是出征前温酒祝祷之象。对于企业战略而言，这是出征实现建侯之志，时机已到，会成功。

学生：明白了。那接下来我们看孔子对《明夷》卦的观象说了什么。

☷☲ 孔子《易传·象》对《明夷》卦的卦象特点，做了如下表述：

《象》曰：明入地中，明夷。君子以莅众用晦而明。

现代文注释：

　　《象》说，上卦坤为地，下卦离为明，故曰"明入地中"，这就是《明夷》卦的卦象。光明进入地中，是光明受伤。君子观此卦象，领悟这里面的道理，在光明不能普照时，面对群众，隐藏智慧，"用晦"而掩其光明，群众自能察觉到隐藏的光明；从"用晦"掩其明，到"用晦而明"的表述，表达了孔子对"用晦"的理解，不使光明"因其用"而被黑暗势力所敌视，又让民众看到希望。

　　学生：老师，孔子对《明夷》卦的观象准确吗？说到《明夷》的时义了吗？《明夷》卦的时义，应当怎样准确表述呢？

　　老师：孔子对《明夷》的观象准确，也说到了时义。《明夷》卦的时义，就是光明受伤，收敛光芒，保存自己，"用晦"以等待光明复出的时机。

　　学生：明白了。那接下来我们可以进入到《明夷》卦的爻辞了。

☷☲ 初九：明夷于飞，垂其翼；君子于行，三日不食，有攸往，主人有言。

现代文注释：

　　初九，居离之卦体最下，是鸟垂其翼受伤之象，鸣叫的鹈鹏飞行中受伤，垂下它受伤的左翼。君子舍弃一切，正在逃亡的路上，难免穷困，三天没有吃饭，虽有投奔的地方可以去，但被路人和投宿的主人讥笑为不识时务。初九，是阳刚的臣子，在《明夷》的时空里，最容易受伤，选择出走逃亡是明智的，初九暗喻从殷商都城出走的贤人，包括姜太公等一批贤臣。

　　学生：企业战略的占问结果，要以《明夷》卦初九的爻辞为断。此爻的主人，正在逃难中，联系我们的主题，还请老师为我们做个卦象解析。

老师：好的。占问结果以《明夷》卦初九为断，得到的是《明夷》之《谦》。从卦象看，《明夷》卦卦象☷☲，《谦》卦卦象☷☶，两卦卦象结合起来看，爻变失离而得艮，离为光明，艮为居所，艮在地中，是黑暗的居所，这是光明不再，居所黑暗之象；艮为虎狼，坤为聚，为家园，为患，震在上，是已经出走，这是家有虎狼盘踞，不可居，出走成功之象。对于企业战略而言，处在逆境中，家园被虎狼夺取，是凶兆；但已经出走成功，是得安的大吉；得此占，成功。

学生：明白了。那我们继续看《明夷》卦六二的爻辞。

☷☲ 六二：明夷，夷于左股，用拯马壮，吉。

现代文注释：

六二，下卦光明之主，居臣位，为有柔顺之德者，居中得正，他就是周文王，光明之主岂能为昏君所容，现在情况不好，六二也受到昏君的伤害，六二为朝廷股肱之臣，故喻为左大腿受伤，拯救宜速，故要用壮马，其上的阳爻九三即为壮马，六二迅速被拯救，故为"吉"。

学生：企业战略的占问结果，要以《明夷》卦六二为断。此爻中的人物是周文王，终为吉；还请老师为我们做个卦象解析。

老师：好的。占问结果以《明夷》卦六二为断，得到的是《明夷》之《泰》。从卦象看，《明夷》卦卦象☷☲，《泰》卦卦象☷☰，两卦卦象结合起来看，坤为悲，互坎为忧，震为解，为乐，互兑为悦，这是无忧之象；坤为我，为聚，乾为富实，为福喜，为长久，这是得富实，福喜长久伴我之象。对于企业战略而言，卦象信息，无忧而得长久富实，战略实施成功。

学生：明白了。那我们继续看《明夷》卦九三的爻辞。

☷☲ 九三：明夷于南狩，得其大首；不可疾，贞。

现代文注释：

九三，阳刚得正，象征"明夷"时空里的有希望的一股力量，阳之上是坤阴，阳遇阴则通，下卦在九三的带领之下，会整体升进，是光明复出之兆，《明夷》会变卦为《晋》。九三在卦中是指西岐这一方，在此"明夷"的时势下，西岐要往南方狩猎，以展其抱负，初次出动就得到大兽；这里的"南狩"，指的是西岐向其南方的征讨行动，斩获颇丰，大首是指大部落的首领；但西岐这一方还不能操之过急，要谨慎行动，固守贞正。

学生：企业战略的占问结果，要以《明夷》卦九三为断。此爻中的南征有收获，但得到要谨慎行动的提醒，还请老师为我们做个卦象解析。

老师：好的。占问结果以《明夷》卦九三为断，得到的是《明夷》之《复》。从卦象看，《明夷》卦卦象☷☲，《复》卦卦象☷☳，两卦卦象结合起来看，坎为耳，为听，离为目，为见，坤为虚，为妄，为身，为危，为死，震为君，震覆艮，艮为角，为脖颈，为虎狼，覆艮为断角折颈，为虎狼在暗中匍匐靠近，这是听为妄，见有虚，虎狼匍匐近身，身危之象。对于企业战略而言，卦象信息，是有在暗中近身的、尚未预见到的凶险；得此占，会有失败。

学生：明白了。那我们继续看《明夷》卦六四的爻辞。

☷☲ 六四：入于左腹，获明夷之心，于出门庭。

现代文注释：

六四，为柔顺的近臣，爻位多惧，故心有恐惧又心存最后的善念见到君王，做最后的规劝，也了解商纣王的真实心意，并获其明夷之心，知纣王已无可救药，这位"入于左腹，获明夷之心"的人就是商纣王同父异母的庶兄微子，他最后决定出门庭而行遁，出走避难，后抱祭器归周。

学生：企业战略的占问结果，要以《明夷》卦六四为断。此爻是商纣王庶兄微子的出走，怎样与企业战略相联系，还请老师为我们做个卦象解析。

老师：好的。占问结果以《明夷》卦为断，得到的是《明夷》之《丰》。从卦象看，《明夷》卦卦象☷☲，《丰》卦卦象☳☲，两卦卦象结合起来看，离为日，互兑为月，震为运行，互坎为信，这是日月的运行遵其常而有信之象。对于企业战略而言，这是有序的进展，战略实施成功。

学生：明白了。那我们继续看《明夷》卦六五的爻辞。

☷☲ 六五：箕子之明夷，利贞。

现代文注释：

六五，柔爻居于阳刚之位，没有能力改变时局，但仍然决意留下坚守，纣王的伯父箕子就是代表选择留下的六五，虽失意，却坚守而不想遗弃国家，后被商纣王囚禁，箕子只得佯狂而晦其明，脱离囚禁之难后箕子独自隐居在箕山；箕子的行为尽管不智，但利于固守贞正。商朝灭亡后，周武王到箕山访箕子，向他询问怎样治理国家，箕子见武王有诚心，就把夏禹传下的《洪范九畴》陈述给武王听，史称箕子明夷。

学生：企业战略的占问结果，要以《明夷》卦六五为断。此爻说的是箕子之明夷，讲一位忠臣，结果怎样，还请老师为我们做个卦象解析。

老师：好的。占问结果以《明夷》卦六五为断，得到的是《明夷》之《既济》。从卦象看，《明夷》卦卦象☷☲，《既济》卦卦象☵☲，两卦卦象结合起来看，坎为害，为隐，艮覆为无处可居，震为征战，离为戈兵，坤为败，这是纣王兵败，箕子无处可居，隐居在箕山之象。对于企业战略而言，君主昏暗必败，忠臣的坚守仅为守其义，不能挽救企业；这是现实的提醒，也明示了失败。

学生：明白了。那我们继续看《明夷》卦上六的爻辞。

☷☲ 上六：不明，晦，初登于天，后入于地。

现代文注释：

上六，真正不光明且内心晦暗的上六，就是伤害光明的商纣王。其初，高高在上，最终，坠入地狱。

学生：企业战略的占问结果，要以《明夷》卦上六为断。此爻中的人物是商纣王，还请老师为我们做个卦象解析。

老师：好的。占问结果以《明夷》卦为断，得到的是《明夷》之《贲》。从卦象看，《明夷》卦卦象☷☲，《贲》卦卦象☶☲，两卦卦象结合起来看，坤为地，离为光明，艮为山，光明在山下和明入地中的状况基本相同，这是阴阳失道，天道有失之象；震为君王，为德，艮为国，坤为亡，这是君德亡，国亦亡之象。对于企业战略而言，卦象信息，失道国亡，明确为失败。

学生：明白了。学习《明夷》卦真有收获啊！老师，您说过，就是没有占到《明夷》卦，也要认真的学习此卦的内容，以史为鉴真的很有必要啊！

天水《讼》䷅（卦序号：20）

自古以来，对"争讼"的看法，都认为不利，为凶事，无所谓胜败，即使打赢了官司，也导致结怨，仍然是凶，这就是卦辞里出现的"终凶"。而在艰难或危难中的争讼，更是最为不祥的事情，精力、财力都会耗尽。故，止息争讼，是最为理想的，正如孔子所说："听讼吾忧人也，必也使无讼乎！"

先看《讼》卦的卦辞，及现代文注释：

讼：有孚，窒惕，中吉，终凶。利见大人，不利涉大川。

现代文注释：

讼，是卦名。"讼"，争讼。上卦乾为信，下卦坎为孚，故"有孚"。"窒"，惧也，"惕"，警惕，下卦坎为惧，上卦乾为惕，故"窒惕"。"中"，指九二居中，吉祥，故"中吉"，但由于争讼，终为凶，故曰"中吉，终凶"。《讼》，其是非曲直必经刚直中正的大人给予断决，故利于大德大才的人物显见，不利于远涉大江大河，不利于成就大事业。

孔子《易传·象》对《讼》卦的卦辞，是这样裁断的：

《象》曰：讼，上刚下险，险而健，讼。讼，"有孚，窒惕，中吉"，刚来而得中也。"终凶"，讼不可成也。"利见大人"，尚中正也。"不利涉大川"，入于渊也。

现代文注释：

象辞说，《讼》卦，上卦乾为刚健，下卦坎为险，故曰"上刚下险，险而健"，这就是《讼》的卦象。卦辞中"讼：有孚，窒惕，中吉"，是说：争讼，要内心真诚，有信用；要克制、警惕，持中道而能和平处理争讼，是吉祥的；这里说的是九二，刚而得中，居柔位而得柔中之道，懂得克制和守持中道。争讼，没有赢家，最终成不了事，终有凶，故曰"终凶"。"利见大人"是说：裁决争讼，崇尚的是中立、公正，这利于出现有大德的法官大人。争讼，会陷入泥潭，不利于成就大事业，故曰"不利涉大川"。

学生：老师，《讼》卦是很单纯的卦，是吗？这样的卦，歧义少，理解起来就不困难。企业的经营活动，合伙人之间，还有劳动合同等等，都存在争讼的可能，它是很普遍的现象。联系我们的主题，企业战略的占问结果，要以《讼》卦的卦辞为断，还请老师为我们做个卦象解析。

老师：好的。占问结果以《讼》卦的卦辞为断，分为两大类情况。第一类情况《讼》卦为本卦，六爻皆不变。第二类情况《讼》卦为之卦，本卦有三根爻变，变卦为《讼》卦。

学生：老师，您先讲第一类情况，《讼》卦为本卦，六爻皆不变。

老师：好的。第一类情况，从卦象看，《讼》卦卦象䷅，乾为天，为阳，向上，坎为水，为阴，向下，这是阴阳不交之象；内卦阳陷，是君子被困之象；中爻之象，巽木在上，火在下，火炎上而木不复存在，是两败之象。对于企业战略而言，这是不得人和，也不得天时，对发展不利，不会成功。

学生：明白了。老师，您继续讲第二类情况，《讼》卦为之卦，本卦有三根爻变，变卦为《讼》卦。

老师：好的。我举几个例来具体解析，先看占问得到《蛊》之《讼》。从卦象看，《蛊》卦卦象䷅，《讼》卦卦象䷅，两卦卦象结合起来看，兑为口，为舌，为口舌之争，震口长，为长舌，艮为家，兑为倾覆，为毁折，这是口舌毁家之象；兑为斧，震为车，这是斧破车之象；爻变失巽得坎，巽为利，坎为忧，这是利失有忧之象。对于企业战略而言，口舌毁家是家不和，家不和则业不兴；斧破车，车就是企业；利失有忧，战略实施不会成功。

再举一个例，占问结果得到《夬》之《讼》。从卦象看，《夬》卦卦象䷪，

《讼》卦卦象 ☰☵，两卦卦象结合起来看，兑为口舌，坎为害，是口舌为害之象；巽为商贾，乾为危惕，是经商有危惕之象；坎为困，巽为卖，乾为马，这是处在困局中而卖马之象。对于企业战略而言，这寓意企业到了山穷水尽的地步，如同秦琼卖马，口舌为害是破败的根源；得此占，战略实施不会成功。

学生：明白了。那接下来我们看孔子对《讼》卦的观象说了什么。

☵ 孔子《易传·象》对《讼》卦的卦象特点，做了如下表述：

《象》曰：天与水违行，讼。君子以作事谋始。

现代文注释：

《象》说，天向西转，水向东流，天与水的运行方向互相背离，这就是《讼》卦，象征争讼的发生。君子观察《讼》的卦象，得到启示，因此，在办事之初就仔细的谋划。

学生：老师，孔子对《讼》卦的观象准确吗？说到《讼》卦的时义了吗？
老师：孔子的观象是准确的。《讼》卦的时义，就是讼争起，息争、止讼。而孔子着重讲避免争讼。
学生：明白了。那接下来我们可以进入到《讼》卦的爻辞了。

☵ **初六：不永所事，小有言，终吉。**

现代文注释：

初六，是柔弱居于低下地位的小人物，他的时间精力要用于养家糊口，故他不长久纠缠于争执之事，初六的情况说明争讼不可长久坚持；初六很明智的选择了示弱而"不讼"，不坚持讼争，故曰"不永所事"。初六为阴爻，《周易》中"阴"为"小"，"小有言"是说初六遭到言语的冒犯，冒犯初六的应该是九四，因为初六与九四有应，就有了九四对初六的言语冒犯。"有言"只是言语摩擦，争执最终可以解除，不会发展成为大争端，最终吉祥。

学生：企业战略的占问结果，要以《讼》卦初六为断。此爻中的人物无地位，但有理智，有头脑，结果怎样，还请老师为我们做个卦象解析。

老师：好的。占问结果以《讼》卦初六为断，得到的是《讼》之《履》。从卦象看，《讼》卦卦象☰☵，《履》卦卦象☰☱，两卦卦象结合起来看，坎为灾，巽为蝗虫，乾为夏，兑为秋，为毁折，这是夏有蝗灾，秋无收获之象；乾为河海，坎兑亦为河海，巽为鱼，离为网，这是转到河海捕鱼，改变从业之象；兑为言，为和，正覆兑为争论，这是在激烈争论后有了意见的一致，得人和。对于企业战略而言，卦象信息，是遇到了天灾，市场出现不利，导致全面亏损，颗粒无收，改行却取得成功；得此占，企业战略成功。

学生：明白了。那我们继续看《讼》卦九二的爻辞。

☵ 九二：不克讼，归而逋，其邑人三百户无眚。

现代文注释：
九二，刚爻居中而不得正，代表已经有一定地位，但不能守持正道，阳刚而气盛，故起讼争，九二居下卦险中，无法与上卦的刚健对抗，故他在起了讼争后，不能胜讼，只好逃回家来隐藏躲避，九二为坎，为祸，伏象为离，离数为三，故曰"其邑人三百户无眚"；亲人没有受牵连，免除了因他而导致的人祸。

学生：企业战略的占问，要以《讼》卦九二为断。此爻中的人物遭遇了争讼的失败。他将来的命运如何？还请老师为我们做个卦象解析。

老师：好的。占问结果以《讼》卦九二为断，得到的是《讼》之《否》。从卦象看，《讼》卦卦象☰☵，《否》卦卦象☰☷，两卦卦象结合起来看，互离为灾殃，为网，坎为破，乾为君子，为财宝，坤为身，艮为安，这是君子遇祸，网破得逃，财破身安之象。对于企业战略而言，卦象信息，身安是吉，小败无碍大局，讼争结束，轻装上阵；得此占，事业会成功。

学生：明白。那我们继续看《讼》卦六三的爻辞。

䷅ 六三：食旧德，贞厉，终吉。或从王事，无成。

现代文注释：

六三，阴爻居位不正，人位之下者，为士大夫的身份，柔弱无能力，亦无讼，而其无讼，是其"不争"而无讼，六三不与上九强讼，终吉。"旧德"为祖先留下的遗德，即食邑的微薄收入，从封邑即采邑那里收上来的田租，境况虽艰难，但因无讼而最终吉祥。他也想跟随君王从政，但没有成就，也就不妄动。

学生：企业战略的占问结果，要以《讼》卦六三为断。此爻中的人物，不争而得安。老师，还请您为我们做个卦象解析。

老师：好的。占问结果以《讼》卦六三为断，得到的是《讼》之《姤》。从卦象看，《讼》卦卦象䷅，《姤》卦卦象䷫，两卦卦象结合起来看，乾为游，互离为麟凤，坎为西，这是麟凤西游之象；乾为生长，为山，为南，巽为芝兰香草，这是芝兰在南山坡生长之象；皆为悠然自得、安处之象。对于企业战略而言，能够自得安处，无忧无虑，就是一种成功。

学生：明白了。那我们继续看《讼》卦九四的爻辞。

䷅ 九四：不克讼，复即命渝，安贞，吉。

现代文注释：

九四，居人位的上者，有地位身份，他不能胜讼，是因为争讼无理，故回转心意，归向正理，改变自己，虽然丢了点面子，但其勇于改过的做法却得到赞许，从此安守正道，吉祥。

学生：企业战略的占问结果，要以《讼》卦九四为断。此爻中的人物能改过，结果怎样，还请老师为我们做个卦象解析。

老师：好的。占问结果以《讼》卦九四为断，得到的是《讼》之《涣》。从卦象看，《讼》卦卦象▦，《涣》卦卦象▦，两卦卦象结合起来看，坎为积蓄，乾为财富，为福，巽为交易，为进退，为得失，为转换，艮为贤人，为高贵，互震为德，为归，这是懂得进退、转换之道，积德而受福，用财富换取贤名，复归高贵之象。现实生活中的进退，会成为暂时说不清楚的得失转换，在失去中会有积德受福的回报。对于企业战略而言，这是好的结果，战略实施成功。

学生：明白了。那我们继续看《讼》卦九五的爻辞。

▦ 九五：讼，元吉。

现代文注释：

九五，阳刚居中正之位，能够决断争讼。九五，就是《象》辞中所说到的："利见大人，尚中正也，"的那位大人，他不是争讼之人，而是法官大人，他居位中正，断案无私、公正。其占为：大吉祥。

学生：企业战略的占问结果，要以《讼》卦九五为断。此爻中的人物是法官大人，相当于裁判，判断是与非、善与恶，如何联系我们占问的主题，还请老师为我们做个卦象解析。

老师：好的。占问结果以《讼》卦九五为断，得到的是《讼》之《未济》。从卦象看，《讼》卦卦象▦，《未济》卦卦象▦，两卦卦象结合起来看，震为德，为行，震阳陷坎中，乾为明，坎为恶，为蔽，为忧，离为辉光，离中虚为饥，这是德为恶所陷，德之辉光为恶所蔽，有饥寒忧患之象；半艮为门，坎为祸患，半艮连坎为祸门，巽为入，这是步入祸门之象；卦象不吉。对于企业战略而言，卦象信息，寓意有德行亏缺的影响，要检讨企业行为，看德行是否有失，荣光若被遮蔽，离饥寒就不远了，这也是步入祸门的寓意，未来有饥寒为患，有祸殃之忧，不要被爻辞"元吉"迷惑，法官元吉，企业家有祸殃。

学生：明白了。那我们继续看《讼》卦上九的爻辞。

☰☵ 上九：或锡之鞶带，终朝三褫之。

现代文注释：

上九，以阳刚居《讼》卦的终极之位，象征那种强势争讼到底的执拗之人，这种强讼不止的人，往往以其财力和夺人财产的经验，利用社会关系，行其社会豪强的作为，这种人最终没有好下场。即使因六三不争而胜讼，也不光彩；也许会得到奖赏，得到一条金腰带，即"或锡之鞶带"，寓意夺到别人的财产；但，上九的结局最终走向反面，上九所应的六三居中爻离中，离数为三，故上九出现被否定、一日之间三次被夺去金腰带的结局，即"终朝三褫之"，他显示荣耀的赏赐和夺到的财产都得而复失。这里寓意：冥冥中报应不爽，做恶之人最终受到天谴，其强讼夺得的财产终不能平安享用。

学生：企业战略的占问结果，要以《讼》卦上九为断。此爻中的人物是社会豪强，其结果怎样，还请老师为我们做个卦象解析。

老师：好的。占问结果以《讼》卦上九为断，得到的是《讼》之《困》。从卦象看，《讼》卦卦象☰☵，《困》卦卦象☱☵，两卦卦象结合起来看，兑为口，互巽为心，巽兑相背向，心与口相背，这是蜜口蛇蝎心之象；巽为绳，巽伏震为跳，为行，有绳拌脚，跳着走，故其行不远，兑伏艮为不宁，这是蜜口蛇蝎心的恶人其行不远，居不宁，恶报会很快到来之象。对于企业战略而言，巧取豪夺的恶行最为人所不齿，反过来对自身的伤害也最大；得此占，归于失败。

学生：明白。利用法律伤害别人，巧取豪夺，社会声誉最差，还会反过来伤害自己，没有好下场，为企业家所忌。《讼》卦六爻都讲完了，深受教益。

第七章　贲、困、既济、未济

在这一章里，解析《贲》、《困》、《既济》、《未济》四个卦。在这四个卦里面，《贲》、《既济》两卦，是紧跟在《明夷》卦之后的"阳息阴"的卦，下卦皆为离，卦序号皆为奇数，是《复》卦之后"阳息阴"一条路线上的卦。而《困》、《未济》两卦，是紧跟在《讼》卦之后"阴消阳"的卦，下卦皆为坎，卦序号皆为偶数，是《姤》卦之后"阴消阳"一条路线上的卦。

山火《贲》䷕（卦序号：21）

中国古代典籍中，首次出现"文明"这个词的地方，就是在《周易》六十四卦里的《贲》卦。故人们常把《贲》卦的卦义，理解为文饰人类的生活。

先看《贲》卦的卦辞，及现代文注释：

贲：亨。小利有攸往。

现代文注释：

贲，是卦名。《贲》卦，是亨通的，之所以亨通，是因为柔爻进入下卦的刚中，来文饰乾刚，这就是"柔来文刚"，是正向的饰，所得到的离卦，是以乾刚为质，以柔为文，本质刚强，又有举止的温和、文雅；其内，能致通达，得阳刚、通达、光明之道，故可得亨通。阳刚进入上卦文饰坤，这就是"刚来文柔"，是逆向的饰，所得到的艮卦是以坤柔为质，以刚为文，本质柔弱，仅有阳刚的外表，故，前往只有小利。

学生：张老师，我们看了您对《贲》卦卦辞的现代文注释后，第一次明白了《贲》卦是怎么回事，以前也看过其他版本的注释，都没能明白。

老师：很多书里都从变卦的角度阐释《贲》，但都把本卦说错了，理解为是从《损》卦而来，或是从《既济》卦而来，解释上就偏离了本义。实际上，《贲》是从《泰》卦而来，被饰的是《泰》下卦的乾刚，分出的刚爻上饰坤柔。

学生：明白了。那接下来我们来看孔子对《贲》卦说了什么。

孔子《易传·象》对《贲》卦的卦辞，是这样裁断的：

《象》曰：贲"亨"，柔来而文刚，故"亨"。分刚上而文柔，故"小利有攸往"。（刚柔交错），天文也。文明以止，人文也。观乎天文，以察时变；观乎人文，以化成天下。

现代文注释：

象辞说，贲，是亨通的卦。柔来文饰下卦的刚，本质仍刚强，故能亨通。乾刚分出一个刚爻文饰坤，成上卦艮，坤柔为质，本质柔弱，刚为文饰，是逆向的饰，故前往只有小利。刚柔交错，这是天文之象。下为文明，上为止，文明有其归属所向，故曰"文明以止"，这是人文之象。观天文，可以察觉时序的变化；而观人文，可以用教化改造和成就天下人。

学生：老师，孔子对《贲》卦的裁断准确吗？说到《贲》卦的时义了吗？

老师：孔子对《贲》卦的裁断准确。在时义上，孔子从天道说到人事，尽情发挥其思想家的学说。而准确的理解《贲》卦的时义，那就很简单。《贲》卦的时义，是文来饰刚。

学生：明白了。我们可以进入主题了，企业战略的占问结果，要以《贲》卦的卦辞为断，还请老师为我们做个卦象解析。

老师：好的。占问结果以《贲》卦的卦辞为断，分为两大类情况。第一类情况《贲》卦为本卦，六爻皆不变；第二类情况《贲》卦为之卦，本卦有三根爻变，变卦为《贲》卦。

学生：老师，您先讲第一类情况，《贲》卦为本卦，六爻皆不变。

老师：好的。第一类情况，从卦象看，《贲》卦卦象☲☶，离为凤凰，艮为居，为安，坤为政，震为仁德，为履，为施，为筑，为时，震数四，互坎为巢，为食，为饱，为和，卦象中有从春到冬的四时之象，这是筑巢引凤，凤凰来居，德施政和，四时安定之象。对于企业战略而言，卦象信息，是以仁德的感召吸引贤人前来加盟，形成一个良好的创业环境，事业成功。

学生：明白了。老师，您继续讲第二类情况，《贲》卦为之卦，本卦有三根爻变，变卦为《贲》卦。

老师：好的。我举几个例来具体解析。先看占问得到《屯》之《贲》。从卦象看，《屯》卦卦象☵☳，《贲》卦卦象☲☶，两卦卦象结合起来看，坎为难，为险，震为商旅，是不利商旅之象；艮为路，震为足，为行，坎为荆棘，这是道路荆棘刺足，难行之象。对于企业战略而言，是不利前行，战略实施失败。

再举一个例，占问得到《遁》之《贲》。从卦象看，《遁》卦的卦象☰☶，《贲》卦卦象☲☶，两卦卦象结合起来看，乾为父，为马，为老，巽为利市，艮为止，互震为往，互坎为难，这是马老不利行，利市难往之象。对于企业战略而言，是处在没落的阶段，有心无力，有志难为，战略实施失败。

学生：明白了。那接下来我们看孔子对《贲》卦的观象说了什么。

☲☶　孔子《易传·象》对《贲》卦的卦象特点，做了如下表述：

《象》曰：山下有火，贲。君子以明庶政，无敢折狱。

现代文注释：

　　《象》说，上卦艮为山，下卦离为火，故曰"山下有火"，大火烧山，这就是《贲》卦的卦象。君子观此象，思及大火烧山，草木皆尽，故以此为戒，明察各项政务细节，不敢掉以轻心，更不敢轻率裁决罪案，不敢以威猛断狱。

　　学生：老师，孔子的观象准确吗？与《贲》卦的时义吻合吗？

　　老师：孔子选择了一个重要的角度来表述，也很到位。《贲》卦的时义，是文来饰刚。同时，《贲》卦，也代表文明的起源，在帛书《易》中为《繁》卦，字面的意思是草木茂盛，卦义与卦象联系紧密。《贲》卦的上卦为山，下卦为火，是大火烧山之象，它指的是古代神农氏的"烈山"，也就是中国远古时代的农业文明的开端，神农为炎帝，"炎"即火，故神农也被称作"烈山"氏，用火烧山，中国的农业文明就是从这里开始的。

　　学生：明白了。整部周易就是中国的文明史啊！好，那我们接下来可以进入到《贲》卦的爻辞了。

䷕初九：贲其趾，舍车而徒。

现代文注释：

　　初九，居离之下位，故为趾，阳刚而得正，其与六二的半象为震，震为车，与六二的关系为"六二乘初九"，初九不得"乘"只能步行，故曰"舍车而徒"，初九徒步前行，往上卦应六四。

　　学生：企业战略的占问结果，要以《贲》卦初九为断。此爻中的人物以步为车，徒步前行，联系企业战略，还请老师为我们做个卦象解析。

　　老师：好的。占问结果以《贲》卦初九为断，得到的是《贲》之《艮》。从卦象看，《贲》卦卦象☲☶，《艮》卦卦象☶☶，两卦卦象结合起来看，艮为飞鸟，坎为巢，是飞鸟归巢之象；艮为家，坎为思，是思家之象；艮为路，震为足，为呼，正反震为徒步相迎，这是相互呼叫、相迎之象。对于企业战略而言，这是在外的人员与在家的团队配合，完成了战略实施；思家和归巢，是员工心系企业，视企业为家，徒步代表初创阶段的节约；得此占，事业可得成功。

学生：明白了。那我们继续看《贲》卦六二的爻辞。

☲☶ 六二：贲其须。

现代文注释：

六二，柔爻得正，就是体现文饰阳刚的柔爻，初九步行前往应六四，故六二转而为九三文饰，九三上无应，得六二之承，故接受六二的文饰；贲其须，即鬓；须为人的外表，附之于人，故"须"代表六二的"文饰"功用。

学生：企业战略的占问结果，要以《贲》卦六二为断。此爻中的人物就是文来饰刚的柔爻，联系我们的主题，还请老师为我们做个卦象解析。

老师：好的。占问结果以《贲》卦六二为断，得到的是《贲》之《大畜》。从卦象看，《贲》卦卦象☲☶，《大畜》卦卦象☶☰，两卦卦象结合起来看，乾为健，艮为止，这是健行而终止之象；离为日，艮为山，互坎为西，这是日落西山之象。对于企业战略而言，卦象信息里，健而止，是方向有问题，日落西山，是所做的产品几近于夕阳产业，发展走势趋向没落，此时对旧项目的包装、宣传和文饰，其功用都很有限，不能扭转局势，战略实施不会成功。

学生：明白了。那我们继续看《贲》卦九三的爻辞。

☲☶ 九三：贲如濡如，永贞吉。

现代文注释：

九三，居下卦离位之极，初九已徒步前往应六四，卦中唯有九三得到六二的文饰，得"贲"之专，有沉溺"贲"道的可能，故得到警示之语"永贞吉"的告诫；这是提醒九三，要惕防自己阳刚的气质被阴柔侵蚀，长此以往会失去阳刚之质，不要沉溺此道；对九三来说，永远坚持固守贞正，可得吉祥。

学生：企业战略的占问结果，要以《贲》卦九三为断。此爻中的人物是接受文饰的刚爻，其结果怎样，还请老师为我们做个卦象解析。

老师：好的。占问结果以《贲》卦九三为断，得到的是《贲》之《颐》。从卦象看，《贲》卦卦象 ䷕，《颐》卦卦象 ䷚，两卦卦象结合起来看，爻变导致中爻失坎得坤，坎中实，为饱，坤虚，为饥，震为年岁，这是年岁收成不好，民由饱食转为饥饿之象；震为功业，坤为虚，为无，为劳，艮为年终，这是终年劳苦无功之象。对于企业战略而言，得此占，劳苦无功，事业失败。

学生：明白了。那我们继续看《贲》卦六四的爻辞。

䷕ 六四：贲如皤如，白马翰如。匪寇，婚媾。

现代文注释：

六四，在上卦之位，《贲》卦的"贲"之道是以下卦离为主体，到了上卦就更强调朴素无华，重视实质。初九徒步而来，六四已见识了初九没有虚荣心，感觉到了志趣相投的精神追求，故不再迟疑，骑马前往迎接。起初，六四稍稍迟疑了一下，然后就正确判断不是敌寇，而是婚媾对象，是自己理想的追求者来了。于是，六四也没有文饰自己，素衣白马就去迎接初九了。

学生：企业战略的占问结果，要以《贲》卦六四为断。此爻的人物重视实质，无虚荣心，结果怎样，还请老师为我们做个卦象解析。

老师：好的。占问结果以《贲》卦六四为断，得到的是《贲》之《离》。从卦象看，《贲》卦卦象☲☶，《离》卦卦象☲☲，两卦卦象结合起来看，整体为三离一艮之象，艮为城，为居所，离为麟凤，为明珠，为智，中爻坎为暗，为危，这是麟凤类聚，明珠不投暗处，智者不居危城之象；离为日，震为年岁，艮为终，互坎为酒，震为庆，为歌舞，这是企业年终之时共聚庆祝，对酒当歌，喜庆成功之象。对于企业战略而言，明珠不投暗处，是贤者择主而随，提醒企业家要修德以自尊；智者不居危城，指企业退出风险大的项目，不在风险大的领域停留；年终之时的欢乐庆祝，明确战略实施已经成功。

学生：明白了。那我们继续看《贲》卦六五的爻辞。

☲☶ 六五：贲于丘园，束帛戋戋，吝，终吉。

现代文注释：

六五，上卦为艮体，艮为山，为丘园，这里的丘园指山野之地，并引申为居山野之地的贤人，丘园的贤人指的就是上九，居君王之位的六五只用了一束帛，作为招募贤人的礼金，虽然显得吝啬，但表达了心意，结果还是吉祥。

学生：企业战略的占问结果，要以《贲》卦六五为断。此爻中的人物是君王，君王尚贤，结果怎样，还请老师为我们做个卦象解析。

老师：好的。占问结果以《贲》卦六五为断，得到的是《贲》之《家人》。从卦象看，《贲》卦卦象☲☶，《家人》卦卦象☲☴，两卦卦象结合起来看，艮为堂，为贤人，巽为齐，为芝兰香草，震为乐，离为巢，为麟凤，这是贤人齐聚一堂，麟凤择巢而居，明主德如芝兰，香气沁人心脾，贤人乐从之象。对于企业战略而言，卦象信息，寓意明主得人心，得人心者得天下，企业有了最大的优势，就是人和；得此占，战略实施成功。

学生：明白了。那我们继续看《贲》卦上九的爻辞。

☲☶ 上九：白贲，无咎。

现代文注释：

上九，在六五爻里作为丘园的主人，也就是六五招贤的对象，此爻已是贲卦的极点，一切的装饰，都由极端又返回素白的本来面目。人类的装饰是礼法，当礼法达到极致时，就会恢复朴素，故曰"白贲"。上九领悟到装饰的本义，而回归质朴，故无咎害。正如孔子所说："丹漆不文，白玉不雕，宝珠不饰，质有余者不受饰也。"

学生：企业战略的占问结果，要以《贲》卦上九为断。此爻的人物是丘园的主人，与战略的联系，还请老师为我们做个卦象解析。

老师：好的。占问结果以《贲》卦上九为断，得到的是《贲》之《明夷》。从卦象看，《贲》卦卦象☲☶，《明夷》卦卦象☷☲，两卦卦象结合起来看，离为明珠，为巢，坤为暗，艮为君子，为山，互坎为险，震覆艮为山崩，这是明珠投在暗处，君子居于险地之象。对于企业战略而言，是说企业在黑暗中摸索，处险地，居所随时都会遭遇山崩的威胁；卦象信息，已经明示战略选择有误，企业处境黑暗，处险地。对于企业的发展，"饰"的功能有限，只能小用，决定大成功的是内在的质，决定成败的是战略；得此占，不会成功。

学生：明白了。战略决定成败，此爻的情况，企业要尽快创造条件离开险地，到达安全的地带，尽快找到可安居的发展领域。

泽水《困》☲☵（卦序号：22）

《困》卦，是专门讲"困穷"的一个卦。"困穷"，其意就是为某事物所困，这里的困，不是一天两天的困，而是很长一段时间的困，故能达到穷极的地步，在很长一段时间里无法解脱，故称为困穷。君子处于困穷，该如何处之，该如何应对，君子处困的态度，和济困之道，在卦中被认为同等重要。

先看《困》卦的卦辞，及现代文注释：

困：亨。贞，大人吉，无咎。有言不信。

现代文注释：

困，是卦名。《困》卦，象征处在困穷之中，而努力消解、拯济之，则必能亨通。坚守正道，君子、大人可得吉祥，不会有咎害。君子处于困穷之时，各种议论、流言蜚语都在贬损他，不要轻易相信那些议论。此时，少做辩解，别人也不会相信你的话。

学生：老师，卦辞中最难理解的就是最后一句的"有言不信"，如何准确的理解这句话呢？

老师：理解时，先要理解"有言"是指别人对你有言语的冒犯，有对你说三道四的言语。"不信"有两层意思，对于当事人，所持的态度就是不当真，不回应，也不让这些言语影响自己的心情，保持自己心境的平和；对于旁观者，不信就是持保留的态度，明白一个道理，就是世间对一个人的毁誉往往就是泼脏水，把虚假的说成真的，此时不要轻易相信。

学生：明白了。那我们接下来看孔子对《困》卦是怎么说的。

孔子《易传·象》对《困》卦的卦辞，是这样裁断的：

《象》曰：困，刚揜也。险以说，困而不失其所，亨，其唯君子乎？"贞，大人吉"，以刚中也。"有言不信"，尚口乃穷也。

现代文注释：

象辞说，困，上卦为阴，下卦为阳，且上下三根阳爻都被阴爻包围，呈现出阳刚被掩蔽之象。面临险境，而心情依然怡悦，如此处于困境而不失其自有亨通的境界，大概只有君子可以做得到吧！只有守持中正之道的大人，才能处困自通、变困为亨，占为大人吉，是因为阳刚坚守住了中道。身处困境，所说的话不会被人相信，此时若相信口舌之功用，依赖于争辩，只会在困境中走向穷途末路。

学生：老师，孔子对《困》卦卦辞的裁断准确吗？

老师：很准确。孔子自己就有过《困》卦时空的经历，他对《困》卦是亲身体会过的。

学生：明白了。我们可以进入主题了，企业战略的占问结果，要以《困》卦的卦辞为断，还请老师为我们做个卦象解析。

老师：好的。以《困》卦的卦辞为断，占问结果分为两大类情况。第一类情况《困》卦为本卦，六爻皆不变。第二类情况《困》卦为之卦，本卦有三根爻变，变卦为《困》卦。

学生：老师，您先讲第一类情况，《困》卦为本卦，六爻皆不变。

老师：好的。第一类情况，从卦象看，《困》卦卦象☱，下卦为坎，上为互大坎，坎为针刺，巽为茅蓐，这是茅蓐下有针刺不可卧睡之象。对于企业战略而言，茅蓐下有针刺，睡不安寝，是处在日子很难熬的状态；在《困》卦的时空，绝不是可以做到不理不顾的，你想倒头就睡也因有针刺而无法卧睡。

学生：明白了。老师，您继续讲第二类情况，《困》卦为之卦，本卦有三根爻变，变卦为《困》卦。

老师：好的。我举几个例来具体解析。先看占问结果得到《屯》之《困》。从卦象看，《屯》卦卦象☳，《困》卦卦象☱，两卦卦象结合起来看，爻变导致失震变坎，震为行，失震为不行，坎为困，这是困而不行之象；巽为利，震为功业，坎为困，为害，这是失利无功之象。对于企业战略而言，卦象信息，是困而不行，失利无功；得此占，事业失败。

再举一个例，占问结果得到《晋》之《困》。从卦象看，《晋》卦卦象 ䷢，《困》卦卦象 ䷮，两卦卦象结合起来看，离为日，兑为月，这是日月在运行之象，寓意时间在流逝；艮为高岸，坎为低谷，这是高岸变为低谷，世事变迁之象；寓意高贵会变为低贱。对于企业战略而言，随时间的流逝，高岸变为低谷，高贵变为低贱，这意味着战略方向有错误，战略实施不会成功。

学生：明白了。那接下来我们看孔子对《困》卦的观象说了什么。

䷮ 孔子《易传·象》对《困》卦的卦象特点，做了如下表述：

《象》曰：泽无水，困。君子以致命遂志。

现代文注释：

《象》说，上卦兑为泽，下卦坎为水，泽水下流，故曰"泽无水"，这就是《困》卦的卦象。君子观此卦象，得到济困的启示，穷且益坚，毫不懈怠，舍命以追求其志向。

学生：老师，孔子的观象准确吗？说到《困》卦的时义了吗？

老师：孔子的观象准确，也说到了时义。《困》卦的时义，是君子处于困穷，果断行动才能得吉。也就是孔子说的"致命遂志"，孔子一辈子都在实践他自己说的这句话，舍命以追求其志向，直至生命的结束。孔子自己就是君子的榜样，既有潜龙之德，又能为了志向始终在努力。

学生：明白了。那我们接下来可以进入《困》卦的爻辞了。

䷮ **初六：臀困于株木，入于幽谷，三岁不觌。**

现代文注释：

初六，阴爻处下，且位失中正，困且不能自济，境况很不好。"臀困"是坐而不行动，在"困"中坐以待毙的意思。"株木"是没有叶子的树木，暗喻初六已无躲风避雨之所。初六在坎的最深处，坎伏离，离数为三，如同在幽暗的山谷里三年见不到人，故曰"入于幽谷，三岁不觌"，喻初六在困境中难以脱身。

学生：企业战略的占问结果，要以《困》卦初六为断。此爻中的人物处境很难，结果会怎样，还请老师为我们做个卦象解析。

老师：好的。占问结果以《困》卦初六为断，得到的是《困》之《兑》。从卦象看，《困》卦卦象☵，《兑》卦卦象☱，两卦卦象结合起来看，坎为危，为困，兑为呼，三兑为三次呼救，是危境中多次呼救而无应之象；巽为谷，为进退，正覆巽为进退维谷。对于企业战略而言，卦象信息，寓意处在长期的困穷，无法解脱，并处于无助的状态；得此占，归于失败。

学生：明白了。那我们继续看《困》卦九二的爻辞。

☵ **九二：困于酒食，朱绂方来，利用亨祀；征凶，无咎。**

现代文注释：

九二，刚居阴位不正，没有精神振作的对待困境，而是意志消沉，借酒浇愁，在酒食中打发日子，故曰"困于酒食"。"朱绂"，隐喻荣禄富贵，是祭祀大礼时穿的有朱色饰带的高贵祭服，刚刚送到。通神明的亨祀，九二可利用"朱绂"显示身份，完全可以借此机会得到九五的重视，重新得到优厚的俸禄，这还要看他参加亨祀时有没有带上友善、至诚的心。"征"，在这里的意思是"对抗"，特指九二与九五的对抗；九二若与九五对抗，则有凶险。带上友善、至诚的心，与九五沟通，则无咎。

学生：企业战略的占问结果，要以《困》卦九二为断。此爻中的人物有机会，结果如何，还请老师为我们做个卦象解析。

老师：好的。占问结果以《困》卦九二为断，得到的是《困》之《萃》。从卦象看，《困》卦卦象☷☱，《萃》卦卦象☷☱，两卦卦象结合起来看，兑为雨，互巽为风，坤为年岁，巽伏震为居而不出，坎为荆棘，艮为山路，坎艮合象为塞，这是年岁风雨飘摇，行路多荆棘，处塞难之象；大坎为灾，坤为亡，艮为虎狼，兑为毁折，为虎狼之口，这是虎狼为邻之象。对于企业战略而言，此占的情况，遇到机会或是碰上某种际遇，要持有平静的心态，靠近自己的比邻也许是善邻，也许是虎狼，各种际遇都带着不测之灾；际遇也许会让你得到贵人的相助，也许会让你落入虎狼之口，为虎狼所噬；得此占，归于失败。

学生：明白了。那我们继续看《困》卦六三的爻辞。

☱☷ 六三：困于石，据于蒺藜；入于其宫，不见其妻，凶。

现代文注释：

六三，紧靠三、四、五的互巽之象，巽为石，六三又居坎之上，坎为蒺藜，故爻辞出现"困于石，据于蒺藜"，巽为入，坎为宫，故"入于其宫"，巽为妻，巽在坎之外，即其妻在宫外，故曰"入于其宫，不见其妻"，《困》卦的卦象，在六三爻很不吉祥，很凶险。

学生：企业战略的占问结果，要以《困》卦六三为断。此爻的爻辞很凶险，结果怎样，还请老师为我们做个卦象解析。

老师：好的。占问结果以《困》卦六三为断，得到的是《困》之《大过》。从卦象看，《困》卦卦象☷☱，《大过》卦卦象☱☴，两卦卦象结合起来看，坎为灾患，兑为毁折，互乾为人，为老，伏坤为死，大坎为棺椁，这是困穷的老人油尽灯灭，寿终正寝之象；巽伏震，震为进，伏震为退，兑伏艮，艮为路，艮伏为无路，这是无路可退之象。对于企业战略而言，卦象信息，是企业已无法继续经营，应该考虑退出；得此占，归于失败。

学生：明白了。那我们继续看《困》卦九四的爻辞。

☱☵ **九四：来徐徐，困于金车，吝，有终。**

现代文注释：

九四，与初六有应，故前来应初六，但为坎所阻，故"来徐徐"；九四，往下到九二，为离之象，离为太阳，金车之象，困于离，故"困于金车"；有遗憾；但与满载辎重的金车一起前来，终会有好的结果。

学生：企业战略的占问结果，要以《困》卦九四为断。此爻的爻辞不明确，吉凶难断，还请老师给我们做个卦象解析。

老师：好的。占问结果以《困》卦九四为断，得到的是《困》之《坎》。从卦象看，《困》卦卦象☱☵，《坎》卦卦象☵☵，两卦卦象结合起来看，兑为海，坎为水流，这是水流归海之象；坎为冬，居上为走向寒冬；卦中阳为阴包围，是君子无作为之象。对于企业战略而言，水流归海寓意市场走势不可改变，且是走向寒冬，阳为阴掩，君子无作为，不能成事，战略实施不会成功。

学生：明白了。那我们继续看《困》卦九五的爻辞。

☵☱ **九五：劓刖，困于赤绂；乃徐有说，利用祭祀。**

现代文注释：

九五，位居中得正，在困境中慢慢摆脱绝不是问题，但暗伏的危机令人不安。"劓刖"即为"伏"象的象征，上卦的伏象是艮，艮为鼻，三、四、五爻的伏象是震，震为脚，伏象看不到，寓意看不到鼻和脚，象征"劓刖"，这是暗伏的危机，令人不安。"赤绂"，祭祀大礼时穿的有朱色饰带的高贵祭服，九二至九五的互体象为上巽下离，巽为饰带，离为赤色，九二至九五为"赤绂"之象，九五困于此地，故曰"困于赤绂"，这样也刚好利于祭祀的机会和无应的九二沟通，慢慢商量摆脱困境的办法，慢慢就有了愉悦心情，故曰"乃徐有说"。

学生：企业战略的占问结果，要以《困》卦九五为断。此爻暗伏危机，结果怎样，还请老师为我们做个卦象解析。

老师：好的。占问结果以《困》卦九五为断，得到的是《困》之《解》。从卦象看，《困》卦卦象 ☱☵，《解》卦卦象 ☳☵，两卦卦象结合起来看，坎为水患，兑为祸害，为湖海，震为舟船，这是水患严重，汪洋一片，陆地变为湖海，舟船行于水上之象；坎为民，互离中虚为饥，这是水灾后有饥荒之象。对于企业战略而言，大洪水象征经营环境中出现的灾患，舟船行于水上象征平安，可以慢慢等待大水退去；而灾后的饥荒就是暗伏的危机；得此占，归于失败。

学生：明白了。那我们继续看《困》卦上六的爻辞。

☱☵ 上六：困于葛藟，于臲卼；曰动悔有悔，征吉。

现代文注释：

上六，位于《困》卦的极致上位，困的事理也达到极致，各种行动都没有达到济困、脱困的效果，故有"动悔"的深刻体会，从六三至上六，其象为正反巽，巽为葛藟，上六被葛藟所缠绕，不动则继续被缠，动则有动而无功的感觉，即动就有"动悔"的感受，此时的环境和心情，都处于危厉不安的极致状态，"臲卼"的意思就是不安。上六处兑之口部，故有自言自语之状，自语道："动悔有悔啊！"既有悔，就有新的感悟，感悟出新的出路，这个出路就是再次行动，果断的斩断葛藟，解脱缠绕之困，再次行动，得吉。

学生：企业战略的占问结果，要以《困》卦上六为断。此爻是《困》卦唯一有吉的爻，结果怎样，还请老师为我们做个卦象解析。

老师：好的。占问结果以《困》卦上六为断，得到的是《困》之《讼》。从卦象看，《困》卦卦象 ☱☵，《讼》卦卦象 ☰☵，两卦卦象结合起来看，兑为暗昧，互离为明智，乾为光明，为果决，为行动，互巽为绳，为缚，坎为破，这是明智战胜暗昧，果决行动，破开绳缚之象。对于企业战略而言，也有暗昧、无形的绳缚，果决的行动，破开了那些无形的绳缚，光明得以普照，战略实施顺利进行，企业终得以健康发展；得此占，战略实施成功。

学生：明白了。企业处于困穷，只有果断行动才能得吉。《困》卦的精神，是心志永不为所困。从《困》卦的六根爻来看，直到上六才得到"吉"的判辞，而"吉"之前是"征"，代表的是行动，故曰"征吉"。企业在困穷的时候，只要领导人的心志不为所困，不失去信念和斗志，不消沉、颓废，最终都有走出困境的一天。要果断行动，获得"征吉"。

水火《既济》䷾（卦序号：23）

"既"，终了，完成也。"济"古文同霁，雨雪停止，天放晴也。因此，此卦也有象征"情况好转"之意。在卦中，济为渡河。故，按卦名，《既济》被赋予"完成渡河"的"时义"。

《周易》六十四卦中，只有《既济》卦是六爻都得"正"，也就是阳爻的位都为奇数，阴爻的位都为偶数。看来此卦爻位的状态是最佳的，但实际上并没有那么简单，《既济》卦的卦辞，最后一句是"初吉终乱"。

先看《既济》卦的卦辞，及现代文注释：

既济：亨小，利贞，初吉终乱。

现代文注释：

既济，是卦名。《既济》卦，亨通。既济，是对于小成阶段的"既济"，其亨通可达于下卦的小成，故曰"亨小"，它在初始的阶段是吉祥的，会得到成功。利于守持贞正，守持贞正可防止走向反面，若不能慎终如始，革新进取，那事情继续延续进行，则最终结局要生出乱象，故曰"初吉终乱"。

学生：老师，《既济》卦这样的时空，代表的是短暂的成功吗？

老师：这要看你怎样理解短暂，对于历史上的时间阶段，几十年也是短暂的。六十四卦里有《既济》这样的时空，代表了有这么一类情况，时空的前半段顺利成功，后半段出现问题。《既济》这样的时空，是很常见的。

学生：联系到企业发展的时空，那些创业阶段顺利完成"第一桶金"的企业，有一大半都在后面的阶段衰败了，应该就是《既济》吧。

老师：可以这样理解。好，我们来看孔子对《既济》卦是怎么说的。

孔子《易传·象》对《既济》卦的卦辞，是这样裁断的：

《象》曰：既济"亨"，小者亨也。"利贞"，刚柔正而位当也。初吉，柔得中也。"终"止则"乱"，其道穷也。

现代文注释：

象辞说，《既济》卦，六二、九五皆为正中，且为正应，故亨通，其亨通可达小成的下卦。阴阳爻都呈现刚柔各得其正的状态，利固守贞正。初吉，是因为六二柔且得中位。到终了阶段，停止革新进取，出现乱象，其道困穷。

学生：老师，孔子对《既济》卦卦辞的裁断准确吗？

老师：孔子的裁断准确，在孔子所处的时代，周王朝同样出现了乱象，生活在那样的时代，很容易理解《既济》卦。

学生：明白了。我们就进入主题吧，企业战略的占问结果，要以《既济》卦的卦辞为断，还请老师为我们做个卦象解析。

老师：好的。占问结果以《既济》卦卦辞为断，分为两大类情况。第一类情况《既济》为本卦，六爻皆不变。第二类情况《既济》为之卦，本卦有三根爻变，变卦为《既济》卦。

学生：老师，您就先讲第一类情况，《既济》卦为本卦，六爻皆不变。

老师：好的。第一类情况，从卦象看，《既济》卦卦象䷾，三个半震重叠，震为前行，半震为行程走一半，震阳走到上卦，遇坎，坎为阳之陷，与卦辞相合，这是其行不远，遇陷之象。对于企业战略而言，阳之陷的最后阶段代表失败，就是孔子在象辞里说的"其道穷也"，但要明确的是，得此占，已得到了初始阶段的小成，故，归于成功。

学生：明白了。老师，您继续讲第二类情况，《既济》卦为之卦，本卦三根爻变，变卦为《既济》卦。

老师：好的。我举几个例来具体解析，先看占问得到《大壮》之《既济》。

从卦象看，《大壮》卦卦象 ䷡，《既济》卦卦象 ䷾，两卦卦象结合起来看，震为功业，兑为毁折，兑覆巽，巽为利，覆巽为利失，这是功业毁折，利失之象。对于企业战略而言，卦象信息，已明确战略实施失败。

再举一个例，占问结果得到《颐》之《既济》。从卦象看，《颐》卦卦象 ䷚，《既济》卦卦象 ䷾，两卦卦象结合起来看，大离有初阳元吉之象，元吉有从始到终之吉的意思，还含有震阳为首领之意；震为君，为禄福，互坤为国，为民，离为光明，坎中实，为得，这是民赖国君之明而得禄福之象。对于企业战略而言，卦象信息，是领导有德，员工得禄福，事业成功。

学生：明白了。那接下来我们看孔子对《既济》卦的观象说了什么。

䷾　孔子《易传·象》对《既济》卦的卦象特点，做了如下表述：

《象》曰：水在火上，既济。君子以思患而豫防之。

现代文注释：

《象》说，上卦坎为水，下卦离为火，故曰"水在火上"，这就是《既济》卦的卦象。君子观此卦象，感悟其中的道理，对于任何事情，都要防范未然，水在火上，可以煮熟东西，象征"既济"，但火又会蔓延成火灾，故要像对待火灾的防范一样，准备好灭火的水源。

学生：老师，孔子对《既济》的观象准确吗？说到《既济》的时义了吗？

老师：孔子对《既济》卦的观象准确，也说到了《既济》卦的时义，就是在时义的表述上显得有点不到位。《既济》卦的时义，是事情得以完成，小成阶段已经成功，但存在守成难的问题，守成阶段出现乱象。故，要解决"初吉终乱"，防止成功转向失败。

学生：明白了。那接下来我们可以进入到《既济》卦的爻辞了。

☲☵ 初九：曳其轮，濡其尾，无咎。

现代文注释：

初九，半象扩象为震，震为车船，渡河时，车船到达彼岸而获成功，但陷入岸边的泥中，需要艰苦的拖拽车船的前后轮让它上岸。小狐过河，到达彼岸，但是打湿了尾巴，没有咎害。隐喻：初战告捷，但付出了代价。

学生：企业战略的占问结果，要以《既济》卦初九为断。此爻为初战告捷，联系我们的主题，还请老师为我们做个卦象解析。

老师：好的。占问结果以《既济》卦初九为断，得到的是《既济》之《蹇》。从卦象看，《既济》卦卦象☲☵，《蹇》卦卦象☵☶，两卦卦象结合起来看，离为凤凰，艮为飞，为居，为安，覆震为回，坎为巢，这是凤凰回巢，安居之象；半震之象重叠，震为喜，为德，为福，故，整体为有福无忧之象。对于企业战略而言，凤凰回巢是高端人才回流，有福无忧，战略实施成功。

学生：明白了。那我们继续看《既济》卦六二的爻辞。

☲☵ 六二：妇丧其茀，勿逐，七日得。

现代文注释：

六二，阴爻居中，有柔中之德，阴爻故称妇人；妇人丢了车幔，不能出行，不要去寻找，七日后有人归还。在小成之后，出现问题，而六二不能前往，只能忍耐。隐喻成功的初始要无为而治，用耐心和守持中道来维持局势的稳定。

学生：企业战略的占问结果，要以《既济》卦六二为断。此爻讲无为之道，对战略的影响是怎样的，还请老师为我们做个卦象解析。

老师：好的。占问结果以《既济》卦六二为断，得到的是《既济》之《需》。从卦象看，《既济》卦卦象☲☵，《需》卦卦象☵☰，两卦卦象结合起来看，坎为暗，离为明，为明珠，乾为天，为龙，兑为口，为衔，这是天空有龙口衔明珠，光照四方之象；乾为岁，互兑为食，为悦，震为喜，坎为饱，这是岁食无忧之象。对于企业战略而言，天龙衔明珠之象，是得天时的吉兆；岁食无忧，寓意已获得经济效益，企业已无资金困难；得此占，战略实施成功。

　　学生：明白了。那我们继续看《既济》卦九三的爻辞。

☵ 九三：高宗伐鬼方，三年克之；小人勿用。

现代文注释：

　　九三，三四爻为半震，震为帝，为征伐，故曰"高宗伐鬼方"，九三中爻坎伏离，离数为三，故曰"三年克之"。高宗武丁在国事衰微之时，平定内忧外患，中兴成果来之不易，小人始终是走向衰败的隐患，警之"小人勿用"。

　　学生：企业战略的占问结果，要以《既济》卦九三为断。此爻中的高宗出征，处在中兴阶段，还请老师为我们做个卦象解析。

　　老师：好的。占问结果以《既济》卦九三为断，得到的是《既济》之《屯》。从卦象看，《既济》卦卦象☵，《屯》卦卦象☵，两卦卦象结合起来看，爻变，中爻失坎变坤，坎中实为饱，坤中虚为饥，是由饱转饥，遭遇饥荒之象；震为粮，坤为虚，为国，艮为仓庾，这是国中无粮，仓庾空虚之象。对于企业战略而言，卦象信息，是出现财政虚空，走向没落；得此占，会有失败。

　　学生：明白了。那我们继续看《既济》卦六四的爻辞。

☵ 六四：繻有衣袽，终日戒。

现代文注释：

　　六四，爻位四多惧，"繻"，为彩色的帛，就是华丽的衣服，"袽"，为败絮，就是破旧的衣裳，"繻有"，是说"有好的衣服"，"衣袽"，是说"穿着破旧的衣裳"，有好衣服却穿着破旧的衣裳，这是说六四整日戒备灾祸的发生，不敢有丝毫的放松；六四其下为离象，离为日，六四居离之上象征"终日"，寓意保持终日的戒心，守正而不懈怠。

学生：企业战略的占问结果，要以《既济》卦六四为断。此爻六四终日戒备，不敢放松，结果如何，还请老师为我们做个卦象解析。

老师：好的。占问结果以《既济》卦六四为断，得到的是《既济》之《革》。从卦象看，《既济》卦卦象☲☵，《革》卦卦象☱☲，两卦卦象结合起来看，中爻离变乾，离为光明，乾为富实，这是乾阳回居离中，先光明后富足之象；互巽为命，乾为天，兑为虎，爻变得兑，为虎变之象，虎变为大人得尊之象，这是天命变革，大人显见而得其尊之象。对于企业战略而言，卦象信息，含天道在其中，先光明而后富足，不就是天道吗？此爻的主人，守其正，而不懈怠，在天命变革发生之时，不惊慌失措，知天命，并做好了准备；企业战略，是未来的视野，在此爻中得到体现；得此占，事业成功。

学生：明白了。那我们继续看《既济》卦九五的爻辞。

☵☲九五：东邻杀牛，不如西邻之禴祭，实受其福。

现代文注释：

九五，其上的半象为兑，兑为祭祀，为斧，中爻离象，离为东邻，为牛，故曰"东邻杀牛"，这是盛大的亨祭；九五与六二有应，六二中爻为坎，坎为西邻，昔日中兴，六二禴祭也能得其福，故曰"不如西邻之禴祭，实受其富"。

学生：企业战略的占问结果，要以《既济》卦九五为断。此爻已透出衰败的气息，结果怎样，还请老师为我们做个卦象解析。

老师：好的。占问结果以《既济》卦九五为断，得到《既济》之《明夷》。从卦象看，《既济》卦卦象☲☵，《明夷》卦卦象☷☲，两卦卦象结合起来看，坤为鱼，离为网，震为食，为饵，坎为钩，坎震相连，为布下很多带饵的钩，网和钩已经布下，鱼儿怎能逃脱？对于企业战略而言，四周布满带饵的钩和网，而只见其饵，不见其钩，这是死亡陷阱之象。对于企业战略而言，能看到的危险并不可怕，看不到的危险才最可怕；此爻，东邻看不到自己的危险，才走向衰败，饵对于东邻来说是当下的享受，对于企业家来说，指当下的机会；机会的信息往往带有假象，引诱你走进死亡陷阱；得此占，会有失败。

学生：明白了。那我们继续看《既济》卦上六的爻辞。

䷾ 上六：濡其首，厉。

现代文注释：

上六，小狐过河，头湿了，水淹过头，形势危险。（终局的乱象出现了。）

学生：企业战略的占问结果，要以《既济》卦上六为断。此爻出现终局的乱象，结果怎样，还请老师为我们做个卦象解析。

老师：好的。占问结果以《既济》卦上六为断，得到《既济》之《家人》。从卦象看，《既济》卦卦象䷾，《家人》卦卦象䷤，两卦卦象结合起来看，巽为陨落，为颠覆，为倾，坎为心，为忧惧，这是危险出现，心中有遭灭顶之灾的忧惧之象；巽为山谷，为伏，离为戈兵，坎为弓矢，这是山谷藏兵，剑拔弩张之象；卦象有厉，是危机四伏的危厉之象。对于企业战略而言，卦象信息，危厉已显见，企业家可据此决定进退；得此占，会有失败。

学生：明白了。《既济》的六爻都已讲完，从六爻的爻辞看，下卦的第三爻是在说商朝最后一次中兴的高宗（殷王武丁），中兴取得成果；到了上卦，最终要进入商纣王时代的衰世，故"乱象"难以避免。君子占到《既济》卦，应以史为鉴，以殷商的结局为鉴，心存警觉。

火水《未济》䷿（卦序号：24）

"未"，是"还没"的意思，"未济"，还没有成功渡河。《未济》卦，与《既济》卦是一对"错"卦，六爻皆变，卦义也就完全相反。六爻皆变后，六爻皆不正，但"易"道却不是那么简单，六爻皆不正，不代表最不好，《未济》卦，被寓意：未济终于必济。卦中的九二、六五皆得"吉"。

先看《未济》卦的卦辞，及现代文注释：

未济：亨。小狐汔济，濡其尾，无攸利。

现代文注释：

未济，是卦名。《未济》卦，象征事未成，而不是"事不能成"，未来还是充满希望，有待于发展。其终未止，其道不穷。上卦中位的六五，得下卦九二之应，因而亨通。在卦中，有三个半艮之象，艮为狐，半艮矮小，为小狐；小狐渡河，在几乎要成功之时，被水沾湿了尾巴，没有成功，无所利益。

学生：老师，《未济》卦以柔爻居上卦之中位，卦辞中的"亨"也指六五，其寓意为何呢？

老师：在《未济》卦中，有一个很重要的道理，就是君臣的配合，以及臣道；在卦中指的是九二与六五的配合，九二为臣，六五为君。《未济》是事业未成，需依赖有才干的大臣；历史故事里，唐朝的安史之乱就处于这样的时空，那时的大将军郭子仪力挽危局，就如卦中的九二，郭子仪对皇帝能做到极其恭顺，就是得其正而守其臣道，最终才能保其终吉；那时的皇帝就是六五，是柔弱的君王，需依赖九二前来相助。

学生：明白了。那我们来看孔子对《未济》卦的卦辞说了什么。

孔子《易传·彖》对《未济》卦的卦辞，是这样裁断的：

《彖》曰：未济"亨"，柔得中也。"小狐汔济"，未出中也。"濡其尾，无攸利"，不续终也。虽不当位，刚柔应也。

现代文注释：

彖辞说，事未成，而至亨通，是因为六五爻"柔得中"，阴柔居阳位得中，刚柔并济，守持中道，最终必济，故"亨"。"未出中"，指九二尚未出坎中，坎中即为"险中"，小狐尚未出"险中"，故渡河几乎要成功之时，沾湿了尾巴而无所利益，功败垂成，不能持续进行到终点。本卦虽然六爻都不当位，但刚柔皆有应。六爻皆应，代表了上下有助，"未济"最终得以"必济"。

学生：老师，孔子对《未济》卦卦辞的裁断准确吗？

老师：孔子对《未济》卦卦辞的裁断准确。孔子很重视《未济》卦，把它放在卦序的最后一个卦，在未济之后又回到乾坤两卦，故，孔子在对比《既济》卦的裁断之后，再做出对《未济》卦卦辞的裁断，很准确。

学生：我们可以回到主题了。企业战略的占问结果，要以《未济》卦的卦辞为断，还请老师为我们做个卦象解析。

老师：好的。以《未济》卦卦辞为断，占问结果分为两大类情况。第一类情况《未济》为本卦，六爻皆不变。第二类情况《未济》为之卦，本卦有三根爻变，变卦为《未济》卦。

学生：老师，您先讲第一类情况，《未济》卦为本卦，六爻皆不变。

老师：好的。第一类情况，从卦象看，《未济》卦卦象☲☵，坎为心愿，为酒，为肉，艮为求，为拜，这是备好酒肉祭祀祷告，求神实现其心愿之象；坎下离上，是先处于坎险，后到达光明之象；三艮重叠，艮为止，为阻，为待，为时，这是还不能实现所求愿望，尚需等待时机之象。对于企业战略而言，卦象信息，明确当下还处在坎险中，战略实施受阻，事情不能成功。

学生：明白了。老师，您继续讲第二类情况，《未济》为之卦，本卦有三根爻变，变卦为《未济》卦。

老师：好的。我举几个例来具体解析，先看占问结果得到《震》之《未济》。从卦象看，《震》卦卦象䷲，《未济》卦卦象䷿，两卦卦象结合起来看，离为日，坎为云，日出坎上，为密云不雨之象；震为车，为行，艮为止，为止而不行，三个半艮重叠，是止而又止，这是时机尚未到来，止而不行之象。对于企业战略而言，卦象信息，寓意战略的实施会停止，无法前行，原因会是多方面的，但其结果就是不能成功。

再举一个例，占问结果得到《大过》之《未济》。从卦象看，《大过》卦卦象䷛，《未济》卦卦象䷿，两卦卦象结合起来看，兑为雨露，巽为松柏，这是雨露滋润松柏之象；互乾为德，为福，大坎为感，兑为恩泽，这是感受福德恩泽之象；半艮为安，半艮重叠，是长久安定之象。对于企业战略而言，卦象信息，松柏代表企业，得雨露滋润而长青，象征企业的长青，感受福德恩泽，是企业已经得到了福泽，企业因德而得福，得到长久的安定，事业成功。

学生：明白了。那接下来我们看孔子对《未济》卦的观象说了什么。

䷿ 孔子《易传·象》对《未济》卦的卦象特点，做了如下表述：

《象》曰：火在水上，未济。君子以慎辨物居方。

现代文注释：

《象》说，上卦离为火，下卦坎为水，故曰"火在水上"，这就是《未济》卦的卦象。火炎上，水润下，阴阳不相交、未能济物，故"未济"。君子观此卦象，理解其道理，故在未济之时，就必须以审慎的态度分辨万事万物的特点及其合理的居位，使之各得其所，以促使"未济"转变为"既济"。

学生：老师，孔子对《未济》卦的观象准确吗？说到《未济》的时义了吗？

老师：孔子对《未济》卦的观象准确，也说到了时义。孔子从另一个角度观察，对时义的表述也就不同。《未济》卦的时义，是经验不足，事情未成。

学生：明白了。那接下来我们可以进入到《未济》卦的爻辞了。

☲☵ 初六：濡其尾，吝。

现代文注释：

初六，柔爻尚弱小，过于勉强做事，就会失败，就像小狐过河把尾巴打湿了，未能成功，有遗憾。

学生：企业战略的占问结果，要以《未济》卦初六为断。此爻的小狐，过河失败，联系我们的主题，还请老师为我们做个卦象解析。

老师：好的。占问结果以《未济》卦初六为断，得到的是《未济》之《睽》。从卦象看，《未济》卦卦象☲☵，《睽》卦卦象☲☱，两卦卦象结合起来看，兑为干戈，为戎争，离为戈兵，为祸乱，坎为忧，为困，这是忧患在，戎争起，终有祸之象。对于企业战略而言，戎争起，意味着市场的洗牌开始，没有实力应对就会被淘汰；得此占，会有失败。

学生：明白了。那我们继续看《未济》卦九二的爻辞。

☲☵ 九二：曳其轮，贞吉。

现代文注释：

九二，阳刚守下卦之中，中自有正，正自在于中道，拖曳车的后轮使之缓行，同心共济事业，谨慎行事，守中道以行正，吉祥。

学生：企业战略的占问结果，要以《未济》九二为断。联系我们的主题，还请老师为我们做个卦象解析。

老师：好的。占问结果以《未济》卦九二为断，得到的是《未济》之《晋》。从卦象看，《未济》卦卦象☲☵，《晋》卦卦象☲☷，两卦卦象结合起来看，离为干旱，互艮覆震，震为粮，覆震为无粮，这是旱灾无收之象；爻变，下卦失坎得坤，坎中实，为饱，坤虚，为饥，饱转饥，是饥荒之象；艮象重叠，为止，为居，为休，这是止而休居之象。对于企业战略而言，得此占，不会成功。

学生：明白了。那我们继续看《未济》卦六三的爻辞。

☷☵ 六三：未济，征凶，（不）利涉大川。

现代文注释：

六三，人位之下者，阴爻不得位，不居中，是能力差又未得到如何处"未济"中正之道的下层人士，事未成，自身主观条件欠缺，前进有风险。中爻亦为坎，六三居两坎之中，动则凶。经文疑有缺字，"利涉大川"缺"不"字。

学生：企业战略的占问结果，要以《未济》卦六三为断。此爻为凶，联系我们的主题，还请老师为我们做个卦象解析。

老师：好的。占问结果以《未济》卦六三为断，得到的是《未济》之《鼎》。从卦象看，《未济》卦卦象☲☵，《鼎》卦卦象☲☴，两卦卦象结合起来看，离为旱，为渴，为饥，艮为求，为愿望，坎为水，为泉，兑为雨，为溪流，巽为禾麦，乾为生长，为长安，这是旱灾得解，禾麦正常生长，所求愿望实现，饥渴不再之象。对于企业战略而言，卦象信息，是灾患得以解除，所求愿望实现，企业进入长安的状态；得此占，事业成功。

学生：明白了。那我们继续看《未济》卦九四的爻辞。

☲☵ 九四：贞吉，悔亡。震用伐鬼方，三年有赏于大国。

现代文注释：

九四，阳刚居柔位，先有悔，四为人位之上者，说的是西岐君臣，尚为殷商的臣子，刚居柔，即为"明者居暗处"，韬晦其道，守持正道，吉祥，后悔消失。九四、六五半象为震，震为威武，故曰"震用"，出兵跟随殷商讨伐鬼方，得胜后得其赏赐，九四中爻为坎，坎伏离，离数为三，故曰"三年有赏于大国"。

学生：企业战略的占问结果，要以《未济》卦九四为断。此爻难懂，联系我们的主题，还请老师为我们做个卦象解析。

老师：好的。占问结果以《未济》卦九四为断，得到的是《未济》之《蒙》。从卦象看，《未济》卦卦象☳，《蒙》卦卦象☶，两卦卦象结合起来看，震为粮，坤为虚，坎为忧，这是无粮而忧之象；离为戈兵，离数三，震为征，艮为果，为得，这是三年出征，有所得之象，与爻辞相合；艮坤同为门，坤为穷，为鬼，震为进，为福，这是穷鬼把门，福难进门之象。对于企业战略而言，无粮，意味着资金困难；出征，是开展对外配合的业务，维持生计；穷鬼把门，福难进门，寓意得不到机会；得此占，不会成功。

学生：明白了。那我们继续看《未济》卦六五的爻辞。

☵ **六五：贞吉，无悔。君子之光，有孚，吉。**

现代文注释：

六五，守持中道，中自有正，吉祥，没有后悔。六五居离象之中，君子之德如太阳的光明，有信；六五就是周文王，此时已离开坎险，进入了光明；故上下刚爻齐心来相助济险，九二也前来相应，六五协众爻共济出险，对于整体而言这就是可济的机会，亦是有孚的应与，占为吉。

学生：企业战略的占问结果，要以《未济》卦六五为断。此爻的爻辞吉，结果怎样，还请老师为我们做个卦象解析。

老师：好的。占问结果以《未济》卦六五为断，得到的是《未济》之《讼》。从卦象看，《未济》卦卦象☲，《讼》卦卦象☲，两卦卦象结合起来看，离为麟凤，艮为安，为堂，为贤人，坎为信，震为乐，为功业，乾为圣君，为禄福，为德惠，为富实，这是圣君进入明堂，与贤臣会聚，惠民以信，喜乐与禄福齐至，得富实和安定之象。对于企业战略而言，上下同心同德，带来的就是富实和安定，人和的优势，会带来丰厚的收益；得此占，事业成功。

学生：明白了。那我们继续看《未济》卦上九的爻辞。

☲ 上九：有孚于饮酒，无咎，濡其首，有孚失是。

现代文注释：

上九，六爻皆有应为"有孚"，六爻皆有坎象，坎为酒，故借饮酒隐喻坎水，庆祝众爻出坎，无咎害；但饮酒失态，酒弄湿了头发，"濡其首"隐喻上九下应六三会有重回两坎之中、被坎水淹没的危险；六爻皆失位，故曰"失是"；爻辞寓意在获得出坎的平安之后，若不知节制，成功后还会出现转化。

学生：企业战略的占问结果，要以《未济》卦上九为断。此爻有很多隐喻，联系我们的主题，还请老师为我们做个卦象解析。

老师：好的。占问结果以《未济》卦上九为断，得到的是《未济》之《解》。从卦象看，《未济》卦卦象☲，《解》卦卦象☲，两卦卦象结合起来看，下坎和互坎相连，卦中有四坎，水多，是水患之象；震为舟船，坎为忧，舟行在水上，江河决堤之水尚未退去，是平安中有忧之象。对于企业战略而言，卦象信息，是还处在忧患之中，提醒企业家在成功之时，要有忧患意识，企业的整体状况并未改观，爻辞中就有被水"灭顶"的隐喻，不可大意，不可得意忘形而失去节制；得此占，出坎得平安，归于成功；但要防止走向反面。

学生：明白了。此爻在《未济》的最后，给人以提壶灌顶的告诫，有它特殊的意义，懂得做事，还要懂得做人要有节制的品德，懂得节制，才不会在成功后走向反面。企业家决不能在成功后忘乎所以。

第八章　家人、解、丰、涣

在这一章里，解析《家人》、《解》、《丰》、《涣》四个卦。在这四个卦里面，《家人》、《丰》两卦，是紧跟在《既济》卦之后的"阳息阴"的卦，其下卦皆为离，卦序号皆为奇数，是《复》卦之后"阳息阴"一条路线上的卦。而《解》、《涣》两卦，是紧跟在《未济》卦之后"阴消阳"的卦，下卦皆为坎，卦序号皆为偶数，是《姤》卦之后"阴消阳"一条路线上的卦。

风火《家人》☲☴ (卦序号：25)

《家人》卦，是在理解上最容易出现歧义的卦之一，之所以如此，是因为人人皆以为懂得家庭，以为自小就生活在一个家庭里；而孰不知"家人"在古代，特别是在中古时代有它特别的含义，"有家"是中古时代特殊的国家财产分配制度，是臣子被封为"大夫"之后的封赐，它来自君王的赏赐。"家"在中古时代是"家邑"的简称，也叫做"食邑"。

先看《家人》卦的卦辞，及现代文注释：

家人：利女贞。

现代文注释：

家人，为卦名。《家人》卦，象征"有家"，得到了君王的封赐，生活有了基本保障，也得到了社会承认的地位；它同时也重视家庭成员的教育，把"有家"的道理弄明白了，利于女人守持贞正。

学生：老师，《家人》卦是在讲一个阶级或一个阶层的利益维护，"有家"是封建制度的一个缩影，能这样理解吗？

老师：可以这样理解。一个制度的维持，也要靠精英的努力。把制度与精英阶层的利益联系在一起，并且维持精英阶层的道德水准，尤其是忠诚和廉洁，就是《家人》卦的核心内容。故，《家人》卦主要是讲给大臣听的，附带着也讲给家庭妇女听。过去很多版本的注释，都偏离了周文王的本义，这就给解卦的准确带来很大的影响。

学生：明白了。那我们来看孔子对《家人》卦的卦辞是怎么说的。

孔子《易传·彖》对《家人》卦的卦辞，是这样裁断的：

《彖》曰：家人，女正位乎内，男正位乎外。男女正，天地之大义也。家人有严君焉，父母之谓也。父父，子子，兄兄，弟弟，夫夫，妇妇，而家道正。正家，而天下定矣。

现代文注释：

彖辞说，一家人，女的正位在于内，也就是内卦的六二，男的正位在于外，也就是外卦的九五。男女在家庭内外的地位都应该得正，这就是天地的大道理。家庭里也有严厉的君王，那就是父母。做父亲的就应该像个父亲，做子女的就应该像子女，兄就像个兄，弟就像个弟，夫像个夫，妇像个妇，父子、兄弟、夫妇之间都尽到各自的本分，家道就正；所有的家都正，天下就安定了。

学生：老师，孔子对《家人》卦卦辞的裁断准确吗？

老师：孔子的理解，受到了时代和他自身的限制，孔子重视礼教，故选取的角度更多是在礼的方面，这使他的思想受到了限制。

学生：明白了。我们可以进入主题了，企业战略的占问结果，要以《家人》卦的卦辞为断，还请老师为我们做个卦象解析。

老师：好的。以《家人》卦的卦辞为断，占问结果分为两大类情况。第一类情况《家人》卦为本卦，六爻皆不变。第二类情况《家人》卦为之卦，本卦三根爻变，变卦为《家人》卦。

学生：老师，您先讲第一类情况，《家人》卦为本卦，六爻皆不变。

老师：好的。从卦象看，《家人》卦卦象☲☴，乾为天，巽为命，离为火，为鸟，离色赤，艮为屋，震为武，为王，这是天命武王伐纣，赤鸟流于王屋之象；巽伏震，震为君，为道，伏震为无道之君，半震重叠为征，离为戈兵，这是征伐无道之君之象。对于企业战略而言，卦象信息，代表一场市场革命，有道取代无道，有道代表全新的消费趋势，无道代表没落的消费习惯，新产品和全新的商业模式，会很快占领市场的份额，旧产品会很快退出市场，看清这个趋势的企业就会昌盛发达，看不清趋势的就会覆灭。

学生：老师，卦辞中怎么没有征伐无道之君这层意思啊！

老师：文王欲灭殷商，在那时候要隐藏这一层意思，不能明说。

学生：明白了。老师，您继续讲第二类情况，《家人》卦为之卦，本卦三根爻变，变卦为《家人》卦。

老师：好的。我举几个例来具体解析，先看占问结果得到《姤》之《家人》。从卦象看，《姤》卦卦象☰☴，《家人》卦卦象☲☴，两卦卦象结合起来看，巽为秋风，为枝叶，互坎为哀，离为干枯，巽伏震，震为春，为华，为花，伏震为春华不再，繁花落败，巽为覆兑，兑为花，覆兑为花落，乾为流水，这是秋风吹落干枯的枝叶，春华不再，落花流水之象。对于企业战略而言，秋风的肃杀，是经济环境转向寒冬期的信号，花落象征繁华已过，进入衰败，卦象信息提醒，发展趋势已是春华不再，开始走向没落；得此占，归于失败。

再举一个例，占问结果得到《井》之《家人》。从卦象看，《井》卦卦象☵，《家人》卦卦象☲，两卦卦象结合起来看，巽为命，坎为劳，为心，兑为快乐，离为巢，为家，为光明，这是命虽劳苦，心却快乐，有家无忧，前景光明之象。对于企业战略而言，卦象透出的信息，寓意所从事的是辛苦的行业，企业的运行和管理都不轻松，与劳苦相伴，但员工心情快乐，以企业为家，故，前景光明，没有忧患；得此占，事业成功。

学生：明白了。那接下来我们看孔子对《家人》卦的观象说了什么。

☲ 孔子《易传·象》对《家人》卦的卦象特点，做了如下表述：

《象》曰：风自火出，家人。君子以言有物，而行有恒。

现代文注释：

《象》说，上卦巽为风，下卦离为火，故曰"风自火出"，这就是《家人》卦的卦象。火使热气上升，可以生成风。君子观此卦象，应效法这一精神，言语有内容，行为端正而有始有终。

学生：老师，孔子对《家人》卦的观象准确吗？说到《家人》卦的时义了吗？《家人》卦的时义，应当怎样准确表述呢？

老师：孔子观象选取的角度，与文王的本义有偏离。对《家人》卦时义的表述，孔子也有他特殊的角度。简单的说，《家人》卦的时义，就是"有家"。这是文王的本义，让贤臣皆得"有家"，安定"有家"阶层的贤才。

学生：明白了。那接下来我们可以进入到《家人》卦的爻辞了。

☲ 初九：闲有家，悔亡。

现代文注释：

初九，阳刚得其正，有"家邑"，生活有基本保障。"闲"，本义是栅栏，在这里意为"安宁"，预防从外而来的不测之事；"有家"之后，所求唯有安宁其家；做官清廉守正，才能避免从外而来的不测之事发生，才能"安宁"其家；能做到安宁其家，平时忙于国事，对家庭照顾不周的悔恨就会消失。

学生：企业战略的占问结果，要以《家人》卦初九为断。此爻真正的含义多有争议，还请老师为我们做个卦象解析。

老师：好的。占问结果以《家人》卦初九为断，得到的是《家人》之《渐》。从卦象看，《家人》卦卦象☲，《渐》卦卦象☶，两卦卦象结合起来看，巽为松柏，坎为水，为溪，为泉，离为灵鸟，艮为山，为居，为安，这是灵鸟在山间溪泉边松林安居之象。对于企业战略而言，卦象信息，是找到了适宜的生存环境，得以安居；得此占，事业成功。

学生：明白了。那我们继续看《家人》卦六二的爻辞。

☲ 六二：无攸遂，在中馈，贞吉。

现代文注释：

六二，柔爻居中得正，得中正之道，没有什么特别强烈的心愿追求，不指望家人有什么大的成就和大馈赠，家人能得到中等的馈赠就满意了，不给在外做官做事的家人施加压力，坚守正道，不追求过分的奢望，吉祥。

学生：企业战略的占问结果，要以《家人》卦六二为断。此爻中人物不贪婪追求利益，得吉，结果怎样，还请老师为我们做个卦象解析。

老师：好的。占问结果以《家人》卦六二为断，得到《家人》之《小畜》。从卦象看，《家人》卦卦象☲，《小畜》卦卦象☴，两卦卦象结合起来看，乾为日，巽为乾有缺口，为日食，互兑为月，兑的阴爻侵入乾，如同日食之时月亮遮盖太阳，巽为损，互兑为折，这是日食的折损之象。对于企业战略而言，卦象信息，日食过程的折损，及于人事，天象透出的信息，是利益追求的折损，结果不会圆满，与爻辞里的"在中馈"相合，只能得到中等的成就和馈赠，没有大的馈赠；得此占，君子视之为成功，小人视之为失败。

学生：明白了。那我们继续看《家人》卦九三的爻辞。

☲ 九三：家人嗃嗃，悔厉，吉。妇子嘻嘻，终吝。

现代文注释：

九三，刚爻居刚位，象征家长严厉，家人畏惧，虽有悔，危厉，最终为吉。若纵容妇人小孩，整日嘻嘻哈哈，没有礼节，缺乏教养，最终会有遗憾。

学生：企业战略的占问结果，要以《家人》卦九三为断。此爻在讲述家庭的礼教，联系我们的主题，还请老师为我们做个卦象解析。

老师：好的。占问结果以《家人》卦九三为断，得到的是《家人》之《益》。从卦象看，《家人》卦卦象☲，《益》卦卦象☲，两卦卦象结合起来看，互艮为星，巽数五，这是天象中的五星之象；艮为星，震为奔马，故，艮之星为天马，这是天马之星独往独来，不受约束之象；震为行，艮为道，为飞，巽为利，这是天马之星飞向利市之象；离为麟凤，巽为松林，为木，艮为栖息，为安，这是麟凤在林间栖息安居之象；卦象吉祥。对于企业战略而言，卦象信息，寓意占问者有天马的特质和运程，不受发展环境的限制，发展领域会比较特立独行，项目的创意也会比较独特，会取得大的成就，会有大成功。

学生：明白了。那我们继续看《家人》卦六四的爻辞。

☲ 六四：富家，大吉。

现代文注释：

六四，阴爻得正，居人位的上者，上承九五，且进入巽体，巽为顺逊，谦逊的守正道，巽为系，系之九五得阳富之助，利于大业成而富家；大吉。

学生：企业战略的占问结果，要以《家人》卦六四为断。此爻的富家概念也是有争论的，还请老师为我们做个卦象解析。

老师：好的。占问结果以《家人》卦六四为断，得到《家人》之《同人》。从卦象看，《家人》卦卦象☲☴，《同人》卦卦象☰☲，两卦卦象结合起来看，离为日，乾为天，为大明，为富实，半艮为贵，互坎为孚，为信，巽为商贾，为逊，这是谦逊的守正道，诚信为本，如日在天空的大光明，高贵且富实之象；吉祥。卦象信息与爻辞相合。对于企业战略而言，卦象信息，守正道，先光明后富实，光明正大的得到富实，这是天道及于人事的通途大道，也是企业履德而得福报的道理，富贵得来心安；得此占，战略实施成功。

学生：明白了。那我们继续看《家人》卦九五的爻辞。

☲☴ 九五：王假有家，勿恤，吉。

现代文注释：

九五，有中正之德的尊者，"假"，在这里不做"格"（来到）解，"假"通嘉，嘉奖之意，"家"在这里是指君王给有功之臣封赐的"家邑"，这是臣子被封为"大夫"后的一种封赐；臣子的生活没有了忧虑，吉。

学生：企业战略的占问结果，要以《家人》卦九五为断。联系我们的主题，还请老师为我们做个卦象解析。

老师：好的。占问结果以《家人》卦九五为断，得到的是《家人》之《贲》。从卦象看，《家人》卦卦象☲☴，《贲》卦卦象☶☲，两卦卦象结合起来看，离为明智，震为君王，为乐，坎为孚，震阳居互坎之中，为君王有孚，艮为家，为邑，为臣，为安，这是明智的君王赐功臣有家，臣安君乐之象；离为麟凤，巽为松柏，艮为高冈，为家，这是松林繁茂生长的高冈，麟凤安家栖身之象；卦象吉。对于企业战略而言，这是企业家重视精英阶层的生活安定，麟凤之才得以安居，战略实施顺利推进，企业得长安；得此占，事业成功。

学生：明白了。那我们继续看《家人》卦上九的爻辞。

䷤ 上九：有孚威如，终吉。

现代文注释：

上九，为"家人"的极致状态。"家人"之道虽为家门之内的事，但其内涵超出了单独的家庭，成为君王与"有家"阶层的，更大一个"家"的共同大事，"家"的安宁，关乎国家天下的安宁。家庭内外，家长威信的建立对家人有教化的影响，而有诚信就有威望，故家长重视自己的威望，终会带来吉祥。

学生：企业战略的占问结果，要以《家人》卦上九为断。联系我们的主题，还请老师为我们做个卦象解析。

老师：好的。占问结果以《家人》卦上九为断，得到《家人》之《既济》。从卦象看，《家人》卦卦象䷤，《既济》卦卦象䷾，两卦卦象结合起来看，震为神，坎为信，巽为约，这是得神之信约之象；震为乐，为舞，卦象中三震重叠，这是天乐地舞之象；大吉之象。对于企业战略而言，卦象信息，是得天神之佑的吉兆，人与天地欢乐共舞，象征企业得天时、地利、人和，无往而不利，处在极好的状态之中，战略实施会有大成功。

学生：明白了。《家人》卦六爻皆为吉象，这很少见，从复卦开始，这是六爻的占问结果皆得成功的第四个卦。我经常思考一个问题，这些年来管理学理论在发展，有一种倾向认为过去崇尚企业文化的终身制已经过时，但对照《家人》卦的精神，就要进行反思，《家人》卦的时义，把拥有共同利益，拥有共同家园的人们称为家人，不离不弃。在中国的很多地方，这是一种全新概念的家族企业，有共同梦想的创业者在相当长时间里会很愉快的在一起工作、生活。

老师：你的理解很正确。作为君子的追求，就应当效法《家人》卦中蕴含的天地间的大道理，先做到家和，然后万事才会兴旺，才有与强手竞争的条件，才有实现"平天下"志向的机会。家和，也不是没有原则，《家人》卦九三爻的爻辞，"家人嗃嗃，悔厉，吉；妇子嘻嘻，终吝。"就描绘了不同的家风可能会出现的不同结局。严厉的家风、礼节教育，这些都是必要的。对于企业来说，就是要有严格的规章制度，职场礼节，等等，这些都有助于企业良好习惯的形成以及符合礼的要求，这样就能处处体现出严谨、高效、规范的作风，员工也就有了以企业为家的《家人》精神。《家人》卦，内卦为火，象征家的红红火火，外卦为巽，巽为齐，象征齐家，而后平天下。理解《家人》的卦义，就要以家风正家，以勤俭持家，以大业富家，以道德齐家，最终实现平天下之宏愿。

学生：张老师，我赞同您的观点。我觉得，尽管《家人》卦产生在三千多年前的封建制的时代，但现代文明的时代又赋予了它新的意义，特别是在企业现代管理理论进一步发展的当今时代，《家人》卦的精神给现代企业增添了温馨，是不可缺少的，否则企业家一个个就都成了马克思《资本论》里描绘的代表资本的贪婪、榨取员工血汗的资本家。

雷水《解》☳☵（卦序号：26）

《解》卦，也是隐藏着周文王、武王两代圣君创建一个伟大国家过程的丰富信息的一个卦，并且是蕴含极为深邃思想的一个卦。

先看《解》卦的卦辞，及现代文注释：

解：利西南。无所往，其来复吉。有攸往，夙吉。

现代文注释：

解，是卦名。《解》卦，其道之成，以向西南方向行动有利，西南是周文王确定战略发展的广袤的坤地，背对殷商，利于安定、平和的划界而治。备有两套方案，"无所往"指九二不能应六五，若无所往，则启动"来复"的方案，九四是上卦的主爻，"其来复吉"，指九四往下回到三爻的位置，回复到《升》卦的卦象，亦为吉祥。"有攸往"指九二上应六五，若有此出行计划，则宜早，宜速，早去早安定，当"解"之事早为之，吉祥。

学生：老师，《解》卦的卦辞很难懂啊！您说这里面文王准备了两套方案，皆为吉，我也看出来了。一个是"来复"，一个是"往"，《解》卦有两根刚爻，分别在上下卦，老师您再给点明一下吧。

老师：好的。"往"是下卦的刚爻前往上卦，在《解》卦里具体指九二上应六五，应之后阳刚得正，故为吉。"来"是上卦的刚爻进入下卦，指九四与六三相互交换位置，回复到《升》卦的卦象，阳刚同样得正，亦为吉。

学生：老师，"来复"的方案，上卦的刚爻要进入下卦，那九四与初六有应，为什么九四和六三交换，而不是下应初六呢？

老师：因为初六居坎的最下，居坎的深处，也就是坎窞，九四若下应初六，就会陷入坎窞，故不能应。

学生：明白了。那我们来看孔子对《解》卦的卦辞说了什么。

孔子《易传·彖》对《解》卦的卦辞，是这样裁断的：

《彖》曰：解，险以动，动而免乎险，解。解"利西南"，往得众也。"其来复吉"，乃得中也。"有攸往，夙吉"，往有功也。天地解而雷雨作，雷雨作而百果草木皆甲坼，解之时，大矣哉。

现代文注释：

  彖辞说，《解》卦，下卦为坎，为险，上卦为震，为动，故曰"险以动"，用行动来解除危险，这就是《解》卦的卦义。《解》卦利于西南，是说前往西南方向的坤，可以得到众人的支持，得到友邦的支援，"利西南"在《周易》里多次出现，寓意周文王往西南方向发展的计划，在背对殷商的方向完成局部统一，形成联盟的力量。"其来复吉"，是说"来复"也能吉祥，这是"得中道之用"的奥秘啊！卦辞里的"来复"，寓意周文王准备有另外一套方案可实施，与《升》卦有关。"有攸往"是确定要执行往西南方向发展的计划，"夙"，通假"速"，就是要早些行动，"早"为吉祥，早往，利于建功，利于事情更好的处理。孔子接着在《彖》辞里说：天地间阴阳交接而引发雷雨，雷雨的到来，让百果草木的种子都绽开外壳，开始萌芽。塞难的解除，如同久旱的大地逢遇一场雷雨，百果草木的种子吸够了雨水，都萌芽了，万物又出现了勃勃的生机，这就是《解》卦的时义，要让云化为雨水。"解"的时义，真的很伟大啊！

  学生：老师，孔子对《解》卦卦辞的裁断准确吗？孔子讲到《解》卦的时义了吗？《解》卦的时义，应当怎样准确表述呢？

  老师：孔子对《解》卦卦辞的裁断准确，也讲到了《解》卦的时义。《解》卦的时义，就是"险以动"，用行动来解除危险。孔子在象辞中讲到要尽快让雨水降下来，旱情的解除要靠一场大雨。

学生：明白了。我们可以进入主题了，企业战略的占问结果，要以《解》卦的卦辞为断，还请老师为我们做个卦象解析。

老师：好的。以《解》卦的卦辞为断，占问结果分为两大类情况。第一类情况《解》卦为本卦，六爻皆不变。第二类情况《解》卦为之卦，本卦有三根爻变，变卦为《解》卦。

学生：老师，您先讲第一类情况，《解》卦为本卦，六爻皆不变。

老师：好的。从卦象看，《解》卦卦象☳☵，坎为寇，为忧，艮为国，为邑，覆艮为国邑有危，离为戈兵，震为返，为卫，为解，这是大军返回解救国邑之危，国忧得解之象。对于企业战略而言，国邑代表主业，忧患出现，需将资源集中到主业，回师及时，忧患得解，企业得到安定，事业成功。

学生：明白了。老师，您继续讲第二类情况，《解》卦为之卦，本卦有三根爻变，变卦为《解》卦。

老师：好的。我举几个例来具体解析，先看占问结果得到《比》之《解》。从卦象看，《比》卦卦象☵☷，《解》卦卦象☳☵，两卦卦象结合起来看，震为耕，为种子，为苗，互离为干燥，坤为虚，为贫，艮为山，为石，为家，这是在山上贫瘠多石之地耕种，地干燥，苗出来后不长，粮种耗费，耕作为虚，秋无收成，家贫之象。对于企业战略而言，卦象信息，高山贫瘠之地是指选择的行业和项目不好，耗费多，收获少，导致贫穷，是战略的失败。

再举一个例，占问结果得到《泰》之《解》。从卦象看，《泰》卦卦象☷☰，《解》卦卦象☳☵，两卦卦象结合起来看，坤为万物，震为蕃息，这是万物蕃息之象；乾为福，为直，震为大路，为车，为载，这是大车载福，大路平直之象；卦象吉祥。对于企业战略而言，卦象信息，寓意战略实施很顺利，得到诸多利益和发展机会，多项业务皆兴旺，企业得安泰，事业成功。

学生：明白了。那我们接下来看孔子对《解》卦的观象说了什么。

☳☵　孔子《易传·象》对《解》卦的卦象特点，做了如下表述：

《象》曰：雷雨作，解。君子以赦过宥罪。

现代文注释：

　　《象》说，上卦震为雷，下卦坎为雨，故曰"雷雨作"，这就是《解》卦的卦象。君子观察此卦象，感悟到：在走出险难之后，要以平和、宽容的心，对待民众在险难之时的各种过失。

　　学生：老师，孔子对《解》卦的观象准确吗？

　　老师：孔子先说到雷雨，解除干旱，是准确的。最后这句话，与《解》卦的主题有偏离。孔子这句"感悟"的话，是表达了君子的胸怀，理解民间的困苦，希望在险难解除之后，给民众一段休养生息的时间，宽容的对待在国家险难之时有过失的平民。

　　学生：明白了。那我们接下来可以进入到《解》卦的爻辞了。

☷☵ 初六：无咎。

现代文注释：

　　初六，力量弱小的象征，初六顺承九二，又与九四有应，故初六代表与阳爻亲比且有应的基层力量。柔爻居刚位，虽有不正之咎，但其力量弱小而信念坚强，能做到阴顺阳，刚柔得以互济。刚能存正，柔能有容，"正而有容"有利于天地间万物的繁盛，这是《解》卦蕴含的重要道理，故曰"无咎"。

　　学生：企业战略的占问结果，要以《解》卦初六为断。初爻的爻辞就"无咎"两个字，结果怎样，还请老师为我们做个卦象解析。

　　老师：好的。占问结果以《解》卦初六为断，得到的是《解》之《归妹》。从卦象看，《解》卦卦象☷☵，《归妹》卦卦象☳☱，两卦卦象结合起来看，震为君，为春，为桃李，为生，为兴，兑为华，为花，互离为鸾凤，为妻，卦象正如

《诗·召南》"桃之夭夭，灼灼其华。之子于归，宜其室家。"，这是女宜室家，有助于夫之象；震为神，为福，坎为获，兑为悦喜，为恩泽，这是得神恩的福泽之象；卦象吉。对于企业战略而言，归妹的姻缘有多种象征，有可能是并购的成功，得到一个好项目和团队，并得到长期渴望得到的销售渠道和市场份额，也可能是在资本市场获得投资商的有力支援，企业得到一次重大的发展机会；卦象信息，还有得神恩的福泽之象，意味着有好的运道，求事顺利，有实际经济利益，还得到多方面的好处，战略实施成功。

学生：明白了。那我们继续看《解》卦九二的爻辞。

☷☵ 九二：田获三狐，得黄矢，贞吉。

现代文注释：

九二，阳刚君子，居中位，与六五君位有应，在前往应六五，就君王之位之前，田猎获三狐，这是象征能够清除君位近侧媚惑君王的小人，"矢"为誓言，黄色代表纯金的尊贵，"得黄矢"即为"得金矢"，是九二得到如同黄金一样贵而有信的誓言保证，占为吉祥。

《解》卦与《升》卦一样，卦中的卦辞、爻辞都包含有周文王、周武王、周公的历史，九二爻的"黄矢"就是历史上记载在《尚书》里的《牧誓》，是武王在商郊外的牧野与商军决战前聚众田猎，之后举行誓师的誓言，称《牧誓》。

学生：企业战略的占问结果，要以《解》卦九二为断。此爻中人物是周武王，联系我们的主题，还请老师为我们做个卦象解析。

老师：好的。占问结果以《解》卦九二为断，得到的是《解》之《豫》。从卦象看，《解》卦卦象☳☵，《豫》卦卦象☳☷，两卦卦象结合起来看，震为出征，为君王，为武，坤为军，为义，艮为成，这是武王伐纣成功之象；震为仁德，为粮，坤为民，为政，艮为邦国，为得，为安，离为麟凤，坎为饱，为充足，这是国家施行仁政，得麟凤之才，粮足民安之象。对于企业战略而言，武王伐纣意味着决战成功，粮足民安，寓意获利丰厚，企业安定，事业成功。

学生：明白了。那我们继续看《解》卦六三的爻辞。

☷☵ 六三：负且乘，致寇至，贞吝。

现代文注释：

六三，暗指殷商朝廷里的佞臣、高官，六三与九二的关系为"乘"，与九四的关系为"承"，"承"亦即负重，故曰"负且乘"，坎象为寇盗，六三与九二、初六组成下坎，与九四、六五组成上坎，故曰"致寇至"，此爻暗喻：殷商王朝的佞臣高官欺凌天下，盘剥民众，如同天下的大寇盗，其进一步的发展就是天下大乱、兵戎之患四起，占为吝。

学生：企业战略的占问结果，要以《解》卦六三为断。此爻中的人物和所行之事都不好，联系我们的主题，还请老师为我们做个卦象解析。

老师：好的。占问结果以《解》卦六三为断，得到的是《解》之《恒》。从卦象看，《解》卦☳☵，《恒》卦卦象☳☴，两卦卦象结合起来看，震为鸟，为飞，为出，为乐，坎为忧患，为困，为暗昧，互离为网，巽为志，为绳网，互兑为破，为口，震在上，为已从网破口处脱出，逃出绳网，脱离困境，离开险境和暗昧，这是飞鸟被绳网所困，有志脱困，终于从网破处脱出，奋力冲出绳网，飞向自由，困厄得解，心有快乐之象。对于企业战略而言，卦象信息，寓意摆脱了暗昧之困，走出了困境，终能放开手脚，正确的去做事，如同飞鸟脱离了绳网之困，得到了自由；得此占，战略实施成功。

学生：明白了。那我们继续看《解》卦九四的爻辞。

☷☵ 九四：解而拇，朋至斯孚。

现代文注释：

九四，居震的下位，为卦主，震为射箭，这是九四对六三"致寇至"的反应，拉弓射箭进行防御，故曰"解而拇"，古人的大拇指都戴着玉扳指，就是拉弓射箭用的。九四是西伯侯姬昌，还处在被囚之难中，对六三已做好了"御寇"的准备，震主的"动"将是为天下"兴正义之师"。九四阳刚，为卦主，故阴爻皆顺服九四，众阴孚于阳，九二与九四为朋类，九二来上卦应六五，会先遇到九四，故曰"朋至斯孚"。

学生：企业战略的占问结果，要以《解》卦九四为断。此爻周文王仍在被囚中，联系我们的主题，还请老师为我们做个卦象解析。

老师：好的。占问结果以《解》卦九四为断，得到的是《解》之《师》。从卦象看，《解》卦卦象☳☵，《师》卦卦象☷☵，两卦卦象结合起来看，爻变失坎得坤，坎为灾，为囚，坤为天下，这是文王解脱被囚之灾，得天下之象；互震为君，为仁德，为载，为征伐，为兴，坤为天下，为义，为军，这是以德载天下，兴正义之师，征伐之象。对于企业战略而言，得此占，事业成功。

学生：明白了。那我们继续看《解》卦六五的爻辞。

☷☵ 六五：君子维有解，吉。有孚于小人。

现代文注释：

六五，柔居中，宽厚而守持中道。六五与九二有应，配合九二解救了九四，"维"，是绑在君子身上的绳索，有六五的帮助，西伯侯姬昌在羑里被释放，吉。六五施惠于君子，也取信于小人，让小人有当下的既得利益，小人指商纣王身边得宠的佞臣费仲，六五配合西岐的计谋，让费仲接受了大量的金银和奇珍异宝。中爻坎象，坎为孚，坎象上下皆阴，孚于小人之象，故曰"有孚于小人"。

学生：企业战略的占问结果，要以《解》卦六五为断。此爻与先周的历史联系紧密，联系我们的主题，还请老师为我们做个卦象解析。

老师：好的。占问结果以《解》卦六五为断，得到的是《解》之《困》。从卦象看，《解》卦卦象☳☵，《困》卦卦象☱☵，两卦卦象结合起来看，坎为蛰伏，互巽为虫，为木，为万物，震为雷，为惊，为起，为春，为生，兑为华，为丰，这是春雷惊醒冬眠的蛰虫，蛰虫振起，万物逢春而生之象；离坎交叠为阴阳调和之象。对于企业战略而言，春来万物苏醒，阴阳调和而生生不息，各得其所而相安，寓意发展环境在变好，适宜企业的重振，战略实施可以成功。

学生：明白了。那我们继续看《解》卦上六的爻辞。

☳☵ 上六：公用射隼，于高墉之上，获之，无不利。

现代文注释：

上六，爻位乘九四，九四艮象为墙，为高，高墙为"墉"，震为公，为射，艮为隼，故曰"射隼，于高墉之上"，隼暗喻叛乱，公射落停在高墉之上的隼，是为平息叛乱，于国有利，故曰"获之，无不利。"在上六的爻辞里，隐含周公"东征"平叛的预兆。

学生：企业战略的占问结果，要以《解》卦上六为断。此爻寓意深奥，联系我们的主题，还请老师为我们做个卦象解析。

老师：好的。占问结果以《解》卦上六为断，得到的是《解》之《未济》。从卦象看，《解》卦卦象☳☵，《未济》卦卦象☲☵，两卦卦象结合起来看，坎为忧患，震为卫，为解，为乐，艮为国，为止，为安，三艮重叠为止之而后得安，这是国有忧患，止之而得安，无忧之象。对于企业战略而言，卦象信息，有积极消除内部祸患的寓意，明确防卫成功，企业得安无忧，事业成功。

学生：明白了。《解》卦的时义，是"险以动"，用行动来解除危险。遇到内部动乱的危险，同样要用行动来解除，这相当于周公的东征平叛。

雷火《丰》☲☳（卦序号：27）

《丰》卦，是《周易》六十四卦宇宙时空中很特别的一个时空，卦象上显示的是"电闪雷鸣"，而其所在的、现实中的四时节气时空，正是春季的"惊蛰"，天空中雷声发动，蛰伏在地下的虫子被雷声惊醒，结束了冬眠。《丰》卦，同样在卦辞、爻辞里面隐藏着周文王的信息，即他的伟大抱负和信念的信息。

先看《丰》卦的卦辞，及现代文注释：

丰：亨。王假之，勿忧，宜日中。

现代文注释：

丰，是卦名。《丰》卦，象征盛大、丰美，故亨通。这种盛大是一种无与伦比的繁荣丰茂，是处在绝对状态的丰盛，只有王者的事业，可以达到这种盛大而亨通的境界。无须为盛衰更替的规律而忧虑，无须忧虑盛大丰茂的状态可以保持多久，作为君王，只考虑如何能像日中的阳光那样普照大地，无处不达，让民众都分享到利益。

孔子《易传·彖》对《丰》卦的卦辞，是这样裁断的：

《彖》曰：丰，大也。明以动，故丰。"王假之"，尚大也。"勿忧宜日中"，宜照天下也。日中则昃，月盈则食，天地盈虚，与时消息，而况于人乎？况于鬼神乎？

现代文注释：

彖辞说，"丰"，是大的意思。下卦光明，上卦为动，光明且动，所以会有丰盛。（彖辞的这段文字里，"假"，意为"达到"，"尚"，意为"志向"。）

王者的事业，可以达到这种盛大亨通的境界，其志向也一样的伟大，君王不忧虑盛大丰茂的状态可以保持多久，只考虑怎样像日中的阳光普照大地，无处不达，让民众都分享到利益。日到正中，不久就要偏移西行；月盈满，不久就要亏缺。天地日月的盈亏，随着时间推移而消长变化，更何况是人？何况是鬼神呢？

学生：老师，孔子对《丰》卦卦辞的裁断准确吗？《彖》辞没说到《丰》卦的时义啊！

老师：孔子对《丰》卦卦辞的裁断准确。《丰》卦是六十四卦里很特别的一个卦，其特别之处在于，卦辞和爻辞说的是完全不同的两个话题；因此《丰》卦的时义，要分别从卦辞和爻辞里去总结，故孔子没有说到《丰》卦的时义。对于《丰》卦的时义，可分为两句话来表达。《丰》卦的时义，是君王与天下人共享丰盛，贤人得遇明主。

学生：明白了。我们可以进入主题了，企业战略的占问结果，要以《丰》卦的卦辞为断。联系我们的主题，还请老师为我们做个卦象解析。

老师：好的。以《丰》卦的卦辞为断，占问结果分为两大类情况。第一类情况《丰》卦为本卦，六爻皆不变。第二类情况《丰》卦为之卦，本卦有三根爻变，变卦为《丰》卦。

学生：老师，您先讲第一类情况，《丰》卦为本卦，六爻皆不变。

老师：好的。从卦象看，《丰》卦卦象☳，互巽为商贾，离为陶，色朱，震为公，这是陶朱公范蠡经商之象；巽为利市三倍，覆艮为不止，这是获利超过三倍，富足之象。对于企业战略而言，卦象信息，意味着在市场经济中独创成功的商业模式，获得丰厚的利润回报，战略实施成功。

学生：明白了。老师，您继续讲第二类情况，《丰》卦为之卦，本卦有三根爻变，变卦为《丰》卦。

老师：好的。我举几个例来具体解析，先看占问结果得到《屯》之《丰》。从卦象看，《屯》卦卦象☳，《丰》卦卦象☳，两卦卦象结合起来看，互大坎为忧愁，震为黄鸟，为惊，艮为鸢，是黄鸟遇鸢，惊恐之象。对于企业战略而言，卦象信息，有受困于强劲对手的含义，也就是黄鸟遇鸢，不会成功。

再举一个例，占问结果得到《鼎》之《丰》。从卦象看，《鼎》卦卦象☲☴，《丰》卦卦象☳☲，两卦卦象结合起来看，震为大道，为奔驰，乾为马，为健动，这是骏马奔驰之象；震为生，覆艮为不止，为不息，这是生生不息之象；巽为商贾，为利，半艮为丘，这是经商得利，利大如丘之象。对于企业战略而言，卦象信息，是企业充满生机活力，顺利获取到很大的利益，战略实施成功。

学生：明白了。那我们接下来看孔子对《丰》卦的观象说了什么。

☳☲ 孔子《易传·象》对《丰》卦的卦象特点，做了如下表述：

《象》曰：雷电皆至，丰。君子以折狱致刑。

现代文注释：

《象》说，上卦震为雷，下卦离为电，故曰"雷电皆至"，这就是《丰》卦的卦象。君子效法这一精神，应当像闪电般的明察，像迅雷般的威严。

学生：老师，孔子怎么总是把雷和火联系到刑罚呢？孔子原文里"折狱致刑"是说审理案件、动用刑罚啊！您的现代文注释把它改了。

老师：是啊！我如果不把它改掉，就要从卦辞和爻辞里找到有关刑罚的内容，但文王的本义不讲刑罚，卦辞和爻辞里都没有刑罚的内容，回归文王的本义只能如此。但我还是在语言上保留了雷和电的思想，让读者去自由发挥。

学生：明白了。那我们接下来就可以进入到爻辞了。老师，《丰》卦的爻辞是记录日食的过程，是吗？

老师：是的。《丰》卦的爻辞，是记录观察日食的全过程，并阐发贤臣前往遇会有柔中之德的君王的见解，因此把六爻的爻辞进行总结，可以得到一句话，那就是：贤人得遇明主。这句话也就是《丰》卦时义里的后一句话。

学生：明白了。那我们接下来可以进入到《丰》卦的爻辞了。

䷶ 初九：遇其配主，虽旬无咎，往有尚。

现代文注释：

初九，初阳得正，暗喻有能力的正人君子，地位低的贤人，初九、六二半象为震，震为动，故震主初九虽无上应，也会"动"而前往上卦，初九到达上卦会遇到它的配主，配主就是受"天命"的君王，也就是六五。相遇需要等待，初阳不求急用，故曰"虽旬无咎"。"尚"，意为"希望"，前往就有希望。

学生：企业战略的占问结果，要以《丰》卦初九为断。此爻的人物前往遇会明主，联系我们的主题，还请老师为我们做个卦象解析。

老师：好的。占问结果以《丰》卦初九为断，得到的是《丰》之《小过》。从卦象看，《丰》卦的卦象䷶，《小过》卦卦象䷽，两卦卦象结合起来看，离为网，互兑为破，艮为鸟，为飞，震为出，为乐，这是鸟从网破处飞出，快乐之象；巽为齐，兑为花，为华，震为春，为开，这是春天百花盛开之象。对于企业战略而言，卦象信息，曾遇到罗网困锢，终能摆脱困锢而自由飞行，春天百花盛开，寓意发展环境转好，时机到了，战略实施会成功。

学生：明白了。那我们继续看《丰》卦六二的爻辞。

䷶ 六二：丰其蔀，日中见斗，往得疑疾；有孚发若，吉。

现代文注释：

六二，居中得正，代表贤者，此时太阳大部分被盖了，中午看到了北斗星，月前往遮盖太阳，就如同得遇明君，但光明被遮挡，故有疑疾；月与太阳的相遇是宇宙天体运行的"有孚"，它正在发动，占为吉。

学生：企业战略的占问结果，要以《丰》卦六二为断。此爻的初始有疑虑，如何与企业战略的主题相联系，还请老师为我们做个卦象解析。

老师：好的。占问结果以《丰》卦六二为断，得到的是《丰》之《大壮》。从卦象看，《丰》卦卦象☳☲，《大壮》卦卦象☳☰，两卦卦象结合起来看，离为日，兑为月，震为运行，乾为天，这是日月在天空运行之象；卦象中离兑相交，兑为乾缺边，皆为月遮盖太阳，日食之象；震为马，为路，为足，半震为走到半程，互坎为蒺藜，为刺，为犹豫，这是马沿路前行走到半程，足被刺而犹豫之象。对于企业战略而言，卦象信息，宇宙自然规律正在发动，如爻辞的"有孚发若"；前行的道路上虽有蒺藜，马走到半程，足被刺而出现犹豫，只是战略实施暂时的遇阻；得此占，半程遇阻，但宇宙自然规律已经发动，终会成功。

学生：明白了。那我们继续看《丰》卦九三的爻辞。

☳☲ 九三：丰其沛，日中见沫，折其右肱，无咎。

现代文注释：

九三，人位中的下者，与上六有应，上六阴为暗，隐喻黑暗势力，故中午只能看到黑暗天空中微弱的小星。九三已经认识到自己的问题，故自折右臂，自伤而不用，以勿用为其用，以其不为而求自保，没有咎害。

学生：企业战略的占问结果，要以《丰》卦九三为断。此爻很难懂，联系我们的主题，还请老师为我们做个卦象解析。

老师：好的。占问结果以《丰》卦九三为断，得到的是《丰》之《震》。从卦象看，《丰》卦卦象☳☲，《震》卦卦象☳☳，两卦卦象结合起来看，震为君侯，为出，震重叠，为频繁出游，互大坎为迷，为困，互大离为罗网，兑为媚，为女，这是君王为媚女所迷惑，频繁出游与之交往，媚惑如同罗网，君王为媚惑的罗网所困之象。对于企业战略而言，卦象信息，寓意领导人暗昧不明，且受困于暗昧，暗昧不明会是多方面的；爻辞中九三自伤而勿用，是九三引咎辞职的意思，离开领导岗位，不影响企业战略的实施，故爻辞有"无咎"之辞，也就是做好领导人的调整，就没有咎害；得此占，会有成功。

学生：明白了。那我们继续看《丰》卦九四的爻辞。

☳ 九四：丰其蔀，日中见斗，遇其夷主，吉。

现代文注释：

九四，上卦震主，人位的上者，暗喻西南联盟中的部落首领，太阳被盖住，中午看到了北斗星，因为九四遇到了夷主，于是像席子一样盖上去，吉。

学生：企业战略的占问结果，要以《丰》卦九四为断。此爻中的人物是部落首领，联系我们的主题，还请老师为我们做个卦象解析。

老师：好的。占问结果以《丰》卦九四为断，得到的是《丰》之《明夷》。从卦象看，《丰》卦卦象☳，《明夷》卦卦象☷，两卦卦象结合起来看，离为麟凤，震为飞，为来，为福，为乐，坤为国，为邑，为我，这是麟凤投奔于我，向我国邑飞来，带来福祉和欢乐之象。对于企业战略而言，是大量高端人才加盟我企业，带来好项目和管理经验，战略实施成功。

学生：明白了。那我们继续看《丰》卦六五的爻辞。

☳ 六五：来章，有庆誉，吉。

现代文注释：

六五，居君王尊位，有柔中之德，"来章"，是天下章华、贤才皆来的意思，意为得到贤人、才俊的追随，众爻皆来与君王相遇，言六五能接纳天下俊才，会有福庆，得美誉，吉。

学生：企业战略的占问结果，要以《丰》卦六五为断。这是君王的爻位，联系我们的主题，还请老师为我们做个卦象解析。

老师：好的。占问结果以《丰》卦六五为断，得到的是《丰》之《革》。从卦象看，《丰》卦卦象☳，《革》卦卦象☱，两卦卦象结合起来看，兑为喜乐，为食，为酒肉，离为麟凤，震为飞，为来，为庆，互大坎为志，巽为齐，为聚，乾为仁德，为百福，为盛隆，为永久，这是麟凤贤才投奔前来，齐聚欢乐的庆宴，庆永久盛隆，得享共同的福祉之象。对于企业战略而言，卦象信息，寓意企业家的贤明美德，吸引了大量高端人才加盟，贤人齐聚的喜庆欢乐，是喜得人和，也寓意已经成功；得此占，战略实施成功。

学生：明白了。那我们继续看《丰》卦上六的爻辞。

䷶上六：丰其屋，蔀其家，闚其户，阒其无人，三岁不觌，凶。

现代文注释：

上六，以其晦暗，居“丰”之极，处于“动”之终，故有凶。其实，在周公写爻辞的时候，殷商尚未覆灭，故有所忌惮而隐晦之。上六，在周公的笔下就是商纣王，其辞“丰其屋，蔀其家，闚其户，阒其无人，三岁不觌，凶。”意思就是：“丰大的屋子，里面昏暗，从窗户往里看没有人，达三年之久，凶。”为什么会有如此之“凶”，就是因为商纣王把天下的丰盛都据为己有。

学生：企业战略的占问结果，要以《丰》卦上六为断。此爻有凶，联系我们的主题，还请老师为我们做个卦象解析。

老师：好的。占问结果以《丰》卦上六为断，得到的是《丰》之《离》。从卦象看，《丰》卦卦象䷶，《离》卦卦象䷝，两卦卦象结合起来看，震为禾苗，离为日，为干燥，离重叠，卦中有三离，为旱灾之象，烈日把禾苗烤焦，兑为毁折，为伤害，离中虚，为饥，这是旱灾严重，饥荒到来之象。对于企业战略而言，是项目遇到不好的时机，企业要面对资金困难，归于失败。

学生：明白了。《丰》卦的六爻都讲完了，蕴含的道理很深刻，很受教益。老师，您最后为我们讲几句，还有什么要注意的。

老师：《丰》卦的时空，正是“惊蛰”节气，雷声在空中发动，蛰伏在地下过冬的生物都被惊醒了。故，《丰》卦的时义，不限于观看日食及所联想的那些道理，《丰》卦是万物苏醒的时节，春天到来，满山的豆荚在这个时节长的一串串的，果实丰满，随风摇摆，很快就有豆类植物长成后的好收成了。大自然依据四时规律，提供给人们收获的喜悦，故，《丰》卦是可共享丰盛，收获有营养的食物的时空，是很美好的时节。

占到《丰》卦，不必担心《丰》卦有日食的阴暗，不必因此而受到心理冲击，文王时代记录下的日食过程，其最重要的意义，是把日与月的相会，作为西南方部落首领前来追随西伯侯的吉兆，是西岐能实现其政治目标而体现在"天象"的预兆。西岐的政治目标最终都实现了，故日食的"天象"为吉。

学生：明白了。《丰》卦的内涵真的很丰富啊！

风水《涣》䷺（卦序号：28）

《涣》卦，是《周易》六十四卦中歧义较多的一个卦，它是《系辞》十三卦之一，孔子认为古代先人造舟楫的思想启发来自《涣》卦的卦象，故，《涣》卦的卦辞里留下了"利涉大川"之卦义。《周易》以天道及于人事，现在通行本的注释里，《涣》卦已趋向只讲人道，以聚人心、解决人心涣散作为主题了。

先看《涣》卦的卦辞，及现代文注释：

涣：亨。王假有庙，利涉大川，利贞。

现代文注释：

涣，是卦名。《涣》卦，风吹拂在水面，舟船也行驶在水上，江河已不会成为阻隔，故亨通。王到宗庙，有庙祭，这是为了唤起人们的宗族意识，团结一心克服坎险和时下的灾患。《涣》的上卦有巽木的船舟，这利于涉过大江大河，故占到此卦的人，能做成大事。在《涣》卦的时空，有大灾难，君王到宗庙与大家在一起，利于团结大家，守持正道，君王的权威和宗庙在精神层面的影响力，让应对灾难有组织的开展起来，这是在《涣》卦的时空唯能守住的正道。

孔子《易传·彖》对《涣》卦的卦辞，是这样裁断的：

《彖》曰：涣"亨"。刚来而不穷，柔得位乎外而上同。"王假有庙"，王乃在中也。"利涉大川"，乘木有功也。

现代文注释：

彖辞说，涣卦，是亨通的。这是由于在下卦的阳刚者九二前来居阴柔之中而不穷困，这也就是行险中而不陷的道理；而阴柔者六四在上卦获得正位，与九五同德。君王来到宗庙，有庙祭，说明君王有守持中道的德行；这可以唤起人们的宗族意识，凝聚人心，以利于共济大难；人心的重新凝聚，是在有大灾难之时，为解除灾难而组织起来，达到大治。上卦有巽木的船舟，这利于涉过大江大河，九二以上至六四为震之象，震为木，亦为舟，故曰"利涉大川，乘木有功也"。风吹拂在水面上，舟船也行驶在水上，江河已不会成为阻隔，故亨通。

学生：老师，孔子对《涣》卦卦辞的裁断准确吗？孔子说到《涣》卦的时义了吗？《涣》卦的时义，应当怎样准确表述呢？

老师：孔子对《涣》卦卦辞的裁断准确，也说到了《涣》卦的时义。《涣》卦的时义，是面临忧患时的应对。

学生：明白了。我们可以进入主题了，企业战略的占问结果，要以《涣》卦的卦辞为断，还请老师为我们做个卦象解析。

老师：好的。以《涣》卦的卦辞为断，占问结果分为两大类情况。第一类情况《涣》卦为本卦，六爻皆不变。第二类情况《涣》卦为之卦，本卦有三根爻变，变卦为《涣》卦。

学生：老师，您先讲第一类情况，《涣》卦为本卦，六爻皆不变。

老师：好的。从卦象看，《涣》卦卦象☲☴，巽为风，艮为砂尘，震为禾苗，为粮，为年岁，坎为害，为毁，这是风沙为害，庄稼被毁，年岁无收成之象。对于企业战略而言，年岁无收成，寓意得不到所求的目标，求利不成功；这与卦辞不冲突，卦辞讲应对灾难，灾难之年求利不得。

学生：明白了。老师，您继续讲第二类情况，《涣》卦为之卦，本卦有三根爻变，变卦为《涣》卦。

老师：好的。我举几个例来具体解析，先看占问结果得到《临》之《涣》。从卦象看，《临》卦卦象☷☱，《涣》卦卦象☲☴，两卦卦象结合起来看，兑为饮食，坎为饱，震为粮，为乐，艮为家，为国，为安，这是手中有粮，无饥饿之忧，家国安定之象；坤为文章，震为做，兑为华，为美好，这是做出华美的好文章之象。对于企业战略而言，卦象信息，做出华美的好文章，寓意企业正在大展宏图，手中有粮、家国安定，意味着已经步入成功。

再举一个例，占问结果得到《解》之《涣》。从卦象看，《解》卦卦象 ☷☳，《涣》卦卦象 ☴☵，两卦卦象结合起来看，巽为草木，震为春，为生，为萌芽，坎为雨，这是春雨蒙蒙，草木萌生之象；震为乐，艮为安，这是安乐无忧之象。对于企业战略而言，卦象信息，春天草木萌生，意味着经济环境转好，经济萧条期结束，项目有了生机；安乐无忧，意味着战略实施成功。

学生：明白了。那我们接下来看孔子对《涣》卦的观象说了什么。

☴☵ 孔子《易传·象》对《涣》卦的卦象特点，做了如下表述：

《象》曰：风行水上，涣。先王以享于帝，立庙。

现代文注释：

《象》说，上卦巽为风，下卦坎为水，故曰"风行水上"，这就是《涣》的卦象。先王见此象，以天道及于人事，享祭天帝，立宗庙，凝聚族人之心。

学生：老师，孔子对《涣》卦的观象准确吗？

老师：孔子的观象，是以"风吹水散"来体现卦象，用"散"代表人心涣散。从这个角度来观象，后面天道及于人事的说法和内容也就顺理成章了。

学生：明白了。那我们接下来可以进入到《涣》卦的爻辞了。

☴☵ **初六：用拯马壮，吉。**

现代文注释：

初六，《涣》卦的最低位，初六代表底层弱小的民众，力量微弱，然其心想济难，拯救时局，阴承阳，"拯"通假"承"，九二往上至六四为震，震为马，故就用马来比喻拯救伤人，"马"为阳，初六"用拯马"即阴爻"承阳"之象。马强壮，故吉。

学生：企业战略的占问结果，要以《涣》卦初六为断。此爻中的人物，尚处弱小阶段，联系我们的主题，还请老师为我们做个卦象解析。

老师：好的。占问结果以《涣》卦初六为断，得到的是《涣》之《中孚》。从卦象看，《涣》卦卦象☵，《中孚》卦卦象☴，两卦卦象结合起来看，巽为进退，为权衡，为犹豫，坎为耳，为听，为思，坎中实，为得，互艮为贤人，互震为君王，为喜乐，兑为口，为语，为辅佐，正覆兑相向为交流，这是君王喜得良辅，与贤人交换意见，以确定决策的正确，权衡得失和进退之象。对于企业战略而言，卦象信息，得辅为得人和，弱小故慎行，可得成功。

学生：明白了。那我们继续看《涣》卦九二的爻辞。

☵ 九二：涣奔其机，悔亡。

现代文注释：

九二，阳刚君子，阳居阴位，又有六三、六四两根阴爻乘其上，本有悔。但其位得中，有刚中之德，与九五虽无应，但"同德相求"可以走到一起，故悔亡。"奔"，古文通假"贲"，二爻其上为互艮，艮为机，"奔其机"即"贲其机"，为了君王九五来到宗庙，九二正在很细心的文饰宗庙里的几案，其心诚。

学生：企业战略的占问结果，要以《涣》卦九二为断。此爻中人物的歧义最多，联系我们的主题，还请老师为我们做个卦象解析。

老师：好的。占问结果以《涣》卦九二为断，得到的是《涣》之《观》。从卦象看，《涣》卦卦象☵，《观》卦卦象☷，两卦卦象结合起来看，震为前行，为足，坎为疾，为孤，震在坎中，是足有伤之象；互艮为鸟，为飞，坤为弱，为疲，这是飞鸟受伤，疲倦而无力飞行，孤单之象；坤为聚，为大军，为会合，互艮为待，这是等待与大军会合之象。对于企业战略而言，卦象信息，是处在孤单之时，等待与大军的会合，重整旗鼓，可得成功。

学生：明白了。那我们继续看《涣》卦六三的爻辞。

☶ 六三：涣其躬，无悔。

现代文注释：

六三，阴柔，不得位，偏中乘阳，自身问题很多。六三之上有巽象，巽为志，故其志在外，六三用“涣”之道加于自身，做到“涣其躬”，是六三有志在外，想做成大事，无所悔恨。

学生：企业战略的占问结果，要以《涣》卦六三为断。此爻中的人物有大志，联系我们的主题，还请老师为我们做个卦象解析。

老师：好的。占问结果以《涣》卦六三为断，得到的是《涣》之《巽》。从卦象看，《涣》卦卦象☵，《巽》卦卦象☴，两卦卦象结合起来看，卦象中有三巽，巽为志，三巽为多次重申志向，互震为践行，互艮为身，这是亲身践行其志之象；巽为木，为万物，震为春，为生，为繁茂，坎为雨，这是春雨催生万物，草木繁盛之象；巽为利，三巽为多利，互艮为抱，震为回，这是抱利而回之象。对于企业战略而言，卦象信息，亲身践行志向，是战略实施有人的保证；春天草木繁盛，寓意企业繁荣昌盛；抱利而回，是企业获利多，大成功。

学生：明白了。那我们继续看《涣》卦六四的爻辞。

☴ 六四：涣其群，元吉。涣有丘，匪夷所思。

现代文注释：

六四，进入上卦巽体内，巽为齐，为群，故曰“涣其群”，群体齐心面对“涣”了，这也是形势所迫，必然同心同德、同舟共济，形势比人强，团结起来共同面对患难的群体如同一座山，其组织起来的力量更是匪夷所思，大“涣”达到大治，故为元吉。

这也是“多难兴邦”的道理，群体的灾难，大的灾难，可以聚人心，还可以形成有组织的力量，有利于“大一统”国家的形成。中国的水患，和有组织的治水，是形成大国的外在环境条件。

学生：企业战略的占问结果，要以《涣》卦六四为断。此爻是应对灾患开始行动，联系我们的主题，还请老师为我们做个卦象解析。

老师：好的。占问结果以《涣》卦六四为断，得到的是《涣》之《讼》。从卦象看，《涣》卦卦象 ䷸，《讼》卦卦象 ䷅，两卦卦象结合起来看，坎为灾患，为水，巽为齐，为心，为团结，为志，乾为大，为千万，为群，艮为山，这是千万人组织起来的群体，齐心团结起来治理水患，其力量如山之象；坎中实，为获，巽为利，乾为多，为富实，这是获利多而富实之象。对于企业战略而言，卦象信息，寓意在面对灾患或很大的困难之时，同心协力就会力量如山，企业如愿实现了获利多而富实的战略目标，得到大的成功。

学生：明白了。那我们继续看《涣》卦九五的爻辞。

䷺ **九五：涣汗其大号，涣王居，无咎。**

现代文注释：

九五，君王处"涣"之时，坐镇指挥，令出必行，这是与国家尊严相对应的地位，"涣汗"同于"焕烂"，君王用华美、有文采的辞语表达、发布其大政令，王居住的地方也装饰的焕然一新，巍然而光彩，以示庄严，这些是为了国家尊严的形象，故没有咎害。

学生：企业战略的占问结果，要以《涣》卦九五为断。此爻中的人物是君王，联系我们的主题，还请老师为我们做个卦象解析。

老师：好的。占问结果以《涣》卦九五为断，得到的是《涣》之《蒙》。从卦象看，《涣》卦卦象 ䷸，《蒙》卦卦象 ䷃，两卦卦象结合起来看，爻变失巽得艮，巽为蝗虫，艮为安，坎为灾患，为忧愁，互震为解，这是虫灾解除，得安无忧之象；艮为求，为成，坤为祸，为事，为聚，互震为功业，为福，坎中实，为得，这是因祸受福，求事皆得，功业有成之象。对于企业战略而言，卦象信息，寓意灾祸已得解，安定无忧，因祸受福，民心重聚，求事皆得，功业有成，战略实施已经顺利进行，目标得以实现，企业获得大成功。

　　学生：明白了。那我们继续看《涣》卦上九的爻辞。

☰☷ 上九：涣其血去逖出，无咎。

现代文注释：

　　上九，到此爻《涣》卦已达极致状态，暗伏杀机，有血光之灾，要考虑离开出走远方，惕之，方无咎害。上九，其伏象为坎，坎为血，上卦巽为斧，其伏象为震，震为戈兵，故暗伏杀机，会有兵戎相见、生灵涂炭的血光之灾，故，逃离此地、远走他乡，本来也是需要考虑的一种选择。但，正因为这只是暗伏的危机，故仅为伏象的警示。从大象上看，上九居大离之上，亦即居光明之上，"涣其"明确带有焕发光明的意思，爻辞确定了上九与光明之象有联系。故，最终的结局就是，上九因为居光明之上，而导致"忧患自免"，其隐伏的恤、惕皆去，故曰"涣其血去逖出"。故，上九最终不会有受伤害的忧患，无咎。

　　学生：企业战略的占问结果，要以《涣》卦上九为断。此爻暗伏凶险，联系我们的主题，还请老师为我们做个卦象解析。

　　老师：好的。占问结果以《涣》卦上九为断，得到的是《涣》之《坎》。从卦象看，《涣》卦卦象☲，《坎》卦卦象☵，两卦卦象结合起来看，坎象重叠，共有三个坎，坎为困厄，象征多次受困，震为德，为解，这是有德而困厄自解，有险而不危之象；卦象与爻辞相合。对于企业战略而言，这意味着顺利走出困厄，没有造成伤害；得此占，无誉无咎，是得平安的成功。

　　学生：明白了。有德而困厄自解，这句话很温暖人心啊！走出困厄，没有咎害，必有后福。

第九章　离、坎

在这一章里，解析《离》、《坎》两卦，《离》、《坎》两卦，是六十四卦中地位特殊的两卦，这两卦在天象上代表日、月，是我们抬头看天，白昼和夜晚所能看到的最大的天体，自古以来对人类想象力的影响最大，被尊为天神。不仅如此，日、月还是人类计时、纪年所依赖的天体，通过日圭观察日影人们知道了一年有三百六十五天，并划分了四季，进而有了节气的概念；通过观察月亮的盈亏圆缺，人们最早发现了阴历的月份，发现了潮水的涨落与月亮的关系。

《离》为火 ䷝（卦序号：29）

离上离下，重叠的"离"，《离》卦是纯卦。离卦象征太阳，象征光明，又象征火。

先看《离》卦的卦辞，及现代文注释：

离：利贞，亨。畜牝牛吉。

现代文注释：

卦辞说：离，是卦名；《离》卦，利于坚守正道，然后才会亨通；母牛是温顺的动物，在这里比喻柔顺的德行，培养自身这样的德行，吉祥。

学生：老师，请教一个问题，为什么《离》卦的卦辞里，要特别强调柔顺的德行呢？

老师：因为《离》卦是柔爻进入《乾》卦而得到的，柔爻代表柔顺的德行，代表文明和高雅，乾刚得到柔爻的文饰，就是离象，这是由象决定的。

学生：明白了。那我们接下来看孔子对《离》卦的卦辞说了什么。

孔子《易传·彖》对《离》卦的卦辞，是这样裁断的：

《彖》曰：离，丽也；日月丽乎天，百谷草木丽乎土，重明以丽乎正，乃化成天下。柔丽乎中正，故"亨"，是以"畜牝牛吉"也。

现代文注释：

彖辞说，"离"为火，火附丽于物，故曰"离，丽也"；这就如同日月附在天上，草木附在土上。两个"离"重叠，光明的重叠，是"明而又明"之德，这样的"明德"要附着在正道上，"明德"无所不照，就能美善社会，美善风俗，以教化天下。离卦二根柔爻居中，象征柔顺而又依附着于中正，故而能够亨通，君子修身，培养自身这样的德行，就像畜养柔顺的母牛一样吉祥。

学生：老师，孔子对《离》卦的裁断准确吗？

老师：准确。孔子强调附丽于正道，可得亨通，这是《离》卦的精神。

学生：那我们可以进入主题了。企业战略的占问结果，要以《离》卦的卦辞为断，还请老师为我们做个卦象解析。

老师：好的。以《离》卦的卦辞为断，占问结果分为两大类情况。第一类情况《离》卦为本卦，六爻皆不变。第二类情况《离》卦为之卦，本卦有三根爻变，变卦为《离》卦。

学生：老师，您先讲第一类情况，《离》卦为本卦，六爻皆不变。

老师：好的。从卦象看，《离》卦卦象☲，中爻大坎中实，为得，互兑为食，为谷粮，为丰，互巽为利，这是谷粮丰且得利之象；离为乾宫，乾数六，震为帝，为龙，为时，为乘，巽为命，为传，这是时乘六龙传达帝命，无所不通之象。对于企业战略而言，卦象信息，有高贵、无所不通的含义，还有谷粮丰收且得利的含义，这些含义都意味着成功。

学生：明白了。老师，您继续讲第二类情况，《离》卦为之卦，本卦有三根爻变，变卦为《离》卦。

老师：好的。我举几个例具体来解析，先看占问结果得到《蛊》之《离》。从卦象看，《蛊》卦卦象☶☴，《离》卦卦象☲☲，两卦卦象结合起来看，艮为鸿雁，震为南，为飞，为逐，离为日，这是鸿雁逐日南飞之象；巽为商贾，为利，震为行，为逐，为千，艮为里，兑为华，为不衰，这是商人逐利，转行千里不衰之象。对于企业战略而言，卦象信息，鸿雁南飞是自然规律，而商人逐利的转行千里不衰，符合人性的规律；不违背规律，遵天道而行，事业会成功。

再举一个例，占问结果得到《恒》之《离》。从卦象看，《恒》卦卦象☳☴，《离》卦卦象☲☲，两卦卦象结合起来看，震为农人，中爻大坎中实，为得，正反巽为谷，这是农人得谷之象；震为君，为德，离为日，乾为天，为百福，互大坎中实，为得，为受，互巽为利，这是君王有德，如日在天，受百福又得利之象。对于企业战略而言，卦象信息，农人得谷，君王受福得利，都是成功之象，寓意所求皆有得，也意味着战略实施成功。

学生：明白了。那我们接下来看孔子对《离》卦的观象说了什么。

☲☲　孔子《易传·象》对《离》卦的卦象特点，做了如下表述：

《象》曰：明两作，离，大人以继明照于四方。

现代文注释：

《象》说，《离》卦的象，光明重叠，上下都是光明，象征无限光明。伟大的人物，应当效法这一精神，以持续不断的智慧光明，照耀四方。

学生：老师，孔子对《离》卦的观象准确吗？说到时义了吗？《离》卦的时义，应当怎样准确表述呢？

老师：孔子对《离》卦的观象准确，也说到了时义。结合前面孔子在《象》辞里的裁断，可得到完整的时义，《离》卦的时义，是"明而又明"，坚守正道，要附着在正当的物体上，发出智慧光明，照耀四方。

学生：明白了。那接下来我们可以进入到《离》卦的爻辞了。

☲ 初九：履错然，敬之，无咎。

现代文注释：

初九，初阳有力，持正，并有震象，震为履，为脚步，"错然"，意为谨慎的样子，离为明察，为敬，故持恭敬谨慎的态度，不会有咎害。初爻的警示就是：行事的初始，持审谨的态度以善其始，从而也能善其终，不会有错。

学生：企业战略的占问结果，要以《离》卦初九为断。此爻的主人以恭敬的态度谨慎做事，结果怎样，还请老师为我们做个卦象解析。

老师：好的。占问结果以《离》卦初九为断，得到的是《离》之《旅》。从卦象看，《离》卦卦象☲，《旅》卦卦象☶，两卦卦象结合起来看，卦中有三离，离中虚，为有失之象；震为脚步，半震为小步，艮为停，小步前进且不时的停下，是为谨慎之象；中爻互大坎中实，为得，互兑为谷粮，为丰，互巽为利，这是谷粮丰且得利之象。对于企业战略而言，卦象信息提醒，会有失，需谨慎，而谷粮丰收且得利之象，明确战略实施成功。

学生：明白了。那我们继续看《离》卦六二的爻辞。

☲ 六二：黄离，元吉。

现代文注释：

六二，为离的中爻，为中道，其色为黄，故六二爻有黄中之象，象征中正；太阳早上八、九点上升到日中，然后继续沿中且正的轨道缓缓运行，普照大地，这就是六二所象征的"日中之离"，以黄中之色附丽于物，元吉。

学生：企业战略的占问结果，要以《离》卦六二为断。卦辞吉祥，还请老师为我们做个卦象解析。

老师：好的。占问结果以《离》卦六二为断，得到的是《离》之《大有》。从卦象看，《离》卦卦象 ☲，《大有》卦卦象 ☲，两卦卦象结合起来看，离为日，乾为天，这是日在天上运行之象；离为夏，乾亦为夏，互巽为木，互兑为华，为繁盛，这是夏季草木繁盛之象。对于企业战略而言，卦象信息，寓意企业正处在鼎盛期，呈现出的是一片繁荣气象，如同爻辞所述，是"黄离"，高贵而顺利，从始至终的吉祥，故曰元吉；得此占，事业成功。

学生：明白了。那我们继续看《离》卦九三的爻辞。

☲ 九三：日昃之离，不鼓缶而歌，则大耋之嗟，凶。

现代文注释：

九三，居下卦离的上位，象征"日昃之离"。太阳西落，老人在"鼓缶而歌"，已到耄耋之年，如不敲着瓦器唱歌，就会因为老朽而嗟叹；但本为豁达，却生出夕阳垂暮的感叹，九三在中爻有草木被大火包围的凶险之象，占凶。

学生：企业战略的占问结果，要以《离》卦九三为断。此爻有凶，最终怎样，还请老师为我们做个卦象解析。

老师：好的。占问结果以《离》卦九三为断，得到的是《离》之《噬嗑》。从卦象看，《离》卦卦象 ☲，《噬嗑》卦卦象 ☲，两卦卦象结合起来看，震为征战，互坎为寇，艮为城，离为戈兵，这是贼寇兵临城下，征战在即之象；正覆巽为草木，上下有离火，这是草木被大火包围之象；互坎为寇贼，上下雷电合击，这是寇贼覆灭之象；卦象凶险，兵戎相见，无法避免，大火燃起，草木被围困。对于企业战略而言，草木被大火包围，是遇到凶险，但最终灾患解除，终得平安；得此占，事业会有成功。

学生：明白了。那我们继续看《离》卦九四的爻辞。

☲ 九四：突如其来如，焚如，死如，弃如。

现代文注释：

九四，与九三接，中爻之象上为兑，下为巽，兑为草，巽为木，有草木被大火包围之象，九四和九三皆有被大火吞噬的危险，这种危险会来的很突然，故曰"突如其来如，焚如"，这突如其来的变故，含有宫廷之变的隐喻，出现骨肉相残，故曰"死如"，出现天人不容之事变，为天人所共弃，故曰"弃如"。

学生：企业战略的占问结果，要以《离》卦九四为断。此爻的爻辞充满凶险，有不详的感觉，还请老师为我们做个卦象解析。

老师：好的。占问结果以《离》卦九四为断，得到的是《离》之《贲》。从卦象看，《离》卦卦象☲，《贲》卦卦象☲，两卦卦象结合起来看，互坎为疾，兑为倾危，震为君王，艮为国，这是国君有疾，倾危之象；爻变发生在上离的震阳，震阳失，得坤阴，震为君，坤为死，故有凶。对于企业战略而言，有疾是出了问题，不能治而死亡，是内部问题无法正常解决，导致一场人事的变故；故，得此占，归于失败。

学生：明白了。那我们继续看《离》卦六五的爻辞。

☲ 六五：出涕沱若，戚嗟若，吉。

现代文注释：

六五，柔居中，君位，以"柔中之德"主导依附之道。居大坎之上，有忧伤之象，有流泪状的悲戚嗟叹，故曰"出涕沱若，戚嗟若"，六五居上卦离之中，居尊而知忧惧，占得吉祥。

学生：企业战略的占问结果，要以《离》卦六五为断。此爻的主人居君位，是什么状况，还请老师为我们做个卦象解析。

老师：好的。占问结果以《离》卦六五为断，得到的是《离》之《同人》。从卦象看，《离》卦卦象☲，《同人》卦卦象☰，两卦卦象结合起来看，爻变，离变乾，离为光明，乾为富实，这是先光明，后富实之象；乾为福，互巽为门，为入，震为履，为德，这是履德而入福门之象。对于企业战略而言，进入福门，先有光明，后得富实，这是天道，战略实施会成功。

学生：明白了。那我们继续看《离》卦上九的爻辞。

☲ 上九：王用出征，有嘉折首，获匪其丑，无咎。

现代文注释：

上九，"离"的极致依附动用了武力，离为日，王之象，离又有兵戈之象，故曰"王用出征"。获嘉美功勋，折其魁首，不获其众，不滥刑，无咎之道。

学生：企业战略的占问结果，要以《离》卦上九为断。此爻在极致之位，出现了动用武力，还请老师为我们做个卦象解析。

老师：好的。占问结果以《离》卦上九为断，得到的是《离》之《丰》。从卦象看，《离》卦卦象☲，《丰》卦卦象☲，两卦卦象结合起来看，互巽为鱼，中爻正反巽为绳网，离为网罟，震为征，为田猎，为獐鹿，为兔，艮为鸟兽，互大坎中实，为获，这是捕鱼和田猎皆有收获，捕获到鱼和鸟兽之象。对于企业战略而言，这是有收获的成功之象，战略实施成功。

学生：明白了。《离》卦六爻都讲完了，《离》卦是六十四卦中地位很特别的卦，老师，您在最后为我们总结一下吧。

老师：好的。《离》卦为光明之卦，正大而光明。故《离》卦的时义，在于坚守正道，要附着在正当的物体上，发出智慧光明，照耀四方。君子占到《离》卦，是亨通的卦。只要守正道，不搞歪门邪道，就会亨通。对于《离》卦，重要的是它有"附丽"的特点，附在何物之上，完全不同，值得深思。

《离》卦两团火的相互作用和吸引，在卦象上提醒君子，要注意欲望之火带来的毁灭。在现今社会，各种诱惑，如点燃一把火一样，会引诱人走向无法自拔的必死之路，要特别予以警惕。对于有远大抱负的君子来说，被欲望之火毁灭，从光明走向黑暗，有时也就一念之差。因此，努力提高自身的道德修为，远离心术不正之人，远离那些不怀好意者所挖设的死亡陷阱，才能做到《离》卦六二爻所说的"黄离，元吉"。君子守正，就会始终处在光明之火的照亮之下，否则就会走进地狱，受到炼狱之火的煎熬。

《离》卦上离下离的连接，在九三、九四的爻辞警示里含有隐喻，故第一代领导人要警惕小人接班，以避免受到伤害，要预防出现不测事变，被诬陷谋害，如九四爻辞所描述的"突如其来如，焚如，死如，弃如"。"离"的重叠，可以是光明的重叠，也可以是继任者谋害前任的事变。

学生：明白了。这些道理让人受益终身。

《坎》为水 ䷜（卦序号：30）

坎上坎下，重叠的"坎"，《坎》卦是纯卦。坎卦象征月亮，象征险难，又象征水。《坎》卦，与《离》卦是一对错卦，六爻皆变，互为"伏象"，其卦义也是相依相伏。人们常说"祸福相依"，就是这样的道理；《离》卦的光明，暗伏着坎险，《坎》卦的坎险，暗伏着光明。历史上的伟大人物，都是历经坎险，而后到达光明，"险难"会造就伟大的人物。

先看《坎》卦的卦辞，及现代文注释：

（习）坎：有孚，维心亨，行有尚。

现代文注释：

卦辞说：坎，是卦名；《坎》卦，象征重重险陷，要心怀诚信，让诚信系之于心，专诚于一事，则必得亨通；"尚"为"佑助"之意，"行有尚"是说这样对他做的事有佑助，专诚做事，会佑助所行之事得到成功。

孔子《易传·彖》对《坎》卦的卦辞，是这样裁断的：

《彖》曰："习坎"，重险也。水流而不盈，行险而不失其信。"维心亨"，乃以刚中也。"行有尚"，往有功也。天险，不可升也，地险，山川丘陵也，王公设险，以守其国。险之时用，大矣哉！

现代文注释：

彖辞说，"坎"，为险，"习"，为重复，是为重叠的"坎"。坎之为险，是因为水流过凹陷，必先灌满低凹的陷坑后才会继续前行，低凹之处当水到来时一定会被淹没。能疏导水不停往前流动，就不会溢出河床，故曰"水流而不盈"，水行险道，而不失信用。而人做事，将专诚系之于心，必得亨通，此乃"刚中"的道理，"刚中"之德就是刚健加上中道，"中道"即"恒"之道。"行有尚"，是说专诚有助于行，对做事有佑助，前往会有建功的机会。天之险，是难以登上；地之险，是山川丘陵会阻碍前行，有时会无法逾越；君王设置险关，是为了守卫国家不会轻易被敌人攻破。"险"的时用，真的很大啊！

学生：老师，孔子对《坎》卦卦辞的裁断准确吗？《坎》卦的时义，应当怎样准确表述呢？

老师：孔子对《坎》卦卦辞的裁断准确。《坎》卦的时义，是君子处险。

学生：明白了。我们可以进入主题了，企业战略的占问结果，要以《坎》卦的卦辞为断，还请老师为我们做个卦象解析。

老师：好的。以《坎》卦的卦辞为断，占问结果分为两大类情况。第一类情况《坎》卦为本卦，六爻皆不变。第二类情况《坎》卦为之卦，本卦有三根爻变，变卦为《坎》卦。

学生：老师，您先讲第一类情况，《坎》卦为本卦，六爻皆不变。

老师：好的。从卦象看，《坎》卦卦象☵，坎中实，为得，为获，为孚，为信，中爻震为神，为帝，为行，为车，为载，为福，为乐，为功业，艮为求，为助佑，为安，中爻震艮相对，为君臣牵手，这是有孚信而获神助佑，载福前行，安居乐业，求有所得之象。对于企业战略而言，卦象信息，寓意诚信做事可得神的助佑，福运相伴，求事可得；得此占，战略实施会成功。

学生：明白了。老师，您继续讲第二类情况，《坎》卦为之卦，本卦有三根爻变，变卦为《坎》卦。

老师：好的。我举几个例来具体解析，先看占问结果得到《履》之《坎》。从卦象看，《履》卦卦象☰，《坎》卦卦象☵，两卦卦象结合起来看，艮为山，为石，坎为涧，震为车，为载，为行，乾为轮，艮为轭，兑为毁折，这是车行在山涧，涧中多石，车与石撞击，车轮和车轭俱皆毁折之象。对于企业战略而言，卦象信息里，车象征企业，车在崎岖难行的山涧行走，被涧中之石撞击而毁折，寓意企业会遭受很大的挫折，无法继续正常运行，归于失败。

再举一个例，占问结果得到《泰》之《坎》。从卦象看，《泰》卦卦象☷☰，《坎》卦卦象☵☵，两卦卦象结合起来看，乾为马，震为行，为惊，互艮为虎，兑为和，为相安，这是遇虎马惊，但相安无事之象。对于企业战略而言，为虎所惊，意味着行业中出现了强者；与虎相安无事，是市场的细分使得企业在市场中与强者没有直接的对抗，可以相安；得此占，事业成功。

学生：明白了。那我们接下来看孔子对《坎》卦的观象说了什么。

☵ 孔子《易传·象》对《坎》卦的卦象特点，做了如下表述：

《象》曰：水洊至，习坎。君子以常德行，习教事。

现代文注释：

《象》说，水流相继而至，象征重重险陷。君子观此卦象，感悟其中的道理，因此经常注意自身美好德行的保持，勤奋不休止的习于教事，即自身的教育。

学生：老师，孔子对《坎》卦的观象准确吗？

老师：孔子对《坎》卦的卦象准确。孔子自身的经历，就如同《坎》卦，故深有体会。

学生：明白了。那我们接下来可以进入到《坎》卦的爻辞了。

☵ 初六：习坎，入于坎窞，凶。

现代文注释：

初六，柔弱的阴爻，在重坎之下，居位不正，上又无应援，不应该深入重重险陷，落入陷穴的最深处，无法出险，故有凶。

学生：企业战略的占问结果，要以《坎》卦初六为断。初爻是坎窞之凶，还请老师为我们做个卦象解析。

老师：好的。占问结果以《坎》卦初六为断，得到的是《坎》之《节》。从卦象看，《坎》卦卦象☵，《节》卦卦象☲，两卦卦象结合起来看，三坎一兑，坎为江河，为水，兑为泽，为海，这是三江之水泛滥，一片汪洋之象；中爻《颐》象，为饥荒之象；这是水灾到来，田无收成，灾后出现饥荒。对于企业战略而言，卦象信息，是遭遇不利的灾患因素，饥荒代表资金不足，没有现金收入，财政出现困难，战略实施不会成功。

学生：明白了。那我们继续看《坎》卦九二的爻辞。

☵ 九二：坎有险，求小得。

现代文注释：

九二，阳刚有为，居中，有刚中之德，现履坎有险，在此时的情势下只可以先谋求小利益。九二的中位，为"险中"，九二尚未出"险中"，得到告诫，在未出"险中"之时，谋求利益不可操之过急。

学生：企业战略的占问结果，要以《坎》卦九二为断。九二居坎中，坎中为险中，还请老师为我们做个卦象解析。

老师：好的。占问结果以《坎》卦九二为断，得到的是《坎》之《比》。从卦象看，《坎》卦卦象☵，《比》卦卦象☷，两卦卦象结合起来看，爻变，坎去而得坤，坎去，为洪水入海，得坤，为大水退去后大地露出水面，大地又出现了；互震为东，为禹王，为龙，艮为门，为山，为凿，为安，坤为江河，为海，坎为水，为民，这是禹王凿通龙门，大水流入东海，灾患过去，民得安宁之象。对于企业战略而言，大地重现寓意生产得以恢复，民得安宁，寓意财务状况好转，有小的收获，故民得安；得此占，会有成功。

学生：明白了。那我们继续看《坎》卦六三的爻辞。

☷ 六三：来之坎坎，险且枕，入于坎窞，勿用。

现代文注释：

　　六三，这里的"来之"即"来往"，"来往坎坎"，往内是下坎，往外是上坎，来去都处在险陷之中，故只能暂且等待观察。六三已进入险陷的深处，前后都是坎险，此时，只能静观其变，不可轻举妄动。六三得到警示："勿用"，处此时位，不要行动。

　　学生：企业战略的占问结果，要以《坎》卦六三为断。此爻的爻辞有凶险，结果怎样，还请老师为我们做个卦象解析。

　　老师：好的。占问结果以《坎》卦六三为断，得到的是《坎》之《井》。从卦象看，《坎》卦卦象☵，《井》卦卦象☴，两卦卦象结合起来看，三坎一巽，坎象多现，坎为陷，为陷阱，巽为香，为饵，这是陷阱环布，又有香饵引诱之象；中爻互震为君王，互艮为贤人，为止，互兑为祈祷，祈求改变；互震为射，互离为弓弩，为罗网，这是凶险异常，不能动之象。对于企业战略而言，这是处在罗网、陷阱环布的环境，此时，机会就如同罗网和捕兽器里放置的香饵，引诱前来吃香饵的猎物，前往就会被捕获，或被射杀。得此占，企业只能停止行动，战略实施不会成功。

　　学生：明白了。那我们继续看《坎》卦六四的爻辞。

☵ 六四：樽酒，簋贰，用缶，纳约自牖，终无咎。

现代文注释：

　　六四，一樽酒，两碗饭，用瓦盆盛饭，素约的食物从窗户递进来。作为君王的近臣，居位正，处境尽管不好，最终会协助九五渡过险难，终无咎害。

　　六四，阴爻居阴位，是卦中最柔弱的，故使用了女人敬神的典故，古代女子敬神的礼仪，祭品不走正门，从窗户进出，这里寓意居大臣之位的六四，用自己的行动来谏戒君王，要忍耐。也说明六四与九五阴阳相交，能承助九五。

学生：企业战略的占问结果，要以《坎》卦六四为断。此爻的大臣在为君王递饭食，还请老师为我们做个卦象解析。

老师：好的。占问结果以《坎》卦六四为断，得到的是《坎》之《困》。从卦象看，《坎》卦卦象☵，《困》卦卦象☱☵，两卦卦象结合起来看，三坎一兑之象，皆为水，大水为患，艮阳在坎中，互巽为鱼，陆地、屋舍、稻田皆被淹没，如同水中之鱼；互震为年岁，为粮，艮为居，兑为食，为毁，坎为损，为困，这是大水为患，民无居所，无粮困于食之象。对于企业战略而言，卦象信息，是遇到灾患，无粮困于食，没有现金收入，战略实施不会成功。

学生：明白了。那我们继续看《坎》卦九五的爻辞。

☵九五：坎不盈，祗既平，无咎。

现代文注释：

九五，居中得正，为天下所望，大水来了，九五疏导坎水流动而不溢出河床，仅与河床平，即"坎不盈，祗既平"，但九五的中位为"险中"，不能有大作为，又为上六阴爻所乘凌，同样要忍耐和等待。虽位尊而暂时不称其位，丢了面子，也无咎害。九五耐心等待大水在疏导下退去，等待采取进一步措施的适当时机，再平安走出险难，方法得当、不躁动就不会有灾难，故"无咎"。

学生：企业战略的占问结果，要以《坎》卦九五为断。此爻君王在领导抗洪，结果怎样，还请老师为我们做个卦象解析。

老师：好的。占问结果以《坎》卦九五为断，得到的是《坎》之《师》。从卦象看，《坎》卦卦象☵，《师》卦卦象☷☵，两卦卦象结合起来看，三坎为三条江河大水泛滥，震为战，抗洪之战，疏导大水不溢出河床，坤为地，在坎水之上，田地庄稼没有受灾，故无咎，卦象与爻辞相合。对于企业战略而言，无咎，代表没有过失，且有平安，保住了收获，战略实施成功。

学生：明白了。那我们继续看《坎》卦上六的爻辞。

☵ 上六：系用徽纆，寘于丛棘，三岁不得，凶。

现代文注释：

上六，其象占凶，在于其位不利，失刚中之德，又凌乘九五之上，所以凶险，要出险须等三年。上六伏象为巽，巽为绳，徽纆即为绳索，巽为草茅，为丛棘之象，上六所居上卦为坎伏离，离数为三，故曰"系用徽纆，寘于丛棘，三岁不得"，伏象呈现出的境况很不好，故"凶"。上六的爻辞，全部与伏象有关。上六的结局与六四相比也完全不同，就在于上六不能承助九五共同济险，处险难没有团结精神，变成孤单无助的个体，有凶。

学生：企业战略的占问结果，要以《坎》卦上六为断。此爻的人物境况不好，还请老师为我们做个卦象解析。

老师：好的。占问结果以《坎》卦上六为断，得到的是《坎》之《涣》。从卦象看，《坎》卦卦象☵，《涣》卦卦象☴，两卦卦象结合起来看，艮为道路，巽为荆棘，坎为刺，震为行，这是道路布满带刺的植物，荆棘丛生，难行之象；坎为孤，巽覆兑，兑为友，覆兑为失友，这是失友而孤单无助之象。对于企业战略而言，卦象信息，孤单无助，为不得地利，也不得人和，道路长满荆棘是不得天时，不得天时、地利、人和的状态，企业又能有何作为呢？坎难中的这种状态很难有好的前景，战略实施不会成功。

学生：明白了。《坎》卦六爻都讲完了。《坎》卦是与《离》卦相对应的卦，和《离》卦一样，老师，您也在最后对《坎》卦说几句总结的话吧！

老师：好的。《坎》卦的时义，是君子处险。此时义，按卦象来理解，坎是险陷，君子在此时空就是处在重重的险陷之中，其时空含义是：阳之陷。阳陷坎中，是君子人生的艰难历程，这样的历程让君子遇上了，就要正确面对，走出险陷既要有实践的不断总结，也需要学习先贤的智慧，行险而不陷，平安出险。君子占到《坎》卦，领悟《坎》卦的要义，"维心亨，乃以刚中也，"说的就是济险之道。故，要为自己制定好做事的原则，首先做事专诚，如同系之于心，如此则可得亨通；还要有"刚中之德"，出险需用"刚"，而不是用"柔"，这样才可以做到行险而不陷。

学生：明白了。君子的一生难免会遇到坎险，这些道理确实很重要。

卷三

周易下经

第十章 泰、否

地天《泰》䷊（卦序号：31）

易即天道而归于人事，易学家尚秉和认为，《泰》《否》《损》《益》四卦是解开六十四卦人事关系的枢纽。而《泰》卦，在四卦的地位中又居于首。故，"周易下经"从《泰》卦开始是最合适的卦序安排。

古代更久远的时候，《泰》卦写为"奈"卦，人们在祭祀场所摆放水果奈，久而久之，奈的卦名就被人们接受。到后来，人们把天地人三元素组合作为《泰》卦代替了"奈"卦，"泰"字三横为天，中间人字，下面川字代表坤地，象征可以得天、地、人三才之为用，"泰"字面上代表了安定的状态。

先看《泰》卦的卦辞，及现代文注释：

泰：小往大来，吉，亨。

现代文注释：

泰，是卦名。在《易》中，小为阴，大为阳，《泰》卦，坤阴前往外卦，乾阳进居内卦，内阳而外阴，内健而外顺，内君子而外小人，故，君子道长，小人道消。《易》的主导思想是内卦为主，阳进入内，乾主内，故吉祥，亨通。

孔子《易传·彖》对《泰》卦的卦辞，是这样裁断的：

《彖》曰："泰，小往大来，吉亨"，则是天地交而万物通也，上下交而其志同也。内阳而外阴，内健而外顺，内君子而外小人，君子道长，小人道消也。

现代文注释：

彖辞说，"往"，是前往外卦，"来"，进居于内卦。故"小往大来"是说坤前往外卦，乾进居内卦。《易》的主导思想是内卦为主，阳进入内，故吉祥，亨通。这是天地交而万物通之象，上下能够交合因其志同也，天地之志，即天地之德，创造、化育生命之德，天地同德也。《泰》卦，内阳而外阴，内健而外顺，内君子而外小人，故君子道长，小人道消也。

学生：老师，孔子对《泰》卦卦辞的裁断准确吗？孔子说到《泰》卦的时义了吗？

老师：孔子对《泰》卦卦辞的裁断准确，也对《泰》卦的时义进行了表述。《泰》卦的时义，就是君子处在天下安泰、有所作为之时。在这样的时空，万物繁茂而得亨通，内健而外顺，内君子而外小人，君子道长，小人道消。

学生：明白了。我们可以进入主题了，企业战略的占问结果，要以《泰》卦的卦辞为断，还请老师为我们做个卦象解析。

老师：好的。以《泰》卦的卦辞为断，占问结果分为两大类情况。第一类情况《泰》卦为本卦，六爻皆不变。第二类情况《泰》卦为之卦，本卦有三根爻变，变卦为《泰》卦。

学生：老师，您先讲第一类情况，《泰》卦为本卦，六爻皆不变。

老师：好的。从卦象看，《泰》卦卦象☷☰，互震为春，为树木，为生，互兑为华，为繁茂，乾为根，坤为枝叶，这是树木根扎大地，逢春枝叶繁茂之象；乾为天福，震为君，为德，互兑为华，为恩泽，这是君王有德，蒙恩受福之象。对于企业战略而言，树木逢春而繁茂，君王蒙恩受福，意味着一切都处在顺利之中，求事皆成，战略实施成功。

学生：明白了。老师，您继续讲第二类情况，《泰》卦为之卦，本卦有三根爻变，变卦为《泰》卦。

老师：好的。我举几个例来具体解析，先看占问结果得到《中孚》之《泰》。从卦象看，《中孚》卦卦象䷼，《泰》卦卦象䷊，两卦卦象结合起来看，艮为时，为狐，坤为冬，为衣，这是冬天得到狐皮大衣之象；乾为大，为德，为恩福，坤为顺，震为车，为载，为回返，巽为利，艮为家，这是蒙恩受福，大车载利，顺利回家之象。对于企业战略而言，冬天得狐裘，有企业得到急需资源的含义，而大车载利，顺利回家，则明确成果很大，获利丰厚，事业成功。

再举一个例，占问结果得到《坤》之《泰》。从卦象看，《坤》卦卦象䷁，《泰》卦卦象䷊，两卦卦象结合起来看，乾在下，为有根，兑为花，震为薇兰，为生，为开，这是薇兰生根开花之象；震为征，坤为众，为四夷，为死，兑为毁折，兑覆巽，巽为树木，覆巽为树木倒覆，这是与四夷开战，而导致覆灭之象。对于企业战略而言，薇兰生根开花，寓意企业有好的成果问世，四夷代表市场中的仿造跟随产品，与四夷开战，代表新产品的发明者与仿造跟随产品的一场激烈市场竞争，竞争的结果是发明者被仿造跟随产品打败，付出很大研发费用的企业最终覆灭，这就是新产品研发面对市场竞争的残酷；结局归于失败。

学生：明白了。那接下来我们看孔子对《泰》卦的观象说了什么。

䷊ 孔子《易传·象》对《泰》卦的卦象特点，做了如下表述：

《象》曰：天地交，泰。后以财成天地之道，辅相天地之宜，以左右民。

现代文注释：

《象》说，《泰》卦，天地交也。"财"，通"裁"，裁制，成就的意思，"辅相"，助也，"天地之宜"就是天地化育万物的有效运行。"左右民"即"佐佑民"，助民通泰，使社会安宁。整段的意思就是：天地交，而后成就天地创造化育万物之道，助力天地化育万物的有效运行，佐助天下苍生的生计，使之盛大繁茂，助民通泰，使社会安宁。

学生：老师，孔子对《泰》卦的观象准确吗？

老师：孔子对《泰》卦的观象准确。这里孔子着重阐述《泰》卦的时用，讲君子在《泰》卦时空里的作为。故，理解孔子观象后所讲的这段话，要从时用上去理解，君子的作为，就是《泰》卦的时用。

学生：明白了。那接下来我们可以进入到《泰》卦的爻辞了。

☷ 初九：拔茅茹，以其汇，征吉。

现代文注释：

初九，阳刚的君子，茅和茹，都是根部相连的植物，拔一棵则相牵连而皆起，故"拔茅茹"就有"以其汇"的现象；茅茹本为坤象，这里是说阳气升进，阳出，其根部相牵，根部看不见，为伏，乾的"伏象"为坤，坤为茅茹；隐喻阳刚君子以其类聚，其根相牵，相致共进，初九的升进会牵动九二、九三共同一起动，其根部相互牵动，如同茅茹被拔起；君子共同前进，吉。

学生：企业战略的占问结果，要以《泰》卦初九为断。此爻为吉，联系我们的主题，还请老师为我们做个卦象解析。

老师：好的。占问结果以《泰》卦初九为断，得到的是《泰》之《升》。从卦象看，《泰》卦卦象☷，《升》卦卦象☷，两卦卦象结合起来看，巽为商贾，为交易，为市，乾为珠玉，坤为帛，为民，兑为羊，为悦，震为稻谷，这是交易商品从粮食、牲畜、丝帛到珠玉，应有尽有，民心悦喜之象；震为龙，为飞，为马，为奔，乾为天，坤为平陆，为万里，这是龙飞腾在天上，马自由奔驰在万里平地之象；巽为草木，震为春，为木，为生，为繁茂，乾在下为根，坤在上为枝，这是春天草木生长，根深扎大地，枝叶繁茂之象。对于企业战略而言，卦象信息，市场繁荣，龙马自由奔腾，寓意企业得天时；草木有根，深扎大地，枝叶繁茂，寓意产品贴近市场，根基牢固，状态良好，事业成功。

学生：明白了。那我们继续看《泰》卦九二的爻辞。

☷☰ 九二：包荒，用冯河，不遐遗，朋亡，得尚于中行。

现代文注释：

九二，以刚居柔，在内卦的中位，并与上卦中位的六五有应，此乃同德之象。因为与六五的同德，九二得到六五的信任相托，这是《泰》卦长久大吉、长久亨通的保证。故，九二肩负有太平盛世、泰之世的治理责任，这就涉及治泰之道。故，九二提出"包荒，用冯河，不遐遗，朋亡，"四条大的措施，也是四条有力的治泰之道。泰之世，最容易出现弊病的就是社会过于安逸，在安逸中法度废弛，人情安于享乐，无节制，近忧远患。这里，"包荒"，为包容之道，"用冯河"为奋发、拼搏、越险之道，在不断的改革中有"暴虎冯河"的勇气，"不遐遗"为有远虑，"朋亡"为不结党营私。治泰之道，有此四者，已体现出九二的贤能、才干，故夸其"得尚于中行"，"尚"为"佑助"，九二守中道而行，得中道的佑助，得中道自然可以正行，是为中正之道。

学生：企业战略的占问结果，要以《泰》卦九二为断。此爻就是治泰之道，联系我们的主题，还请老师为我们做个卦象解析。

老师：好的。占问结果以《泰》卦九二为断，得到的是《泰》之《明夷》。从卦象看，《泰》卦卦象☷☰，《明夷》卦卦象☷☲，两卦卦象结合起来看，震为逐，为兔，互坎中实，为得，覆艮为獐鹿，这是逐兔得獐，超出所求收获之象；

震为喜乐，为迎，为归，坤为麟凤，离为巢，这是喜迎麟凤归巢之象。对于企业战略而言，卦象信息，有战略实施超出预想目标，得到更理想结果的含义；同时，企业喜得麟凤之贤才，为下一步大展宏图做好了准备，是大成功。

学生：明白了。那我们继续看《泰》卦九三的爻辞。

☷☰ 九三：无平不陂，无往不复，艰贞无咎。勿恤其孚，于食有福。

现代文注释：

九三，已到乾之极，物极必反，不会始终为平，平则必有陂，阴也不会始终往外走，往则必有复。三阳即为盛，故盛极而衰的状态已经很接近了。泰极将有否事，所以要艰贞守正，方可保无咎。往上走，靠近坤象，坤为忧，为恤，故告之九三"勿恤"，"其孚"是与上六之孚，不用忧恤会有不利的结果，艰贞守正即可；前往顺其自然，九三居兑口之下，其象为食，乾为福，故曰"于食有福"；此爻告诫的是，知无常而勿恤，九三到了乾之极，就要走向反面了，六爻皆应的"孚"即将成为泰否转化的条件，知其为宇宙的规律，故曰"勿恤其孚"。

学生：企业战略的占问结果，要以《泰》卦九三为断。此爻靠近上卦，爻辞说到了"无往不复"，联系我们的主题，还请老师为我们做个卦象解析。

老师：好的。占问结果以《泰》卦九三为断，得到的是《泰》之《临》。从卦象看，《泰》卦卦象☷☰，《临》卦卦象☷☱，两卦卦象结合起来看，乾为白昼，为日，为明，坤为地，为夜，兑为月，为暗昧，这是日落而月尚未升起，月在地中，夜更加黑暗，暗昧代替光明之象。对于企业战略而言，意味着兴旺的阶段已经过去，企业进入到走下坡路的阶段，很快就要萧条没落了，要做好准备以适应新情况，以艰贞来应对；得此占，事业归于失败。

学生：明白了。那我们继续看《泰》卦六四的爻辞。

☷☰ 六四：翩翩，不富以其邻，不戒以孚。

现代文注释：

六四，居中爻互震之中，震为鸟，为飞，故曰"翩翩"，像鸟一样的翩翩然，轻盈飞翔，这是没有积累、没有辎重的状态，表示六四并不富足。六四进入上卦坤，虚而不富，与其坤体的其他邻居一样都不富，故曰"不富以其邻"。"以孚"为有信，亦即有应。"不戒以孚"指的是，"阴阳交泰"对于所有的六爻来说都是心中的至愿，故六爻相应，阴阳交泰，彼此皆无戒心防备，上卦坤的三阴爻会同时孚于下卦的三阳。六四下应初九，从阳爻那里得到阳富。

学生：企业战略的占问结果，要以《泰》卦六四为断。此爻很容易出现理解上的歧义，联系我们的主题，还请老师为我们做个卦象解析。

老师：好的。占问结果以《泰》卦六四为断，得到的是《泰》之《大壮》。从卦象看，《泰》卦卦象☷，《大壮》卦卦象☳，两卦卦象结合起来看，坤为江河，互兑为海，震为至，为东，这是江河东流入海之象；坤为国，震为君，为德，兑为恩泽，乾为富实，这是国君有德，得恩泽富实之象。对于企业战略而言，卦象信息，江河东流入海，寓意战略目标会如期实现；国君代表企业，企业有德行美誉，德牵利市，会有市场兴盛的福报，企业得到的是恩泽的富实；得此占，战略实施会成功。

学生：明白了。那我们继续看《泰》卦六五的爻辞。

☷ **六五：帝乙归妹，以祉，元吉。**

现代文注释：

六五，就是帝乙的妹妹，帝乙为殷高宗，这里用"帝乙嫁妹给周文王"的史事，来说明联姻成功，也进一步说明《泰》道的成功，这里九二为周文王，六五为帝乙的妹妹，六五虽然尊贵至极，但也不能久居闺房，她要前往九二之处下应九二，以得到她的福祉，此乃行其所愿，联姻成功；这符合本卦的主旨，少女也得到福祉，故其占为"元吉"。

学生：企业战略的占问结果，要以《泰》卦六五为断。此爻中的人物是帝乙的妹妹，嫁给文王，联系我们的主题，还请老师为我们做个卦象解析。

老师：好的。占问结果以《泰》卦六五为断，得到的是《泰》之《需》。从卦象看，《泰》卦卦象☷☰，《需》卦卦象☵☰，两卦卦象结合起来看，震为前往，坎中实，为获，为得，乾为福，兑为悦，这是喜悦的前往，与福相得之象；卦象吉祥，也与爻辞相合。对于企业战略而言，前往的结果就是与福相得，这意味着结果是好的，所求皆能实现，战略实施成功。

学生：明白了。那我们继续看《泰》卦上六的爻辞。

☷☰ 上六：城复于隍，勿用师。自邑告命，贞吝。

现代文注释：

上六，《泰》到了极致也要走向自身的反面，"泰极而否来"的时刻到了，高大庄严的巍巍之城，在"复"道的作用下，也就是自然规律的作用下，会倾覆而倒下，卑微的如同沟渠一般，不要忿忿不平的要动用武力做最后的抗争。"泰"道在此刻既已走到了极致的终点，那就得接受天命循环的安排；想开了就好，大自然中沧海桑田的变化，不也是如此吗？泰极而否来，否极而泰来，大自然的循环往复，就是如此。改朝换代，在禅让之外，还要下诏自我贬损，如此屈尊求安乃情势所迫，到了泰卦的上六，泰由极致走向反面已是定局，此爻描绘和揭示的，是人类社会"泰极而否来"的规律，其占为吝。

学生：企业战略的占问结果，要以《泰》卦上六为断。此爻中的主人走到了倾覆的反面，联系我们的主题，还请老师为我们做个卦象解析。

老师：好的。占问结果以《泰》卦上六为断，得到的是《泰》之《大畜》。从卦象看，《泰》卦卦象☷☰，《大畜》卦卦象☶☰，两卦卦象结合起来看，震为功业，为岁，为乐，艮为止，为安，乾为福，坤为平，兑为和，这是功业有止，平和得安，岁乐不忧，有福相随之象。对于企业战略而言，卦象信息，无誉无咎，建功立业已经止步，但岁乐不忧；得此占，有平安，但功业止步。

　　学生：明白了。《泰》卦走到最后，还能得安，还能岁乐不忧，得此占问结果，也满足了。

天地《否》䷋（卦序号：32）

"周易下经"从《泰》《否》开始，《泰》卦之后，就到了《否》卦。此时，卦序号到达32，正好是六十四卦的正中。六十四卦代表六十四个不同的"时"，在不同的"时"中，最具代表性的是四种状态，即"治时"、"乱时"、"中兴"、"衰世"四种"时"，对应着《泰》《否》《复》《剥》四卦。本书的卦序安排里，《泰》《否》代表"治时"和"乱时"，放在"周易下经"的初始，"中兴"之时的《复》卦放在六十四卦的最前面，"衰世"之时的《剥》卦放在最后一卦。从卦序大圆图上看，走过"衰世"的《剥》卦之后，就回到"中兴"的《复》卦，这就是"治、乱、兴、衰"的循环规律。

《否》卦，与《泰》卦是一对错卦，六爻皆变，互为"伏象"，其卦义也是相依相伏，所谓否极泰来，泰极而否至，《泰》卦的安泰，暗伏着危否，而《否》卦的危否，暗伏着安泰。

先看《否》卦的卦辞，及现代文注释：

否：否之匪人，不利君子贞，大往小来。

现代文注释：

否，是卦名。《否》卦，象征阴阳不相交，万物不生长，"否"有否定与闭塞两种含义，对于人事而言，是处于反常时期。"否之匪人"，是指天数，非人所为，"否"的到来乃天道之循环。"否"之时，不利君子守持正道，君子的正道受到藐视，"大往小来"，君子被排斥往外，小人进入朝堂的内廷，这是小人得势的时空，内小人而外君子，故小人之道长，而君子之道消也，君子处在小人当道的时空，守持贞正都很困难。

孔子《易传·象》对《否》卦的卦辞，是这样裁断的：

《彖》曰："否之匪人，不利君子贞。大往小来"，则是天地不交，而万物不通也。上下不交，而天下无邦也。内阴而外阳，内柔而外刚，内小人而外君子。小人道长，君子道消也。

现代文注释：

彖辞说，否卦的时空，乃天数的一种安排，非人所为。在《否》的时空里，天地阴阳不相交，上卦乾，阳气清而往上，下卦坤，阴气浊而往下，故而阳气与阴气背向相离，而不能相交。"否"之时，天地阴阳不相交，万物就无法生长，君子的正道受到藐视，不利于君子坚守正道。上下不相交，君臣、父子就不能很好的交流，国不成国，家不成家。从卦体看，内卦为阴，外卦为阳，这是小人居于内而君子居于外之象，内小人而外君子，君子受到排斥，这是天下大乱之象。小人之道长，而君子之道消也。否卦的时空，小人当道，凶险啊！

学生：老师，孔子对《否》卦卦辞的裁断准确吗？孔子说到《否》卦的时义了吗？

老师：孔子对《否》卦卦辞的裁断准确，也说到了《否》卦的时义。《否》卦的时义，是君子正处在天下大乱、小人当道之时。在此小人当道的时空，君子的正道受到蔑视，故君子守持贞正都很困难，小人之道长，而君子之道消。在这样的时空里，君子的作为就是《否》卦的"时用"。

学生：明白了。我们可以进入主题了，企业战略的占问结果，要以《否》卦的卦辞为断，还请老师为我们做个卦象解析。

老师：好的。以《否》卦的卦辞为断，占问结果分为两大类情况。第一类情况《否》卦为本卦，六爻皆不变。第二类情况《否》卦为之卦，本卦有三根爻变，变卦为《否》卦。

学生：老师，您先讲第一类情况，《否》卦为本卦，六爻皆不变。

老师：好的。从卦象看，《否》卦卦象☰☷，巽为松柏，坤为土，坤虚无根，这是植物无根不能长久之象；坤为海水，为鱼，为亡，乾为老，为干，互巽为鱼，互艮为鳖，这是海老水干，鱼鳖不存之象。对于企业战略而言，卦象信息，松柏无根不能长青，海干而鱼鳖不存，皆为不吉，故，求事不成。

学生：明白了。老师，您继续讲第二类情况，《否》卦为之卦，本卦有三根爻变，变卦为《否》卦。

老师：好的。我举几个例来具体解析，先看占问结果得到《鼎》之《否》。从卦象看，《鼎》卦卦象☲，《否》卦卦象☷，两卦卦象结合起来看，艮为屋，为国，为朝堂，为贤人，坤为多，乾为福，离为麟凤，巽为志，为同，这是志同的贤人齐聚一堂，多有麟凤之才，国受其福之象。对于企业战略而言，有人和，齐心协力就有福可享，战略实施会成功。

再举一个例，占问结果得到《解》之《否》。从卦象看，《解》卦卦象☵，《否》卦卦象☷，两卦卦象结合起来看，乾为玉，为璞，艮为求，为山，巽为入，这是入山寻求璞玉之象；艮为时，为日，为终，坤为劳，为夜暮，坤为虚，为无所得，这是终日劳苦，至夜暮而无所得之象。对于企业战略而言，卦象信息，入山求璞玉，寓意为寻求好项目投入财力和精力，求璞玉而无所得，是投入研发经费的项目都不成功，没有出现机会；得此占，归于失败。

学生：明白了。那我们接下来看孔子对《否》卦的观象说了什么。

☷ 孔子《易传·象》对《否》卦的卦象特点，做了如下表述：

《象》曰：天地不交，否。君子以俭德辟难，不可荣以禄。

现代文注释：

《象》说，上卦乾，清而上升，下卦坤，浊而下降，故曰"天地不交"，天地阴阳，背离而不交，这就是《否》卦的卦象。君子观此卦象，感悟其中的道理，在天地闭塞的状态下，收敛自己的才华，以避开小人陷害的灾难；在小人当道的环境下，不可追求荣禄富贵。

学生：老师，孔子对《否》卦的观象准确吗？

老师：孔子对《否》卦的观象很准确，孔子的人生经历也有过"否"的状态，故深有体会。

学生：明白了。那接下来我们可以进入到《否》卦的爻辞了。

☷☰初六：拔茅茹，以其汇，贞吉，亨。

现代文注释：

初六，居否卦之始，柔爻不得正；"否"之时空，天地阴阳不交，上下卦之应与也受到阻碍；初六与九四有应，九四中爻为巽象，巽为志，象征初六有志向的追求，初六，拔起一根茅茹，茅茹根连着根，牵动六二、六三共同一起动，这象征着团结，团结济难；此时的初六，自守正道以求安吉，故曰"贞吉"；待机而动，终可获上应的亨通，故曰"亨"。

学生：企业战略的占问结果，要以《否》卦初六为断。联系我们的主题，还请老师为我们做个卦象解析。

老师：好的。占问结果以《否》卦初六为断，得到的是《否》之《无妄》。从卦象看，《否》卦卦象☷☰，《无妄》卦卦象☰☳，两卦卦象结合起来看，坤为国，为民，巽为志，为利，艮为时，为成，震为德，为立，为功业，大离为昭明，乾为天福，为长久，这是国立其德，天下昭明，民得其福，逢时利至，功业有成之象。对于企业战略而言，卦象信息，有时来则功成之意，以社会责任和道德感来努力做事，等待时的到来，功业和利都能得到，会有成功。

学生：明白了。那我们继续看《否》卦六二的爻辞。

☷☰六二：包承，小人吉，大人否亨。

现代文注释：

　　六二，阴爻得正居中，对上卦九五是为"有应"之承，从常理看没有任何的不对之处，但这种"承"在小人当道之时，就成为小人的"包承"，周易中的"包"皆为阳包阴，故可以说是小人被君王"包住"，这样的状态对小人接近君王献媚是最有利的，在这样的环境里，小人活的很舒服，故曰"包承，小人吉"；而大人是指阳爻，阳为大，乾为人，大人处在"否"的状态中，被小人玩弄于股掌，但毕竟君子能团结济难，大人终有亨通的一天，故曰"大人否亨"。

　　学生：企业战略的占问结果，要以《否》卦六二为断。此爻中，小人和大人同时出现，还请老师为我们做个卦象解析。

　　老师：好的。占问结果以《否》卦六二为断，得到的是《否》之《讼》。从卦象看，《否》卦卦象☰☷，《讼》卦卦象☰☵，两卦卦象结合起来看，乾为玉，为德，艮为君子，为时，为守，为待，为成，巽为志，坎为忧患，这是君子处忧患，志不移，守德待时，终有所成之象。对于企业战略而言，卦象信息，有玉之德的君子在等待时机，终可得其用，得其亨通，会有成功。

　　学生：明白了。那我们继续看《否》卦六三的爻辞。

☰☷ 六三：包羞。

现代文注释：

　　六三，阴居阳位，位不得正，象征小人谄媚取宠之道不正，承阳而媚于九四，其上有应而媚于上九，靠媚态而得到阳爻的"包"，自然有羞，而君子接受小人不正的德行，对于君子也同样感受到羞耻，故阳爻包六三即为"包羞"。在"否"的时空，君子包好美食珍馐去祭祀场所祈祷，以此象征"包羞"。

　　六三的"包羞"，重要的是说君子的"包羞"，自从有了《否》卦六三爻的"包羞"之后，"包羞"就成为君子在"否"的时空状态下的重要选择，在后世，多少英雄豪杰选择了"包羞"！汉朝三杰的韩信宁愿受"胯下之辱"也不与地痞流氓争一口气，就是选择了"包羞"。《水浒传》里，杨志卖刀就因为受不了泼皮的羞辱、纠缠而杀了那泼皮，只能身陷囹圄，而后脸上刺了金印，误了终身的志向追求。"包羞"在后世被作为在"否"的极端状态下"大智"的选择，这在六三爻也是一样，君子选择了包容六三，忍耐于一时，静待时局变化。

学生：企业战略的占问结果，要以《否》卦六三为断。此爻的"包羞"，如何联系战略实施，还请老师为我们做个卦象解析。

老师：好的。占问结果以《否》卦六三为断，得到的是《否》之《遁》。从卦象看，《否》卦卦象☷，《遁》卦卦象☶，两卦卦象结合起来看，坤为闭塞，为地，为丧，乾为天，艮为道，为家，为犬，艮覆震为不行，巽为退却，这是天地闭，道不行，傫如丧家之犬之象。对于企业战略而言，卦象明显为不得其时，孤单无依，忍辱退却之意，此时什么也做不成；得此占，不会成功。

学生：明白了。那我们继续看《否》卦九四的爻辞。

☷ 九四：有命无咎，畴离祉。

现代文注释：

九四，人位的上者，有济否之志，也有济否之才，"否"虽尚在，天命有时，时至则"否去而泰来"，天自"有命"。故，有天命的安排，九四尽可大胆行其"济否"之人事，没有咎害，故曰"有命无咎"。"畴"同"俦"，意为同类，指上卦的三根阳爻，"离"即"丽"，依附的意思，"祉"为"福祉"，这里是说，上卦乾体的三阳相互依附，共同努力，可以得到福祉，故曰"畴离祉"。

学生：企业战略的占问结果，要以《否》卦九四为断。此爻的爻辞很难懂，联系我们的主题，还请老师为我们做个卦象解析。

老师：好的。占问结果以《否》卦九四为断，得到的是《否》之《观》。从卦象看，《否》卦卦象☷，《观》卦卦象☴，两卦卦象结合起来看，乾为福祉，互艮为家，为君子，为身，为安，巽为齐，为进退，坤为国，为聚，这是君子齐聚而共进退，团结一致，国得安，身得存，共得福祉之象；卦象信息与爻辞相合。对于企业战略而言，卦象信息，共求身的保存，和家国的安定，而后共得福祉，是强调君子共同行动和有福同享，这也寓意要有协商一致的战略实施方案，可得存身，可保家国安定；得此占，会有成功。

学生：明白了。那我们继续看《否》卦九五的爻辞。

☷☰ 九五：休否，大人吉。其亡其亡，系于苞桑。

现代文注释：

九五，其位居中得正，其下的中爻互艮为止，止为休，故曰"休否"，"否"的闭塞状况被打破了，乾坤反转而通泰，大人得到"吉祥"。但"否"虽终结，不要忘记"否"的凶险啊！故警之安固之道，要常常忧虞在心，警之"其亡"，要对自己喊道："其亡矣！其亡矣！"安不忘危也！还要采取稳妥的措施，立行安固之道，就像把生命维系在根系极为发达且深固的丛生的桑树之上。

学生：企业战略的占问结果，要以《否》卦九五为断。此爻否的状态被打破，有吉，联系我们的主题，还请老师为我们做个卦象解析。

老师：好的。占问结果以《否》卦九五为断，得到的是《否》之《晋》。从卦象看，《否》卦卦象☷☰，《晋》卦卦象☲☷，两卦卦象结合起来看，乾在坤上，乾为天，为日在天空运行，离为舍，日之舍，这是天道运行之象；艮为鸟，为飞，互坎为伤，为矢，震为翼，覆震为翼折，坤为亡，这是鸟为箭矢所伤，翼折而亡之象；巽为桑，艮为安，这是生命系之苞桑为安之象；卦象中有凶，也有天道和安生之道；与爻辞相合。对于企业战略而言，天道运行会使闭塞转为通泰，这意味着战略实施会从困难转向顺利；鸟为箭矢所伤、翼折而亡的凶象，提醒企业家要警惕此爻隐藏的风险，若把战略比喻为生命，那就要有把生命系之苞桑的安固措施，总体而论，是伴随着风险，但终有成功。

学生：明白了。那我们继续看《否》卦上九的爻辞。

䷋上九：倾否，先否后喜。

现代文注释：

上九，居《否》卦极致之位，否极而泰来，"否"道倾覆，故曰"倾否"，"否"道已终，喜悦不禁，故曰"先否后喜"。

从九五的"休否"到上九的"倾否"，从闭塞状况被打破，到"否"道的倾覆；从"大人吉"到"喜"，"否"的状态终于结束、尽消，而让人喜悦不禁。尽管宇宙天道循环，从时空位置上看《否》卦到达《泰》卦中间相隔三十二卦，是很长的一段时空间隔；但我们要记住的是，由于《否》卦六爻皆有应，因此在《否》卦的时空里，君子的作为就可以成就"济否"的大业，完成"否极泰来"之大功，君子在《否》卦的时空里就可以得到"大人吉"和喜庆。

学生：企业战略的占问结果，要以《否》卦上九为断。此爻是否极泰来的时刻，联系我们的主题，还请老师为我们做个卦象解析。

老师：好的。占问结果以《否》卦上九为断，得到的是《否》之《萃》。从卦象看，《否》卦卦象䷋，《萃》卦卦象䷬，两卦卦象结合起来看，兑为喜悦，乾为百福，为天，巽为陨，为落，坤为身，为我，艮为鸟，为飞，为手，为抱，这是百福如鸟儿从天空飞落我身，喜悦抱福之象。对于企业战略而言，卦象信息，意味着苦尽甘来，百福降临，事业成功。

学生：明白了。否极泰来，就是苦尽甘来啊！天道祸福相依，大难不死必有后福。

第十一章 革、蒙、同人、师

在这一章里，解析《革》、《蒙》、《同人》、《师》四个卦。在这四个卦里面，《革》、《同人》两卦，是紧跟在《离》卦之后的"阳息阴"的卦，其下卦皆为离，卦序号皆为奇数，是在《复》卦之后"阳息阴"一条路线上的卦。而《蒙》、《师》两卦，是紧跟在《坎》卦之后"阴消阳"的卦，下卦皆为坎，卦序号皆为偶数，是在《姤》卦之后"阴消阳"一条路线上的卦。

泽火《革》☲ (卦序号：33)

《易传·系辞》说道："《易》之兴也，其当殷之末世，周之盛德邪？当文王与纣之事邪？"殷商最后一代君王商纣王的暴虐，最终导致了一场革命，这场革命推翻了殷商，诞生了周朝政权。这个历史事件，其意义和孔子《易传·象》对《革》卦的象辞写下的"汤武革命，顺乎天而应乎人"是一样的。

先看《革》卦的卦辞，及现代文注释：

革：己日乃孚，元亨，利贞，悔亡。

现代文注释：

革，为卦名。《革》卦，象征变革。"孚"为信，"己日"，古人用十天干纪日，己日处在前五日与后五日的转换之时，在卦辞中是指变革之初，人未之信，要到"己日"而后信，到了己日后，人心已信从，则为可以施行变革之时，故曰"己日乃孚"；《革》卦初九、六二为震，震为春，春有"元亨"，上卦兑为秋，秋有"利贞"；故，《革》卦是亨通的卦，且能在坚守正道中得到收获；变革取信于民，顺应人心，故坚守正道而推行变革，会使前途变得光明、亨通，民众在变革中亦有所得，悔恨消失。

孔子《易传·彖》对《革》卦的卦辞，是这样裁断的：

《彖》曰："革"，水火相息，二女同居，其志不相得，曰革。"己日乃孚"，革而信之。文明以说，大"亨"以正，革而当，其"悔"乃"亡"。天地革而四时成，汤武革命，顺乎天而应乎人。革之时，大矣哉。

现代文注释：

象辞说，《革》卦，上卦"兑"是泽，有水；下卦"离"是火，水要浇灭火，火要烧干水，相互不容，导致了变革的必然。少女、中女同居而其志不相得，也是"革"之必然。变革之初，人未之信，要到"己日"这一时间过半的转换之时推行变革，才能得到天下民众的信任。《革》卦，上卦兑为悦，下卦离为光明，故曰"光明以说"；九五中正，坚守正道就会有大亨通；变革推行得当，一切悔恨都会消失。天地之间，寒往暑来，春华秋实，四时的变革，使万物生生不息；人类社会也如此，就像汤武革命，顺天应人。《革》的时义，真是太大了。

学生：老师，孔子对《革》卦卦辞的裁断准确吗？孔子说到《革》卦的时义了吗？《革》卦的时义，应当怎样准确表述呢？

老师：孔子对《革》卦卦辞的裁断，有些勉强，包括少女、中女的说法，都不是太准确。但二千多年来，人们已习惯孔子对《革》卦的解释，若认真讨论要花很多时间，这里就不议论它了。孔子说到了《革》卦的时义，我把它总结一下，《革》卦的时义，就是在正确的时间，发动正确的变革。

学生：明白了。我们可以进入主题了，企业战略的占问结果，要以《革》卦的卦辞为断，还请老师为我们做个卦象解析。

老师：好的。以《革》卦的卦辞为断，占问结果分为两大类情况。第一类情况《革》卦为本卦，六爻皆不变。第二类情况《革》卦为之卦，本卦有三根爻变，变卦为《革》卦。

学生：老师，您先讲第一类情况，《革》卦为本卦，六爻皆不变。

老师：好的。从卦象看，《革》卦卦象☲，互乾为福，兑为恩，兑伏艮，艮为求，伏艮为匪求，巽为命，覆巽为改命，离为明，伏坎为通，这是恩福匪求，改命可得，昭明以通之象。对于企业战略而言，目标的实现也需要通过改命，昭明其利，就会得到拥护和执行，就会亨通、得利，会有成功。

学生：明白了。老师，您继续讲第二类情况，《革》卦为之卦，本卦有三根爻变，变卦为《革》卦。

老师：好的。我举几个例来具体解析，先看占问结果得到《恒》之《革》。从卦象看，《恒》卦卦象☳，《革》卦卦象☲，两卦卦象结合起来看，震为春，为耕种，为农人，兑为毁折，兑伏艮，艮为时，艮伏为失时，巽为蝗灾，离为旱，这是春播失时，天旱又加蝗灾，农人无收获之象。对于企业战略而言，这是所做的项目失去最佳时机，又遇环境的不利因素，不会成功。

再举一个例，占问结果得到《泰》之《革》。从卦象看，《泰》卦卦象☷，《革》卦卦象☲，两卦卦象结合起来看，震为开，乾为天门，为天福，互巽为草木，兑为雨露，为华，为繁茂，这是天门开，草木得雨露滋润生长繁茂之象；离为麟凤，为居，离伏坎为无忧，互巽为松柏，为林，兑为食，乾为果，为百福，为盛盈，为长久，这是麟凤安居无忧，林中多果有食，福盈长久之象。对于企业战略而言，卦象信息，是得到地利、人和，且天时顺利，项目成功，能保持隆盛长久；得此占，事业成功。

学生：明白了。那接下来我们看孔子对《革》卦的观象说了什么。

☷ 孔子《易传·象》对《革》卦的卦象特点，做了如下表述：

《象》曰：泽中有火，革。君子以治历明时。

现代文注释：

　　《象》说，上卦兑为泽，下卦离为火，故曰"泽中有火"，这就是《革》卦的卦象。水盛大，会使火熄灭；火盛大，会使水蒸发消失，故为相克的循环关系，这是要产生变革的原因。君子观此卦象，效法《革》卦的精神，制定历法，以明确显示季节变化，使民众据之以耕种作息。

　　中国古代，以农业为立国根本，特别重视历法对耕种的指导，故，改朝换代都要重新颁布历法，称为"改换正朔"。因此，《象》说的最后，以大变革成功后的"改朝换代"作为发表议论的主题，即所谓"治历明时"，以历法的改变和治理，明正新朝的气象，明正元年。

　　学生：老师，孔子对《革》卦的观象准确吗？

　　老师：孔子对《革》卦的观象，在水与火的关系的讨论上，有些道理；到了后面的议论部分，讲《革》卦的精神，偏向于讲改朝换代，强调正名，这里面有孔子的个人观点。

　　学生：明白了。那接下来我们可以进入到《革》卦的爻辞了。

☲ **初九：巩用黄牛之革。**

现代文注释：

　　初九，阳刚居正，行动谨慎，"黄牛"的"黄"是中色，象征"中道"，而"黄牛之革"寓意坚固、可靠，这是改革之前的谨慎，先用黄牛的皮革巩固原有的基础。初九在上卦无应，故变革之前先持中道以自守，巩固自身的地位。

学生：企业战略的占问结果，要以《革》卦初九为断。此爻中的人物，外部条件不足，联系我们的主题，还请老师为我们做个卦象解析。

老师：好的。占问结果以《革》卦初九为断，得到的是《革》之《咸》。从卦象看，《革》卦卦象☲，《咸》卦卦象☶，两卦卦象结合起来看，爻变失离得艮，离为兵灾，为乱，艮为居，为安，这是由戈兵之乱转安之象；兑为五谷，坤为囊，为仓，为年岁，乾为盈满，乾在坤中，是囊中盈满，仓庾盈满之象。对于企业战略而言，卦象信息，由乱转安，是自守成功；仓庾盈满，年岁收获丰实，是企业开始盈利且有了丰实的积累；得此占，事业成功。

学生：明白了。那我们继续看《革》卦六二的爻辞。

☷ 六二：己日乃革之，征吉，无咎。

现代文注释：

六二，柔顺中正，且为下卦的主爻，与九五又有应，故可以发动改革。在正确的己日，时机成熟，就行动起来。六二的柔中之德，其德行禀赋有利于接近民众，容易取得民众的信任和对于改革的理解，故前进吉祥，没有咎害。

学生：企业战略的占问结果，要以《革》卦六二为断。此爻中的人物具备发动改革的条件，联系我们的主题，还请老师为我们做个卦象解析。

老师：好的。占问结果以《革》卦六二为断，得到的是《革》之《夬》。从卦象看，《革》卦卦象☲，《夬》卦卦象☱，两卦卦象结合起来看，乾为宝马，伏坤为聚，互巽为齐，离为麟凤，兑为恩，为臣，为辅，伏艮为世，为世恩之辅臣，这是辅佐君王的世恩之臣，皆为良驹宝马麟凤之才，贤臣济济一堂之象。对于企业战略而言，卦象信息，隐喻有成霸业的人才条件，一旦有发动改革的重大行动，或有大的项目启动，会取得成功。

学生：明白了。那我们继续看《革》卦九三的爻辞。

☷ 九三：征凶，贞厉；革言三就，有孚。

现代文注释：

九三，人位的下者，以阳刚居下卦之极，前面有二刚爻阻挡，前进有危险，其占为厉，下卦离，离数为三，故曰"革言三就"。改革方案的审察，三次皆合才可相信其可行，还要在公众中得到可信的反馈结果，方为可信，谨慎为之，既可以不失去时机，也得到众信，最终才不会有过错。

学生：企业战略的占问结果，要以《革》卦九三为断。爻辞有危厉，联系我们的主题，还请老师为我们做个卦象解析。

老师：好的。占问结果以《革》卦九三为断，得到的是《革》之《随》。从卦象看，《革》卦卦象☷，《随》卦卦象☷，两卦卦象结合起来看，离为明视，震为行动，兑为言，离数三，故其言三次，与爻辞的"革言三就"相合。对于企业战略而言，其视明，其行谨慎，不会有差错，终有成功。

学生：明白了。那我们继续看《革》卦九四的爻辞。

☷ 九四：悔亡，有孚改命，吉。

现代文注释：

九四，阳刚居柔位，其位不得正，且在下无应，本有悔；但九四中爻为乾，居乾中，悔亡。九四离开下卦而进入上卦，从"离"进入"兑"，兑综巽，覆巽之象，巽为命，覆巽为改命，九四居乾中，乾为信，为有孚，故曰"有孚改命"；九四已到"己日乃孚，革而信之"的新阶段，民众已不顺命，而要改命。"改命"因"有孚"而顺利推进；九四有孚而改命，得吉。

学生：企业战略的占问结果，要以《革》卦九四为断。此爻是行动的阶段，联系我们的主题，还请老师为我们做个卦象解析。

老师：好的。占问结果以《革》卦九四为断，得到的是《革》之《既济》。从卦象看，《革》卦卦象 ☱☲，《既济》卦卦象 ☵☲，两卦卦象结合起来看，爻变，兑变坎，兑为害，为弊，坎中实，为得，这是去弊而有得之象；互乾为君王，兑为辅，离为麟凤，这是有麟凤之才辅佐君王之象；震为行动，多个半震，为不息，坎为心，互巽为志，这是心有志向，行动不息之象。对于企业战略而言，卦象信息，是做事的条件皆已俱备，事业会成功。

学生：明白了。那我们继续看《革》卦九五的爻辞。

☱☲ 九五：大人虎变，未占有孚。

现代文注释：

九五，以阳刚中正居上卦主位，是为卦主，故称"大人"，"虎"为大人之象，大人得"顺天应人"之时，有德行天下、天下人云集响应的"虎变"之象。其得时之正当，事理炳著，就如虎之斑纹，让民众看得清清楚楚，无不信从；大人虎变之炳然昭著，不待占筮，即有信于民众，故曰"未占有孚"。

学生：企业战略的占问结果，要以《革》卦九五为断。此爻为大人的显见，联系我们的主题，还请老师为我们做个卦象解析。

老师：好的。占问结果以《革》卦九五为断，得到的是《革》之《丰》。从卦象看，《革》卦卦象 ☱☲，《丰》卦卦象 ☳☲，两卦卦象结合起来看，爻变，兑变震，兑为虎，震为君王，这是君王显见，虎变之象；大坎为心，为忧，震为解，为喜乐，兑为悦，这是忧得解，心安乐之象。对于企业战略而言，卦象信息，君王的显见，忧得解而心安乐，明确事业已经成功。

学生：明白了。那我们继续看《革》卦上六的爻辞。

☱☲ 上六：君子豹变，小人革面，征凶，居贞吉。

现代文注释：

上六，为改革顺利进展后的守成之时，君子应时而动，如豹子般敏捷，亦如花豹之文采，而小人只有革面以听从。革之终，征有凶，是说不可过度，居中道贞固以守正，吉。

学生：企业战略的占问结果，要以《革》卦上六为断。此爻到极致之位，得警示"征凶"，联系我们的主题，还请老师为我们做个卦象解析。

老师：好的。占问结果以《革》卦上六为断，得到的是《革》之《同人》。从卦象看，《革》卦卦象☰，《同人》卦卦象☰，两卦卦象结合起来看，离中虚为贫，乾为富实，兑伏艮为盼，这是贫而盼富之象；互巽为商贾，为利，为交易，兑为羊，为养，大坎中实，为得，为辛苦，这是贩养羊群辛苦，但所求终能实现之象。对于企业战略而言，卦象信息，有勤劳致富的含义，是企业行正道，有实际可行的致富之路，最终得以成功。

学生：明白了。《革》卦六爻都讲完了，《革》卦对于企业来说，并非都是翻天覆地的改革，也要靠辛劳的商业活动，一点一滴的积累财富。

山水《蒙》☷☶（卦序号：34）

《蒙》卦，对于学习《周易》的易学爱好者来说，正如其卦名，感觉有点发蒙，这就是《蒙》卦的特点。从卦象来看，也不奇怪，《蒙》卦的卦象是山下有水，水气上升，山间树林就充满了雾气，山间雾气蒙蒙，进山不见山。

先看《蒙》卦的卦辞，及现代文注释：

蒙：亨。匪我求童蒙，童蒙求我。初筮告，再三渎，渎则不告，利贞。

现代文注释：

蒙，是卦名。《蒙》卦，象征教育的启蒙，可得亨通。不是我去求蒙昧的童子，而是蒙昧的童子来求我。坎为筮，蒙卦坎在下，为"初筮"，中爻震为告，故曰"初筮告"。坎伏离，离数三，即为"再三渎"，上九艮为止，九二中爻为反艮，亦为止，震为告，遇止，即为不告，故曰"再三渎，渎则不告"，这利于守持正道；蒙卦的上下卦，艮为秋，坎为冬，故有"利贞"。

孔子《易传·彖》对《蒙》卦的卦辞，是这样裁断的：

《彖》曰："蒙"，山下有险，险而止，蒙。"蒙，亨"，以亨行，时中也。"匪我求童蒙，童蒙求我"，志应也。"初筮告"，以刚中也。"再三渎，渎则不告"，渎蒙也。蒙以养正，圣功也。

现代文注释：

彖辞说，上卦艮为山，下卦坎为险，故曰"山下有险"，这就是《蒙》卦的卦象。就像山下有险阻，遇到险阻而止步，这就是蒙昧导致文明的停止。蒙昧，却可以达到亨通，这是因为只要老师按照亨通的法则，也就是采用适时的中道进行启蒙，就可以得到亨通。不是我去求蒙昧的童子，而是蒙昧的童子来求我，这样童蒙的主动会带来志趣的相应。初次的问疑，给以回答，是蒙师的刚中之德，对蒙童施以"时中"之教；同一问题再三的滥问，是对老师的亵渎，就不再回答，滥问亵渎了启蒙教育。童子幼稚阶段的启蒙，可养其纯正无邪的本性，这是圣人施教化民的功业。

学生：老师，您对《蒙》卦卦辞的注释，与孔子的裁断有很大的不同，应当怎样理解这种不同呢？

老师：我从文王的本义和易象上，对《蒙》卦卦辞做出了新的注释，这有利于易学爱好者对易象的学习和思考。

学生：明白了。我们可以进入主题了，企业战略的占问结果，要以《蒙》卦的卦辞为断，还请老师为我们做个卦象解析。

老师：好的。以《蒙》卦的卦辞为断，占问结果分为两大类情况。第一类情况《蒙》卦为本卦，六爻皆不变。第二类情况《蒙》卦为之卦，本卦有三根爻变，变卦为《蒙》卦。

学生：老师，您先讲第一类情况，《蒙》卦为本卦，六爻皆不变。

老师：好的。从卦象看，《蒙》卦卦象☷☵，震为岁，为春，为草，为荣盛，坤为原野，为冬，为死，为枯，艮为时，这是原野上的草木一岁一枯荣，随时令季节而有春生和冬枯之象；坎为忧，坤虚为饥寒无食，是有饥荒忧患之象。对于企业战略而言，这是进入衰落的低谷期，如草枯叶黄。

学生：明白了。老师，您继续讲第二类情况，《蒙》卦为之卦，本卦有三根爻变，变卦为《蒙》卦。

老师：好的。我举几个例来具体解析，先看占问结果得到《大有》之《蒙》。从卦象看，《大有》卦卦象☲☰，《蒙》卦卦象☷☵，两卦卦象结合起来看，艮为山林，为果，乾为大，离为枯，互兑为毁折，坎为害，为忧，坤为虚，为无，为亡，为我，这是林间果树上硕大的果实枯萎坠落，我心忧愁之象。对于企业战略而言，果实即项目，果实枯萎坠落是项目生命结束，项目失败。

再举一个例，占问结果得到《恒》之《蒙》。从卦象看，《恒》卦卦象䷟，《蒙》卦卦象䷃，两卦卦象结合起来看，震为龙，为升腾，乾为天，艮为止，巽为潜，为进退，坎为隐伏，坤为渊，为深潭，这是龙可升腾而飞天，亦可潜入深潭而隐伏，为自由进退之象。对于企业战略而言，这意味着可以因时势的变化而自由选择进退，时行则行，时止则止，事业会成功。

学生：明白了。那接下来我们看孔子对《蒙》卦的观象说了什么。

䷃ 孔子《易传·象》对《蒙》卦的卦象特点，做了如下表述：

《象》曰：山下出泉，蒙。君子以果行育德。

现代文注释：

《象》说，上卦艮为山，下卦坎为泉水，山下流出泉水，这就是《蒙》卦的卦象。君子观察此卦象，得到启发，用果敢的行为来培育品德。

学生：老师，孔子对《蒙》卦的观象准确吗？《蒙》卦的时义，应当怎样准确表述呢？

老师：孔子对《蒙》卦的观象准确。《蒙》卦的时义，是启智，启蒙童稚之心，同时还是引导人的行为归于正道的教育。

学生：明白了。那接下来我们可以进入到《蒙》卦的爻辞了。

䷃初六：发蒙，利于刑人，用说桎梏，以往吝。

现代文注释：

初六，在最下位，象征启蒙的最初阶段。"发蒙"，是智力启蒙的初始阶段出现的状态，这是在思考，因此不要觉得奇怪。我们就经历过听不懂的课，坐在那里发蒙。允许"发蒙"，就是启智的规律和重要方法，这有利于造就善于思考的人，去掉束缚启智教育的条条框框，又不放任自流，不致将来的遗憾。

学生：企业战略的占问结果，要以《蒙》卦初六为断。联系我们的主题，还请老师为我们做个卦象解析。

老师：好的。占问结果以《蒙》卦初六为断，得到的是《蒙》之《损》。从卦象看，《蒙》卦卦象 ䷃，《损》卦卦象 ䷨，两卦卦象结合起来看，坤虚为饿，为我，震为粮，为解，坎为忧，兑为恩泽，为食，艮为安，为敬，为拜，这是在饥饿无粮的境况下得到食物的恩赐，得安，笃敬拜谢之象。对于企业战略而言，这是遭遇灾患，得到外援而获安定，事业未成功。

学生：明白了。那我们继续看《蒙》卦九二的爻辞。

䷃ 九二：包蒙，吉。納妇吉，子克家。

现代文注释：

九二，有刚中之德，阳刚为明，故为老师。蒙为不明，即为暗，暗为阴，故卦中的阴爻是童蒙。九二往上至上九，大象为离，光明之象，九二与上九，有包住童蒙之象，象征将童蒙都带往光明。这是有责任心的"师道"，自然为"吉"。中爻出现震象，震为夫，伏象为巽，巽为妇，故曰"納妇"；震为子，其上为艮，艮为家，故曰"子克家"，"納妇吉，子克家"寓意刚柔得以相接，大吉。

学生：企业战略的占问结果，要以《蒙》卦九二为断。此爻中的人物是蒙师，联系我们的主题，还请老师为我们做个卦象解析。

老师：好的。占问结果以《蒙》卦九二为断，得到的是《蒙》之《剥》。从卦象看，《蒙》卦卦象 ䷃，《剥》卦卦象 ䷖，两卦卦象结合起来看，爻变失坎得坤，坎中实，为有，坤虚，为无，为失，艮为高贵，为时，为位，这是失位之象；互震为履，为践行，坤为庶众，为低贱，这是没有趁势履位，失位而沦为庶众之象。对于企业战略而言，卦象信息，明示履位可以趁势发展，成为卓越，失之则沦为平凡，导致失败；得此占，战略实施不会成功。

学生：明白了。那我们继续看《蒙》卦六三的爻辞。

☲六三：勿用取女，见金夫，不有躬，无攸利。

现代文注释：

六三，阴居阳位，位不中不正，又以阴爻乘九二阳爻，象征行为不端的女子，故断为：不要娶这个女子。六三，没有受过礼教的启蒙，与上九有应，上艮有止，应有困难，六三转向与九二亲比，九二中爻覆艮，艮为金，为夫，故曰"金夫"，"不有躬"指"失身"于人，六三轻易失身于人，娶这样的女子没有好处。

学生：企业战略的占问结果，要以《蒙》卦六三为断。此爻联系战略实施有些难，还请老师为我们做个卦象解析。

老师：好的。占问结果以《蒙》卦六三为断，得到的是《蒙》之《蛊》。从卦象看，《蒙》卦卦象☲，《蛊》卦卦象☶，两卦卦象结合起来看，艮为狐，坤为荒野，互震为农人，为逐，巽为散，坎为穴，为隐，这是逐狐于荒野，狐四散隐伏逃入洞穴之象。对于企业战略而言，卦象信息，逐狐而抓不到狐，寓意正在进行的项目不能最终完成，战略实施失败。

学生：明白了。那我们继续看《蒙》卦六四的爻辞。

☲六四：困蒙，吝。

现代文注释：

六四，在下无应，处在众阴的包围中，与蒙师九二的接触被六三隔开，与蒙师上九的接触又被六五隔开，故有"困蒙"之象，有遗憾，吝。

学生：企业战略的占问结果，要以《蒙》卦六四为断。此爻中的"吝"，也就是遗憾，其结果会怎样，还请老师为我们做个卦象解析。

老师：好的。占问结果以《蒙》卦六四为断，得到的是《蒙》之《未济》。从卦象看，《蒙》卦卦象☷☶，《未济》卦卦象☵☲，两卦卦象结合起来看，艮为山，为石，为虎狼，为居，坤为荒野，互震为摇，震覆艮为山崩，坎为忧，这是荒原野地虎狼出没，又遇山体不稳，居所不宜居，让人心忧之象。对于企业战略而言，卦象信息，是环境条件不好，具体来说就是不得地利，没有成功的希望，战略实施处在停滞状态，归于失败。

学生：明白了。那我们继续看《蒙》卦六五的爻辞。

☶☵ 六五：童蒙，吉。

现代文注释：

六五，艮象为少男，故曰"童蒙"，巽顺且居中位，象征谦虚好学，始终以童蒙自处，也就是卦辞中的那位童蒙，六五与蒙师九二有应而前往，吉。

学生：企业战略的占问结果，要以《蒙》卦六五为断。此爻得吉，结果怎样，还请老师为我们做个卦象解析。

老师：好的。占问结果以《蒙》卦六五为断，得到的是《蒙》之《涣》。从卦象看，《蒙》卦卦象☷☶，《涣》卦卦象☴☵，两卦卦象结合起来看，坎为泥泞，为陷，震为行，为步履，坤为心，为怯，艮为止，巽为进退，为犹豫，这是行道多泥泞，心有忧惧，进退犹豫，遇陷，心怯而止之象。对于企业战略而言，卦象信息，陷于险难，心怯而止，战略实施失败。

学生：明白了。那我们继续看《蒙》卦上九的爻辞。

☶☵ 上九：击蒙，不利为寇，利御寇。

现代文注释：

上九，教学方式走向极致，上卦艮为手，故有"击"之象，这里的击蒙是带有棒喝、震撼含义的教育，下卦六三居坎，与上九有应，坎为寇，"寇"指行为的不端，上九欲改变六三的行为，故曰"不利为寇"；艮为刀兵，故曰"利御寇"，这里"寇"都是指行为的不良，上九是行为教育的蒙师。

学生：企业战略的占问结果，要以《蒙》卦上九为断。此爻理解起来很困难，还请老师为我们做个卦象解析。

老师：好的。占问结果以《蒙》卦上九为断，得到的是《蒙》之《师》。从卦象看，《蒙》卦卦象☷☵，《师》卦卦象☷☵，两卦卦象结合起来看，爻变失艮得坤，艮为小狐，为道，为成，坤为虚，为亡，为江河，这是小狐渡河，失其道而失败之象；坎为水，为信，为困，震为行，为渡，为功业，坤为虚，为无，这是小狐信守其道渡河，不能成功，愚守其道而无功之象。对于企业战略而言，卦象信息，小狐困于不可行之道，虽有勇气，其终无果，明示了战略的不可靠；得此占，战略实施不会成功。

学生：明白了。《蒙》卦六爻都结束了，现在不发蒙了。

天火《同人》 ☰☲ （卦序号：35）

《同人》卦，是讲与人"同"的卦。与人同，是说志同而道合，志若不同，则不会有"同"的基础，孔子就说过："道不同不相为谋"，道不同，就无事可谋，故要做到"同"是不容易的，要有共同的志向，故《同人》卦，既道出"同"的真谛，也道出其中的艰难。同人之象，离与天同，六二上同九五，先天之乾，后天之离，同位于南，《九家易》就有"乾舍于离，同而为日。"之注释。

先看《同人》卦的卦辞，及现代文注释：

同人：同人于野，亨。利涉大川，利君子贞。

现代文注释：

同人，是卦名。《同人》之道，必于野。"野"，代表坤原的广大，同人之道，乃至公大同之道，而与人"同"，乃是志同道合基础之上的"同"，是与天下君子的"同"，故必于野。而圣达公心的"同人"，必得亨通。"同人"，利于涉过大江大河，利于君子守持正道。

孔子《易传·彖》对《同人》卦的卦辞，是这样裁断的：

《彖》曰："同人"，柔得位得中，而应乎乾，曰同人。同人曰："同人于野，亨，利涉大川"，乾行也。文明以健，中正而应，"君子"正也。唯君子为能通天下之志。

现代文注释：

彖辞说：同人，下卦的六二，柔爻得正且得中，与上卦乾中位的九五有应，故曰同人。《同人》说道：同人必于野，圣达公心的"同人"，必亨通；"同人"，利于涉过大川，这是乾道在运行，天行健，利于克服艰难险阻。而离卦与乾卦的结合，就是文明以健。六二与九五皆为中正，且为正应，此乃君子之正应，象征君子内怀文明之德，外有乾阳之刚健，内明大义而外行乾乾之努力。也只有君子，可以做到如此，君子通达天下之志向，同人于野，共同努力，必得亨通。

学生：老师，孔子对《同人》卦卦辞的裁断准确吗？

老师：孔子对《同人》卦卦辞的裁断准确。孔子在《同人》卦里寄托了儒家的理想，把它归之于君子之道。

学生：明白了。我们可以进入主题了，企业战略的占问结果，要以《同人》卦的卦辞为断，还请老师为我们做个卦象解析。

老师：好的。以《同人》卦的卦辞为断，占问结果分为两大类情况。第一类情况《同人》卦为本卦，六爻皆不变。第二类情况《同人》卦为之卦，本卦三根爻变，变卦为《同人》卦。

学生：老师，您先讲第一类情况，《同人》卦为本卦，六爻皆不变。

老师：好的。从卦象看，《同人》卦卦象☲，离为日，乾为天，为健，为龙，为升腾，为运行，为周，为天福，伏坤为天下，为心，为志，互巽为商贾，为利，半震为乐，为人，为逐，为始，这是龙升腾于九天，日在天空运行，商旅行走天下，志在逐利，人性规律合于天道规律，有信用的周而复始，自有天福之象。对于企业战略而言，卦象信息，商人逐利的人性是一种天性，合于天道，自有天福；得此占，战略实施会成功。

学生：明白了。老师，您继续讲第二类情况，《同人》卦为之卦，本卦三根爻变，变卦为《同人》卦。

老师：好的。我举几个例来具体解析，先看占问结果得到《颐》之《同人》。从卦象看，《颐》卦卦象☶，《同人》卦卦象☲，两卦卦象结合起来看，震为行动，为勤，为功业，坤为多，为聚，巽为齐，为商贾，为利，乾为天福，为富实，离为麟凤，艮为家，为堂，为安，这是麟凤之才齐聚一堂，勤奋努力，多次行动，谋利有得，富裕殷实，有天福而得安之象。对于企业战略而言，卦象信息，寓意团队勤奋努力，方向正确、谋略得当的行动，正在不间断的进行，始终不懈怠，团队保持旺盛斗志，战略实施成功。

再举一个例，占问结果得到《鼎》之《同人》。从卦象看，《鼎》卦卦象☲，《同人》卦卦象☲，两卦卦象结合起来看，离为罗网，兑为破，巽为鱼，乾为河海，这是在河海捕鱼，网破鱼跑之象。对于企业战略而言，这意味着失败，鱼代表利，鱼都从网里跑走了，寓意利得而复失，战略实施失败。

学生：明白了。那接下来我们看孔子对《同人》卦的观象说了什么。

☲　孔子《易传·象》对《同人》卦的卦象特点，做了如下表述：

《象》曰：天与火，同人。君子以类族辩物。

现代文注释：

《象》说：上卦乾为天，下卦离为火，故曰"天与火"，这就是《同人》卦的卦象。天与火的结合，乾道与光明的结合，这就是"同人"之道，君子以类族辩物，志同道合，君子同于君子。

学生：老师，孔子对《同人》卦的观象准确吗？孔子讲到《同人》卦的时义了吗？《同人》卦的时义，应当怎样准确表述呢？

老师：孔子对《同人》卦的观象准确，也讲到了《同人》卦的时义。《同人》卦的时义，是与人"和同"，以求志同道合的团结，共同为善的合作。

学生：明白了。那接下来我们可以进入到《同人》卦的爻辞了。

☲ 初九：同人于门，无咎。

现代文注释：

初九，阳刚的初爻刚刚启动，就在门口遇到了志趣相投的朋友，这位投缘的朋友指的就是六二，最靠近初九，六二中爻为巽，巽为门，故曰"同人于门"，这是初九在人生初始阶段刚开始与人"同"，其心单纯，故无咎害。

学生：企业战略的占问结果，要以《同人》卦初九为断。联系我们的主题，还请老师为我们做个卦象解析。

老师：好的。占问结果以《同人》卦初九为断，得到的是《同人》之《遯》。从卦象看，《同人》卦卦象☲，《遯》卦卦象☶，两卦卦象结合起来看，离为光明，离伏坎为无忧，艮为山，为安，为得，乾为天福，巽为利，巽覆兑，兑为虎，兑覆为虎静伏不动，故无害，这是有福不危，利福皆得，安如山之象。对于企业战略而言，卦象信息，能得利，又得安无忧，战略实施成功。

学生：明白了。那我们继续看《同人》卦六二的爻辞。

☲ 六二：同人于宗，吝。

现代文注释：

六二，与九五同为正中，为正应，九五乾为主，为宗，故曰"同人于宗"；只讲求与宗主九五的同人，使得六二不能就近与九三比承，六二不能承九三，也违背了"同人于野"的大道理，故得不到吉，转吝，有遗憾。

学生：企业战略的占问结果，要以《同人》卦六二为断。此爻为卦主，因为上应九五而得吝，理解起来有些困难，此爻与企业战略的联系，还请老师为我们做个卦象解析。

老师：好的。占问结果以《同人》卦六二为断，得到的是《同人》之《乾》。从卦象看，《同人》卦卦象☲，乾卦卦象☰，两卦卦象结合起来看，乾为老，三乾为老态之象，离为麟凤，震为出，艮为贤人，互巽为散，纯乾无子，这是麟凤出走，贤人散去，无后代接班之象。对于企业战略而言，企业步入老态，虽已得富足，远景堪忧，这与爻辞中的"吝"相合，此种状态多为上市公司，上市后企业内部富人变多，失去了斗志，麟凤之才失望而散去，归于失败。

学生：明白了。那我们继续看《同人》卦九三的爻辞。

☰☲ 九三：伏戎于莽，升其高陵，三岁不兴。

现代文注释：

九三，得不到六二主动的承比，故欲兴兵戎，与九五争夺六二；在草莽中藏伏重兵，不时登高观察形势。九三中爻为互巽，巽为草莽，下卦离为兵戎，乾在其上为高陵，离数为三，乾为岁，故曰"伏戎于莽，升其高陵，三岁不兴"。

学生：企业战略的占问结果，要以《同人》卦九三为断。此爻中的人物，最终放弃兵戎之争，结果怎样，还请老师为我们做个卦象解析。

老师：好的。占问结果以《同人》卦九三为断，得到《同人》之《无妄》。从卦象看，《同人》卦卦象☰☲，《无妄》卦卦象☰☳，两卦卦象结合起来看，艮为山，为重载，为止，震为登，为推，为车，坤虚为无力，为劳，这是登山劳累，又推着重车，疲乏无力而止步之象；互巽为风，乾为寒，为冰雪，震为行，艮为阻，这是寒风冰雪阻挡前行之象。对于企业战略而言，卦象信息，寓意其时不对，无力完成预定目标，没有成功的条件，归于失败。

学生：明白了。那我们继续看《同人》卦九四的爻辞。

☰☲ 九四：乘其墉，弗克攻，吉。

现代文注释：

九四，下乘九三，故曰"乘其墉"，出征有时日了，欲攻克敌方城池，但深思之，自己欲用强夺得六二乃不义之举，故主动决定放弃攻城，班师，"弗"与"不"有别，是自己主动决定弗"克攻"，故，吉祥。

学生：企业战略的占问结果，要以《同人》卦九四为断。此爻中的人物因放弃而得吉，联系我们的主题，还请老师为我们做个卦象解析。

老师：好的。占问结果以《同人》卦九四为断，得到《同人》之《家人》。从卦象看，《同人》卦卦象☰，《家人》卦卦象☰，两卦卦象结合起来看，乾为刚直，巽为柔顺，为进退，爻变失乾得巽，为过刚转柔，可进退之象；离为丽日，互坎为和，巽为风，乾为冰，乾失为冰消，这是和风丽日，寒冰消融之象。对于企业战略而言，寒冰消融是解除旧怨，息战罢兵，事业可成功。

学生：明白了。那我们继续看《同人》卦九五的爻辞。

☰ 九五：同人，先号咷而后笑，大师克，相遇。

现代文注释：

九五，居中得正，与六二为正应；与正应的相遇却几度受阻，这在"同人"的时空意味着"同"的不易；九五孤军作战，援兵不至，几度陷入绝境，然而最终打了胜仗，与援军相遇，故曰"先号咷而后笑"。九五的援兵即为六二，有应而先受阻，后相遇。

学生：企业战略的占问结果，要以《同人》卦九五为断。联系我们的主题，还请老师为我们做个卦象解析。

老师：好的。占问结果以《同人》卦九五为断，得到的是《同人》之《离》。从卦象看，《同人》卦卦象☰，《离》卦卦象☰，两卦卦象结合起来看，离为屋舍，为干燥，乾为长久，乾伏坤为旧，艮为安，这是屋舍虽旧，干燥无湿，可安居长久之象；半艮为待，为时，为居，为安，震为乐，半震为小小的欢乐，这是等待时机，安居有欢乐之象。对于企业战略而言，卦象信息，屋舍指企业，虽旧可长久安居，是说可长期维持安定，等待时机终有成，会成功。

学生：明白了。那我们继续看《同人》卦上九的爻辞。

☲ 上九：同人与郊，无悔。

现代文注释：

上九，隐退的君子，处在困顿中，"同人"选择在郊外山林间，自得其友，"同"的范围小，没有达到"同人于野"，但也没有后悔的事。

学生：企业战略的占问结果，要以《同人》卦上九为断。此爻主人的无悔，应该如何理解，还请老师为我们做个卦象解析。

老师：好的。占问结果以《同人》卦上九为断，得到的是《同人》之《革》。从卦象看，《同人》卦卦象☲，《革》卦卦象☱，两卦卦象结合起来看，乾为远，为冰雪，伏坤为山野，兑为鹊鸟，为溪流，互巽为松林，为木屋，离为雉鸟，为朱雀，这是隐退的君子居住的山野木屋及其环境之象。对于企业战略而言，做高雅的事业，不以利的追求为唯一目的，所做的事也不为众所瞩目，虽处繁华城市，犹如居山野之地，这就是郊野的含义，同人与郊，不亦乐乎！

学生：明白了。《同人》卦六爻都讲完了，收获真的很大啊！

地水《师》☷☵（卦序号：36）

《师》卦，被誉为第一兵书，是最早涉及行师出征、用兵之道的兵书，虽然只是一个卦的时空，但它就是一部真正意义上的杰出兵书。

先看《师》卦的卦辞，及现代文注释：

师：贞，丈人吉，无咎。

现代文注释：

师，是卦名。"师"，兵众也。下坎为险，上坤为顺，古者寓兵于农，伏险于顺。仅九二为阳爻，为将之象，上下五阴顺而从之，为兵众之象。用师之道，利于得正，而任用老成之人，即"丈人"，得吉祥，没有咎害。

孔子《易传·彖》对《师》卦的卦辞，是这样裁断的：

《彖》曰："师"，众也。"贞"，正也。能以众正，可以王矣。刚中而应，行险而顺，以此毒天下，而民从之，"吉"又何"咎"矣。

现代文注释：

彖辞说，"师"，兵众也。"贞"，即正，用师之道，利于得正也。能让众多的军队守持正道，可以成就王者之业。阳刚居中，且上有应；行兵家之险道而兵众顺服，以此带兵行天下，民众乐从，自然吉祥，又怎么会有咎害呢？

学生：老师，孔子对《师》卦卦辞的裁断准确吗？

老师：孔子对《师》卦卦辞的裁断，把握住了两点，一是战争的性质，要正；二是选择军队统帅的条件，都讲到了，是准确的。

学生：明白了。我们可以进入主题了，企业战略的占问结果，要以《师》卦的卦辞为断，还请老师为我们做个卦象解析。

老师：好的。以《师》卦的卦辞为断，占问结果分为两大类情况。第一类情况《师》卦为本卦，六爻皆不变。第二类情况《师》卦为之卦，本卦有三根爻变，变卦为《师》卦。

学生：老师，您先讲第一类情况，《师》卦为本卦，六爻皆不变。

老师：好的。从卦象看，《师》卦卦象☷☵，震为耕作，为功业，为年岁，坤为劳，为积聚，坎中实为获，艮为成，半艮为小成，这是辛劳耕耘，积聚经年，功业小成之象。对于企业战略而言，卦象信息，勤勉劳苦而功业小成，是企业好的开端，也是企业在创业阶段的根本，事业成功。

学生：明白了。老师，您继续讲第二类情况，《师》卦为之卦，本卦有三根爻变，变卦为《师》卦。

老师：好的。我举几个例来具体解析，先看占问结果得到《蹇》之《师》。从卦象看，《蹇》卦卦象☵☶，《师》卦卦象☷☵，两卦卦象结合起来看，坎为水，坤为河，为水深，艮为手，震为舟，为驾舟之人，这是徒手划水过河，水深浪急，得舟人相救之象。对于企业战略而言，光凭勇气有时会遇险，得人相救是运气，警之不可鲁莽行事；得此占，没有成功。

再举一个例，占问得到《明夷》之《师》。从卦象看，《明夷》卦卦象☷☲，《师》卦卦象☷☵，两卦卦象结合起来看，震为帝，为生，为子，坤色为黄，坤数八，这是黄帝生八子之象；离为阳光，坎为阴，为和，这是阴阳相和之象；互震为马，为奔，坤为平野，这是平野奔马之象。对于企业战略而言，卦象信息，黄帝生八子，寓意得到多个好项目；阴阳和谐而生生不息，事业如平野奔马，寓意企业有好的前景；得此占，战略实施会成功。

学生：明白了。那接下来我们看孔子对《师》卦的观象说了什么。

☷☵ 孔子《易传·象》对《师》卦的卦象特点，做了如下表述：

《象》曰：地中有水，师。君子以容民畜众。

现代文注释：

　　《象》说，上卦坤为地，下卦坎为水，故曰"地中有水"，这就是《师》卦的卦象。君子观此卦象，明白其中的道理，像水库蓄水一样的蓄养民众。

　　学生：老师，孔子对《师》卦的观象准确吗？说到《师》卦的时义了吗？

　　老师：孔子对《师》卦的观象，在表达上不够明确，只说到蓄养民众。《师》卦的时义，是用兵之道。

　　学生：明白了。那接下来我们可以进入到《师》卦的爻辞了。

☷ 初六：师出以律，否臧凶。

现代文注释：

　　初六，行师之初，军队出动要用军法约束，号令严明，整肃有方，失律则必导致兵败，"臧"为善，治军的任何不善，都会带来凶险，故"否臧凶"。

　　学生：企业战略的占问结果，要以《师》卦初六为断。联系我们的主题，还请老师为我们做个卦象解析。

　　老师：好的。占问结果以《师》卦初六为断，得到的是《师》之《临》。从卦象看，《师》卦卦象☷，《临》卦卦象☷，两卦卦象结合起来看，坎中实，为得，兑为辅，互震为君王，爻变得兑，是君王得辅之象；坤为大地，为平陆，为万里，互震为马，为奔跑，这是马奔跑在万里平陆之象。对于企业战略而言，卦象信息，是得贤臣辅佐，有了成事的条件；得此占，事可成功。

　　学生：明白了。那我们继续看《师》卦九二的爻辞。

☷ 九二：在师中，吉，无咎；王三锡命。

现代文注释:

　　九二, 居下卦中位, 居将位, 有刚中之德, 为众阴所孚, 故居中而"吉"。将居军中, 得君王的信任, 故专其事而无咎害; "锡"即赐, 君王六五给予九二充分信任, 同时赏赐有加, 九二为坎伏离, 离数为三, 故曰"王三锡命"。

　　学生: 企业战略的占问结果, 要以《师》卦九二为断。此爻的人物是大将军, 联系我们的主题, 还请老师给我们做个卦象解析。

　　老师: 好的。占问结果以《师》卦九二为断, 得到的是《师》之《坤》。从卦象看,《师》卦卦象☷☵,《坤》卦卦象☷☷, 两卦卦象结合起来看, 震为将帅, 为马, 为驰骋, 坤为四夷, 为顺服, 为国土, 为军, 为通途, 为大道, 这是骏马驰骋在通途大道, 将军帅师, 四夷宾服, 扩大国土之象。对于企业战略而言, 这是在市场竞争中取胜, 市场份额增大, 地位巩固, 战略实施成功。

　　学生: 明白了。那我们继续看《师》卦六三的爻辞。

☷☵ 六三: 师或舆尸, 凶。

现代文注释:

　　六三, 阴爻居位不中不正, 乘九二, 有凌驾主帅之上不听号令的情况出现, 阴居阳位, 其才柔弱而其志过刚, 这种情况下, 会有载尸而归的兵败, "舆"为大车载物、载人的空间, "舆尸"即载尸, 大车载尸而归, 故"凶"。

　　学生: 企业战略的占问结果, 要以《师》卦六三为断。此爻中的人物不听号令导致兵败, 联系我们的主题, 还请老师为我们做个卦象解析。

　　老师: 好的。占问结果以《师》卦六三为断, 得到的是《师》之《升》。从卦象看,《师》卦卦象☷☵,《升》卦卦象☷☴, 两卦卦象结合起来看, 震为功业, 为行, 巽为利, 坤为虚, 为闭塞, 为暗, 互兑为暗昧, 坎为耳, 为困, 坎伏离, 离伏为目不明, 这是耳目闭塞, 不聪不明, 谋利为虚, 功业无成之象。对于企业战略而言，卦象信息，寓意对市场错误判断，导致严重结果，企业处于困局，谋利为虚，前行方向昏暗不明，战略实施不会成功。

学生：明白了。那我们继续看《师》卦六四的爻辞。

䷆六四：师左次，无咎。

现代文注释：

六四，居上卦靠近君王之位，为多"惧"之位，六四在下方又无应援，故持谨慎的态度方可无忧，"左"为后，"次"为舍弃，"左次"即后撤，放弃原来的营地，以退守的谨慎以防不测，这是贤明之举，故无咎害。

学生：企业战略的占问结果，要以《师》卦六四为断。此爻的主人谨慎行师安营，结果怎样，还请老师为我们做个卦象解析。

老师：好的。占问结果以《师》卦六四为断，得到的是《师》之《解》。从卦象看，《师》卦卦象䷆，《解》卦卦象䷧，两卦卦象结合起来看，震为时，震数为四，坎为和，为合，离坎交叠为阴阳之交，这是阴阳相交，四时和合之象；坤为家国，坎为忧，震在上，为忧已解，互离交叠在坎上，是雨后天晴见彩虹，家国无忧之象；震为行，离为明，为聪，坎为耳，这是耳目聪明，利于行之象。对于企业战略而言，卦象信息，阴阳相交，四时和合，寓意得天时，亦得人和；雨后天晴见彩虹，家国无忧，寓意市场判断准确，行动成功，企业已进退无忧；耳目聪明，寓意团队能力提升；得此占，事业成功。

学生：明白了。那我们继续看《师》卦六五的爻辞。

䷆六五：田有禽，利执言，无咎。长子帅师，弟子舆尸，贞凶。

现代文注释：

六五，用"师"的君王，柔而居中，执理而行，不主动挑起战端，故其用

"师"必具备"田有禽，利执言，"的条件，无咎害。但战争是残酷的，尽管用"将"得当，国之存亡的大事解决，老成的"长子"九二帅军得胜而归，但六三的士兵队伍里载尸的大车带着军士抑郁的伤感，"兵"者，凶器也，占为凶。

学生：企业战略的占问结果，要以《师》卦六五为断。爻辞有凶，联系我们的主题，还请老师为我们做个卦象解析。

老师：好的。占问结果以《师》卦六五为断，得到的是《师》之《坎》。从卦象看，《师》卦卦象☷☵，《坎》卦卦象☵☷，两卦卦象结合起来看，大离为戈兵，艮为国，震为战，为动，为摇，这是战争动摇国本之象；震为粮，坤为虚，坎为忧，中爻大离的互象为《颐》卦，为饥荒，这是国中无粮，有饥荒忧患之象。对于企业战略而言，卦象信息，国本动摇，是指在一场大规模的市场争夺战之后，资金严重困难，面临资源枯竭的危局；之前市场争夺战的胜利，并没有带来好处，资源枯竭的影响反而更加深远，已是不安的状态；归于失败。

学生：明白了。那我们继续看《师》卦上六的爻辞。

☷☵ 上六：大君有命，开国承家，小人勿用。

现代文注释：

上六，为《师》卦之终，战争结束，自然要论功行赏。君王发出诰命，分封王侯，封赏大夫爵位和食邑，即"有家"，"家"为食邑，也称为采邑。对匹夫之勇的猛士，则给以金银和田地的奖赏，解除其兵权，不生祸端。

学生：企业战略的占问结果，要以《师》卦上六为断。联系我们的主题，还请老师为我们做个卦象解析。

老师：好的。占问结果以《师》卦上六为断，得到的是《师》之《蒙》。从卦象看，《师》卦卦象☷☵，《蒙》卦卦象☶☵，两卦卦象结合起来看，艮为家国，大离为日，离象上半边为艮阳，艮为臣，为贤人，为辉光，离象下半边为震阳，震为君，下坎侵入大离之象，阴爻遮蔽震阳，这是君王为小人遮蔽之象；离为目，坎为树叶，这是决策者的眼睛为树叶所遮之象，所谓一叶障目不见泰山。对于企业战略而言，卦象信息，寓意小人和贤人同时存在，虽有贤人的辉光，但君王的眼睛为小人遮蔽，看不到辉光，企业前景堪忧，不会成功。

学生：明白了。《师》卦六爻都讲完了，深受教益。

第十二章　临、遁、损、咸

在这一章里，解析《临》、《遁》、《损》、《咸》四个卦，在这四个卦里，《临》、《损》两卦是紧跟在《同人》卦之后的"阳息阴"的卦，其下卦皆为兑，卦序号皆为奇数，是《复》卦之后"阳息阴"一条路线上的卦；从《临》卦开始，"阳息阴"的卦要连续走过八个下卦为兑的卦。而《遁》、《咸》两卦则是紧跟在《师》卦之后的"阴消阳"的卦，其下卦皆为艮，卦序号皆为偶数，是《姤》卦之后"阴消阳"一条路线上的卦；从《遁》卦开始，"阴消阳"的卦要连续走过八个下卦为艮的卦。

地泽《临》䷒（卦序号：37）

临卦，帛书《易》中为林卦。林卦的时义，更注重春天时节万物生长繁育，以及所需的自然环境，是自然主义色彩极为浓厚、生态保护意识极强的一个卦。其后，演变成为注重君臣之间关系的卦。

先看《临》卦的卦辞，及现代文注释：

临：元亨，利贞，至于八月有凶。

现代文注释：

临，是卦名。《临》卦，象征君临，有元亨、利贞之吉，其义皆在九二。从卦象看，九二中爻为震，震为春，春有"元亨"，九二居下卦兑之中，兑为秋，秋有"利贞"；但阴阳的消长，其时间不会太久，走到八月之时有凶。《临》卦是二月卦，从二月走到八月，刚好走过六十四卦大圆图的半圈，到达本卦的错卦位置；故，这里所说的八月的卦很明确就是《遁》卦，与《临》卦相互为错卦，君子应有所戒备，《遁》卦时空的特点是小人进逼，其时有凶。

孔子《易传•彖》对《临》卦的卦辞，是这样裁断的：

《彖》曰：临，刚浸而长。说而顺，刚中而应，大"亨"以正，天之道也。"至于八月有凶"，消不久也。

现代文注释：

彖辞说：临卦，阳气从下而上，在增长。下卦为兑，上卦为坤，是悦而顺的卦象。九二爻阳刚居中位，且与六五的上卦中位有应，故坚守正道就会大亨通，这是天道。至于八月有凶的说法，是说阴阳的消长，其时间不会太久。

学生：老师，孔子对《临》卦卦辞的裁断准确吗？孔子讲到《临》卦的时义了吗？

老师：孔子对《临》卦卦辞的裁断准确，但没有讲到《临》卦的时义，这或许与《临》卦的历史演变有关。《临》卦的时义，是统御之道，强调临察。

学生：明白了。我们可以进入主题了，企业战略的占问结果，要以《临》卦的卦辞为断，还请老师为我们做个卦象解析。

老师：好的。以《临》卦的卦辞为断，占问结果分为两大类情况。第一类情况《临》卦为本卦，六爻皆不变。第二类情况《临》卦为之卦，本卦有三根爻变，变卦为《临》卦。

学生：老师，您先讲第一类情况，《临》卦为本卦，六爻皆不变。

老师：好的。从卦象看，《临》卦卦象☷☱，震为旦，为日出，为东，兑为西，是日从东方升起西方落下之象；互震为春，为木，为生，乾为根，坤为枝，兑为花，为华，为繁茂，这是林木逢春繁茂之象；震阳乐而健，永不老，坤为亡，不利震阳上应，利于居守原位，是临而不往之象。对于企业战略而言，卦象信息，守位有利，是说要守住企业现有的行业和地位；得此占，可得成功。

学生：明白了。老师，您继续讲第二类情况，《临》卦为之卦，本卦有三根爻变，变卦为《临》卦。

老师：好的。我举几个例来具体解析，先看占问结果得到《履》之《临》。从卦象看，《履》卦卦象☰☱，《临》卦卦象☷☱，两卦卦象结合起来看，兑为羊，坤为亡，为失，这是亡羊之象；乾为天，为百福，巽为利，为陨落，兑为毁折，这是利福皆陨落毁折之象。对于企业战略而言，会有一次重大的损失，出现导致企业严重困难的转折，企业会由盈利转向亏损，归于失败。

再举一个例，占问结果得到《谦》之《临》。从卦象看，《谦》卦卦象☷☶，《临》卦卦象☷☱，两卦卦象结合起来看，坤为劳苦，为闭塞，为衰，震为乐，为开，为解，为承受，为兴，艮为时，为国，为家，为君子，兑为悦，为恩泽，这是衰时转为复兴，家国复兴正当其时，君子喜得恩泽，身劳而心悦，无忧之象。对于企业战略而言，这是衰时的结束，复兴的到来，战略实施成功。

学生：明白了。那我们接下来看孔子对《临》卦的观象说了什么。

☷☱　孔子《易传·象》对《临》卦的卦象特点，做了如下表述：

《象》曰：泽上有地，临。君子以教思无穷，容保民无疆。

现代文注释：

《象》说，上卦坤为地，下卦兑为泽，故曰"泽上有地"，象征君临天下，这就是《临》卦的卦象。君子观此卦象，得到启示，要不断的思考怎样教养天下庶众，保证天下庶民的生计。象说的这段话，值得多回味。语中的"教思"不同于教化，是针对君子本人说的，这在春秋之后就很少使用。

学生：老师，孔子对《临》卦的观象准确吗？最后的两句话，与《临》卦有关系吗？

老师：孔子对《临》卦的观象准确。最后两句话，孔子从民生和教育的角度，讲了君临天下的责任。

学生：明白了。那接下来我们可以进入到《临》卦的爻辞了。

䷒ 初九：咸临，贞吉。

现代文注释：

初九，是从下生长的阳气，与九二共临群阴，"咸"，即感，是亲身临察后的感受，也是阳爻与阴爻感应的状态。无论是保护山林的规定，还是其他的政策措施，在大家理解后，就会变成维护自身利益的共同行动。这里强调民众理解后的参与、全员管理。初九的"咸"，是与六四有上应的咸，故曰"咸临"；初九的临有责任在身，阳临阴，大临小，六四会因之而应，且为正应。初九，刚居阳位，得正，占为吉。

学生：企业战略的占问结果，要以《临》卦初九为断。联系我们的主题，还请老师为我们做个卦象解析。

老师：好的。占问结果以《临》卦初九为断，得到的是《临》之《师》。从卦象看，《临》卦卦象䷒，《师》卦卦象䷆，两卦卦象结合起来看，坤为云，互震为雷，兑为雨，坎为水，坎伏离，离为旱，离伏为旱灾解，这是云化雨降下，旱灾得解之象。对于企业战略而言，卦象信息，寓意问题和困难都得到了解决，灾患已解，发展顺利，战略实施成功。

学生：明白了。那我们继续看《临》卦九二的爻辞。

☳☷ 九二：咸临，吉，无不利。

现代文注释：

　　九二，居中，有刚中之德，与初九共同"咸临"，是因为九二在上卦同样有六五之应，故九二与初九都为"咸临"。九二的阳已经到了下卦中位，阳已长至二爻位置，开始兴盛，故，得吉祥；阳气的兴盛刚刚开始，遇上方坤阴而通达，为大亨通之象，故，无所不利。

　　学生：企业战略的占问结果，要以《临》卦九二为断。本卦元亨、利贞之义皆在此爻，联系我们的主题，还请老师为我们做个卦象解析。

　　老师：好的。占问结果以《临》卦九二为断，得到的是《临》之《复》。从卦象看，《临》卦卦象☷☱，《复》卦卦象☷☳，两卦卦象结合起来看，震为福禄，为爵，为升，为乐，坤为国，为顺，兑为辅，这是福禄常在，顺利升爵，国有良辅，乐而无忧之象；震为马，为奔，坤为平川，为万里，这是骏马驰骋在万里平川之象。对于企业战略而言，卦象信息，有事业得到提升的含义，同时寓意战略实施顺畅，如同骏马奔跑在万里平川上，战略实施成功。

　　学生：明白了。那我们继续看《临》卦六三的爻辞。

☷☱ 六三：甘临，无攸利。既忧之，无咎。

现代文注释：

　　六三，人位的下者，阴居阳位，不正，六三居下卦兑之口，口有品尝之象，其上中爻为坤，坤味甘，故曰"甘临"；其上无应，故曰"无攸利"。坤象为忧，知无利而忧之，无咎。六三，寓意：震阳得坤，口有甘甜，而征战天下就要依靠实干的人才。

　　学生：企业战略的占问结果，要以《临》卦六三为断。此爻的爻辞很奥妙，联系我们的主题，还请老师为我们做个卦象解析。

老师：好的。占问结果以《临》卦六三为断，得到的是《临》之《泰》。从卦象看，《临》卦卦象☷☱，《泰》卦卦象☷☰，两卦卦象结合起来看，坤为天下，为多，为聚，为四夷，震为豪杰，为猛士，为威，为随，为功业，为争，为战，覆艮为宾服，兑为勇，乾为德，为恩福，为王侯，这是君王有德，豪杰猛将群聚追随，战夷狄，勇争天下，恩威施予外邦，四夷宾服之象。对于企业战略而言，卦象信息，寓意有良将猛士的追随，可争霸天下，事业会成功。

学生：明白了。那我们继续看《临》卦六四的爻辞。

☷☱ 六四：至临，无咎。

现代文注释：

六四，人位的上者，与初九有应，下应为"至"，故曰"至临"；六四当位，又有坤的顺德而下应初九，故无咎。

学生：企业战略的占问结果，要以《临》卦六四为断。爻辞吉凶不明，还请老师为我们做个卦象解析。

老师：好的。占问结果要以《临》卦六四为断，得到的是《临》之《归妹》。从卦象看，《临》卦卦象☷☱，《归妹》卦卦象☳☱，两卦卦象结合起来看，爻变得震，为出，震在上，为已出，兑为沼泽，是已走出沼泽之象；震为春，为生，为树木，坤为枝条，兑为繁茂，这是春天树木枝条生长繁茂之象。对于企业战略而言，卦象信息，走出沼泽，春天树木的繁茂，明确战略实施成功。

学生：明白了。那我们继续看《临》卦六五的爻辞。

☷☱ 六五：知临，大君之宜，吉。

现代文注释：

六五，居上卦主位，，有柔中之德，"知"，即智。六五，虽阴爻不得位，但得中道自然有正，其下有九二相应，得将帅之才，知人善任，实为其智，故曰"知临"。九二中爻为震，震为大君，六五居尊亦为大君，故称六五与九二之应为"大君之宜"，其用人的统御之道亦为"大君之宜"，占为吉。

学生：企业战略的占问结果，要以《临》卦六五为断。此爻的主人居大君之位，联系我们的主题，还请老师为我们做个卦象解析。

老师：好的。占问结果以《临》卦六五为断，得到的是《临》之《节》。从卦象看，《临》卦卦象䷒，《节》卦卦象䷻，两卦卦象结合起来看，兑为海，坤为江河，坎为水，四处皆为水，是阴淫而水多之象；互艮为山，为高，为居，为安，这是高处而居，安如山之象。对于企业战略而言，居高而得安，是占领战略制高点，取得控制市场的主动权，不在低处混战，得安，成功。

学生：明白了。那我们继续看《临》卦上六的爻辞。

䷒上六：敦临，吉，无咎。

现代文注释：

上六，"临"的极致位，"敦"，为厚，有坤之象，有坤之德；"敦"，在古文里还有视察、督促之意。故，上六的"敦临"，有针对六三的督促之意，这与九二的"咸临，吉"有意义上的贴合，这厚道的临，和贴合卦主之意的临，皆为吉祥，没有咎害。

在本卦中，由于九二是成卦之主，六五是主卦之主，且九二与六五有应，故九二对"咸临"的强调，重视亲临，有其深意；九二之上有四根阴爻，六五得中道而自然有正，六四和上六皆得正，唯有六三不得正，故九二的亲临，上六的敦临，都指向六三。上六强调"敦临，吉"的思想，是与九二相配合，等待阳刚的继续兴盛而上长，带有敦促六三改变其不正的含义，六三伏象为九三，伏象得正，故暗伏着对六三变爻后得正的期待，六三变爻后《临》卦变卦为《泰》卦，这正是上六所期待的结果，这在阳息阴的卦中是完全可以期待到的。上六已到

"临"的极致，与六五没有出现冲突，其占为吉，这在六十四卦中很少见。

学生：企业战略的占问结果，要以《临》卦上六为断。此爻的主人居极致位，会有危吗？联系我们的主题，还请老师为我们做个卦象解析。

老师：好的。占问结果以《临》卦上六为断，得到的是《临》之《损》。从卦象看，《临》卦卦象䷒，《损》卦卦象䷨，两卦卦象结合起来看，兑为正秋，为穴，巽为蛇，巽覆为蛇蛰伏冬眠，坤为冬，为霜，为静，为息，艮为庐，为安居，秋霜起，唯有洞穴为蛇虫之庐，可以静息安居，这是入秋后，蛇虫返回洞穴冬眠之象。对于企业战略而言，卦象信息，秋霜代表发展环境中的萧条寒冷，在萧条期到来之时，要像蛇虫那样寻找到安居的洞穴，要及时考虑到寒冬的到来，寻洞穴取暖，无咎，得吉，可得成功。

学生：明白了。《临》卦的六爻都讲完了，很有感受。

天山《遁》☰☶ （卦序号：38）

从《姤》开始，阴消阳的进逼，走到《遁》卦就可以明显感觉到了。到了《遁》卦的时空，已经和当初《姤》卦的时空完全不一样了，此时已经不是警惕和防止"阴"的势力发展的问题，也不是如何控制阴爻会反客为主的问题，而是阳爻的退避已势成必然了。

先看《遁》卦的卦辞，及现代文注释：

遁：亨，小利贞。

现代文注释：

遁，是卦名。《遁》卦，是亨通的。遁者，退也。在《遁》卦，阴爻在下方伸长、进逼，阳爻在退避，故命名为《遁》。《遁》卦，之所以可以亨通，是因为君子在不得不退避、遁离的时候，遁离可以避免受到伤害，道不同不相为谋，遁离的时刻到来之时，遁离就会亨通。"小"为阴，阴的势力进逼，如果守正道，不做过分逼害君子的事情，也会有利，故曰"小利贞"。

孔子《易传·彖》对《遁》卦的卦辞，是这样裁断的：

《彖》曰：遁"亨"，遁而亨也。刚当位而应，与时行也。"小利贞"，浸而长也。遁之时义，大矣哉！

现代文注释：

彖辞说，《遁》卦，是亨通的，遁离后得到亨通。九五阳刚且得正，与下方的六二阴爻有应，阳刚当位而应，是顺应时势的前行，是与时势相合的应与。此时小人进逼，是决定进退最困难的时刻，阴的势力进逼，如果守正道，不过分逼害君子，也会有利，这是阴气浸润而长的时势，阴为小，故曰"小利贞"。《遁》卦的时义，确实很大啊！

学生：老师，孔子对《遁》卦卦辞的裁断准确吗？孔子对《遁》卦的时义，只在最后说了一句"大矣哉"，不太好懂。

老师：孔子对《遁》卦卦辞的裁断留下了一些问题，给后人理解《遁》卦留下了错误的引导，最主要的是在九五与六二的应，"刚当位而应，与时行也。"这句话是理解上的最大错误，与《遁》卦的本义完全背道而驰了。我在《遁》卦卦辞的现代文注释里，采用文王本义的观点，因此与通行本易经的注释不同，与孔子的《象》辞也略有不同，同学们可以留意并加以思考。《遁》卦的时义，是小人进逼，君子到了遁离的时候，故，九五不会下应六二。

学生：明白了。我们可以进入主题了，企业战略的占问结果，要以《遁》卦的卦辞为断，还请老师为我们做个卦象解析。

老师：好的。以《遁》卦的卦辞为断，占问结果分为两大类情况。第一类情况《遁》卦为本卦，六爻皆不变。第二类情况《遁》卦为之卦，本卦有三根爻变，变卦为《遁》卦。

学生：老师，您先讲第一类情况，《遁》卦为本卦，六爻皆不变。

老师：好的。从卦象看，《遁》卦卦象☰☶，乾为天，为福，为万年，艮为山，为安，这是山增高而天退，退而得安，有万年福之象。对于企业战略而言，时退则退，企业得安，而有万年福，即为长久的亨通。

学生：明白了。老师，您继续讲第二类情况，《遁》卦为之卦，本卦有三根爻变，变卦为《遁》卦。

老师：好的。我举几个例来具体解析，先看占问结果得到《随》之《遁》。从卦象看，《随》卦卦象☱☳，《遁》卦卦象☰☶，两卦卦象结合起来看，震为出，互巽为入，艮为安，这是出入平安之象；巽为长，震为出，为遁离，为乐，这是遁离后可以长久欢乐之象；艮为君子，为安，乾为万年，这是君子有万年的安定之象。对于企业战略而言，这意味着企业有一次影响重大的退出行动，或许是从一个联盟的退出，或者是从一个行业的退出，而卦象信息，已明确是平安，出入平安意味着退出和进入都很顺利，企业会有长久的安定。

再举一个例，占问结果得到《蛊》之《遁》。从卦象看，《蛊》卦卦象☶☴，《遁》卦卦象☰☶，两卦卦象结合起来看，乾为大君，伏坤为军队，为聚，巽为齐，艮数为八，互震为诸侯，为百，这是武王观兵孟津，八百诸侯齐聚之象；伏坤为文德，乾为宗，艮为家，巽为随，震为功业，为兴，这是宗主有文德，为众所仰慕，得天下诸侯追随而兴盛之象。对于企业战略而言，这是复兴之时已到，可以行动的含义，时机难得，抓紧行动可得成功。

学生：明白了。那我们接下来看孔子对《遁》卦的观象说了什么。

☶ 孔子《易传·象》对《遁》卦的卦象特点，做了如下表述：

《象》曰：天下有山，遁。君子以远小人，不恶而严。

现代文注释：

《象》说，上卦乾为天，下卦艮为山，故曰"天下有山"，这就是《遁》卦的卦象。山渐渐的高起而进逼于天，天乃上进而去之。君子观此卦象，得到启示，在看清小人的真相后，毅然决定远离小人，以遁离来寻求上进的新时机，不与小人继续相处，离开那种因为小人的存在而会引起心情的厌恶、不快乐的旧环境。君子身的离开，不仅保留了自己的生存空间，而且保持了自己的独立人格。身的离开，保证了心的"不恶"，没有了"恶"的心情，就保持住了君子生存的尊严，君子要有尊严的活着，无须与小人陪笑脸，说些小人喜欢听的话，那样活的太累，也没了尊严。

学生：老师，孔子对《遁》卦的观象准确吗？

老师：孔子对《遁》卦的观象在哲理上是准确的，尽管在《象传》里对《遁》卦六爻的观象有偏离，但这段的"《象》曰"还是说的比较到位。

学生：明白了。那我们接下来可以进入到《遁》卦的爻辞了。

☷ 初六：遁尾，厉。勿用有攸往。

现代文注释：

　　初六，柔而不得位，居全卦最下方，其象为尾，故曰"遁尾"，象征无德、无才华之人。但在"遁"的时空，阴爻在进逼，初六无须遁。他留在那里有什么灾祸呢？初六的"厉"，从何而来？此时的他，事理不明，一味的前往进逼阳刚的贤人。贤人君子不为所用，只能一个个的都离去，阴的势力盘踞在内卦，不能在事业上有所作为，很快，危险的"厉"就出现了。警示之辞"勿用有攸往"，一语双关，小人无需进逼，君子的遁离不要落在最后，落在最后的遁离者不利，有所往的作为是在遁离之后，故曰"勿用有攸往"。

　　学生：企业战略的占问结果，要以《遁》卦初六为断。此爻深藏奥妙，联系我们的主题，还请老师为我们做个卦象解析。
　　老师：好的。占问结果以《遁》卦初六为断，得到的是《遁》之《同人》。从卦象看，《遁》卦卦象☷，《同人》卦卦象☶，两卦卦象结合起来看，巽为商贾，为利，艮为求，艮覆震，震为行，为时，覆震为失时，为不能行，巽覆兑，兑为花，为和，覆兑为花落，为失和，半震为其行不远，这是商人求利，内部失和，时机已失，落花无奈，其行不远之象。对于企业战略而言，内部失和，企业如落花流水，时已失，其行不远，归于失败。
　　学生：明白了。那我们继续看《遁》卦六二的爻辞。

☵ 六二：执之用黄牛之革，莫之胜说。

现代文注释：

　　六二，得位又居中，中色为黄，艮为牛，为皮革，艮又为手，为执，故爻辞有"执之用黄牛之革"之言；六二与居尊位的九五有应，欲予以加害。"说"，通假"脱"，这里是用中国古代的一个典故，就是用坚固的黄牛皮捆绑醉酒后的武人的典故，这样的结果，就是被捆绑之人再有力量也无法挣脱。六二之所以有这样的念头，是惦记九五的财产；六二居心叵测，已准备好了使九五无法反抗的整套方案。

　　学生：企业战略的占问结果，要以《遁》卦六二为断。此爻的人物，应当如何理解她的居心，最终结果怎样，还请老师为我们做个卦象解析。

　　老师：好的。占问结果以《遁》卦六二为断，得到的是《遁》之《姤》。从卦象看，《遁》卦卦象☰☶，《姤》卦卦象☰☴，两卦卦象结合起来看，乾为君子，艮为牛皮，巽为绳，为捆绑，艮覆震，震为生，为返，震覆为无生返之机，巽覆兑，兑为恩泽，兑覆为无恩泽，这是无恩泽，君子为黄牛皮捆绑无生返机会之象。对于企业战略而言，卦象信息，明确六二与九五之间无恩泽可言，君子若被黄牛皮捆绑，就无生返之机，这意味着内部关系完全破裂，不要继续存有幻想，君子已经考虑遁离求安，故，六二无胜机，归于失败。

　　学生：明白了。那我们继续看《遁》卦九三的爻辞。

☰☶九三：系遁，有疾厉，畜臣妾吉。

现代文注释：

　　九三，中爻为巽，巽为系，故曰"系遁"。心有系挂，是有利益的权衡，有留下分到该得利益的想法，故其"遁"道因为心的动摇不定而不通畅；巽为疾，在此爻里"疾"是指心为利欲所缠绕之困苦，这对于九三是有害处的，有危险，有厉，故曰"系遁，有疾厉"。九三，没有选择遁离，是对六二还存有幻想，他想与进逼的小人处好关系，委屈求平安。九三之下的两根阴爻为小人，即爻辞里的"臣妾"，九三为艮阳，故有畜止之象，"畜"，为畜养，在此处其意为相处，孔子与弟子谈论此爻时，曾说："唯女人与小人为难养也，近之不逊，远之则怨。"孔子说的"女人"指的是侍妾，"臣"指小人，故"畜臣妾"说的就是与小人、侍妾相处，孔子深知这样委屈求安的相处很难。九三若能做到，则仍为"吉"，故曰"畜臣妾吉"。

学生：企业战略的占问结果，要以《遁》卦九三为断。此爻中的主人留下来与小人、女人相处，联系我们的主题，还请老师为我们做个卦象解析。

老师：好的。占问结果以《遁》卦九三为断，得到的是《遁》之《否》。从卦象看，《遁》卦卦象 ䷠，《否》卦卦象 ䷋，两卦卦象结合起来看，乾为天，艮为砂石，坤为土，巽为风，这是风吹砂石黄土满天之象；艮覆震，震为粮，为收成，为年岁，覆震为年岁无收成，巽覆兑，兑为花，覆兑为花落，坤为流水，这是年岁无收，落花流水之象。对于企业战略而言，风沙黄土满天，是企业内部争端起，朗朗乾坤不再，有厉；年岁无收，寓意不得利，时机已过。九三虽委屈求全，暂有安定，但求事、求利皆不可得，归于失败。

学生：明白了。那我们继续看《遁》卦九四的爻辞。

䷠九四：好遁，君子吉，小人否。

现代文注释：

九四，与初六有应，故，亦是心有牵挂，有利益的牵挂，也有对阴的势力抱有的幻想，因为此刻阴的祸患尚未显露；但，九四仍能断然退避，这是君子毅然割舍心中牵挂的利益，其决断是在最好时机、最及时的遁离，故曰"好遁"。能抑制心中对利益的欲念，就是君子的作为，可得吉祥；若心系利益之欲念不能解脱，则沦为小人，会有凶否；故曰"君子吉，小人否"。

学生：企业战略的占问结果，要以《遁》卦九四为断。此爻的主人，好像对利益还有牵挂之心，联系我们的主题，还请老师为我们做个卦象解析。

老师：好的。占问结果以《遁》卦九四为断，得到的是《遁》之《渐》。从卦象看，《遁》卦卦象 ䷠，《渐》卦卦象 ䷴，两卦卦象结合起来看，艮为星，为门，为求，乾为福，互坎为忧患，巽为商贾，为利，为陨落，为入，艮覆震，震为时，为功，覆震为失时，为无功，这是福星陨落，忧患进门，商人求利，失时无功之象。对于企业战略而言，处在《遁》卦的时空，不可追求功名利禄，卦象信息，明确商人求之亦不可得，故，毅然割舍利益的牵挂，有君子之吉，反之有小人之否；得此占，求利者失败，遁离者成功。

学生：明白了。那我们继续看《遁》卦九五的爻辞。

☰☳ 九五：嘉遁，贞吉。

现代文注释：

九五，阳刚，其位居中得正，得中正之道，时行而行，时止而止，不为利益所牵，虽与六二为正应，但明察阴爻强盛的情势，也洞察了六二的不良居心，故毅然决定不应六二，而是与乾体上下的两根阳爻共进退，完成乾体共同的遁离，这样共同行动的会合，就是乾道得亨通的"嘉之汇"，故曰"嘉遁"。九五能守乾阳的正道，占为"吉"。

学生：企业战略的占问结果，要以《遁》卦九五为断。此爻的主人是圣明之主，选择了遁离，联系我们的主题，还请老师为我们做个卦象解析。

老师：好的。占问结果以《遁》卦九五为断，得到的是《遁》之《旅》。从卦象看，《遁》卦卦象☰☳，《旅》卦卦象☲☶，两卦卦象结合起来看，乾为盛德，离为明智，为洞察，离象的上艮阳为尊严，下震阳为卫，为遁，下卦艮为君子，为身，为家，为国，为安，互巽为利，为牵，这是虽有利益牵挂，君子洞察六二居心叵测，为了身安，也为了尊严和盛德，以遁离作为防卫，家国得安之象。对于企业战略而言，卦象信息，明确遁离后可得安，爻辞则称九五的遁为嘉遁，是亨通美好的遁离，得吉；得此占，战略实施成功。

学生：明白了。那我们继续看《遁》卦上九的爻辞。

☰☳ 上九：肥遁，无不利。

现代文注释:

上九,"遁"之极,居乾之上,乾为肥,故曰"肥遁",古代卦书里皆写为"飞遁,无不利",故"肥"亦通假"飞"。上九处"遁"之极致位,故,远走高飞,飞快的远离,是其本意。上九能快速的遁离,是吉祥的,其未来无所不利,故其占为"无不利"。

学生:企业战略的占问结果,要以《遁》卦上九为断。此爻的主人处在遁的极致位置,联系我们的主题,还请老师为我们做个卦象解析。

老师:好的。占问结果以《遁》卦上九为断,得到的是《遁》之《咸》。从卦象看,《遁》卦卦象䷠,《咸》卦卦象䷞,两卦卦象结合起来看,艮为丘陵,为手,为采,为家,为安,下坤为野,巽为薇,兑为虎,兑在艮外,为不遇,覆震为回,乾为天福,这是野外采薇,不遇虎狼,天福相伴,平安回家之象。对于企业战略而言,卦象信息,是处境平安,成功的结局。

学生:明白了。《遁》卦六爻都讲完了,这是一个对君子不利的时空,要以遁离求安,得吉祥。在小人进逼之时,君子应该毅然遁离,寻求新的发展空间。君子的遁离,不仅保留了自己的生存空间,还保持了自己的独立人格。这是君子重新开始的新起点,发展空间会更大,心情更愉快,人格的独立也确保了生存的尊严。有尊严的活着,对于君子,其实是最重要的,这样也活的最轻松。这里面也有对企业的告诫,在一个行业或一个联盟的合作出现某种必须遁离的迹象时,若符合《遁》卦的遁之道,就不要犹豫,要毅然退出。

山泽《损》䷖（卦序号：39）

在六十四卦中，《损》、《益》两卦是曾让孔子喟然而叹的卦，故被称为是理解人事道理的枢纽。从爻变导致形成《损》卦来看，《损》卦是由《泰》卦而来，因此要效法"损"之道，就要在安泰的前提之下。

先看《损》卦的卦辞，及现代文注释：

损：有孚，元吉，无咎。可贞，利有攸往。曷之用？二簋可用享。

现代文注释：

损，为卦名。《损》卦，必须讲求诚信，有诚信才有可能提出"损下"的方案而为民众所接受，才会有"元吉"，才没有咎害。"损"的意思，就是减省，与"益"的增加刚好是反义。损某人，就是从某人身上拿走利益，"有损"就是有被拿走。本卦主要讲"损下"的道理，故特别强调要"有孚"，拿走的利益得有正当的用途，讲的话必须是真的，这样百姓或下层的民众才会乐于接受。这就是"损所当损，民将乐输"的道理。"有孚"作为前提，才会有"元吉"，才会无咎。由于此法可用于正道，可以作为在特殊情况下的权变之法，所为有利，故曰"可贞，利有攸往"，所有这些都是"有孚"的结果。"曷"，即何，这里问道："应当如何安排呢？"那祭祀时就简约些，把祭品由八簋减为二簋吧！

孔子《易传·象》对《损》卦的卦辞，是这样裁断的：

《彖》曰：损，损下益上，其道上行。损而"有孚，元吉，无咎，可贞，利有攸往。曷之用？二簋可用享"。"二簋"应有时。损刚益柔有时，损益盈虚，与时偕行。

现代文注释:

象辞说,《损》卦,是在讲"减损"。在《损》卦里,减损,是减损下方,增益上方,方向由下往上进行。故,"减损"之道强调诚信,只有具备了诚信,民众才会接受,才会"大吉"。损所当损,民将乐输;故"可贞,利有攸往",也就是说,此法可用于正道,利于正当用途的所往。应当如何安排呢?那祭祀时就简约些,把祭品由八簋减为二簋,有诚意的祭祀就会吉祥。"损刚益柔"带有时势的判断,而减损盈满的补充虚亏的,就是具体的安排,代表了"与时偕行"的大道理。

学生:老师,孔子对《损》卦卦辞的裁断准确吗?孔子说到《损》卦的时义了吗?

老师:孔子对《损》卦卦辞的裁断准确,也说到了时义。《损》卦的时义,是减损下方,为了时势的需要而减损,减损后可做成大事。

学生:明白了。我们可以进入主题了,企业战略的占问结果,要以《损》卦的卦辞为断,还请老师为我们做个卦象解析。

老师:好的。以《损》卦的卦辞为断,占问结果分为两大类情况。第一类情况《损》卦为本卦,六爻皆不变。第二类情况《损》卦为之卦,本卦有三根爻变,变卦为《损》卦。

学生:老师,您先讲第一类情况,《损》卦为本卦,六爻皆不变。

老师:好的。从卦象看,《损》卦卦象䷨,震为行,为足,为商旅,兑为折,为伤,足伤为跛,坤为千里,艮为深谷,为止,互大离中虚,为无粮,为饿,这是商人腹中饥饿,无粮可食,足跛而路远,止于深谷之象。对于企业战略而言,卦象信息,路途遥远,无粮可食,足伤而跛,寓意自身条件不能胜任远行;止而不前,是战略实施无法继续,战略目标难以实现。

学生:明白了。老师,您继续讲第二类情况,《损》卦为之卦,本卦有三根爻变,变卦为《损》卦。

老师:好的。我举几个例来具体解析,先看占问结果得到《大壮》之

《损》。从卦象看，《大壮》卦卦象▤，《损》卦卦象▤，两卦卦象结合起来看，艮为盼望，震为叹息，坤为病，为患，为忧，兑为危，为巫医，为祷，互大离为日，这是病患严重，巫医祷告以盼，病情却日渐转危，故而叹息之象。对于企业战略而言，有病意味着企业状况不佳，病没有好转迹象，是战略实施无望。

再举一个例，占问结果得到《观》之《损》。从卦象看，《观》卦卦象▤，《损》卦卦象▤，两卦卦象结合起来看，巽为松柏，为长，艮为子孙，为梁柱，为坚固，坤为千万，震为生，为福，为德，兑为华，为恩泽，这是君子有松柏之德，福泽子孙，子孙千万，皆为梁柱，坚固不倾之象。对于企业战略而言，卦象信息寓意子孙福泽绵长，才堪大用，建树华章，企业有长久的兴盛。

学生：明白了。那我们接下来看孔子对《损》卦的观象说了什么。

▤　孔子《易传·象》对《损》卦的卦象特点，做了如下表述：

《象》曰：山下有泽，损。君子以惩忿窒欲。

现代文注释：

《象》说，上卦艮为山，下卦兑为泽，故曰"山下有泽"，这就是《损》卦的卦象。《损》卦，减损泽中的土，以增益山，所以山高泽低。君子观此卦象，就要效法这一精神，对自己的情绪，如忿怒，加以节制和惩罚；窒息欲望之火，节制自己的贪欲和各种欲念。

学生：老师，孔子对《损》卦的观象准确吗？孔子在这里是不是做了哲理的延伸呢？

老师：孔子对《损》卦的观象是准确的，也确实在哲理上做了延伸。孔子在探索《损》卦蕴含的精神，联系到了君子道德的养成与欲念控制的关系。

学生：明白了。那我们接下来可以进入到《损》卦的爻辞了。

☶ 初九：已事端往，无咎；酌损之。

现代文注释：

初九，阳刚居阳位，行事果断，与六四有应，前去探视六四之疾，完成刚柔的损益，他迅速的前往，无咎害，只是损刚益柔要适度。

学生：企业战略的占问结果，要以《损》卦初九为断。联系我们的主题，还请老师为我们做个卦象解析。

老师：好的。占问结果以《损》卦初九为断，得到的是《损》之《蒙》。从卦象看，《损》卦卦象☶，《蒙》卦卦象☶，两卦卦象结合起来看，艮为家国，为安，坎中实，为得，坤为病，为我，震为前往，为助，为速，兑为恩泽，正反震为互助，正反艮为同安，这是我有病难，得人恩泽相助而得安，进而互助之象。对于企业战略而言，卦象信息，有遇到问题能够迅速得到解决，得人相助的含义，意味着得地利；得此占，战略实施会成功。

学生：明白了。那我们继续看《损》卦九二的爻辞。

☶ 九二：利贞，征凶，弗损益之。

现代文注释：

九二，居中位，应守中正之道，急于前往有凶，不要盲目损己利人，只要坚守中道即可。己不损，而能益人，是最佳的选择，也是世间的大道理。

学生：企业战略的占问结果，要以《损》卦九二为断。此爻深藏奥妙，结果怎样，还请老师为我们做个卦象解析。

老师：好的。占问结果以《损》卦九二为断，得到的是《损》之《颐》。从卦象看，《损》卦卦象☶，《颐》卦卦象☶，两卦卦象结合起来看，震为年岁，为粮，坤为虚，艮为仓庾，兑为秋，为毁折，为损，这是年岁不好，粮食欠收，仓庾虚空，饥荒之象。对于企业战略而言，是遇到困难，事业不成功。

　　学生：明白了。那我们继续看《损》卦六三的爻辞。

　　䷨六三：三人行，则损一人。一人行，则得其友。

现代文注释：

　　六三，是下卦的主爻，中爻为互震，为行，六三是《损》卦形成的变爻，也就是《泰》之《损》，《泰》下卦的乾体即为"三人行"，乾体九三爻阳变阴，即为"损一人"，"损一人"后《泰》卦变卦为《损》卦。"一人行"，指六三与上九有应，独往则为"一人行"，前往则"得其友"；互为"得其友"。

　　学生：企业战略的占问结果，要以《损》卦六三为断。此爻最难理解，会是怎样的结果，还请老师为我们做个卦象解析。

　　老师：好的。占问结果以《损》卦六三为断，得到的是《损》之《大畜》。从卦象看，《损》卦卦象䷨，《大畜》卦卦象䷙，两卦卦象结合起来看，艮为国，坤为政，兑为损，是国政有损之象；艮为贤人，为辉光，兑为月，乾为圆，这是月缺复圆之象；乾为大，伏坤为事，艮为成，这是大事有成之象。对于企业战略而言，卦象意味着，折损之后还可努力做成大事，六三与上九有得友之喜悦，是得贤人相助，战略实施得以成功。

　　学生：明白了。那我们继续看《损》卦六四的爻辞。

　　䷨六四：损其疾，使遄有喜，无咎。

现代文注释：

　　六四，柔爻居柔位，虽得其正，但过柔则有疾，即有问题，从六四的伏象来看，其中爻伏象为坎，坎象为心病，为疾，从明象看，中爻为震，为速，"遄"为急速，故有"损其疾，使遄有喜"之言，六四急速见到初九，完成损刚益柔，转疾为喜，当然无咎。

学生：企业战略的占问结果，要以《损》卦六四为断。此爻无疾有喜，判为无咎，联系我们的主题，还请老师为我们做个卦象解析。

老师：好的。占问结果以《损》卦六四为断，得到的是《损》之《睽》。从卦象看，《损》卦卦象▤，《睽》卦卦象▤，两卦卦象结合起来看，爻变导致中爻坤变坎，坤为虚，坎中实，为得，这是由虚变实，有得之象；离为网，艮为手，震为张，坤为鱼，为多，兑为河海，是在河海张网捕鱼，鱼多之象。对于企业战略而言，卦象信息，寓意开始有积累，鱼多是利多，事业成功。

学生：明白了。那我们继续看《损》卦六五的爻辞。

▤ 六五：或益之十朋之龟，弗克违，元吉。

现代文注释：

六五，柔爻居中，有柔中之德，得上九的佑助，"朋"，是古代货币单位，两贝为一朋，中爻为坤，坤数为十，六五居艮之中，艮为龟，故曰"或益之十朋之龟"。六五柔爻居中，有虚中而自损之象，故大得人心，上九将损下益上所收到的，包括他受益于六三的东西，转捐一部分给六五。有人捐献，当然不能推辞，即"弗克违"，只能收下，占得"元吉"。

学生：企业战略的占问结果，要以《损》卦六五为断。此爻的主人得到佑助，联系我们的主题，还请老师为我们做个卦象解析。

老师：好的。占问结果以《损》卦六五为断，得到的是《损》之《中孚》。从卦象看，《损》卦卦象▤，《中孚》卦卦象▤，两卦卦象结合起来看，爻变得巽，巽为利，这是得利之象；互震为君王，兑为辅，坤为政，艮为贤人，为得，这是君王得贤人辅政之象；巽为鱼，兑为海，大离为大网，为多得，互坤为江河，这是在江河湖海撒大网多得鱼之象。对于企业战略而言，卦象信息，君王得辅，利来，寓意得到高端人才的加盟，企业状况改观，开始盈利；江海拉网捕鱼，鱼代表利，江河湖海代表市场很大，撒大网多得鱼，是争得较大的市场份额，多得利；得此占，战略实施成功。

　　学生：明白了。那我们继续看《损》卦上九的爻辞。

☷ 上九：弗损益之；无咎，贞吉，利有攸往，得臣无家。

现代文注释：

　　上九，《损》道走到极致，会走到其反面，会自损而益下，故警示上九不要再减损，六三前来相应，互为"得其友"，六三是《损》之卦主，六三之损，即为"损所当损"；六三已损在先，上九之艮，为止，可不再自损而益下，无咎，守持正道就有吉祥，占为吉。前往应六三有利，上九得到六三，阳为君，阴为臣，故曰"得臣"，得到有才干的贤臣的辅佐，上卦艮变坤，艮为家，坤为国，这是"有国无家"之象变，寓意贤臣为国而忘家，故言得臣"无家"。

　　学生：企业战略的占问结果，要以《损》卦上九为断。此爻难懂，联系我们的主题，结果会怎样，还请老师为我们做个卦象解析。

　　老师：好的。占问结果以《损》卦上九为断，得到的是《损》之《临》。从卦象看，《损》卦卦象☶，《临》卦卦象☷，两卦卦象结合起来看，互震为春，为生，为元亨，坤为天下，为通达，为麟凤，兑为正秋，为丰盛，为辅，艮为贤人，这是春生秋实，贤人辅佐，元亨通达，得天下之象。对于企业战略而言，卦象信息，元亨通达，得天下，已明确战略实施的成功。

　　学生：明白了。《损》卦六爻都讲完了，收获很大，《损》卦的道理，是要符合时势的需要，行损之道，有诚信也会大吉。

泽山《咸》 ䷞ （卦序号：40）

　　《咸》卦，帛书《易》里，记做《钦》卦，"钦"字，左边为金，代表秋天，右边为欠，其本意，是欠美丽的金秋一个态度。《咸》卦，被定为讲阴阳感应，但过去通行本的解释，则从初爻到上爻的过程，就是讲男女的感应，从触摸女人的脚趾、小腿、大腿、背部到最后的舌吻，这对于卦辞和爻辞的理解，对于解卦，对于判断吉凶、取舍、得失、进退，都不是很好掌握的。故，本书恢复到文王演《周易》的本义，来进行新的解释，这对于起卦后的正确解卦会有帮助。

　　先看《咸》卦的卦辞，及现代文注释：

咸：亨，利贞。取女吉。

现代文注释：

　　咸，是卦名。《咸》卦，象征阴阳感应，中爻乾为夏，故曰"亨"，上卦兑为秋，秋有"利贞"，利于固守正道。卦象中，互巽为秋风，艮为山，巽艮相连，秋风吹拂，带走盛夏的暑气，山中已有丝丝的凉意，兑为华，为繁茂，为愉悦，万物此时仍然欣欣向荣，这就是金秋的景象，值得停下来好好欣赏，愉悦一下心情，九九重阳节就是在这样愉悦的心情下被确定的。金秋季节是收获的季节，家中有粮，是婚嫁、娶女的好季节，吉。

　　孔子《易传·彖》对《咸》卦的卦辞，是这样裁断的：

《彖》曰："咸"，感也。柔上而刚下，二气感应以相与，止而说，男下女，是以"亨，利贞，取女吉"也。天地感而万物化生，圣人感人心而天下和平。观其所感，而天地万物之情可见矣。

现代文注释：

象辞说，"咸"，是感应。泽水在上，山在下，故曰"柔上而刚下"，下卦艮为止，上卦兑为悦，故曰"止而说"，咸卦之象，男在女下，象征阳刚的主动，是以亨通，利于固守贞正，故在此季节娶女可得吉祥。卦象中，阴阳二气相互感应，阳刚处下，接受秋天阴气凝结的露水，泽水润下，万物得以生长，天地间，阴阳感应而万物化生；圣人感应到天下人心思定，故倡导和平。观察所有这些感应，天地间万物的真情就显见了。

学生：老师，孔子对《咸》卦卦辞的裁断准确吗？孔子说到《咸》卦的时义了吗？

老师：孔子对《咸》卦卦辞的裁断，是以男女感应作为观察的角度，这不符合从天道及于人事的易理，故应认为是不准确。孔子没有说到《咸》卦的时义；《咸》卦的时义，是金秋时节，阴阳有感，要做适宜的事。

学生：明白了。我们可以进入主题了，企业战略的占问结果，要以《咸》卦的卦辞为断，还请老师为我们做个卦象解析。

老师：好的。以《咸》卦的卦辞为断，占问结果分为两大类情况。第一类情况《咸》卦为本卦，六爻皆不变。第二类情况《咸》卦为之卦，本卦有三根爻变，变卦为《咸》卦。

学生：老师，您先讲第一类情况，《咸》卦为本卦，六爻皆不变。

老师：好的。从卦象看，《咸》卦卦象☷☷，兑为正秋，为喜悦，乾为木果，巽为林，艮为时，为果，为安，这是金秋时节果林的果实都平安的挂在树上之象；乾为富实，为盈满，坤为囊，为仓庾，乾在坤中，为囊中富实，仓庾盈满之象。对于企业战略而言，果实的平安寓意项目的平安，也是利益回收的平安，囊中富实，是收获丰盛，战略实施成功。

学生：明白了。老师，您继续讲第二类情况，《咸》卦为之卦，本卦有三根爻变，变卦为《咸》卦。

老师：好的。我举几个例来具体解析，先看占问结果得到《鼎》之《咸》。

从卦象看，《鼎》卦卦象☲，《咸》卦卦象☱，两卦卦象结合起来看，离为目，为明，为聪，兑为耳，这是耳聪目明之象；坤为囊，为仓，乾为富实，为盈满，乾在坤中，为囊中富实，为仓庾盈满，艮为家国，为安，互大坎中实，为得，这是财富殷实，仓庾盈满，家国得安之象。对于企业战略而言，卦象信息，耳聪目明，是市场判断准确，得到富实和企业的安定，战略实施成功。

再举一个例，占问结果得到《艮》之《咸》。从卦象看，《艮》卦卦象☶，《咸》卦卦象☱，两卦卦象结合起来看，一兑三艮之象，兑为正秋，艮为果，为时，互乾亦为果，互巽为果林，这是金秋时节果园里果实累累之象。对于企业战略而言，果实代表成果，也寓意市场销售情况好，战略实施成功。

学生：明白了。那接下来我们看孔子对《咸》卦的观象说了什么。

☱ 孔子《易传·象》对《咸》卦的卦象特点，做了如下表述：

《象》曰：山上有泽，咸。君子以虚受人。

现代文注释：

《象》说，上卦兑为泽，下卦艮为山，故曰"山上有泽"，这就是《咸》卦的卦象。这是山泽通气的卦象，故代表亨通。君子观察此卦象，中爻之象为乾，乾为君子，为人，而六二往下两爻的半象，扩象后为坤，坤为虚，六二以"虚"象承受上方的乾阳之象，故曰"君子以虚受人"。故，君子要有虚怀若谷的胸怀，以虚心的态度去接受他人。

学生：老师，孔子对《咸》卦的观象准确吗？
老师：孔子对《咸》卦的观象，是从儒家哲学的角度来观象，知道了这点就能理解孔子的良苦用心，在这里我们倒是不必苛求了。
学生：明白了。那接下来我们可以进入到《咸》卦的爻辞了。

☷ 初六：咸其拇。

现代文注释：

　　初六，居艮的最下方，艮为兵戈，为操练，为戴，故"咸其拇"是古代秋天在收割后的田地里练兵的表达，是指人们在感受戴在拇指上射箭用的扳指，人们都在练习拉弓射箭，这是为了防止疏于练习而导致荒废了极为重要的军事技能。作为农业文明的古代中国，寓兵于民，秋天是一年中练习骑射的季节。

　　学生：企业战略的占问结果，要以《咸》卦初六为断。联系我们的主题，还请老师为我们做个卦象解析。

　　老师：好的。占问结果以《咸》卦初六为断，得到的是《咸》之《革》。从卦象看，《咸》卦卦象☰，《革》卦卦象☰，两卦卦象结合起来看，兑为秋天，乾为健动，艮为操练，为手，大坎为弓矢，震为射，为骑，这是秋天操练骑射之象；离为戈兵，离伏坎为无忧，乾为君，为德，艮为国，为安，这是兵德为治，国安无忧之象；表达黄帝兵德为治的思想，修德振兵，国可无忧。对于企业战略而言，卦象信息，有加强职业培训的含义，寓意企业素质因培训而得到提升，有利于战略实施，得安无忧，是为大吉，为成功。

　　学生：明白了。那我们继续看《咸》卦六二的爻辞。

☲ 六二：咸其腓，凶，居吉。

现代文注释：

　　六二，柔爻得正居中，艮为操练，"腓"为疾病，也为小腿，六二小腿有疾，有碍于走路，故不宜动，宜居，动则凶，居则吉。这里六二的爻辞有明确的暗喻，喻其"疾"是来自六二与九五有应而不能前往，这是因为六二顺承九三，中爻巽象为系，已经系之九三，不能上应九五，是为六二之心疾，巽为志，为心，六二不能上应九五，是六二心志已有所向，亦可谓之心疾。六二已有小腿之疾，动则为"凶"，故曰"咸其腓，凶"。六二，其爻位为艮中，艮为家，为居，下卦艮为反震，反震亦为居，顺之则吉，逆之则凶，"居"就是不动，就是坚守，这里很明确就是告诫六二宜坚守二爻之位不动，不动则吉，故曰"居吉"。

学生：企业战略的占问结果，要以《咸》卦六二为断。此爻的主人，得到的判辞为"居吉"，联系我们的主题，还请老师为我们做个卦象解析。

老师：好的。占问结果以《咸》卦六二为断，得到的是《咸》之《大过》。从卦象看，《咸》卦卦象☶☱，《大过》卦卦象☴☱，两卦卦象结合起来看，兑为害，乾为江河，巽为木，为柏，巽伏震，震为舟，为行，震伏为不往，艮为时，为居，为安，这是时机不利涉大川，虽有柏舟而不往，居安不动之象。对于企业战略而言，卦象信息，提醒时机的重要性，在条件不利于投资之时，动则有凶，居安不动则吉，此时，什么也不要做，不会成功。

学生：明白了。那我们继续看《咸》卦九三的爻辞。

☶☱ 九三：咸其股，执其随，往吝。

现代文注释：

九三，居下卦的上方，与六二为相邻的亲比关系，并形成巽体，巽为股，股为双，象征六二已与九三成双对，巽为牵手，为随，故曰"咸其股，执其随"；九三虽然与上六有应，本该前往，但已有与六二的亲比关系，为六二所系，不能往应上六，且上六是年龄大的老人，已脱离骑射的操练在山上喝酒，九三若前往，就会耽误操练，不能往，故曰"往吝"。

学生：企业战略的占问结果，要以《咸》卦九三为断。此爻中的人物亲邻相伴，联系我们的主题，还请老师为我们做个卦象解析。

老师：好的。占问结果以《咸》卦九三为断，得到的是《咸》之《萃》。从卦象看，《咸》卦卦象☶☱，《萃》卦卦象☱☷，两卦卦象结合起来看，兑为月，为和，乾为天，为日，巽为系，为同，艮为家，为国，为安，坤为聚，为志，这是阴阳和合，日月同天，志同而聚，家国得安之象。对于企业战略而言，卦象信息，是得天道，也得人和，战略实施成功。

学生：明白了。那我们继续看《咸》卦九四的爻辞。

☷☱ 九四：贞吉，悔亡。憧憧往来，朋从尔思。

现代文注释：

九四，其位不居中，也不得正，本有悔；但九四居中爻乾体之中，亦为得中，占为吉，后悔消失。进入上卦，往来皆有阻隔，憧憧不定，九四与九三、九五为朋，乾体行动相牵，故曰"朋从"；与初六有应，欲前往，为九三所阻，有思念之苦，故曰"尔思"。

学生：企业战略的占问结果，要以《咸》卦九四为断。联系我们的主题，还请老师为我们做个卦象解析。

老师：好的。占问结果以《咸》卦九四为断，得到的是《咸》之《蹇》。从卦象看，《咸》卦卦象☷☱，《蹇》卦卦象☵☶，两卦卦象结合起来看，乾为仁德，为天，兑为和，为恩泽，巽为系，为进退，艮为手，为牵，为得，为安，坎为心，为忧思，这是仁德为系，忧思无悔，相牵而行，天恩安定之象。对于企业战略而言，得人和，虽有牵挂不影响进退，团结共进，事业成功。

学生：明白了。那我们继续看《咸》卦九五的爻辞。

☷☶ 九五：咸其脢，无悔。

现代文注释：

九五，居九四之上，上六之下，九四讲心的感受，上六讲口的感受，故九五的感受就在心之上、口之下；九五居中得正，与六二有应，皆为中正，但与六二的正应被九三阻隔，他把感受放心上不说出口，自守中正，没有悔恨。

学生：企业战略的占问结果，要以《咸》卦九五为断。此爻的爻辞有些奥妙，联系我们的主题，还请老师为我们做个卦象解析。

老师：好的。占问结果以《咸》卦九五为断，得到的是《咸》之《小过》。从卦象看，《咸》卦卦象☷，《小过》卦卦象☷，两卦卦象结合起来看，艮为道，震为行，正反艮相背，正反震亦为相背，这是道不同，背道而行之象；互巽为利，正反巽相背向，为利益不一致，兑为和，正反兑为不和，互乾为德，大坎为祸殃，为害，这是利益不合，背道而行，不和有殃，害德招祸之象。对于企业战略而言，卦象信息，明确了失败的原因，战略实施不会成功。

学生：明白了。那我们继续看《咸》卦上六的爻辞。

☷ 上六：咸其辅、颊、舌。

现代文注释：

上六，是年龄大的老人，体弱不参加操练，上六居上卦兑的上方，在象学里，兑为秋，为肉，为酒，为食，为饮，为吞，为咽，故象征重阳节在山上喝酒吃肉、品尝肥美的河蟹，有咀嚼、吞咽和口舌之中味蕾的感受，这是老人在山上过重阳节，喝菊花酒，做老人适宜的事。

《咸》卦的六爻，描述古代农业文明，在金秋时节，年轻人"沙场秋点兵"，在秋天凉爽的日子里操练骑射；老人登高过重阳节，"咸其辅颊舌"，是在山上喝酒吃肉，品尝肥美的河蟹，还金秋一个态度，这就是秋天的感受，都在做适宜的事。

学生：企业战略的占问结果，要以《咸》卦上六为断。此爻的主人是老人，在山上过重阳节，联系战略分析有点难，还请老师为我们做个卦象解析。

老师：好的。占问结果以《咸》卦上六为断，得到的是《咸》之《遁》。从卦象看，《咸》卦卦象☷，《遁》卦卦象☷，两卦卦象结合起来看，兑为饮酒，为吞，为食，乾为老，大坎为孤，为苦，艮为山，为时，艮覆震，震覆为不归，这是老人在山上过重阳节，流连山野，逾时不归，虽有口腹的享受和友人的相聚，也有秋风萧瑟的悲秋之感，是老年孤苦之象。对于企业战略而言，卦象里，孤老流连山野，不谋功业，逾时不归，寓意不成功。

学生：明白了。《咸》卦的六爻都讲完了，张老师，您按照天道及于人事的易理，把六爻的注释恢复到文王的本义，这样很好理解，六爻也很通畅，很容易懂。从卦象解析的配合来看，这对于企业战略分析是绝对必要的。

第十三章　节、旅、中孚、小过

在这一章里，解析《节》、《旅》、《中孚》、《小过》四个卦，在这四个卦里，《节》、《中孚》两卦是紧跟在《损》卦之后的"阳息阴"的卦，其下卦皆为兑，卦序号皆为奇数，是《复》卦之后"阳息阴"一条路线上的卦。而《旅》、《小过》两卦则是紧跟在《咸》卦之后的"阴消阳"的卦，其下卦皆为艮，卦序号皆为偶数，是《姤》卦之后"阴消阳"一条路线上的卦。

水泽《节》䷻（卦序号：41）

这是清明时节的宇宙时空，《节》卦的上卦坎，为雨水，诗曰："清明时节雨纷纷，路上行人欲断魂，借问酒家何处有，牧童遥指杏花村。"《节》卦的下卦兑为悦，在节卦的时空，人们外出踏青，心情愉悦，四处田野空气清新，天空显得格外洁净而清明，而在山野路旁，就可以看到顶出地面的竹笋，有的已长成挺拔的绿竹，竹节清晰可见。竹，是中国这块土地的特产，中国古人最早使用竹简记载文字。《节》卦，应时的节气即为清明，不时的雨水纷纷蒙蒙，也给泽地补充着不间断的水源，卦象给我们的时义想象，是极为丰富的。

先看《节》卦的卦辞，及现代文注释：

节：亨。苦节，不可贞。

现代文注释：

节为卦名。《节》卦，是亨通的。节之义从竹子而来，春笋从地下破土而出，其力量、速度惊人，长成后的竹子，其强度亦惊人。这些，都由于其"节"而来，古人懂得这个道理，故古人喜欢"节"，把人的精神力量称为"气节"，人有节，可得亨通。占筮，一般都用竹签。从竹签的灵性来说，不可用腐朽的竹签，故曰"苦节，不可贞。"苦，通假枯。枯者，腐朽也，贞即占，故其意就是"枯节，不可占。"腐朽的竹签，不可用于占筮。这句话寓意深刻，枯节，其强度"竭"也，对发展事业而言，若资源已经枯竭，前景必然暗淡，此时不可固守，"苦节，不可贞，"所代表的含义即在于此。而《节》卦的卦辞含义也在于此。故，对此句的本义的解析，在卦中至关重要。

孔子《易传·象》对《节》卦的卦辞，是这样裁断的：

《象》曰：节"亨"，刚柔分而刚得中。"苦节，不可贞"，其道穷也。说以行险，当位以节，中正以通。天地节而四时成，节以制度，不伤财，不害民。

现代文注释：

象辞说，节卦，是亨通的；"节"，是力量、信用的象征，古代的使者称为使节，出使时，持节，归国时亦持节而归，节是使者手中所持的信物。历史上，苏武被匈奴流放西域牧羊十九年，始终手持使者之节，从不放手，代表忠于国家使命的气节。

节卦，是亨通的。卦分刚柔，而刚爻得中位。节卦，与占筮有关，不可用腐朽的竹签占筮，那会冒犯神灵，得不到灵验的结果。"枯节，不可占。"这句话也寓意着发展事业之时，资源不可枯竭，警之，故有"其道穷也"之言。

从卦象看，节卦的上卦为坎，坎为险，坎的中位为通，下卦为兑，兑为悦，故有"说以行险，当位以节，中正以通。"之言。意思就是："愉悦的前往险地，大胆的行'用险'之道，节卦的九五得其位，有中正之德，故能行险而不陷，居险中而得以通畅。"

《节》卦中蕴含天地之时，下卦中爻为震，为春，而兑为秋，春生而秋成，九二至九五得离象，离为夏，而上卦坎为冬，故《节》卦包含了四时之象。君子应效法《节》卦的精神，立以制度以符合四时之差别，既不浪费财力，也不伤害民众的利益。

学生：老师，您在现代文注释，和《象》的注释里，加进了您对"苦节"的理解，是吗？

老师：是的。我加进去的也是文王的本义。这样回到文王的本义，能让后代读者理解《节》卦的思想精神。

学生：明白了。我们可以进入主题了，企业战略的占问结果，要以《节》卦的卦辞为断，还请老师为我们做个卦象解析。

老师：好的。以《节》卦的卦辞为断，占问结果分为两大类情况。第一类情况《节》卦为本卦，六爻皆不变。第二类情况《节》卦为之卦，本卦有三根爻变，变卦为《节》卦。

学生：老师，您先讲第一类情况，《节》卦为本卦，六爻皆不变。

老师：好的。从卦象看，《节》卦卦象䷻，坎为流水，兑为海，这是百流归海之象；坎为信，艮为国，为忠，震为德，为归，坤为流水，乾为大德，这是忠信报国，百流归德之象。对于企业战略而言，能以忠信为本，百流归德，就有了福报的基础，战略实施就会顺利，会有成功。

学生：明白了。老师，您继续讲第二类情况，《节》卦为之卦，本卦有三根爻变，变卦为《节》卦。

老师：好的。我举几个例来具体解析，先看占问结果得到《家人》之《节》。从卦象看，《家人》卦卦象䷤，《节》卦卦象䷻，两卦卦象结合起来看，坎折坤，坎为贼，坤为政，这是贼人乱政之象；坎为忧，离为兵患，离坎相连，为忧患相伴，艮为国，为安，艮阳进入坎中，为不安，震为足，兑为折，震阳入兑中，为跛行，这是国有忧患，跛行不安之象。对于企业战略而言，卦象信息，寓意内部有失人和，小人乱政，管理有问题，长此以往，如跛脚，其行不远，企业不安定，会带来祸殃；得此占，归于失败。

再举一个例，占问结果得到《震》之《节》。从卦象看，《震》卦卦象 ䷲，《节》卦卦象 ䷻，两卦卦象结合起来看，震为行，为功业，兑为摧折，为倾覆，互艮为家，坎为灾患，艮阳进入坎中，为家园有失，这是事业受到摧折，家园有失之象。对于企业战略而言，卦象信息，明示有重大的失败，导致失去安身之所，企业主会有一次大的灾患，事业不会成功。

学生：明白了。那接下来我们看孔子对《节》卦的观象说了什么。

䷻ 孔子《易传·象》对《节》卦的卦象特点，做了如下表述：

《象》曰：泽上有水，节。君子以制数度，议德行。

现代文注释：

《象》说，上卦坎为水，下卦兑为泽，故曰"泽上有水"，这就是《节》卦的卦象。寓意：泽水不可盈出而浪费，也不可泽中无水而干涸。君子观此卦象，应当效法天地间的这种精神，制定与四时相合的数度，使得四时皆无匮乏，四时皆有所用。国家的法度，也要以这种精神为标准，作为衡量人的德行的尺子，要倡导能够美善社会公众德行的道德规范。

学生：老师，孔子对《节》卦的观象准确吗？《节》卦的时义，应当怎样准确表述呢？

老师：孔子对《节》卦的观象基本准确，讲到了节制用度。《节》卦的时义，是资源不可枯竭，必须节制用度。

学生：明白了。那接下来我们可以进入到《节》卦的爻辞了。

䷻初九：不出户庭，无咎。

现代文注释：

初九，初阳得正，象征人生事业的初始阶段，初九与六四有应，本该前往，但六四为坎之初，险也，故又不该前往；九二、六三两爻为反艮，艮为门，为庭，初九为单数，两扇为门，一扇称户，合称户庭，且初九有乾阳初爻的"勿用"，故曰"不出户庭"，占为无咎。持谨慎态度，不出户庭，对初九是适合的，时机未到，应该等待。

学生：企业战略的占问结果，要以《节》卦初九为断。此爻以等待得到无咎，联系我们的主题，还请老师为我们做个卦象解析。

老师：好的。占问结果以《节》卦初九为断，得到的是《节》之《坎》。从卦象看，《节》卦卦象☵☱，《坎》卦卦象☵☵，两卦卦象结合起来看，坎为阻塞，为险，为害，为忧，互艮为虎狼，为路，互震为行，为商旅，这是路有虎狼为害，商旅不通，忧愁之象。对于企业战略而言，卦象信息，寓意出行有咎害，不具备做事的天时与地利，故，不会成功。

学生：明白了。那我们继续看《节》卦九二的爻辞。

☵☱ **九二：不出门庭，凶。**

现代文注释：

九二，阳刚居中位，守持中道可得正，爻位为偶数，中爻艮象为门，为庭，九二震象，震为出，故其顺向为"出门庭"，而逆之则凶，故曰"不出门庭，凶"；在此爻中，九二阳刚得中，且时机成熟，应当外出打拼事业，不能呆在家中，无所事事。太过于保守，反而会应了"人在家中，祸从天降。"之说。故占为凶。这是提醒九二，要守持中道，不可过于保守。

学生：企业战略的占问结果，要以《节》卦九二为断。此爻的主人呆在家，其结果会怎样，还请老师为我们做个卦象解析。

老师：好的。占问结果以《节》卦九二为断，得到的是《节》之《屯》。从卦象看，《节》卦卦象☵，《屯》卦卦象☳，两卦卦象结合起来看，艮为求，坎为饱，兑为食，震为粮，为年岁，坤为虚，为不足，为劳，坤伏乾，乾为禄福，伏乾为无禄福，这是仅求吃饱而粮不足，身劳而无禄福之象。对于企业战略而言，卦象信息，是家无余粮，勉强度日都很困难，企业境况不好，是福薄的命，身劳而无获，与利无缘，不会成功。

学生：明白了。那我们继续看《节》卦六三的爻辞。

☵ 六三：不节若，则嗟若，无咎。

现代文注释：

六三，阴爻乘凌阳刚之上，为危险的处境，居人位之下者，其位在兑之口，有"接"之象，上接坎水；且在卦中六三之位居于兑之极，有喜极之义，其上为坎，坎为忧叹，故六三有喜极而生忧叹之象；故曰"不节若，则嗟若"。人生需在安乐之时就知其有忧患，需在坎水充沛之时就知其也会有干涸之日，故，六三若不思节度，则只有嗟叹。六三知其中道理，有感悟，也知道了正确的方向，故，可以免除咎害。

学生：企业战略的占问结果，要以《节》卦六三为断。此爻的爻辞在讲节制用度，联系我们的主题，还请老师为我们做个卦象解析。

老师：好的。占问结果以《节》卦六三为断，得到的是《节》之《需》。从卦象看，《节》卦卦象☵，《需》卦卦象☵，两卦卦象结合起来看，爻变下卦得乾，乾为福，是得福之象；兑为食，坎中实，为饱，为得，互离为温，互艮为求，为居，为安，这是求事有得，食有温饱，居安之象。对于企业战略而言，卦象信息，寓意得天福眷顾，获温饱和安居，求事有得，事业成功。

学生：明白了。那我们继续看《节》卦六四的爻辞。

☳ 六四：安节，亨。

现代文注释：

六四，居中爻互艮中，艮为安，故曰"安节"；六四居人位之上者，阴居于
阴位，当位得正，故能"安"其位。且六四进入人生的上卦阶段，也就是下半生
的开始，这是进入不惑之年的人生阶段，故容易进入"安节"的状态，安于自我
节制，安于天道，故可得亨通。

学生：企业战略的占问结果，要以《节》卦六四为断。此爻的主人安其位而
有"亨"，联系我们的主题，还请老师为我们做个卦象解析。

老师：好的。占问结果以《节》卦六四为断，得到的是《节》之《兑》。从
卦象看，《节》卦卦象☵，《兑》卦卦象☱，两卦卦象结合起来看，互艮为星，
为尾，兑为海，兑伏艮为星海，互巽为风，星海中的天箕星主风，互震为龙马，
为驾驭，为周，为行，这是天箕星尾上的王良星御龙马周天而行之象，为王者兴
之象；爻变，坎变兑，坎为忧，兑为悦，互震为乐，为解，艮为安，这是乐而得
安，无忧之象。对于企业战略而言，卦象信息，有王者兴的寓意，明示未来无忧
而得安，会有大成功。

学生：明白了。那我们继续看《节》卦九五的爻辞。

☵ 九五：甘节，吉；往有尚。

现代文注释：

九五，居上卦的坎中，坎的形成为刚爻进入坤中，坤味甘，故曰"甘节"；
其爻位如象辞所说"当位以节，中正以通。"以王者的地位节制天下，占为吉。
此时的九五，其能力、阅历、人脉、社会资源在其人生阶段都进入到一个新阶
段，前往就会得到佑助，故曰"往有尚"。

学生：企业战略的占问结果，要以《节》卦九五为断。此爻得吉，联系我们的主题，还请老师为我们做个卦象解析。

老师：好的。占问结果以《节》卦九五为断，得到的是《节》之《临》。从卦象看，《节》卦卦象☵，《临》卦卦象☱，两卦卦象结合起来看，爻变得坤，坤为天下，为道路，坎为忧患，震为解，为乐，为通达，兑为悦喜，这是大道通达，悦喜无忧，得天下之象。对于企业战略而言，大道通达，是得天时，前往就会成功，可无忧的前往，战略实施会成功。

学生：明白了。那我们继续看《节》卦上六的爻辞。

☵ 上六：苦节，贞凶，悔亡。

现代文注释：

上六，《节》的极致会走向反面，资源枯竭，固守有"凶"；腐朽的竹签，不可用于占筮，上六在《节》卦的最后阶段再次得到提醒："枯节，不可占。"这句话真正的寓意，是某些重要资源的枯竭现象已经出现，固守为"凶"。知道这种情况，规避风险，后悔的事情也就没有了。

学生：企业战略的占问结果，要以《节》卦上六为断。此爻的主人已到极致之位，联系我们的主题，还请老师为我们做个卦象解析。

老师：好的。占问结果以《节》卦上六为断，得到的是《节》之《中孚》。从卦象看，《节》卦卦象☵，《中孚》卦卦象☱，两卦卦象结合起来看，巽为松柏，为长，坎为雨露，震为生，为繁茂，为神，艮为安，兑为恩泽，这是松柏得雨露滋润而繁茂生长，得神恩泽而长安之象；爻变导致坎隐而得巽，坎为忧，巽为利，这是得利无忧之象；互震为功业，为通利，为乐，互艮为成，为大道，兑为悦喜，这是功业有成，乐而无忧，大道通利，喜不自禁之象。对于企业战略而言，卦象信息，明确得到神佑的恩泽，功业有成，大道通利，得利而昌盛，企业得长安，事业成功。

学生：明白了。《节》卦六爻都讲完了，《节》卦中最大的道理，就是资源不可枯竭，不要陷入资源匮乏、枯竭的危机之中，这就必须节制用度，行《节》之道，进入到有节制的、清明的状态，从而得到亨通。

火山《旅》☲☶（卦序号：42）

现实的人生体会中，客居他乡的羁旅，绝不是极少数人的经历，羁旅有一定的代表性，有一定数量的社会群体，在中国就有称为"客家"的族群，最终成为定居的"客家人"。《周易》六十四卦中，《旅》卦同样也是隐藏有周文王的个人经历的一个卦。文王演周易，把"火山"卦定名为"旅"，与周文王自己被迫客居殷商达十几年之久有关。在《旅》卦中，九四就是周文王。

先看《旅》卦的卦辞，及现代文注释：

旅：小亨，旅贞吉。

现代文注释：

旅，是卦名。《旅》卦，不是说短途旅行或旅游，而是羁旅，客居他乡。《旅》卦也有亨通，但是小的亨通，"小"指阴爻，在卦中就是六五；六五已进入光明，居光明之中，其德行有如太阳的光明；有君子之辉光，又有离之"孚"，其诚信得到大众的肯定，而得其亨通，故曰"小亨"，简单说就是，《旅》卦可得亨通。"旅"充满了艰辛，旅途中也充满变数，故，坚守贞正之道，方可得吉。

孔子《易传·彖》对《旅》卦的卦辞，是这样裁断的：

《彖》曰：旅"小亨"，柔得中乎外而顺乎刚，止而丽乎明，是以"小亨，旅贞吉"也。旅之时义，大矣哉。

现代文注释：

彖辞说，旅卦，小有亨通，这是说六五，六五柔爻在外卦得中位，而其对于上下的刚爻都是逊顺的，内卦艮为止，外卦离为丽，为光明，因此可以亨通，但六五为阴爻，阴为小，故说它是"小"有亨通。"旅"，坚守正道，可得吉祥。旅卦的时义，确实很大啊！

学生：老师，孔子对《旅》卦卦辞的裁断准确吗？《旅》卦的时义，应当怎样准确表述呢？

老师：孔子对《旅》卦卦辞的裁断准确。《旅》卦的时义，是"人在羁旅"，客居他乡。

学生：明白了。我们可以进入主题了，企业战略的占问结果，要以《旅》卦的卦辞为断，还请老师为我们做个卦象解析。

老师：好的。以《旅》卦的卦辞为断，占问结果分为两大类情况。第一类情况《旅》卦为本卦，六爻皆不变。第二类情况《旅》卦为之卦，本卦有三根爻变，变卦为《旅》卦。

学生：老师，您先讲第一类情况，《旅》卦为本卦，六爻皆不变。

老师：好的。从卦象看，《旅》卦卦象☲，离为罗网，为饥，艮为飞鸟，为止，互大坎为劳，为困，互兑为危，巽为坏，为破，为网破，鸟可逃出，这是飞鸟困极无食，止于罗网，从网破处逃出之象。对于企业战略而言，卦象信息，寓意所处环境并非天空任鸟飞的自由环境，有旅途的劳累，困极而无食，还有罗网的灾祸要惕防，落入网中还要设法从网破处逃脱。

学生：明白了。老师，您继续讲第二类情况，《旅》卦为之卦，本卦有三根爻变，变卦为《旅》卦。

老师：好的。我举几个例来具体解析，先看占问结果得到《解》之《旅》。从卦象看，《解》卦卦象☲，《旅》卦卦象☲，两卦卦象结合起来看，艮为国，离为乱，震为惊，互兑为倾覆，坎为灾患，为忧，互大坎为多忧，这是国多灾患，惊恐不安，多忧之象。对于企业战略而言，是处在不安定的阶段，会不断有事故发生而惊动高层领导，外有天灾，内有人祸，多方面的伤害，造成企业多方面的困扰和忧心，无法执行正确的发展战略，事业归于失败。

再举一个例，占问结果得到《巽》之《旅》。从卦象看，《巽》卦卦象 ☴，《旅》卦卦象 ☶，两卦卦象结合起来看，巽为利，为门，为入，艮为道路，离为光明，这是利门可入，前行道路光明之象。对于企业战略而言，卦象信息，意味着前景光明，求利可得，战略实施会成功。

学生：明白了。那接下来我们看孔子对《旅》卦的观象说了什么。

☶ 孔子《易传·象》对《旅》卦的卦象特点，做了如下表述：

《象》曰：山上有火，旅。君子以明慎用刑，而不留狱。

现代文注释：

《象》说，上卦离为火，下卦艮为山，故曰"山上有火"，这就是《旅》卦的卦象。《旅》卦的"山上有火"，是山火在上燃烧蔓延的卦象。君子观此卦象，得到启示，山火的肆虐是可怕的，故推及社会、人事，刑罚要明察、审慎，而且不能久拖不结。

学生：老师，孔子对《旅》卦的观象准确吗？

老师：孔子对《旅》卦的观象，选择了火会为患的角度进行思考，这是一个特别的观察角度，但偏离了《旅》卦的时义。《旅》卦的时义，是"人在羁旅"，客居他乡。

学生：明白了。那接下来我们可以进入到《旅》卦的爻辞了。

☶ 初六：旅琐琐，斯其所取灾。

现代文注释：

初六，阴柔之质，人穷志短，旅途初始，表现出猥琐卑贱、穷困潦倒的样子，志气也就一样的穷窘了，志穷有灾，这样的状态只会招来旁人的欺负，招致本来不该有的灾祸。

学生：企业战略的占问结果，要以《旅》卦初六为断。此爻中的主人因志穷而有灾，联系我们的主题，还请老师为我们做个卦象解析。

老师：好的。占问结果以《旅》卦初六为断，得到的是《旅》之《离》。从卦象看，《旅》卦卦象☶☲，《离》卦卦象☲☲，两卦卦象结合起来看，三离一艮，离为烈火，艮为家，为次舍，为衣，这是次舍起火，烈火燎衣之象；离为目，为视，艮为道路，中爻互大坎为黑，为盲，这是目眇如盲人，黑夜行走在路上之象。对于企业战略而言，卦象既有遭遇灾患的信息，亦有自身条件的缺陷，企业缺少能成事的内外条件，战略实施不会成功。

学生：明白了。那我们继续看《旅》卦六二的爻辞。

☲☶ **六二：旅即次，怀其资，得童仆，贞。**

现代文注释：

六二，其位得正居中，得中正之道，旅途中安排好行程，适时到达下一站的旅馆，准备好所要用的盘缠，得到一个童仆，坚守"旅"的正道。

学生：企业战略的占问结果，要以《旅》卦六二为断。此爻的主人安守正道，联系我们的主题，还请老师给我们做个解析。

老师：好的。占问结果以《旅》卦六二为断，得到的是《旅》之《鼎》。从卦象看，《旅》卦卦象☶☲，《鼎》卦卦象☲☴，两卦卦象结合起来看，离为文，乾为仁德，为君王，是文王之象，巽为旅客，艮为居，为安，这是文王客居殷商，居有平安之象。对于企业战略而言，客居寓意企业刚进入一个新的地域，或者刚进入一个新的发展领域，守持正道而得到安定，归于成功。

学生：明白了。那我们继续看《旅》卦九三的爻辞。

☲☶ **九三：旅焚其次，丧其童仆，贞，厉。**

现代文注释：

九三，三爻之位，多凶险，艮为居，为火，故旅途中出了意外，旅馆起火了，住所烧毁了，童仆也走了；占的结果，有凶险。

学生：企业战略的占问结果，要以《旅》卦九三为断。此爻遇到突发事件，联系我们的主题，还请老师为我们做个卦象解析。

老师：好的。占问结果以《旅》卦九三为断，得到的是《旅》之《晋》。从卦象看，《旅》卦卦象☲☶，《晋》卦卦象☲☷，两卦卦象结合起来看，离为鸟巢，互巽为秋风，为树枝，艮为安，艮阳进入互坎中，为不安，这是鸟巢为秋风所吹，树枝摇动而不安之象。对于企业战略而言，卦象信息，鸟巢的不安定，就是企业的不安定，秋风是鸟巢得不到安定的外部因素，树枝太细小是自身的原因，秋风是天时，树枝为地利，皆欠缺，不会成功，归于失败。

学生：明白了。那我们继续看《旅》卦九四的爻辞。

☶ **九四：旅于处，得其资斧，我心不快。**

现代文注释：

九四，是周文王，居兑象之中，兑为斧，即为职权，在异乡得到俸禄和相应的职权，中爻是大坎，坎为心忧，客居在外有思乡之情，文王的心不快乐。

学生：企业战略的占问结果，要以《旅》卦九四为断。此爻的主人是周文王，联系我们的主题，还请老师为我们做个卦象解析。

老师：好的。占问结果以《旅》卦九四为断，得到的是《旅》之《艮》。从卦象看，《旅》卦卦象☲☶，《艮》卦卦象☶☶，两卦卦象结合起来看，一离三艮，离为鸟巢，艮为鸟，为小子，为孙，这是多子多孙之象；互兑为雏鸟，为和，为悦，互巽为长久，为系，为齐，互坎为心，为合，艮为护，这是母鸟和雄鸟齐心，合护子孙，子孙兴旺，欢乐长久之象。对于企业战略而言，卦象信息，子孙代表新项目，也寓意未来，新项目很多，且都会成功，不会夭折，企业兴旺，得长久平安；得此占，战略实施成功。

　　学生：明白了。那我们继续看《旅》卦六五的爻辞。

䷐ 六五：射雉一矢亡，终以誉命。

现代文注释：

　　六五，居上卦离之中，离为雉，六五射雉，一箭就中，离之中为虚，为孚，象征六五虚心且诚信待人，最终获得荣誉，完成天命的成就。

　　学生：企业战略的占问结果，要以《旅》卦六五为断。此爻的主人最终有荣誉，有成就，联系我们的主题，还请老师为我们做个卦象解析。

　　老师：好的。占问结果以《旅》卦六五为断，得到的是《旅》之《遁》。从卦象看，《旅》卦卦象䷷，《遁》卦卦象䷠，两卦卦象结合起来看，离为戈兵，为乱，互兑为害，为摧折，乾为天，为誉，为长久，为圣贤，艮为国，为家园，为防卫，为安，互巽为命，巽在乾下，为天命，这是叛乱发生，圣贤完成天命而有誉，家国长安之象。对于企业战略而言，卦象信息，寓意有危乱之事发生，但最终可平定，终得长安，战略实施会成功。

　　学生：明白了。那我们继续看《旅》卦上九的爻辞。

䷐ 上九：鸟焚其巢，旅人先笑后号啕。丧牛于易，凶。

现代文注释：

　　上九，以阳刚处高亢之位，旅人尊高自处，不知灾祸即将到来。离象之终，按象学，离为鸟，为巢，为火，为焚毁，故曰"鸟焚其巢"；旅人先是笑而后号啕大哭，寓意：旅人先顺利后有灾祸。"丧牛于易"是历史典故，讲的是先周的王亥客居"有易"国，养牛成功，还发明了牛车，他出了名并积累了财富，但生活也放荡起来，结果被国王杀害，其财富主要是牛，也都丧失了，这是凶兆。

学生：企业战略的占问结果，要以《旅》卦上九为断。此爻的主人处境很不好，联系我们的主题，还请老师为我们做个卦象解析。

老师：好的。占问结果以《旅》卦上九为断，得到的是《旅》之《小过》。从卦象看，《旅》卦卦象☶☲，《小过》卦卦象☳☶，两卦卦象结合起来看，离为纷争，互兑为倾，互巽为殒，大坎为祸殃，为忧，震为商旅，为惊，为走，为扰，艮为求，为安，艮阳进入大坎中，为求安不得，这是纷争起，商旅有倾殒之祸，受扰而惊走，祸来有忧，求安不得之象。对于企业战略而言，是有纠纷起灾祸，求安不得，惊扰和忧愁不断，战略实施不会成功，归于失败。

学生：明白了。《旅》卦的六爻都讲完了，人在羁旅，客居他乡，有特殊的不容易之处。在羁旅中要坚持守正道，免除灾祸，求得平安是首要的。

风泽《中孚》☴☱（卦序号：43）

　　古代的中国，大约在新石器时代晚期就开始有航海活动，这一时期中国大陆制造的一些物品在台湾、大洋洲、厄瓜多尔等地均有发现。《尚书·禹贡》记载的"朝夕迎之，则遂行而上，"等，说明当时人们已知道趁涨潮出海，利用海洋定向潮流航行，中国人的航海在殷商、先周时代就开始了。

　　殷商时期，人们除了会制造船舶之外，已能制帆，利用风力航行。甲骨文用"凡"通假"帆"字，说明殷商时代已经使用帆。到春秋战国时期海上活动的兴起，人们已了解到"百川归海"，并开始在近海航行。同时，人们开始认识季风，也称为"信风"。秦汉时代就开始了远洋航海，人们开始自觉使用季风（即信风）航海，此时的中国人已掌握了西太平洋与北印度洋的季风规律，并应用于航海。这一时期，也只有利用季风，才能做远洋的航行。实际上，东汉的应劭在《风俗通义》中已经提到："五月有落梅风，江淮以为信风。""落梅风"，意即梅雨季节过后出现的东南季风。人们开始习惯利用信风在海上航行，也就把一年四季极有时间规律而出现的"信风"，作为"有孚"的象征，即有"信用"。

　　总之，《中孚》卦与利用"信风"航海有密切关系。从卦象上看，《中孚》的上卦为巽，为风，下卦为兑，为海，这就是在航海中利用"信风"吹到帆上的风力，在海上航行的卦象。

　　先看《中孚》卦的卦辞，及现代文注释：

中孚：豚鱼吉，利涉大川，利贞。

现代文注释：

　　中孚，是卦名。孚，信也。卦象二阴爻在内，四阳爻在外，中虚之象，即为"孚"之象。孚，亦即孵化，中虚为鸟巢，上巽为木，为枯草，筑巢的材料，鸟在巢中产卵、孵化幼鸟。孵化的时间，自有生命周期的规律和诚信，这是典型的中孚卦象。同样的,此时已经是清明时节前后,大量江豚回游,时间极为准时,这也是大自然诚信的感应。值此季节,信风也准时出现,故江豚会顶风出水,头部露出水面很高,古代人称其为"拜风"。《周易集解纂疏》中记载:"豚鱼生泽(海)中,而性好风,向东则东风,向西则西风,舟人以其候风焉。当其什百为群,一浮一没,谓之'拜风'。拜风之时,见其背不见其鼻,鼻出于水,则风立至矣。"古人把江豚鱼浮出水面"拜风",视为最经典的中孚卦象,并视之为"吉"象,故曰"豚鱼吉,"。卦象又如"木"浮于水上,故有"利涉大川,"之言。"利贞",言顺应天道,利于守正。

孔子《易传·象》对《中孚》卦的卦辞,是这样裁断的:

《象》曰:中孚,柔在内而刚得中。说而巽,孚,乃化邦也。"豚鱼吉",信及豚鱼也。"利涉大川",乘木舟虚也。中孚以"利贞",乃应乎天也。

现代文注释:

象辞说,中孚,中心诚信。内卦柔顺,九二、九五刚爻都得中位。下卦为兑,为悦,上卦为巽,故曰"说而巽",即"悦而巽"也。孚,即信,君王以信得民心,以"信之德"教化邦国。清明时节前后,江豚鱼回游,信风也准时出现,江豚鱼浮出水面"拜风",是最经典的中孚卦象,视为"吉"象,故曰"豚鱼吉",这是大自然诚信的感应。卦象又如中间空虚的木舟浮在水上,故"利涉大川"。中孚以利贞,乃顺应天道也。

学生:老师,孔子对《中孚》卦卦辞的裁断准确吗?

老师:孔子对《中孚》卦卦辞的裁断很准确。孔子在《中孚》卦的象辞里,完全忠实于卦辞,倒是后人再注孔子象辞时,很多版本的书在"豚鱼吉"的现代文注释上都搞错了,把它注释成仅用豚鱼做祭祀的祭品也是吉祥的,我在这里就不多说了。

学生：明白了。我们可以进入主题了，企业战略的占问结果，要以《中孚》卦的卦辞为断，还请老师为我们做个卦象解析。

老师：好的。以《中孚》卦的卦辞为断，占问结果分为两大类情况。第一类情况《中孚》卦为本卦，六爻皆不变。第二类情况《中孚》卦为之卦，本卦三根爻变，变卦为《中孚》卦。

学生：老师，您先讲第一类情况，《中孚》卦为本卦，六爻皆不变。

老师：好的。从卦象看，《中孚》卦卦象☲，大离为鸟巢，巽为虫，为枯草，兑为口，为衔，为哺，为鹊雏，互艮为安，互震为生，为欢乐，为鸣叫，这是枯草铺在巢中，鸟巢中鹊雏欢乐的鸣叫，母鸟口衔虫子哺之，雏鸟平安生长，安居之象。对于企业战略而言，雏鸟代表新生的项目，正在成长，新生的项目得到很好的培育，平安顺利的按时完成，战略实施成功。

学生：明白了。老师，您继续讲第二类情况，《中孚》卦为之卦，本卦三根爻变，变卦为《中孚》卦。

老师：好的。我举几个例来具体解析，先看占问得到《大有》之《中孚》。从卦象看，《大有》卦卦象☲，《中孚》卦卦象☲，两卦卦象结合起来看，互震为行，为功业，兑为晚，为昏暗，巽为潜，互艮为待，为时，为休止，为得，乾为白昼，为健，为荣光，离为明智，这是晚昏潜息，休止待时，白昼行动不息，得功业荣光之象。对于企业战略而言，卦象信息，不违时而动，晚昏则潜，白昼则动，其意为：智者在光线昏暗、情况还不明朗时，就暂不行动；等到日光煦煦、情况已经很明朗时，就行动不息，可以得到功业荣光，得到成功。

再举一个例，占问结果得到《未济》之《中孚》。从卦象看，《未济》卦卦象☲，《中孚》卦卦象☲，两卦卦象结合起来看，互震为春，为农人，为耕种，兑为正秋，为酒，为饮，为悦，为祈祷，正覆兑为对饮，艮为小子，为孙，为堂，这是春播秋收，酿好美酒，对饮祝祷来年丰收，子孙满堂，悦喜不禁之象。对于企业战略而言，卦象信息，春播秋收的顺利，有战略实施成功的含义，子孙满堂象征兴盛，子孙是新项目的团队，济济一堂，对饮是庆祝成功。

学生：明白了。那我们接下来看孔子对《中孚》卦的观象说了什么。

☴ 孔子《易传·象》对《中孚》卦的卦象特点，做了如下表述：

《象》曰：泽上有风，中孚；君子以议狱缓死。

现代文注释：

《象》说，上卦巽为风，下卦兑为泽，故曰"泽上有风"，这就是《中孚》卦的卦象。君子观此卦象，要效法《中孚》的精神，以内心的诚信，谨慎的对待那些关乎别人前途命运的大事。

学生：老师，孔子对《中孚》卦的观象准确吗？最后一句是说《中孚》卦的时义吗？

老师：孔子对《中孚》卦的观象准确。《象》曰的最后一句，是在说《中孚》卦的时义。《中孚》卦的时义，就是诚信。

学生：明白了。那接下来我们可以进入到《中孚》卦的爻辞了。

☴ 初九：虞吉，有它不燕。

现代文注释：

初九当位，燕，安定之意。"有它"，指天敌存在，出现了天敌、异邦来犯的迹象。"虞"，为春秋时期掌管山泽之官职，引申为保护雌鸟孵蛋的安定，故"有虞"吉。但，有天敌、异邦来犯的迹象，令人不安。

学生：企业战略的占问结果，要以《中孚》卦初九为断。联系我们的主题，还请老师为我们做个卦象解析。

老师：好的。占问结果以《中孚》卦初九为断，得到的是《中孚》之《涣》。从卦象看，《中孚》卦卦象☴，《涣》卦卦象☴，两卦卦象结合起来看，巽为商贾，为利，互艮为求，坎中实，为得，兑为悦，这是商人求利有得，悦喜之象；互艮为时，为得，为成，巽为利，正反巽口相对，为利益相合，为人和，互震为福，为功业，这是得天时，配合人和，功业有成之象。对于企业战略而言，卦象信息，是天时逢遇人和，功业有成，求利有得，战略实施成功。

学生：明白了。那我们继续看《中孚》卦九二的爻辞。

☲九二：鸣鹤在阴，其子和之。我有好爵，吾与尔靡之。

现代文注释：

九二，外邦入侵的威胁出现了，君王和他的臣民，同气相求、同仇敌忾。君王平时与民同乐，总是"我有好爵，吾与尔靡之。"这平时的诚信，到危难出现之时，就开始起作用了。这是一首比兴特色的古诗歌，是一首诚信之歌，团结之歌。"鸣鹤在阴，其子和之。"表示上下一心，"鹤"指君王，"其子"即君王的子民，君王发出号令，其子民愿意以死相随，保卫家园。

学生：企业战略的占问结果，要以《中孚》卦九二为断。此爻的古诗歌描绘战争前的动员，联系我们的主题，还请老师为我们做个卦象解析。

老师：好的。占问结果以《中孚》卦九二为断，得到的是《中孚》之《益》。从卦象看，《中孚》卦卦象☲，《益》卦卦象☲，两卦卦象结合起来看，坤为河，为女，兑为溪流，为淑女，为媚，为花，为姣好，震为君子，为喜，为春，为行，为语，巽为约，互艮为求，为金，为夫，金夫为美男，卦象体现的是，春游之时在溪流之滨，单身男女踏春相逢，如《诗·周南》"关关雎鸠，在河之洲，窈窕淑女，君子好逑。"对于企业战略而言，卦象信息，有遇到心仪对象的含义，也就是遇到好项目，从机遇的角度，已是成功。

学生：明白了。那我们继续看《中孚》卦六三的爻辞。

☲六三：得敌，或鼓，或罢，或泣，或歌。

现代文注释：

六三，战争开始了。这是一首诚信、团结应战之歌。语言生动，极有场面感的描写。"得敌"，即面对敌人。"或鼓，或罢，"为金鼓齐鸣的战斗场面描述，有时激烈，有时停歇。"或泣，或歌。"为胜利之后，人们喜泣相对和高亢的歌声相和的场面。六三，人位两根阴爻并列，故，从其象来看，有"得敌"之象，阴与阴为敌，六四会阻止六三前往应上九。

学生：企业战略的占问结果，要以《中孚》卦六三为断。此爻描述战争场面，联系我们的主题，还请老师为我们做个卦象解析。

老师：好的。占问结果以《中孚》卦六三为断，得到《中孚》之《小畜》。从卦象看，《中孚》卦卦象☵，《小畜》卦卦象☴，两卦卦象结合起来看，乾为德，为福报，互离为昭明，互艮为求，为道路，为成，巽为利，正反巽口相对，为利益相合，为团结，互震为行，为商旅，为通利，为功业，兑为恩泽，为喜悦，这是德业昭明，福报自来，内部团结，功业有成，求利有得，悦喜之象。对于企业战略而言，卦象信息，是德业彪炳，带来福报，领导人的诚信有德，带来内部团结一心，事业有成，战略实施成功。

学生：明白了。那我们继续看《中孚》卦六四的爻辞。

☴ 六四：月几望，马匹亡，无咎。

现代文注释：

六四，柔得位，爻位进入到上卦巽，巽为覆兑之象，为月，几望的月，承比九五。《中孚》从大象看，是大离之象，为光明，六四的光明来自所承比的九五。上卦为巽体，巽为系，故六四系之九五之心很坚定。六四，其伏象为乾，乾为马，与初九正应，合为"匹"，伏为亡，故曰"马匹亡"，其意就是六四不会与初九合为匹，寓意：六四已决意顺承九五，不会前往应初九。有下应，而不应，确定了爻辞中"几望"是十五的月亮，在《周易》中，只有十五的月亮不会出现爻变，这与六四是否应初九有直接关系。六四已心系九五，故不应初九，决意顺承九五，维护《中孚》卦不变，这是知大义而舍小义，系心于一，无咎。

学生：企业战略的占问结果，要以《中孚》卦六四为断。此爻的爻辞深藏奥秘，结果怎样，还请老师为我们做个卦象解析。

老师：好的。占问结果以《中孚》卦六四为断，得到的是《中孚》之《履》。从卦象看，《中孚》卦卦象☲，《履》卦卦象☲，两卦卦象结合起来看，乾为大德，为百福，为万年，巽为利，为长，正反巽口相对，为利益相合，互震为履，为君子，为德，为通利，互艮为求，为高贵，为大道，为家国，为安，兑为恩泽，这是君子德行高贵，履德求利，恩泽自来，大道通利，百福绵长，享用万年，家国为安之象。对于企业战略而言，卦象信息，寓意履德就有恩泽福报，诸事顺利，求利得利，高贵且有平安，战略实施成功。

学生：明白了。那我们继续看《中孚》卦九五的爻辞。

☲ 九五：有孚挛如，无咎。

现代文注释：

九五，位居中正，君王的诚信，牵系天下，当以至诚感通天下，使天下之心信之。能固守诚信挛如，与民紧紧相连，则万民之心不会离散，故无咎。

学生：企业战略的占问结果，要以《中孚》卦九五为断。此爻的主人是君王，联系我们的主题，还请老师为我们做个卦象解析。

老师：好的。占问结果以《中孚》卦九五为断，得到的是《中孚》之《损》。从卦象看，《中孚》卦卦象☲，《损》卦卦象☲，两卦卦象结合起来看，巽为利，为志，为心，为齐，正反巽口相对，为利益相合，为志向相同，这是利合而齐心之象；坤为凤凰，为麒麟，为北，为聚集，为国，巽为高，为双，艮为山，为冈，为居，为安，兑为辅，互震为鸣，为君，为乐，这是麟居岐山，凤鸣高冈，辅国良才聚集，国安君乐之象。对于企业战略而言，卦象信息，寓意高端人才聚集，上下志同齐心，事业成功。

学生：明白了。那我们继续看《中孚》卦上九的爻辞。

☶ 上九：翰音登于天，贞凶。

现代文注释：

上九，居天位，也是上卦巽的最上位，巽为鸡，野鸡正往天上飞去，其不断往上飞的声音传的很远。这里，寓意有得势的小人存在，小人得势且自鸣得意，同时也提醒有不实的事物存在，占为凶。

学生：企业战略的占问结果，要以《中孚》卦上九为断。此爻警示有小人，联系我们的主题，还请老师为我们做个卦象解析。

老师：好的。占问结果以《中孚》卦上九为断，得到的是《中孚》之《节》。从卦象看，《中孚》卦卦象☶，《节》卦卦象☵，两卦卦象结合起来看，巽为交易，为商人，为利，互艮为舍，为牢，为手，为补，兑为羊，为折损，为失，互震为逃，坎为心，为悔，这是商人的羊从圈舍里逃走，利损而有悔，亡羊补牢之象。对于企业战略而言，卦象信息，明确是失羊的事故，导致利的折损，寓意企业经营管理上有漏洞，出现利的损失，已有咎害，故，归于失败。

学生：明白了。《中孚》卦的六爻都讲完了，很有收获。《中孚》强调诚信的重要性，在危难关头，诚信可以挽救一个国家。对于君子，讲诚信会获得群众的真心拥护。

雷山《小过》☳☶（卦序号：44）

　　《小过》卦，也是隐藏着周文王被囚羑里的历史信息的一个卦，从周文王写的卦辞，就可以看出，其中有他对形势的分析和判断，周文王写道："可小事，不可大事"，就是他判断此时的处境还很危险，不宜有大的动作，要耐心等待，要等到他脱离灾难，时机成熟，才可以安排大的行动。

　　先看《小过》卦的卦辞，及现代文注释：

小过：亨，利贞。可小事，不可大事。飞鸟遗之音，不宜上，宜下，大吉。

现代文注释：

　　小过，是卦名。在《周易》中，小为阴，《小过》卦，象征阴的势力过分强盛，但阳刚仍然可得亨通，利守正道。只可施行小事，还不能践履天下的大事。飞鸟受伤，在悲鸣，不宜向上飞，而宜于向下停栖，疗伤得安，大吉。

　　孔子《易传·象》对《小过》卦的卦辞，是这样裁断的：

《象》曰：小过，小者过而"亨"也。过以"利贞"，与时行也。柔得中，是以"小事吉"也。刚失位而不中，是以"不可大事"也。有"飞鸟"之象焉，"飞鸟遗之音，不宜上，宜下，大吉"，上逆而下顺也。

现代文注释：

　　象辞说，"小过"，象征小的过越，之所以可以亨通，是因为小的过越后可以利于"正"，纠枉需过正，过越后返回来就得到了"正"，这利于守持正道，可得亨通，也含有与时偕行的道理。阴为小，六二阴爻得中，居刚爻之下而逊顺，这利于小事的成就，故曰"小事吉"。卦中上下卦的刚爻都不在中位，位失中而居险惧之地，因此不可做大事。下卦艮为鸟，上卦震为覆艮，故其上下皆有飞鸟之象，中爻为上兑下覆兑的兑象，兑为口，象征鸟鸣叫之遗音，上卦为覆艮，是为艮的逆向，于是把向上的飞定为逆飞，不宜逆飞，故曰"不宜上"，下卦为艮，即艮的顺向，可顺飞，故曰"宜下"，顺应时势，顺向而飞，大吉。

学生：老师，您对卦辞和象辞所做的现代文注释，点出了飞鸟受伤在悲鸣，这就解释了鸟飞的顺向和逆向的吉凶，这样的注释容易让我们看懂。

老师：是的。现代文注释就是要让人懂，看不懂就失去了注释的意义。而且注释也要谨慎，以表达文王和孔子的原意，毕竟是孔子写的象辞，尽量多用易象来加以说明，这样可以尽意，也更能贴近文王的本义。

学生：明白了。我们可以进入主题了，企业战略的占问结果，要以《小过》卦的卦辞为断，还请老师为我们做个卦象解析。

老师：好的。以《小过》卦的卦辞为断，占问结果分为两大类情况。第一类情况《小过》卦为本卦，六爻皆不变。第二类情况《小过》卦为之卦，本卦三根爻变，变卦为《小过》卦。

学生：老师，您先讲第一类情况，《小过》卦为本卦，六爻皆不变。

老师：好的。从卦象看，《小过》卦卦象☳，震为惊惧，中爻互大坎为忧，坎折坤，坤为身，身折为受重伤，艮为鸟，为飞，为止，为安，覆艮为逆飞，逆飞向上不能停止而休息片刻，会让受的伤加重，此刻受重伤的鸟向下找一个地方停栖才可得安。对于企业战略而言，卦象信息，有鸟受重伤的含义，还有惊惧且惶恐不安的含义，卦辞"飞鸟遗之音"就是鸟受重伤后在悲鸣，需要停栖休息疗伤，鸟代表企业，此时益静不宜动，伤愈得安，终有亨通。

学生：明白了。老师，您继续讲第二类情况，《小过》卦为之卦，本卦三根爻变，变卦为《小过》卦。

老师：好的。我举几个例来具体解析，先看占问结果得到《困》之《小过》。从卦象看，《困》卦卦象☷，《小过》卦卦象☳，两卦卦象结合起来看，兑为毁折，坎为困，震为解，为乐，为功业，艮为贤人，为成，为手，为抱，为安，互巽为利，这是先有挫折，后得成功，困得解，抱利而无忧之象。对于企业战略而言，意味着有贤人相助，困局得解，得利无忧，功业终有成。

再举一个例，占问结果得到《噬嗑》之《小过》。从卦象看，《噬嗑》卦的卦象☲☳，《小过》卦卦象☶☳，两卦卦象结合起来看，离为光明，互大坎为灾患，为困，为厄，震为君子，为德，为解，为通，为乐，艮为安，这是君子处困厄，自有通达，有德不危，灾患得解，乐而无忧之象。对于企业战略而言，卦象信息，寓意平时的德行积累，会在困厄中起到一定作用，虽困而不危，最终灾患得解，乐而无忧，企业得安，事业成功。

学生：明白了。那接下来我们看孔子对《小过》卦的观象说了什么。

☶☳　孔子《易传·象》对《小过》卦的卦象特点，做了如下表述：

《象》曰：山上有雷，小过。君子以行过乎恭，丧过乎哀，用过乎俭。

现代文注释：

《象》说，上卦震为雷，下卦艮为山，故曰"山上有雷"，这就是《小过》卦的卦象。君子观察此卦象，感悟其中的道理，在日常生活的小事中，会稍微的做的过度些，比如：在行为上会过于恭敬，丧事会过于哀痛，用度会过于节俭；这些过度的行为都是"纠枉过正"。

学生：老师，孔子对《小过》卦的观象准确吗？总感觉有些问题，《小过》卦的卦辞就比较难懂，孔子的观象又只讲行为的过越，与卦辞讲的不是一件事，这是不是在讲时义呢？《小过》卦的时义，应当怎样准确表述呢？

老师：孔子在观象所讲的，与卦辞确实是两码事，毫不相干。孔子在《小过》卦的观象里，在讲儒家哲学里的纠枉过正，这与《小过》卦的内容是不相干的。《小过》卦是个凶卦，阴欲灭阳，卦辞"飞鸟遗之音，不宜上，宜下，大吉。"，"飞鸟遗之音"就是鸟受了重伤在悲鸣，受重伤的鸟要向下找个地方停栖，才可得安，有大吉，否则有凶。我们回到《小过》卦的时义表述，《小过》卦的时义，是先止而后动，象征时机未到时的韬晦和准备。

学生：明白了。那接下来我们可以进入到《小过》卦的爻辞了。

䷽ 初六：飞鸟以凶。

现代文注释：

初六，阴爻，其位失中，且不得正，在《小过》之初，会有过越的行动。虽然初六与九四有应，但《小过》的卦辞已指出"不宜上，宜下"，此时，鸟应该向下找一个地方停栖，而不应该强行逆向往上飞，强做"不可"之事，就有"凶"。这里是提出警示，初六不可前往应九四，但，这又是阴爻的趋向，阴在《小过》卦里有欲"灭阳"的倾向，故会有倒行逆施之举动。故，初六有"凶"，是阴爻之过，也是小人之过，小人有凶。

学生：企业战略的占问结果，要以《小过》卦初六为断。联系我们的主题，还请老师为我们做个卦象解析。

老师：好的。占问结果以《小过》卦初六为断，得到的是《小过》之《丰》。从卦象看，《小过》卦卦象䷽，《丰》卦卦象䷶，两卦卦象结合起来看，大坎为陷，为伤，震为君子，为解，为出，为回，离为巢，艮为鸟，为飞，为安，这是君子走出坎陷，受伤的鸟飞回巢，得安之象。对于企业战略而言，鸟回巢得安，寓意可躲过凶劫，君子得吉，归之于成功。

学生：明白了。那我们继续看《小过》卦六二的爻辞。

䷽ 六二：过其祖，遇其妣。不及其君，遇其臣。无咎。

现代文注释：

六二，位居中得正，能行其中道，卦辞里"可小事"说的就是六二。九四为上卦震主，为君，六二往上走，越过九四，遇到六五，下卦艮为孙，上卦震为祖，故，六二越过九四为"过其祖"，遇到六五为"遇其妣"，这里"妣"为妣祖，即祖母以上的女性祖先。六二往上走，寻找"主心骨"人物。他实际上遇到了可以做主的祖母六五，六二能守持中正，故其遇无咎害；上卦震为君，下卦艮为臣，六二在上无应，故曰"不及其君"；六二往上走先遇九三，后遇六五，是先遇艮，后遇坤，皆为"遇其臣"。因为九四的周文王被囚羑里，故不得遇。

学生：企业战略的占问结果，要以《小过》卦六二为断。此爻中的人物没有欲灭阳之恶念，联系我们的主题，还请老师为我们做个卦象解析。

老师：好的。占问结果以《小过》卦六二为断，得到的是《小过》之《恒》。从卦象看，《小过》卦卦象☳☶，《恒》卦卦象☳☴，两卦卦象结合起来看，乾为圣君，为德，为天福，艮为贤人，为时，为成，巽为机，为齐，互大坎为忧患，震为解，为行，这是贤人同行，得遇圣君，忧患得解，前行有成之象。对于企业战略而言，卦象信息，寓意灾患就要过去，时机已到，贤人聚齐同行，得遇圣君，前行就会成功。

学生：明白了。那我们继续看《小过》卦九三的爻辞。

☳☶九三：弗过防之，从或戕之，凶。

现代文注释：

九三，位得正，与上六有应，卦象凶险，故警示莫往从之，从之或为上六所戕，上六隐喻商纣王，"从"为追逐攻取之意。卦象中的凶险，在于中爻上下皆有兑象，兑为斧，为毁折，且中爻的大象为坎象，坎为危难，为弓矢、为血，皆为凶险之象，九三阳刚，勇于入险攻取敌之巢穴，故得到警示，曰"弗过防之"，意思就是"怎么防备都不过分"，九三过刚，略有大意，不谨慎，就有凶。

学生：企业战略的占问结果，要以《小过》卦九三为断。此爻中的人物性刚而鲁猛，得到提醒，联系我们的主题，还请老师为我们做个卦象解析。

老师：好的。占问结果以《小过》卦九三为断，得到的是《小过》之《豫》。从卦象看，《小过》卦卦象☳☶，《豫》卦卦象☳☷，两卦卦象结合起来看，互坎为险，坤为死，为地，震为逃，为出，这是死地勿留，逃出死地之象；震在上，是已经走出死地而得安。对于企业战略而言，卦象信息里，有很重要的道理，险地勿居，死地勿留，不要贪恋任何虚幻的荣誉，走为上策，险地不利作为，死地难以生存，逃出死地，身得以保存，就是成功；得此占，成功。

学生：明白了。那我们继续看《小过》卦九四的爻辞。

☳☶ 九四：无咎，弗过遇之，往厉必戒。勿用，永贞。

现代文注释：

九四，位不得正，但为上卦震的卦主，阳刚居柔位，刚柔相济，不用强，就有最终"勿用，永贞"的结果，故"无咎"。九四身为震主，本应"动"，但在《小过》的时空，阴的势力强盛，阴欲灭阳，故严守诫命，不主动过越上下卦的中线，不前往应初六，前往就有危险，故曰"弗过遇之，往厉必戒"。只有勿动，勿往，勿用而守持贞正，才能无咎。此爻，为周文王被囚羑里的写照，文王此时尚未脱离灾难，"勿用"是他最明智的选择。

学生：企业战略的占问结果，要以《小过》卦九四为断。此爻描述的是文王被囚羑里，联系我们的主题，还请老师为我们做个卦象解析。

老师：好的。占问结果以《小过》卦九四为断，得到的是《小过》之《谦》。从卦象看，《小过》卦卦象☳☶，《谦》卦卦象☷☶，两卦卦象结合起来看，爻变，震变坤，震为动，坤为静息，是由动转为息之象；大坎为险，坤为死地，震为行，艮为君子，为贤人，为止，为居，为安，坤在震上，行动则进入死地，这是君子居而安，不可行动之象；与爻辞的"勿用"相合。对于企业战略而言，卦象信息，明确居而安，时机未到；得此占，是明智的选择"勿用"，居安的成功。

学生：明白了。那我们继续看《小过》卦六五的爻辞。

☳☶ 六五：密云不雨，自我西郊，公弋取彼在穴。

现代文注释：

六五，重阴为密云，其下中爻为巽，巽为风，风从西面吹来，古代气象谚语有西风不能成雨的说法，故曰"密云不雨"。浓密的云自我西郊飘来，没有降雨，一切都在准备中，但，力量的积蓄需待时日，这就是周文王对西岐形势的判断。"不雨"隐喻阴与阳不能和合，六五不称王，而为"公"，可小事，不可大事；恶鸟躲在很高的巢穴中，公的飞弋要射取它须直入其巢穴，此为大事，此时不可为之，只能等待，也在"不雨"的隐喻之中。恶鸟指商纣王。

学生：企业战略的占问结果，要以《小过》卦六五为断。此爻是文王分析西岐的形势，联系我们的主题，还请老师为我们做个卦象解析。

老师：好的。占问结果以《小过》卦六五为断，得到的是《小过》之《咸》。从卦象看，《小过》卦卦象☳☶，《咸》卦卦象☱☶，两卦卦象结合起来看，震为春，为耕种，兑为秋，为收获，为华，为丰，为美好，为悦，坤为年岁，为腹，为囊，为收藏，为仓庾，乾在坤中，乾为富实，为盈满，这是春种秋收，喜获美好结果，仓庾盈满，年丰岁熟之象；震为履，为德，巽为利，艮为君子，为家国，为求，为安，乾为天福，这是君子履德求利，自有天福，家国得安之象。对于企业战略而言，卦象信息，是耕耘自有收获，可获华美结果，求利可得，家国得安，这寓意战略实施顺利，有美好结局；得此占，事业成功。

学生：明白了。那我们继续看《小过》卦上六的爻辞。

☳☶ 上六：弗遇，过之。飞鸟离之，凶，是谓灾眚。

现代文注释：

上六，晦暗的君王，高高在上，与九三有应，由于九三的警惕，没有从上六，"从"为追逐，故上六没有遇会到九三，上六是《小过》的极致之位，阴的过强开始走向它的反面，成为过亢的状态，不断做出戕害忠良的事情，故遇之则有凶，这是《小过》之"过"最极端的表现，故曰"弗遇，过之"。而"飞鸟离之"，是"鸟焚其巢"的凶象，是商纣王兵败自杀"自焚其宫殿"的写照，灾祸已降临到这位晦暗君王的晦暗君王身上，"眚"，为人祸，这是他自作孽的人祸，故曰"是谓灾眚"。这位晦暗的君王，最终难逃坠入地狱的结局。

学生：企业战略的占问结果，要以《小过》卦上六为断。此爻中的人物是商纣王，如何联系我们的主题，还请老师为我们做个卦象解析。

老师：好的。占问结果以《小过》卦上六为断，得到的是《小过》之《旅》。从卦象看，《小过》卦卦象☳，《旅》卦卦象☶，两卦卦象结合起来看，离为巢，艮为贤人，为居，为家，为鸟，为飞，互大坎为忧，震为君王，为德，为解，为乐，为功业，互兑为呼，这是君王呼唤，贤人来投，如鸟回巢，欢乐无忧之象；震为王，为武，为征伐，为解，为福，离为戈兵，互坎为弓矢，为忧，艮为刀兵，为成，坤为天下，为义，为牧，为野，这是武王伐纣，牧野决战之象。对于企业战略而言，卦象信息，是圣君贤臣相聚，决战得胜，解天下之忧，功业有成，终有大福的结果，是战略实施的成功。

学生：明白了。《小过》卦的六爻都讲完了，听完后的感觉就是，《小过》卦确实是凶卦，但，六爻的结果又都是好的。

老师：对于君子而言，即使占到结果不好的爻，只要有所思考，也都会得到帮助。《小过》卦的时义，是先止而后动，它象征：时机未到时的韬晦和准备；阴的力量过于强大，君子不可用强。与《大过》卦相比，《大过》是君子的过失，而《小过》则是小人的暴虐，故，君子占到《小过》卦，要体悟其中的道理，要学会在时机未到之时的韬晦和耐心的等待，以免遭到小人的戕害；同时，君子积聚力量，最终可得功业的成功。

第十四章 归妹、渐、睽、蹇

在这一章里，解析《归妹》、《渐》、《睽》、《蹇》四个卦，在这四个卦里，《归妹》、《睽》两卦是紧跟在《中孚》卦之后的"阳息阴"的卦，其下卦皆为兑，卦序号皆为奇数，是《复》卦之后"阳息阴"一条路线上的卦。而《渐》、《蹇》两卦则是紧跟在《小过》卦之后的"阴消阳"的卦，其下卦皆为艮，卦序号皆为偶数，是《姤》卦之后"阴消阳"一条路线上的卦。

雷泽《归妹》䷵（卦序号：45）

古代，国家为了避免战争，争取到和平的环境，常用与外邦联姻的方式换取结盟的利益。到了现代社会，联姻，何尝不是两个家族的大事。《归妹》讲的就是帝乙嫁妹，嫁给周文王，这是中古的一段历史，记载在《归妹》卦中。

先看《归妹》卦的卦辞，及现代文注释：

归妹：征凶，无攸利。

现代文注释：

归妹，是卦名。下卦为少女，上卦为长男，少女嫁给长男。上卦震为车，为征，下卦兑为泽，出征，车陷泽中，所往不利，故曰"征凶，无攸利。"

这里，之所以会说到出征不利，实际上也是在说少女嫁给长男，这样的婚配有点问题，甚至是有失正道的婚配，男人年龄太大，老夫娶少妻，不会有利，但这些都没有从根本上否定"归妹"。

孔子《易传·象》对《归妹》卦的卦辞，是这样裁断的：

《象》曰：归妹，天地之大义也。天地不交而万物不兴。归妹人之终始也。说以动，所归妹也。"征凶"，位不当也。"无攸利"，柔乘刚也。

现代文注释：

象辞说，婚嫁，是天地间的大义。天地不交合，就不会产生万物。故，婚嫁是人生的开始，是终身大事。少女喜悦的嫁给长男，婚姻获得成功。但出征有凶，这是因为三、五爻皆阴居阳位，其位不当，上卦、下卦皆出现柔爻乘刚，象征柔弱的人在主事，故，所往无利。

学生：老师，孔子对《归妹》卦卦辞的裁断准确吗？

老师：孔子对《归妹》卦卦辞的裁断准确。但这里面有隐藏了三千年的秘密没有揭开，那就是文王对这桩政治联姻的实际态度，从卦辞看，文王是不满意的，文王这一方受到了制约，甚至影响到文王个人的命运，导致文王被迫到殷商都城做官的羁旅，客居他乡达十几年之久，所往无利，这是卦辞"征凶，无攸利"隐藏的秘密，详细的情况在这里就不展开说了。

学生：明白了。我们可以进入主题了，企业战略的占问结果，要以《归妹》卦的卦辞为断，还请老师为我们做个卦象解析。

老师：好的。以《归妹》卦的卦辞为断，占问结果分为两大类情况。第一类情况《归妹》卦为本卦，六爻皆不变。第二类情况《归妹》卦为之卦，本卦三根爻变，变卦为《归妹》卦。

学生：老师，您先讲第一类情况，《归妹》卦为本卦，六爻皆不变。

老师：好的。从卦象看，《归妹》卦卦象䷵，震为车，为征，互坎为忧，兑为泽，兑覆巽，巽为利，覆巽为无利，这是出征的战车陷在泽中令人心忧，所往无利之象。对于企业战略而言，卦象信息，有出师不利的含义，车陷泽中，寓意战略实施陷入困局，所往无利，就是不会成功。

学生：明白了。老师，您继续讲第二类情况，《归妹》卦为之卦，本卦三根爻变，变卦为《归妹》卦。

老师：好的。我举几个例来具体解析，先看占问结果得到《晋》之《归妹》。从卦象看，《晋》卦卦象䷢，《归妹》卦卦象䷵，两卦卦象结合起来看，震为耕种，为农人，坤为土地，为池塘，为牧养，为鱼，互坎为猪，离为网，艮为山坡，为圈舍，兑为秋，为酒，为悦喜，这是农人在土地上耕种，池塘养鱼，山坡圈舍养猪，秋天收获丰盛，心中悦喜而饮酒庆祝之象。对于企业战略而言，卦象信息，是农业的综合经营，资源综合利用，并取得成功。

再举一个例，占问结果得到《离》之《归妹》。从卦象看，《离》卦卦象䷝，《归妹》卦卦象䷵，两卦卦象结合起来看，离为日，震为南，为运行，为道，为移，这是太阳运行轨道南移之象，代表冬天到来；互巽为寒风，互坎为藏伏，这是寒风起，万物藏伏之象。对于企业战略而言，卦象信息，寒冬代表经济萧条期，万物藏伏，是说此时的环境只适合静伏不动，事业不会成功。

学生：明白了。那接下来我们看孔子对《归妹》卦的观象说了什么。

䷵　孔子《易传·象》对《归妹》卦的卦象特点，做了如下表述：

《象》曰：泽上有雷，归妹。君子以永终知敝。

现代文注释：

《象》说，上卦震为雷，下卦兑为泽，故曰"泽上有雷"，这就是《归妹》卦的卦象。泽上有雷，象征泽水蒸发上升到天上，形成云，产生雷电。此象，为少女顺从震男之象。下卦为兑，为悦，上卦为震，为动，悦而动之象，说明长男为了少女的喜悦，情愿而动。君子以婚姻为永久的终身大事，知道在经营婚姻之中也会出现弊，故悦而动，主动规避生活中出现的弊。

学生：老师，孔子对《归妹》卦的观象准确吗？《归妹》卦的时义，应当怎样准确表述呢？

老师：孔子对《归妹》卦的观象准确。《归妹》卦的时义，是婚嫁，联姻。至于男女双方如何，不在时义的范围内。

学生：明白了。那接下来我们可以进入到《归妹》卦的爻辞了。

☳☳ 初九：归妹以娣，跛能履，征吉。

现代文注释：

初九，初阳得正，但《周易》的说法，不居中即为"跛"，"娣"，是妻子之妹，陪姐姐出嫁为妾，春秋时期亦称介妇。介妇地位低，故比喻为跛脚之人，活动范围很小，但初阳得正说明她有德行、有能力操持好家，故曰"跛能履"，殷周时代少女随姐姐而嫁是正常的，未失男女婚配之道，初九要以偏助正，协助居正室的姐姐管理好家庭，免除丈夫出征远行的后顾之忧，占为吉。

学生：企业战略的占问结果，要以《归妹》卦初九为断。联系我们的主题，还请老师为我们做个卦象解析。

老师：好的。占问结果以《归妹》卦初九为断，得到的是《归妹》之《解》。从卦象看，《归妹》卦卦象☳，《解》卦卦象☳，两卦卦象结合起来看，兑为羊，为泽地，坎为陷，震为行，为出，震在泽上，也在坎陷之上，是出泽地之象。对于企业战略而言，卦象信息，是努力的方向正确，走出泽地，走出泥泽之陷，前面道路平坦，这是正确的努力得到的成功。

学生：明白了。那我们继续看《归妹》卦九二的爻辞。

☳☱ 九二：眇能视，利幽人之贞。

现代文注释：

　　九二，位不得正，按《周易》的说法，位不得正为"眇"，但九二位居中，中自有正，故曰"眇能视"，守中道而行事，等待正当的婚配。九二居兑中，兑为"幽人"，为有德之女，不论将来的婚配如何，都无怨的守其幽静的贞正，平静的等待，不去想未来夫家的状况，唯守己之贤良，故曰"利幽人之贞"。

　　学生：企业战略的占问结果，要以《归妹》卦九二为断。此爻中的人物，是有德之女，联系我们的主题，还请老师为我们做个卦象解析。

　　老师：好的。占问结果以《归妹》卦九二为断，得到的是《归妹》之《震》。从卦象看，《归妹》卦卦象☳☱，《震》卦卦象☳☳，两卦卦象结合起来看，三震一兑，震为德，为福，为时，为开，兑为月，为静，为花，为美好，互艮为待，这是有德多福，花好月圆，静待其时之象。对于企业战略而言，卦象信息，寓意先做好自己，积累德行，福报有时，可得成功。

　　学生：明白了。那我们继续看《归妹》卦六三的爻辞。

☳☱ 六三：归妹以须，反归以娣。

现代文注释：

　　六三，位不居中，亦不正，"须"，为等待，"反归以娣"之所以用"反归"二字，说明在出嫁之前六三曾有想充作正室，只是她的愿望没能实现。从六三的爻位来看，阴爻乘凌九二阳刚之爻，说明她有过不安分的努力。少女一直在等待一桩好的姻缘，最终甘愿以娣的身份陪嫁，自然是情势所迫。

　　学生：企业战略的占问结果，要以《归妹》卦六三为断。此爻中的女子对婚姻有美好的期待，联系我们的主题，还请老师为我们做个卦象解析。

老师：好的。占问结果以《归妹》卦六三为断，得到《归妹》之《大壮》。从卦象看，《归妹》卦卦象☳☱，《大壮》卦卦象☳☰，两卦卦象结合起来看，乾为福，爻变得乾，为得福；互离为文，震为帝王，合象为文王；乾为老，震为公，合象为太公，兑为辅，这是太公辅佐文王之象。对于企业战略而言，卦象信息，太公遇到文王，是知遇双方共同的渴望，战略实施成功。

学生：明白了。那我们继续看《归妹》卦九四的爻辞。

☳ 九四：归妹愆期，迟归有时。

现代文注释：

九四，刚爻居柔，失位，象征有才德的女子等待好的姻缘，耽误了不少青春时光，婚嫁的妙龄已过。婚期延误，终有到来的时日，为了等待正当的婚配对象，等待一个称心的好男人，延误也是值得的。

学生：企业战略的占问结果，要以《归妹》卦九四为断。此爻的主人在耐心等待，联系我们的主题，还请老师为我们做个卦象解析。

老师：好的。占问结果以《归妹》卦九四为断，得到的是《归妹》之《临》。从卦象看，《归妹》卦卦象☳☱，《临》卦卦象☳☷，两卦卦象结合起来看，震为马，为奔，坤为平川，为万里，这是骏马奔驰在万里平川之象；震为君王，坤为麟凤，兑为辅，这是有麟凤之才辅佐君王之象。对于企业战略而言，卦象信息，骏马奔腾，是得天时地利，君王得辅，是得人和，事业会成功。

学生：明白了。那我们继续看《归妹》卦六五的爻辞。

☳ 六五：帝乙归妹，其君之袂，不如其娣之袂良，月几望，吉。

现代文注释：

六五，这里的"君"是女君，指的就是帝乙的妹妹，中古时期诸侯之妻称君。《归妹》卦是说帝乙嫁妹。她是天子的妹妹，衣着却还不如陪嫁的娣那样鲜亮。然而，在德行上却像几望满月般的光辉。此爻的"几望"为十四的月亮，《周易》中，十五之前的月亮象征阳息阴，六五得九二的上应，阴得阳，为阳息阴，变爻后《归妹》卦变为《随》卦，隐喻帝乙的妹妹选择了追随周文王，吉祥。

学生：企业战略的占问结果，要以《归妹》卦六五为断。此爻是帝乙嫁妹，主角是天子的妹妹，联系我们的主题，还请老师为我们做个卦象解析。

老师：好的。占问结果以《归妹》卦六五为断，得到的是《归妹》之《兑》。从卦象看，《归妹》卦卦象☱☳，《兑》卦卦象☱☱，两卦卦象结合起来看，三兑一震，兑为少女，为悦，震为动，为归，为随，这是女归而悦随之象；爻变后，中爻得互巽，巽为利，正反巽口相对，是利相合之象；互坎为忧，震为解，为乐，这是乐而无忧之象。对于企业战略而言，卦象信息，女归代表结盟，利相合，是结盟的商业利益一致，战略实施成功。

学生：明白了。那我们继续看《归妹》卦上六的爻辞。

☱☳ 上六：女承筐无实，士刲羊无血；无攸利。

现代文注释：

这里用"女承筐无实，士刲羊无血，"来说明，在祭祖时，陪嫁的妾即娣，没有地位。"承筐"和"刲羊"是中古时期祭祖的仪式，筐中有物和刲羊时有血都代表吉祥；"无攸利"是指娣不能参加正式的祭祖，象征无所利。上六是整个卦走到终点，往往会从反面提出告诫。这里告诫的是，婚姻要有正当的对象，要和女方自身的地位相配合，才能有名有实。

学生：企业战略的占问结果，要以《归妹》卦上六为断。此爻进入上位的极致位，联系我们的主题，还请老师为我们做个卦象解析。

老师：好的。占问结果以《归妹》卦上六为断，得到的是《归妹》之

《睽》。从卦象看，《归妹》卦卦象☳，《睽》卦卦象☲，两卦卦象结合起来看，兑为有言，震为争执，震覆艮，艮为止，覆艮为不止，为不休，这是内部矛盾产生，争执不休之象；兑覆巽，巽为利，覆巽为无利，兑为谄佞，互坎为反目，震为出走，覆艮为贤人，这是谄佞得势，贤人出走，无利之象。对于企业战略而言，卦象信息，寓意企业已失人和，没有贤人谋取功名的好环境，留不住人才，企业处在无利的状态；得此占，战略实施失败。

学生：明白了。《归妹》卦的六爻都讲完了，很有收获。这个卦的历史背景很特别啊！帝乙为了联姻把小妹嫁给年龄很大的周文王，帝乙的妹妹最终选择了追随周文王，后面的故事一定很生动，老师，有空的时候讲给我们听吧。

老师：好的。

风山《渐》䷴（卦序号：46）

《渐》卦，寓意重要的事正按照既定的程序渐渐而进。《渐》卦，以女子出嫁作为象征，取"女归"之象。古代女子出嫁后即为"夫家人"，故到夫家为"归"。女归，其礼毕备，礼成，而后得其正名。自古以来，人们重视"正名"，名正则言顺，并认为社会约定俗成的"礼"之中，有吉祥的象征；礼的程序，被认为其中会带有吉祥平安，并且是带有祝福的仪式，这种祝福会影响人生的未来。

先看《渐》卦的卦辞，及现代文注释：

渐：女归吉，利贞。

现代文注释：

渐，是卦名。"渐"为渐进，也就是缓进，说的是有次序的、有预定程序的去做一件事，而这种预定程序往往是约定俗成的、被认为是不可简化的程序，也被社会认为是带有吉祥含义的程序。《渐》卦，取"女归"之象，以女子出嫁作为象征，如同女子出嫁按照仪礼的程序循序进行，缓缓而进，这是"吉祥"的，利于守持正道。

孔子《易传·彖》对《渐》卦的卦辞，是这样裁断的：

《彖》曰：渐之进也，"女归吉"也。进得位，往有功也。进以正，可以正邦也。其位，刚得中也。止而巽，动不穷也。

现代文注释：

彖辞说，"渐"，意思就是渐进，渐渐的向前行进，如同女子出嫁按照仪礼的程序循序进行，可以获得吉祥，故曰"女归吉"。这样的渐进，可以正其位，而其位得正后的前往，可以建立功业。渐进而又守持正道，可以端正国家的风气。九五刚爻得中，具有刚中之德，"止而巽"，即有止而渐入，则动起来后就不会走向困穷的境地。

学生：老师，孔子对《渐》卦卦辞的裁断准确吗？《渐》卦的时义，应当怎样准确表述呢？

老师：孔子对《渐》卦卦辞的裁断准确。《渐》卦的时义，是此时的人生正面对一件需要让它得到美好结局的大事，故必须遵从"渐"的原则。

学生：明白了。我们可以进入主题了，企业战略的占问结果，要以《渐》卦的卦辞为断，还请老师为我们做个卦象解析。

老师：好的。以《渐》卦的卦辞为断，占问结果分为两大类情况。第一类情况《渐》卦为本卦，六爻皆不变。第二类情况《渐》卦为之卦，本卦有三根爻变，变卦为《渐》卦。

学生：老师，您先讲第一类情况，《渐》卦为本卦，六爻皆不变。

老师：好的。从卦象看，《渐》卦卦象☶☴，巽为松柏，为树林，艮为山，艮阳进入坎中，坎为水，为泉，这是水比山高，山顶有松林，松柏长青之象。对于企业战略而言，卦象信息，是得天时地利，可长久兴盛。

学生：明白了。老师，您继续讲第二类情况，《渐》卦为之卦，本卦有三根爻变，变卦为《渐》卦。

老师：好的。我举几个例来具体解析，先看占问结果得到《坎》之《渐》。从卦象看，《坎》卦卦象☵☵，《渐》卦卦象☶☴，两卦卦象结合起来看，坎为云，巽为风，风吹送云来，艮为冰雹，巽为禾稼，坎为毁坏，这是庄稼因冰雹的到来而被击毁之象。对于企业战略而言，卦象信息，寓意会有天灾，最终结果就是颗粒无收，项目会遭遇意外的变故而失败，战略实施不会成功。

再举一个例，占问结果得到《鼎》之《渐》。从卦象看，《鼎》卦卦象☲☴，《渐》卦卦象☶☴，两卦卦象结合起来看，离为麟凤，巽为松林，艮为山，为栖为居，为家，为鸟兽，为安，互坎为水，为泉，为山涧溪流，互兑为繁盛，这是山涧溪流淙淙，山顶松柏青青，麟凤来栖，鸟兽安家，万物繁盛之象。对于企业战略而言，卦象信息，是生存环境很好，项目得以生存而无忧，成功。

学生：明白了。那接下来我们看孔子对《渐》卦的观象说了什么。

☶ 孔子《易传·象》对《渐》卦的卦象特点，做了如下表述：

《象》曰：山上有木，渐。君子以居贤德，善俗。

现代文注释：

《象》说，上卦巽为木，下卦艮为山，故曰"山上有木"，这就是《渐》卦的卦象。君子观此卦象，感悟其道理，在成长中积累自身的贤德，美善习俗。

学生：老师，孔子对《渐》卦的观象准确吗？

老师：孔子对《渐》卦的观象准确。《渐》卦的道理，就是像山上的林木慢慢长大，君子要有贤德的积累。

学生：明白了。那接下来我们可以进入到《渐》卦的爻辞了。

☶ 初六：鸿渐于干，小子厉，有言无咎。

现代文注释：

初六，大雁渐渐飞到河岸边停下，这是渐进的初始，年轻的大雁还没有经验，感觉有危险出现，雁群里一片的叫声不停，惊慌不安，如同是在责备，又如同在抱怨，但没有咎害。

学生：企业战略的占问结果，要以《渐》卦初六为断。联系我们的主题，还请老师为我们做个卦象解析。

老师：好的。占问结果以《渐》卦初六为断，得到的是《渐》之《家人》。从卦象看，《渐》卦卦象☴☶，《家人》卦卦象☴☲，两卦卦象结合起来看，巽为木，巽覆兑，兑为花，覆兑为花落，离为火，为燥，为干枯，这是花落木枯之象；互坎为忧患，艮阳进入坎中，故不安，艮覆震，震覆，故忧不得解，是有忧不安之象。对于企业战略而言，卦象信息，花落木枯象征企业败落；有忧不安，是企业找不到出路，处在衰败、极为不佳的状态，归于失败。

学生：明白了。那我们继续看《渐》卦六二的爻辞。

☴☶ **六二：鸿渐于磐，饮食衎衎，吉。**

现代文注释：

六二，居中得正，能获"渐"的安稳之象，大雁渐渐飞到磐石之上，在安稳的磐石上吃东西，欢畅快乐的叫着，吉祥。

学生：企业战略的占问结果，要以《渐》卦六二为断。此爻得吉，结果怎样，还请老师为我们做个卦象解析。

老师：好的。占问结果以《渐》卦六二为断，得到的是《渐》之《巽》。从卦象看，《渐》卦卦象☴☶，《巽》卦卦象☴☴，两卦卦象结合起来看，爻变导致艮隐而得巽，艮为墙，巽为利，这是利回到墙内，不为墙所隔，得利之象；巽为利，为齐，为同，正反巽口相对，为利益相合，象征人和，坎中实，为得，为获，为心，艮为贤人，爻变中爻得兑，兑为辅，这是利相合而同心，得贤人辅佐之象。对于企业战略而言，卦象信息，得利，和得贤人辅佐而得人和，是事业顺利进行的两个方面；得此占，战略实施成功。

学生：明白了。那我们继续看《渐》卦九三的爻辞。

☴☶ **九三：鸿渐于陆，夫征不复，妇孕不育，凶。利御寇。**

现代文注释：

九三，大雁渐渐飞到陆地了，陆地不是水鸟有利生存的环境，九三冒进欲穿越陆地，不守"渐"之道，实为躁进，失去正确的选择，"夫征不复，妇孕不育，"的戒辞，暗喻有去无回、没有结果的凶险，判为"凶"。九三，有坎象，坎为寇盗，而九三为艮之主，艮为刀兵，有刀兵故"利御寇"；寓意此时九三已处险境，只有自守其正，加上阳刚力量的奋力拼搏，方可出险。

学生：企业战略的占问结果，要以《渐》卦九三为断。此爻的爻辞很凶险，还请老师为我们做个卦象解析。

老师：好的。占问结果以《渐》卦九三为断，得到的是《渐》之《观》。从卦象看，《渐》卦卦象☶☴，《观》卦卦象☴☷，两卦卦象结合起来看，互艮为鸿，为飞，为路途，为安，巽为齐，伏震为东，为避，互坎为险，为隐伏，为弓矢，离为网，坤为万里，为远，为聚，这是鸿鸟齐聚东飞，避开隐伏的弓矢和罗网，飞越万里，终于平安到达之象。对于企业战略而言，卦象信息，鸿鸟东飞，沿途避开隐伏的罗网和弓矢，平安到达预定的地点，寓意战略实施成功。

学生：明白了。那我们继续看《渐》卦六四的爻辞。

☴☶ **六四：鸿渐于木，或得其桷，无咎。**

现代文注释：

六四，阴爻居阴位，在下无应，象征六四是最柔弱、无应援、无退路的情况，大雁渐渐飞到高高的树木之上，或许能够栖息在横平的树枝上，不致咎害。

学生：企业战略的占问结果，要以《渐》卦六四为断。此爻的主人处在柔弱无助的状态下，结果会怎样，还请老师为我们做个卦象解析。

老师：好的。占问结果以《渐》卦六四为断，得到的是《渐》之《遁》。从卦象看，《渐》卦卦象☶☴，《遁》卦卦象☰☶，两卦卦象结合起来看，艮为止，为阻，为墙，巽为利，乾为天福，艮覆震，震覆为不通，这是利在墙外，天福遁离，不通利，与福无缘之象；艮伏兑，兑伏为不悦，为愁苦，为失去恩泽，这是失恩泽而愁苦之象。对于企业战略而言，卦象信息寓意，天赐福泽已经离去，有了忧愁，与利福无缘，战略实施失败。

学生：明白了。那我们继续看《渐》卦九五的爻辞。

☶ 九五：鸿渐于陵，妇三岁不孕，终莫之胜，吉。

现代文注释：

九五，大雁渐渐飞到开阔的山岗之上了，象征到达"渐"的最高境界；九五阳刚的君王，居中得正，"渐"的进程，此时进入到最好的阶段，过往的困难，皆得以克服，"渐"道已成；九五中爻为离象，离数为三，故曰"三岁"，其与六二的正应终于有了结果，如同正妻的六二没有被其他女子代替，终得吉。

学生：企业战略的占问结果，要以《渐》卦九五为断。此爻的主人为君王，爻辞一半是凶，有令人疑惑之处，还请老师为我们做个卦象解析。

老师：好的。占问结果以《渐》卦九五为断，得到的是《渐》之《艮》。从卦象看，《渐》卦卦象☶，《艮》卦卦象☶，两卦卦象结合起来看，巽为商旅，为利，艮为山，为阻，为虎狼，为终，互坎为忧，为困，为害，正覆艮为虎狼聚集，坎折坤，为伤害，为道路不通，这是山谷道路虎狼群聚为害，道闭而商旅不行，商人失利之象；坎为忧患，互震为解，艮为成，为安，这是忧患最终得解，有成，且得安之象。对于企业战略而言，卦象信息，寓意出现了危害商旅的因素，商人失利，最终忧患得解，商人得安，先凶后吉，最终成功。

学生：明白了。那我们继续看《渐》卦上九的爻辞。

☶ 上九：鸿渐于陆，其羽可用为仪，吉。

现代文注释：

上九，为"渐进"之极，大雁渐渐聚集在高地上，它的羽毛洁白而有光泽，这样洁白美丽的羽毛可以作为人们尊从仪礼的象征，吉祥。羽，象征德行，仪，指风范。其德行可为风范，当然吉祥。

学生：企业战略的占问结果，要以《渐》卦上九为断。此爻走到了极致位，联系我们的主题，还请老师为我们做个卦象解析。

老师：好的。占问结果以《渐》卦上九为断，得到的是《渐》之《蹇》。从卦象看，《渐》卦卦象☴☶，《蹇》卦卦象☵☶，两卦卦象结合起来看，巽为松柏，为利，艮为山，为求，为时，为安，坎为水，坎中实，为获，为得，这是水比山高，滋养松柏，求利得时，获利得安之象。对于企业战略而言，卦象信息，是得天时地利，所求可以实现，战略实施成功。

学生：明白了。《渐》卦的六爻都讲完了，对于企业战略分析，感觉这是最难的一个卦，爻辞的吉凶判辞多出现令人疑惑、不明确的语言，解卦的信息，则从另外的角度为之辅证吉凶，很受教益。

火泽《睽》䷥（卦序号：47）

《睽》卦，是讲处在乖睽、相互不待见、不友好的环境里，这是人事道理里面很常见的状况，故其时用很大。懂得《睽》卦的道理，见怪而不怪，遇到乖睽就会淡然处之，不会特别的难受。《睽》的时用，会帮助人们的心理走向成熟，懂得求同存异，以宽大的胸怀对待异同。

先看《睽》卦的卦辞，及现代文注释：

睽：小事吉。

现代文注释：

睽，是卦名。睽，乖也，相处在一起的两个人，目不相视，处在乖离的状态。这种状态，并没有很大的矛盾，只是没有话题可交流，偶尔会有不友好的言语。相处在这样环境里的两个人，同样可以有合作，做小事，尚有吉。

孔子《易传·彖》对《睽》卦的卦辞，是这样裁断的：

《彖》曰：睽，火动而上，泽动而下；二女同居，其志不同行；说而丽乎明，柔进而上行，得中而应乎刚，是以"小事吉"。天地睽而其事同也。男女睽，而其志通也；万物睽，而其事类也；睽之时用，大矣哉！

现代文注释：

彖辞说，《睽》卦，上卦离为火，下卦兑为泽，火炎上，泽润下，相背离之象。如二女长大本应当各自成家，若继续同居，志不相同，造成行为各异。卦象上为光明，下为悦，六五柔爻进入上卦主位，得中且与九二刚爻有应，小事可获吉祥。天地乖睽，其事理相同；男女乖睽，心志却可相通；万物乖睽的状况不同，但其生长、茂盛的规律是一样的。《睽》卦所包含的道理就是：物各有别，人各有志，但没有不可调和的矛盾，可以共存。《睽》卦的时用，确实很广大。

学生：老师，孔子对《睽》卦卦辞的裁断准确吗？孔子说到《睽》卦的时义了吗？《睽》卦的时义，应当怎样准确表述呢？

老师：孔子对《睽》卦卦辞的裁断，以二女同居来描述，有些勉强。由于二千多年来人们已经接受了孔子的说法，这里就不展开讨论了。孔子在象辞里说到了乖睽的特点，以及如何处理乖睽的状态，但没有进行时义的表述。《睽》卦的时义，是乖睽的状态处于时局的主导。

学生：明白了。我们可以进入主题了，企业战略的占问结果，要以《睽》卦的卦辞为断，还请老师为我们做个卦象解析。

老师：好的。以《睽》卦的卦辞为断，占问结果分为两大类情况。第一类情况《睽》卦为本卦，六爻皆不变。第二类情况《睽》卦为之卦，本卦有三根爻变，变卦为《睽》卦。

学生：老师，您先讲第一类情况，《睽》卦为本卦，六爻皆不变。

老师：好的。从卦象看，《睽》卦卦象☲，两个半震之象，震为黍稷，为粮食，两个半艮之象，艮为仓庾，兑为华，为美好，为盈满，这是粮食收成好，仓庾盈满之象。对于企业战略而言，卦象里，粮食收成代表市场销售状况，仓庾盈满代表获利丰厚，盈余丰盛，事业成功。

学生：明白了。老师，您继续讲第二类情况，《睽》卦为之卦，本卦有三根爻变，变卦为《睽》卦。

老师：好的。我举几个例来具体解析，先看占问结果得到《姤》之《睽》。从卦象看，《姤》卦卦象☰，《睽》卦卦象☲，两卦卦象结合起来看，乾为百福，为天，为世代，巽为长，为利，兑为恩泽，这是世代蒙恩，利福长久之象。对于企业战略而言，卦象信息，寓意财气和福运都会长久保持，如天的长久，企业长盛长青，事业成功。

再举一个例，占问结果得到《恒》之《睽》。从卦象看，《恒》卦卦象☳，

《睽》卦卦象☲，两卦卦象结合起来看，兑为夜，为暗，为口舌，互坎为休，为祸，坎兑相连为口舌之祸，两半艮重叠，为止而又止，震为晨，为动，乾为白昼，为实，为福，巽为利，这是晚上休息，白天努力工作，止住口舌之祸，利福为实之象。对于企业战略而言，卦象信息，寓意要顺从天地运行的规律，白天多做事，少口舌，利福自会到来，会有成功。

学生：明白了。那接下来我们看孔子对《睽》卦的观象说了什么。

☲ 孔子《易传·象》对《睽》卦的卦象特点，做了如下表述：

《象》曰：上火下泽，睽。君子以同而异。

现代文注释：

《象》说，上卦离为火，下卦兑为泽，故曰"上火下泽"，这就是《睽》卦的卦象。君子效法此精神，以宽大的胸怀对待异同，懂得异中有同。

学生：老师，孔子对《睽》卦的观象准确吗？最后一句话，是对睽的理解呢还是处睽之道呢？

老师：孔子对《睽》卦的观象很准确。处睽之道，源于对睽的本质的理解，孔子总结出"求同存异"的道理。

学生：明白了。那接下来我们可以进入到《睽》卦的爻辞了。

☲ 初九：悔亡，丧马勿逐自复。见恶人无咎。

现代文注释：

初九，无上应，有悔，但阳刚得其位，故"悔亡"。初九乾为马，其伏象坎为盗，为藏，故曰"丧马"；九二、六三在上有应而终得，故下卦会有爻变，爻变后，其象为覆震，震为马，覆震向下，其象为奔跑回来的马，即为"自复"，故曰"丧马勿逐自复"。初九无上应，因"交孚"而前往见九四，会同时遇坎和离，坎为盗、离为恶人，皆有恶人之象，但不用担心，不会有咎害。

学生：企业战略的占问结果，要以《睽》卦初九为断。联系我们的主题，还请老师为我们做个卦象解析。

老师：好的。占问结果以《睽》卦初九为断，得到的是《睽》之《未济》。从卦象看，《睽》卦卦象☲，《未济》卦卦象☵，两卦卦象结合起来看，卦中有两个离象，五个半艮之象，四个半震之象，离为南，为刀兵，艮为仓庾，为库，为山坡，震为马，这是刀兵入库、马放南山之象，是和平之象；卦象多艮阳，艮阳为高贵，为位，多震阳，震阳为福，为履，这是履位高贵，多福之象；兑为食，坎为饱，离为温，这是食有温饱之象。对于企业战略而言，天下太平，利于做事，已有温饱，高贵且多福，事业会成功。

学生：明白了。那我们继续看《睽》卦九二的爻辞。

☲ 九二：遇主于巷，无咎。

现代文注释：

九二，与六五为正应，前往相遇，所遇之处在离中，离中为虚，两旁为实，故离中为巷，故曰"遇主于巷"，九二兑中为悦，愉悦的前往，无咎。

学生：企业战略的占问结果，要以《睽》卦九二为断。此爻中的人物，采用与主在巷中相遇的方式，还请老师为我们做个卦象解析。

老师：好的。占问结果以《睽》卦九二为断，得到的是《睽》之《噬嗑》。从卦象看，《睽》卦卦象☲，《噬嗑》卦卦象☲，两卦卦象结合起来看，兑为月，震为行，为往，离为宫，为日之舍，这是月在天上运行，前往离宫与日会合，这是日食的天象。对于企业战略而言，卦象信息，日食是月对日的追随，天象的日月会合，爻辞的巷中相遇，都象征不可回避的追随，代表成功。

学生：明白了。那我们继续看《睽》卦六三的爻辞。

☰☷ 六三：见舆曳，其牛掣；其人天且劓，无初有终。

现代文注释：

　　六三阴爻，居两个刚爻之间，故六三与上九虽有应，但受到掣肘。"舆曳"指九二在后面拽拉，"牛掣"指九四在前面掣阻，乖违冲突很严重。下卦兑伏艮，艮伏不见，故相对身体部位会有伤缺，"天"为额头，"其人天且劓"为额头和鼻子都受伤。六三没有初始的顺利，但其后有终，最终结果会是好的。

　　学生：企业战略的占问结果，要以《睽》卦六三为断。此爻中的人物在前行中与人起了冲突，结果怎样，还请老师为我们做个卦象解析。

　　老师：好的。占问结果以《睽》卦六三为断，得到的是《睽》之《大有》。从卦象看，《睽》卦卦象☲☱，《大有》卦卦象☲☰，两卦卦象结合起来看，卦中有三个半艮之象和三个半震之象，艮为狐，震为逐，互坎为隐伏，这是三狐被逐，隐伏消失之象；震为兔，为逃，兑为穴，离为巢窟，三离为三巢窟，这是狡兔三窟之象；兑为华，离为灯，震为上，为初，乾为大明，这是华灯初上，大放光明之象。对于企业战略而言，卦象信息，狐和兔都代表弱小者，被强大的对手所追逐，狐和兔都逃脱而生存下来，寓意在市场竞争中的弱小者最终得以生存，华灯是生存下来后的光辉阶段，最终大放光明，战略实施成功。

　　学生：明白了。那我们继续看《睽》卦九四的爻辞。

☲☱ 九四：睽孤，遇元夫，交孚，厉无咎。

现代文注释：

　　九四，居坎中，坎为孤，故曰"睽孤"，是说九四无应。遇元夫，是说九四能得遇初九，初为元，初阳为元夫。九四中爻为坎中，坎中即刚入坤而"交孚"之象，这里是说相互信任而得遇。在乖睽之时，九四与初九虽无应，但在各自皆无应援之时，同德相求，走到一起。虽然危险，但无咎，故曰"厉无咎"。

学生：企业战略的占问结果，要以《暌》卦九四为断。此爻中暗伏危厉，结果怎样，还请老师为我们做个卦象解析。

老师：好的。占问结果以《暌》卦九四为断，得到的是《暌》之《损》。从卦象看，《暌》卦卦象☲，《损》卦卦象☶，两卦卦象结合起来看，兑为昏暗，为雨，坤为暮，为闭，艮为次舍，为居，为道路，为山谷，为时，为止，为待，震为商旅，为行，坎为泥泞，为陷，离为日，为晴，这是日暮有雨，商旅到次舍住下，前有山谷，雨天难行，道路闭陷，等待雨停，等到太阳出来的晴天，出行穿越山谷。对于企业战略而言，卦象信息，雨天难行，前有山谷，寓意战略实施难度大，天晴代表有助力成功的条件，终得成功。

学生：明白了。那我们继续看《暌》卦六五的爻辞。

☲ 六五：悔亡，厥宗噬肤，往何咎？

现代文注释：

六五，乖暌之时居主位为卦主，有悔；但六五居中，又得下应，后悔消失。"厥宗"是"同宗"之意，"噬肤"，咬入肌肤，其义为介入很深，也是信任很深的意思，九二是阳刚能干的臣子，此时六五能得到贤人九二的辅佐，往前去，又有何咎害呢？

学生：企业战略的占问结果，要以《暌》卦六五为断。此爻的爻辞深奥难懂，联系我们的主题，还请老师为我们做个卦象解析。

老师：好的。占问结果以《暌》卦六五为断，得到的是《暌》之《履》。从卦象看，《暌》卦卦象☲，《履》卦卦象☰，两卦卦象结合起来看，离为光明，乾为大君，为富实，兑为辅，为口，为言，正反兑口相向，为对话，互坎为信，为和，互巽为利，正反巽口相对，为利相合，这是君臣对话，互信有和，利相合而得良辅，先有光明，后得富实之象。对于企业战略而言，卦象信息，君王得到可靠的辅臣，是企业得到高端人才的加盟，利合而有互信，先有光明，后得富实，如爻辞所言，这又有何咎害呢？得此占，战略实施成功。

学生：明白了。那我们继续看《睽》卦上九的爻辞。

☲ **上九：睽孤，见豕负涂，载鬼一车，先张之弧，后说之弧；匪寇，婚媾；往遇雨则吉。**

现代文注释：

上九，六三前来与上九会合，受阻，故上九也处于"睽孤"的状态，其象为离对坎，离为目，为见，幻觉的"豕负涂"和"鬼"皆为坎象，坎的后天数为一，故曰"载鬼一车"，紧张的拉开弓欲射，又松开弓。不是遇到匪寇，而是遇到前来婚媾的六三，终于遇合，六三为兑之主爻，有雨之象，故曰"遇雨则吉"。

学生：企业战略的占问结果，要以《睽》卦上九为断。此爻的主人因为精神高度紧张而出现幻觉，结果怎样，还请老师为我们做个卦象解析。

老师：好的。占问结果以《睽》卦上九为断，得到的是《睽》之《归妹》。从卦象看，《睽》卦卦象☲，《归妹》卦卦象☳，两卦卦象结合起来看，离为麟凤，兑为辅，震为君王，坎中实，为得，这是君王得麟凤之才辅佐之象；震为时，为乐，坎为得，兑为友，为悦，这是得时，多友，喜乐之象。对于企业战略而言，卦象信息，得麟凤辅佐代表得人和；得时，代表顺境；多友，代表得地利；喜乐无忧，明确战略实施成功。

学生：明白了。《睽》卦的六爻都讲完了，收获很大。睽，是很常见的状态，懂得处理睽，在睽的状态下也会变得快乐起来。

水山《蹇》䷦（卦序号：48）

蹇卦，主人公依然是周文王（其时为西伯侯）和他的大臣们，记载下周王朝前期的西岐在蹇难之时，王臣见其险难，而不畏惧，来来往往跋山涉水于西岐与殷商之间的道路，周旋于殷商上下的王公府地，最终让西伯侯平安回国。

先看《蹇》卦的卦辞，及现代文注释：

蹇：利西南，不利东北。利见大人，贞吉。

现代文注释：

蹇，是卦名。《蹇》卦，象征艰难险阻。而处在"蹇"中，利于向西南方向寻求援助和求得发展的空间，不利于向东北强行突破。《蹇》卦，利于大德大才的伟大人物的显见，守持正道，吉祥。

孔子《易传·彖》对《蹇》卦的卦辞，是这样裁断的：

《彖》曰："蹇"，难也，险在前也。见险而能止，知矣哉。蹇"利西南"，往得中也；"不利东北"，其道穷也。"利见大人"，往有功也。当位"贞吉"，以正邦也。蹇之时用，大矣哉。

现代文注释：

彖辞说，"蹇"，是险难的意思。"蹇"的外卦坎为险，故曰"险在前也"。看到前方有危险，停止前进，是明智之举。西周建国前的西岐，其西南方是背离殷商方向的开阔地带，有很多西戎羌狄部落，与西岐亦友亦敌，西岐在西南方向展开其战略行动，不会有任何消息传到殷商首都的统治者那里，故西岐以它在西南方相对强大的实力，发展朋友，征服那些对抗的部落，同时用"德"的感召和武力的征服，实现西南局部统一的大业。西岐的行动，不利于在东北方向进行，那样会惊动殷商的统治者，韬晦之道和暗中扩张的计划就会暴露，从而走向困穷的末路。周文王被因于殷商的监狱里，要前往设法搭救，这是这个历史时空里的大功一件。"蹇"的时空，既充满险难，又是充满希望之光的时空，有利于大德大才的伟大人物在这个时空显见，往则有功，有好结果。在"蹇"的时空，大人即当位者九五居中得正，除了初六位不得正，其他的王公、辅政大臣皆得正位，象征当位者皆能守持正道，自然吉祥，这有利于"正"国家的风气，故曰"当位贞吉，以正邦也"。《蹇》卦的时用，确实很大啊！

学生：老师，孔子对《蹇》卦卦辞的裁断准确吗？孔子说到《蹇》卦的时义了吗？《蹇》卦的时义，应当怎样准确表述呢？

老师：孔子对《蹇》卦卦辞的裁断准确，也说到了《蹇》卦的时义。《蹇》卦的时义，是险在前，君子正处蹇难之时，居险中。

学生：明白了。我们可以进入主题了，企业战略的占问结果，要以《蹇》卦的卦辞为断，还请老师为我们做个卦象解析。

老师：好的。以《蹇》卦的卦辞为断，占问结果分为两大类情况。第一类情况《蹇》卦为本卦，六爻皆不变。第二类情况《蹇》卦为之卦，本卦有三根爻变，变卦为《蹇》卦。

学生：老师，您先讲第一类情况，《蹇》卦为本卦，六爻皆不变。

老师：好的。从卦象看，《蹇》卦卦象☵☶，艮为山，为山谷，为止，为阻，艮覆震，震为行，为车，为人，覆震为车行山谷倾覆，人有伤而减员，坎为难，为孤，减员而孤，上坎与中爻之坎相交叠，为重坎多难之象。对于企业战略而言，卦象信息，车毁人减员，代表项目失败，企业处在艰难的发展阶段，要面对企业倾覆的危机，战略实施受阻，归于失败。

学生：明白了。老师，您继续讲第二类情况，《蹇》卦为之卦，本卦有三根爻变，变卦为《蹇》卦。

老师：好的。我举几个例来具体解析，先看占问结果得到《丰》之《蹇》。

从卦象看《丰》卦卦象☳，《蹇》卦卦象☶，两卦卦象结合起来看，震为德，为福，为建，为立，兑为和，离为宫，为星，坎为北，北辰之星宫，艮为君子，巽为薇兰，这是君子德如薇兰，含和建德有信，如北辰之星受人敬仰，常有大福之象。对于企业战略而言，卦象信息，寓意和悦之德与福气相牵相伴，企业有信誉，人气旺，发展顺利，战略实施会成功。

再举一个例，占问结果得到《节》之《蹇》。从卦象看，《节》卦卦象☱，《蹇》卦卦象☶，两卦卦象结合起来看，震为丛木，为功业，坎为棘，为害，为损，艮为果，为贤人，为君子，为止，兑为花，为华，为口舌，为媚惑，这是丛木果实为棘刺所伤而殒，有花无果，华而无实，谗言媚惑为害，贤人君子忠言壅塞之象。对于企业战略而言，卦象信息，寓意企业失去人和，邪气上升，谗佞乱政，忠言壅塞，导致有花无果，华而不实，战略实施失败。

学生：明白了。那接下来我们看孔子对《蹇》卦的观象说了什么。

☶　孔子《易传·象》对《蹇》卦的卦象特点，做了如下表述：

《象》曰：山上有水，蹇。君子以反身修德。

现代文注释：

《象》说，上卦坎为水，下卦艮为山，故曰"山上有水"，这就是《蹇》卦的卦象。君子观此卦象，感悟其中的道理，看到前方有险难，就停下来反省自身的缺点和过失，以求得自善其身，先修养德行以利于将来建功立业。

学生：老师，孔子对《蹇》卦的观象准确吗？

老师：孔子对《蹇》卦的观象，偏于保守的意识，偏于君子自我修德，有失扶危济世的责任和勇气。孔子的观点，偏离了文王的本义，故孔子的观象对后世学者注释《蹇》卦六爻爻辞产生了偏离本义的影响，特别是《蹇》卦的下卦初爻到三爻，都出现了注释错误，这次按文王的本义予以纠正。

学生：明白了。那接下来我们可以进入到《蹇》卦的爻辞了。

☷☵ 初六：往蹇来誉。

现代文注释：

初六，柔爻不得位，明显不是济蹇之才，只是西岐的一位没有职务、地位很低的臣子，中爻为互坎就挡在初六的前面，上无应援，前行有"蹇"是很明显的，他最先赴命前往羑里探文王之蹇，而不顾很明显的自身之蹇，他虽柔弱且地位低，但不顾自身之危，前往探文王的蹇难。前往可能有去无回，需要勇气，他的勇气胜过济蹇的才干，往蹇归来后，得到嘉奖，有美誉，故曰"往蹇来誉"。

学生：企业战略的占问结果，要以《蹇》卦初六为断。联系我们的主题，还请老师给我们做个卦象解析。

老师：好的。占问结果以《蹇》卦初六为断，得到的是《蹇》之《既济》。从卦象看，《蹇》卦卦象☷☵，《既济》卦卦象☵☲，两卦卦象结合起来看，坎象重叠，为多困厄，震为行，半震重叠，且震与坎交叠，是在艰难中前行，艮为山谷，为石，半艮重叠为山路难行，初六在艰难中爬山涉水不为求利，而是探文王的蹇难，故无利而有誉。对于企业战略而言，卦象信息，寓意所做的艰辛努力，另有所求，另有战略目标，会得到预定目标的成功。

学生：明白了。那我们继续看《蹇》卦六二的爻辞。

☵☵ 六二：王臣蹇蹇，匪躬之故。

现代文注释：

六二，柔顺中正，与九五有应，九五君王有蹇难，臣子不能安心，而从中爻看，二、三、四亦为坎，臣子也在蹇难中，蹇而又蹇，王和臣都陷于坎险之中，故称"蹇蹇"。作为君王的臣子，六二是忠义之臣，艰难跋涉于道路，往来于殷商与西岐之间，那可不是为了他自身的事情，是在为国效力。

学生：企业战略的占问结果，要以《蹇》卦六二为断。此爻的主人为忠义之臣，联系我们的主题，还请老师为我们做个卦象解析。

老师：好的。占问结果以《蹇》卦六二为断，得到的是《蹇》之《井》。从卦象看，《蹇》卦卦象䷦，《井》卦卦象䷯，两卦卦象结合起来看，艮为止步，巽为进退，坎为困厄，为陷，这是前有险陷，处于困厄，进退犹豫而止步之象。对于企业战略而言，这是陷于坎险，处困局之中，事业不成功。

学生：明白了。那我们继续看《蹇》卦九三的爻辞。

䷦ 九三：往蹇来反。

现代文注释：

九三，刚正，为下卦艮之主，靠近上卦，其位就有险，进则入于险，然知其险而能止，本是艮主的能力和特点，能止而又敢于进，进入坎险又能平安返回，能往能来，来往自由，且回来之时"不辱使命"，成就"救主"的大功，自身也有福报之"反"，说的就是九三。这也是敌方有佞臣被我方收买的缘故，西岐之臣闳夭设计买通了殷商的宰相费仲，让费仲做些配合，故能"往蹇来反"，最终救回西伯侯。

学生：企业战略的占问结果，要以《蹇》卦九三为断。此爻暗藏有历史的故事和背景，联系我们的主题，还请老师为我们做个卦象解析。

老师：好的。占问结果以《蹇》卦九三为断，得到的是《蹇》之《比》。从卦象看，《蹇》卦卦象䷦，《比》卦卦象䷇，两卦卦象结合起来看，坎为忧患，为思，为通，离为乱，坤为穷极，这是忧患达到穷极，穷则思变，变则通之象；艮为金，为财贝，为手，为递送，坤为暗，为暗昧的交易，这是为了解救西伯侯，而用金银财贝收买殷商宰相费仲，目的正当，行为暗昧之象。对于企业战略而言，卦象信息，有为了成就大功而不择手段的含义，寓意战略核心问题遇到外界阻力，无奈之下，行暗昧之事，行为不光明正大，事虽成，实归于失败。

学生：明白了。那我们继续看《蹇》卦六四的爻辞。

☷☵ **六四：往蹇来连。**

现代文注释：

六四，得位居正，指君王身边的臣子，西伯侯其时，身边的重臣有他最倚重的"四友"散宜生、南宫适、闳夭、泰颠等四人，六四暗喻以四人为首的群臣，西伯侯被囚羑里之时，轮番前往探视，设计搭救。"来连"是说明六四的爻位，连接六二、九三、六四的中爻之坎与上卦之坎，六四居重叠的坎之中，唯以艰忍加上努力，六四与上坎的"连"就是群臣与西伯侯的"连"，这是六四所期盼的与九五的连接，群臣都期盼西伯侯能早日脱离牢狱之灾回到西岐。

学生：企业战略的占问结果，要以《蹇》卦六四为断。此爻讲到了蹇卦的核心问题，联系我们的主题，还请老师为我们做个卦象解析。

老师：好的。占问结果以《蹇》卦六四为断，得到的是《蹇》之《咸》。从卦象看，《蹇》卦卦象☷☵，《咸》卦卦象☱☶，两卦卦象结合起来看，兑为月，为暗，乾为天，这是月在天上，暗弱无光之象；乾为君，为高山，兑为倾覆，互巽为陨落，为崩塌，艮为牢，为囚禁，这是文王被囚，高山崩塌之象；卦象显示文王被囚对于西岐臣子的影响，是多么重大，西岐离不开文王。对于企业战略而言，领军人物同样重要，不可缺，让核心人物回到他的位置，就是大功一件；得此占，是核心人物缺位的状态，不会成功。

学生：明白了。那我们继续看《蹇》卦九五的爻辞。

☵☶ **九五：大蹇，朋来。**

现代文注释：

九五，中正之位的君王，指周文王，其时为西伯侯，"大蹇"者，非常之蹇也。九五居尊，有刚健中正之德，遇"大蹇"，得"朋来"之助，即有圣贤之臣汇聚身边辅佐，"朋"不仅指"王臣"，还包括西南方向同盟的朋友，"朋来"

在西伯侯出狱前为众友前来探视，"朋来"在西伯侯出狱后则为众臣和西南联盟前来共济天下之"大蹇"；西伯侯被囚之难的解脱，为解天下的"大蹇"提供了条件，以西伯侯的威望可以聚集天下英豪的"朋来"，济蹇有望。

学生：企业战略的占问结果，要以《蹇》卦九五为断。此爻中的人物是文王，是核心人物的爻，联系我们的主题，还请老师为我们做个卦象解析。

老师：好的。占问结果以《蹇》卦九五为断，得到的是《蹇》之《谦》。从卦象看，《蹇》卦卦象☵，《谦》卦卦象☷，两卦卦象结合起来看，坤为天门，震为开，为解，艮为牢，为囚，坎为灾患，这是灾患结束，天门开，囚禁解脱之象。对于企业战略而言，此占意味着有重大事件发生，走向成功。

学生：明白了。那我们继续看《蹇》卦上六的爻辞。

☶☵ 上六：往蹇来硕，吉。利见大人。

现代文注释：

上六，已在《蹇》卦之极位，共赴蹇难，共济蹇难，到了最后的时刻，是要见到结果的时候了，"硕"为"硕果"，"来硕"说的就是"回来时的成果很大"。故，其占为"吉祥"。本卦的六爻，唯有上六得"吉"，《周易》六十四卦中，上位的爻得"吉"，是很少见的。因为这不是个人的蹇难，而是天下之"大蹇"。这样的蹇难之时，唯有大圣贤之人，才能济天下之难，故"利见大人"者，利于大德大才的伟大人物显见也，现在条件具备了，西伯侯回来了，这样有大德大才的"大人"显见了，这应该就是合其"时"的天意安排。

学生：企业战略的占问结果，要以《蹇》卦上六为断。此爻走到了极致位，蹇难结束，走向反面，就是吉庆，还请老师为我们做个卦象解析。

老师：好的。占问结果以《蹇》卦上六为断，得到的是《蹇》之《渐》。从卦象看，《蹇》卦卦象☵，《渐》卦卦象☴，两卦卦象结合起来看，爻变结果失坎得巽，坎为灾难，巽为利，这是灾难离去，利来之象；巽为商贾，为利，半震为开，艮为果，为成，为求，为安，坎中实，为得，这是利门开启，求利有得，有成功的硕果，平安之象。对于企业战略而言，卦象信息，是灾难已离去，利门开启，求利有得；得此占，天时已到，战略实施成功。

学生：明白了。《蹇》卦的六爻都讲完了。"蹇"的时空，虽然充满着险难，但又是充满希望之光的时空。"蹇"，往则有功，有好结果，《周易》真是充满了辩证法的道理啊！

卷四

第十五章　兑、艮、履、谦

在这一章里，解析《兑》、《艮》、《履》、《谦》四个卦，在这四个卦里，《兑》、《履》两卦是紧跟在《暌》卦之后的"阳息阴"的卦，其下卦皆为兑，卦序号皆为奇数，是《复》卦之后"阳息阴"一条路线上的卦。而《艮》、《谦》两卦则是紧跟在《蹇》卦之后的"阴消阳"的卦，其下卦皆为艮，卦序号皆为偶数，是《姤》卦之后"阴消阳"一条路线上的卦。

《兑》为悦 ䷹（卦序号：49）

兑上兑下，重叠的兑，《兑》卦是纯卦，上下卦同为经卦的兑。"兑"，是悦的本字，是快乐的模样，笑的模样。古文"悦"字通假"说"，故卦辞中经常出现"说"字。《兑》卦象征泽，泽代表海洋，也代表有水的泽地，《兑》象征悦，快乐，也象征秋天，收成。

先看《兑》卦的卦辞，及现代文注释：

兑：亨，利贞。

现代文注释：
兑，是卦名。《兑》卦，刚爻居中，而柔爻居外，故是亨通的，《兑》卦的字宙时空处在夏天到来前的四十五天，节气"立夏"到来前的六天时间，是春夏之交最美好的时节，此时万物繁茂，故曰"亨"，《兑》卦的方位在西方，西方主秋，故利贞。

孔子《易传·彖》对《兑》卦的卦辞，是这样裁断的：

《彖》曰：兑，说也。刚中而柔外，说以"利贞"，是以顺乎天而应乎人。说以先民，民忘其劳；说以犯难，民忘其死；说之大，民劝矣哉！

现代文注释：

象辞说，"兑"，就是悦。刚爻居中位，柔爻在外，使人喜悦，是以中正有利，这是顺应天的道理，符合民众的心愿，顺乎天而应乎人。凡事能让民众喜悦在先，民众就会忘记劳苦；危难之际能让民众喜悦在先，民众就会不惧死亡、勇敢的去冒险犯难。"悦在先"的道理，其意义真是广大啊！把这个道理推行广大，民众都会勤勉行事。

学生：老师，孔子对《兑》卦卦辞的裁断准确吗？《兑》卦的时义，应当怎样准确表述呢？

老师：孔子对《兑》卦卦辞的裁断基本准确，更多是在说人事的道理。人事的道理可以有多种角度，而时义的表述则要简洁、准确。《兑》卦的时义，是悦而悦，处在喜悦之中。

学生：明白了。我们可以进入主题了，企业战略的占问结果，要以《兑》卦的卦辞为断，还请老师为我们做个卦象解析。

老师：好的。以《兑》卦的卦辞为断，占问结果分为两大类情况。第一类情况《兑》卦为本卦，六爻皆不变。第二类情况《兑》卦为之卦，本卦有三根爻变，变卦为《兑》卦。

学生：老师，您先讲第一类情况，《兑》卦为本卦，六爻皆不变。

老师：好的。从卦象看，《兑》卦卦象☱，互巽为木，为林，下乾为有根，为山陵，兑为花，为华，为繁茂，互大坎为雨露，半震为生，半艮为枝叶，为鸟，为鹿，为家，为安，互离为鸟巢；这是林木根深叶茂，林间鸟兽安家，自然生态和谐之象。对于企业战略而言，卦象信息，自然生态寓意天时地利，也代表市场环境，环境和谐，利于企业健康成长，事业成功。

学生：明白了。老师，您继续讲第二类情况，《兑》卦为之卦，本卦有三根爻变，变卦为《兑》卦。

老师：好的。我举几个例来具体解析，先看占问结果得到《复》之《兑》。从卦象看，《复》卦卦象☷，《兑》卦卦象☱，两卦卦象结合起来看，坤为政，为赋敛，为重，互大坎为民，互巽为贼，为害，兑为虎狼，震为出走，震覆艮，覆艮为迁家离去，这是行业赋税太重，投资转移之象。对于企业战略而言，是要选择负担轻、有政策扶持的行业，原来的投资失败。

再举一个例，占问得到《既济》之《兑》。从卦象看，《既济》卦卦象☵，《兑》卦卦象☱，两卦卦象结合起来看，半震为惊，为乐，半艮为小成，兑为叫，坎为忧患，离为光明，这是先有惊惧而叫喊，后有小成而转乐之象。对于企业战略而言，卦象信息，有忧患与光明的转换，得小成。

学生：明白了。那接下来我们看孔子对《兑》卦的观象说了什么。

☱ 孔子《易传·象》对《兑》卦的卦象特点，做了如下表述：

《象》曰：丽泽，兑。君子以朋友讲习。

现代文注释：

《象》说，丽，是附着、相连、两的意思。丽泽，就是两泽相连，两悦相连，悦而悦，这就是《兑》卦的卦象。兑，喜悦重叠，柔爻象征口，刚爻象征朋友；故，君子效法《兑》卦的精神，用喜悦与朋友接近，经常在一起交流思想。

学生：老师，孔子对《兑》卦的观象准确吗？

老师：孔子对《兑》卦的观象准确。最后一句话可以看出孔子对思想交流的重视。文中的"习"有实践的意思，也就是交流各自的实践经验。

学生：明白了。那接下来我们可以进入到《兑》卦的爻辞了。

☱ 初九：和兑，吉。

现代文注释：

初九，阳刚得正，上无应，与二爻阳刚的相处是得敌还是为朋，在一念间，同性本相斥，但"和"之为德，是广大的，初九与九二、九四的比应本为"敌应"，但若能以朋类来比应，做到以和睦为基础，则可称"和兑"，得吉祥。

学生：企业战略的占问结果，要以《兑》卦初九为断。此爻讲朋类相处，得吉，结果怎样，还请老师为我们做个卦象解析。

老师：好的。占问结果以《兑》卦初九为断，得到的是《兑》之《困》。从卦象看，《兑》卦卦象☱，《困》卦卦象☱，两卦卦象结合起来看，爻变失兑得坎，兑为悦，坎为忧，是失悦内忧之象；兑为花，为华，互离为日火，为旱，为干枯，这是离火上熇，华干无实之象；二爻往上到上爻，互象为《革》卦，是离火炎上，把泽水烤干之象；失人和之象；卦中，艮象皆为半艮，艮为时，半艮矮小，为天时不足，上兑覆巽，巽为商贾，为利，覆巽为利失，坎为忧，为困，这是不得天时，而利失之象。对于企业战略而言，卦象信息，寓意天时未到，环境中有类似天旱的灾患，故华干无实，无成果，亦失人和，有忧，结局就是无果，利失，不成功；故，得此占，归于失败。

学生：明白了。那我们继续看《兑》卦九二的爻辞。

☱ 九二：孚兑，吉，悔亡。

现代文注释：

　　九二，中爻互离，为有孚，心怀诚信，故曰"孚兑"；阳遇阴则通，得"吉"；阳居阴位不正，本有悔，但其阳刚孚信之气内充，能诚信、和悦的待人，以孚为悦，自守而不失刚中，又得通达之吉，终而"悔亡"。

　　学生：企业战略的占问结果，要以《兑》卦九二为断。此爻以诚信得吉，结果怎样，还请老师为我们做个卦象解析。

　　老师：好的。占问结果以《兑》卦九二为断，得到的是《兑》之《随》。从卦象看，《兑》卦卦象䷹，《随》卦卦象䷐，两卦卦象结合起来看，二爻往上，互象为《革》之《咸》，咸卦卦象，为乾在坤中，乾为盈满，坤为囊，是有盈余之象；震为年岁，为时，为粮，兑为丰，互艮为仓庾，大坎中实，为盈满，这是年岁逢时，粮丰而仓庾盈满之象；震为玉，为归，为车，为载，艮为君子，为金，为抱，巽为利，这是君子抱利载金而归之象。对于企业战略而言，卦象信息，得天时的配合，企业进入到有盈余的阶段，战略实施成功。

　　学生：明白了。那我们继续看《兑》卦六三的爻辞。

䷹六三：来兑，凶。

现代文注释：

　　六三，自外而内为"来"，六三所居之位，为下兑上覆兑，两兑相向的正反兑之象，此象因为兑的相向，就有自外而内的朝向，故曰"来兑"。两兑皆朝着六三，故一"兑"将尽，另一"兑"复来，这是阴柔小人左右逢源之道，此道不正，故"凶"。

　　学生：企业战略的占问结果，要以《兑》卦六三为断。此爻的凶，结果会怎样，还请老师为我们做个卦象解析。

　　老师：好的。占问结果以《兑》卦六三为断，得到的是《兑》之《夬》。从卦象看，《兑》卦卦象☱，《夬》卦卦象☱，两卦卦象结合起来看，兑为秋收，为华，乾为果，重乾为果实累累，这是丰收之象；兑为和，为含，乾为德，为天福，这是含和建德，得天福之象；乾为福，为木果，为万年，互巽为利，兑为辅，为养，伏艮为贤人，这是木果甘美，为我利福，养贤有辅，君子万年之象；互乾为天门，半震为开，天门开启，互乾与下乾重叠为群英聚集，上兑为享，下乾为百福，这是天门开启，得享百福，群英聚集之象；也是人和逢遇天时之象；卦象吉。爻辞之凶，哲理上另有所指，卦象为吉，爻辞之凶可得化解。对于企业战略而言，卦象信息，寓意迎来重生、中兴的机会，天门开启，群英聚集，得享百福，人和逢遇天时；得此占，战略实施成功。

学生：明白了。那我们继续看《兑》卦九四的爻辞。

☱ 九四：商兑，未宁。介疾有喜。

现代文注释：

九四，"商"，商度也，未决的事情方需"商"。兑，为悦，尚需"商"乎？故，出现"商兑"这样的情况，感觉就有毛病，问题出在六三靠近求悦，九四心知其非，但实际上乐其柔媚，心中"未宁"是很自然的。但，这毕竟只是小毛病。"介"，在这里意思为微贱、微小，"介疾"，即小病也，小病不用吃药也就好了，转而"喜"。在《易》中，"疾"与"喜"经常配对，疾去则喜。

学生：企业战略的占问结果，要以《兑》卦九四为断。此爻由疾转喜，联系我们的主题，还请老师为我们做个卦象解析。

老师：好的。占问结果以《兑》卦九四为断，得到的是《兑》之《节》。从卦象看，《兑》卦卦象☱，《节》卦卦象☵，两卦卦象结合起来看，大坎为危，互巽为蛇，兑为虎，震为行，为出，这是离开危地之象；坎为困，为北，为露水，兑为夜，为雨，艮为宿，为道，震为晨，为行，为衣襦，互巽为草莽，这是困于北国，夜不久宿，清晨早起行路，道多草莽，衣湿于雨露之象；兑为羊，震兑相连，为亡羊，艮为手，正覆艮相对，为空手握拳，这是亡羊失利，两手空空之象；坎为水，兑为海，是百川归海之象；坤为顺，为流水，乾为德，这是百流归德之象。对于企业战略而言，卦象信息，困厄中的君子离开北国危地，目前还是两手空空，寓意企业刚脱离困境，目前还处于起步的阶段，有亡羊失利的经历，亦知百流归德的道理，重新开始创业；得此占，事业尚未成功。

学生：明白了。那我们继续看《兑》卦九五的爻辞。

☱ **九五：孚于剥，有厉。**

现代文注释：

九五，阳刚中正，但有上六阴爻乘凌之，阳刚会被腐蚀，在《易》中，"剥"者，消阳之名，阴消阳也。"孚"为有信，自然规律亦为有信，"剥"按照自然规律正在靠近九五。客观规律的孚信，让"剥"一步步靠近九五，那么九五自己主观上的孚信，能否接受小人，能否接受"剥"？甚至乐于接受"剥"？信小人，则小人之道长，即"剥"之道长也，故而此道是危险的。小人之道，其渐渐而入，而人不觉其浸入也，故虽圣人亦畏小人的"巧言令色"，更何况平凡为君子者乎！信小人，确乃"危厉"之道也。故曰："孚于剥，有厉"。

学生：企业战略的占问结果，要以《兑》卦九五为断。此爻蕴含深刻哲理，联系我们的主题，还请老师为我们做个卦象解析。

老师：好的。占问结果以《兑》卦九五为断，得到的是《兑》之《归妹》。从卦象看，《兑》卦卦象☱，《归妹》卦卦象☳，两卦卦象结合起来看，兑为虎，为哺，震为惊，互坎为心，为祸患，这是养虎为患，心有惊惧之象；巽为利，坎为祸，为害，兑为口，这是口舌为祸而害利之象；互离为罗网，兑为刀斧，坎为破，震为鸟，为奋，为飞，这是鸟儿从罗网破口处奋力飞出，免遭刀斧之象；震在互离之上，为已飞出罗网。对于企业战略而言，卦象信息，口舌之害和养虎为患，都是内部的祸害，是可怕的人祸，这些祸患在内部形成罗网，鸟儿喻君子，故卦象有鸟儿冲出罗网，免遭刀斧的信息；君子对祸患已有充分认识，胜利出逃而得安；故，虽先有厉，终得安；得此占，事业终可成功。

学生：明白了。那我们继续看《兑》卦上六的爻辞。

☱ 上六：引兑。

现代文注释：

上六，不说吉凶，只说"引兑"，是何意？上六伏艮，艮为手，为牵引，故曰"引兑"。这里的"引"，为引导。上六一爻为主，为上卦之主，兑之主，故有引导之责任，当此"悦"动之时，刚正有节，柔顺则无度，这也是《兑》卦中，初九、九二以阳刚而得"吉"的原因，"兑"亦须引导。

学生：企业战略的占问结果，要以《兑》卦上六为断。此爻处在极致位，未判吉凶，结果怎样，还请老师为我们做个卦象解析。

老师：好的。占问结果以《兑》卦上六为断，得到的是《兑》之《履》。从卦象看，《兑》卦卦象☱，《履》卦卦象☰，两卦卦象结合起来看，爻变失兑得乾，兑为月，乾为日，这是月亮离去，日在当空之象；乾为君王，为仁德，为福，为长久，半艮为求，为得，为国，为安，兑为享，这是求仁得仁，福喜长久，国享安宁之象；兑为燕雀，为衔，为和，为悦，乾为岁，为福，互巽为茅草，大坎为孚，坎数六，震为生，为生六只小鸟，这是燕雀衔茅草筑巢，岁生六只小鸟，和悦相处之象；乾为圣贤，为高冈，离为凤，兑为辅，为口，为鸣，这是圣贤辅佐，凤鸣高冈之象；兑为河海，艮为求，互巽为鱼，离为网，震为举，这是求鱼于河海，网举必得之象。对于企业战略而言，卦象信息，小鸟代表新项目，寓意每年都有新成果、新项目诞生，福与德相伴；鱼为利，网举必得，是求利可得，有长久安定，天时、地利、人和得到完美的配合，战略实施成功。

学生：明白了。《兑》卦的六爻都讲完了，真的收获很大，从爻辞里我们是看不到解卦所含信息的，爻辞的吉凶通过卦象得到辅证，也可以说是得到最终的验证。卦象的信息，真的很丰富啊！

《艮》为山 ䷳ （卦序号：50）

　　《艮》卦是纯卦，上卦、下卦同为经卦的艮。艮为山，是连绵不绝的大山的形象，巍巍然而不动，《诗经·小雅》写道："高山仰止，景行行止。"形容山的高大，仰之弥高，其内涵是赞美品德高尚者如同高山。中华文化里，高山自古以来就象征"仁"的品德，大山的稳重也作为君子的象征，而"艮"的《周易》哲学内涵同样很丰富，在《艮》卦的哲学涵义里，"艮"代表的最重要特质就是"止"。中国历史上一位得道高僧曾感叹艮之止，认为就是用一部伟大的佛经来比之亦不为过，故，体会艮之止，多用些时间和功夫，是值得的。

　　先看《艮》卦的卦辞，及现代文注释：

艮：艮其背，不获其身，行其庭，不见其人，无咎。

现代文注释：
　　艮，是卦名。从卦象看，下卦艮之主有向上的"反艮"之象，艮与"反艮"相背，故曰"艮其背"，背向也，有不愿意亲近之义，故曰"不获其身"，意思就是：不愿也不会有碰触身体的情况。艮为庭，其伏象为兑，兑为友人，伏象看不到，寓意"到了友人的庭院，看不到人"，故曰"行其庭，不见其人"，这两种情况都是"艮"的特质，是安静、独立、稳重的写照，故没有咎害。

　　孔子《易传·彖》对《艮》卦的卦辞，是这样裁断的：

《彖》曰：艮，止也。时止则止，时行则行，动静不失其时，其道光明。艮其止，止其所也。上下敌应，不相与也。是以"不获其身，行其庭，不见其人，无咎"也。

现代文注释：

象辞说，艮，是止的意思。随着时势的变化，应该停止了，就停止，到了应该行动的时候，就行动，动或止都在适当的时候，就不会失去时机，这就是"艮"之道，是光明之道，其卦象阳刚止乎上，阴不得掩之，故曰"其道光明"。除了"时机"给"止"规定了条件，"艮"所说的止，还说止于应该"止"的地方，也就是"止其所"。《艮》卦的上卦和下卦皆为艮，故所有的爻皆无应，无应也称为"敌应"，对于艮山，这代表了"独立"性，不相应与。故有"不获其身，行其庭，不见其人，"之说法，没有咎害。

学生：老师，孔子对《艮》卦卦辞的裁断准确吗？《艮》卦的时义，应该怎样准确表述呢？

老师：孔子对《艮》卦卦辞的裁断准确。《艮》卦的时义，是：止而又止，不失其时。

学生：老师，孔子说到了"止所"的概念，您给详细解释一下吧。

老师：好的。在这里，孔子说到的"止"的另一个重要含义，就是目的地。古人从射箭领悟到"箭矢中的"的涵义，飞行的箭矢在"运动"中，射中箭靶后则止，"中的"后的箭矢不再"运动"转为"止"的状态，故"止"就是箭矢最后的归属之所。于是古人赋予"止"在文字上新的含义，"止"从动词的"停止"，转变为名词的"归属"和"目的地"。孔子说："于止，知其止所。"就很明确提出了"止所"的概念。又说："君止于仁，臣止于敬，子止于孝，父止于慈。"这里所有的"止"，文字含义都是指道德归属。《大学》中说："止于至善。"也是一样，说的是："以'至善'为目的，为目标。"

学生：明白了。我们可以进入主题了，企业战略的占问结果，要以《艮》卦的卦辞为断，还请老师为我们做个卦象解析。

老师：好的。以《艮》卦的卦辞为断，占问结果分为两大类情况。第一类情况《艮》卦为本卦，六爻皆不变。第二类情况《艮》卦为之卦，本卦有三根爻变，变卦为《艮》卦。

学生：老师，您先讲第一类情况，《艮》卦为本卦，六爻皆不变。

老师：好的。从卦象看，《艮》卦卦象☶，互震为君，坎为孤，为北，艮为臣，为辉光，为星，艮数七，故为北斗，这是君王为孤，为北极星，处北辰星宫，臣子为北斗七星围绕北辰而运行之象。对于企业战略而言，北辰，代表的是企业的核心人物，北斗七星则代表团队整体，这种关系的长久保持，是核心人物能起到领军作用的保证；事业可得成功。

学生：明白了。老师，您继续讲第二类情况，《艮》卦为之卦，本卦有三根爻变，变卦为《艮》卦。

老师：好的。我举几个例来具体解析，先看占问结果得到《益》之《艮》。从卦象看，《益》卦卦象☴，《艮》卦卦象☶，两卦卦象结合起来看，艮为独，为君子，巽为寡，巽覆兑，兑为辅，覆兑为无辅，坎为孤，为困难，坤为我，为心志，为劳苦，震为鸣，这是孤寡独处，无人辅佐，心劳志苦，孤掌难鸣之象。对于企业战略而言，卦象信息，有君子势孤，难以支撑的含义，领导人独撑局面，心劳志苦，没有贤人辅佐，这种状态难以长久坚持，归于失败。

再举一个例，占问结果得到《比》之《艮》。从卦象看，《比》卦卦象☵，《艮》卦卦象☶，两卦卦象结合起来看，坎为忧，坤为礼义，艮为国，为虎狼，为止而不行，正反震为争强，震口为吞；这是虎狼争强，礼义不行，吞并邻国之象。对于企业战略而言，卦象信息，虎狼代表行业中的强者，有弱肉强食的含义，寓意市场竞争进入白热化；得此占，强者生存。

学生：明白了。那我们接下来看孔子对《艮》卦的观象说了什么。

☶ 孔子《易传·象》对《艮》卦的卦象特点，做了如下表述：

《象》曰：兼山，艮。君子以思不出其位。

现代文注释：

《象》说，艮卦，上卦下卦皆为艮，山与山相连，山外有山，这就是《艮》

卦的卦象。君子观察此卦象，感悟其中的道理，思考自己的行动是否超出了自己的位份，即是否超越了自己的名分和地位。不在其位，不谋其政，不要代替别人做人家职责范围内的事。

学生：老师，孔子对《艮》卦的观象准确吗？

老师：孔子对《艮》卦的观象，偏重于讲位份，对时势却没有讲到，而时势对于艮卦是很重要的，这是孔子的疏忽。

学生：明白了。那接下来我们可以进入到《艮》卦的爻辞了。

老师：《艮》卦六爻的爻辞很难懂，历代学者对爻辞的注释都显得很牵强。《艮》卦六爻，其实是在说登山的感受，从山脚下到山顶，不断有人停下脚步。爻辞通过登山，来说明艮卦的"止之时"和"止之所"。

☶ 初六：艮其趾，无咎。利永贞。

现代文注释：

初六，阴柔居阳位，自身条件不好，登山走了几步，走不动了，但没有咎害。像登山这种事该停止时就停止，不超出自己的能力，一切都根据自身的条件，这有利于永远守持正道。初爻之止，象征无可为之才，而止于事之初。

学生：企业战略的占问结果，要以《艮》卦初六为断。联系我们的主题，还请老师为我们做个卦象解析。

老师：好的。占问结果以《艮》卦初六为断，得到的是《艮》之《贲》。从卦象看，《艮》卦卦象☶，《贲》卦卦象☲，两卦卦象结合起来看，互震为春，为耕，为黍稷，互坎为雨水，为滋润，离为夏，艮为获，艮伏兑为秋，这是春耕和夏季都有雨水滋润，夏收和秋收皆有收获之象；离为明智，坎为水，艮为宅，为高处，为安，这是避雨水为害，在高处建宅得安之象；离为凤，艮为飞，为高冈，互震为鸣，这是凤凰于飞，凤鸣高冈之象；卦象吉祥。对于企业战略而言，卦象信息，年岁收成好，是获利有保障；高处建宅得安，寓意占领战略制高点，是明智且有远见的战略眼光，保证了长期安定，能战而不殆；凤凰于飞，凤鸣高冈，是得时运的吉兆，福运祥和；战略实施成功。

学生：明白了。那我们继续看《艮》卦六二的爻辞。

☶ 六二：艮其腓，不拯其随，其心不快。

现代文注释：

六二，柔居中得正，是"时止则止"的最好的爻位。六二承九三，有巽象，巽为随，但登山过程六二感觉到了腿脚乏力，不能继续承九三跟随大家共同上山，与九三之随不得其终，心情有些不快乐。六二的"止"，寓意：止之道，不可随。六二之止，为当止之时，无法随九三，九三也不会听从六二而一同停止，止有时，是自己的时。六二"其心不快"，还不习惯各自的独立性。

学生：企业战略的占问结果，要以《艮》卦六二为断。此爻的主人感到腿脚乏力，停下了，联系我们的主题，还请老师为我们做个卦象解析。

老师：好的。占问结果以《艮》卦六二为断，得到的是《艮》之《蛊》。从卦象看，《艮》卦卦象☶，《蛊》卦卦象☶，两卦卦象结合起来看，巽为风，大坎为云，大离为旱，这是风吹云却、旱魃肆虐之象；震为耕种，为农人，巽为稻谷，兑为折，这是农人收成有折损之象；艮为鸟，为飞，为宋，互震为公，为战，为功业，互震覆艮，为鸟退飞，互兑为折，巽为病，为命，为殡，这是宋公出征，见天空的鸟退飞，结果战败命殒（见《左传》宋公战败命殒）之象；互震为军士，为马，为征，为返，为乐，为福，坎为劳，艮为时，为止，为息，为安，巽为命，为顺，为利，这是息兵罢战，顺时命班师，军士息劳而喜，乐有利福之象。对于企业战略而言，卦象信息，寓意时机不好，不可强为，失时而强为，则必有损折、危殆、命殒的结局，顺时命而止，息兵罢战，班师而回，则乐有利福；得此占，为不得时运，事不成。

学生：明白了。那我们继续看《艮》卦九三的爻辞。

☶☶ 九三：艮其限，列其夤，厉薰心。

现代文注释：

九三，阳刚有力的男子，但也感觉到体力的极限到了，无法继续往山上爬，背上的肌肉就像火烧一样，钻心般的疼痛，必须立即停下来休息了。九三中爻为互坎之象，坎为心，九三居坎中，同时居上下卦的结合部，反应的部位在腰部和心的部位，爻辞描写的就是腰背的酸痛，心也受到影响，无力继续。九三的止，寓意：失去中道，过于阳刚，没有听从六二的劝说一起停止，故出现危险。

学生：企业战略的占问结果，要以《艮》卦九三为断。此爻的主人，逞强而出现危险，还请老师为我们做个卦象解析。

老师：好的。占问结果以《艮》卦九三为断，得到的是《艮》之《剥》。从卦象看，《艮》卦卦象☶☶，《剥》卦卦象☶☷，两卦卦象结合起来看，艮为大鸟，为鹏，互震为飞，为举，大鹏乘风可一举千里，互震伏巽，伏巽为无风，这是大鹏无风可乘，无法一举千里而展其抱负之象；坤为寿，为老，为万里，艮为止，这是路远人老，止步不与之象；艮为辉光，为位，为高，为上，互震为功业，为行，为履，为升，爻变导致中爻艮震皆失，是失去履位机会之象。对于企业战略而言，卦象信息，寓意条件不足，只能放弃远大的目标，不能成功。

学生：明白了。那我们继续看《艮》卦六四的爻辞。

☶☶ 六四：艮其身，无咎。

现代文注释：

六四，柔爻居正，是可以抑止自己的最好爻位，体力柔弱者，登山爬不动了，身体也不能再动了，就躺在山石上休息，身体静静的躺着，也不去想爬山的事，没有咎害。六四之止，寓意：没有逞强的心念，自己可以抑止自己，故而可以做到"心静而身安"。

学生：企业战略的占问结果，要以《艮》卦六四为断。此爻的主人，躺下休息而得安，联系我们的主题，还请老师为我们做个卦象解析。

老师：好的。占问结果以《艮》卦六四为断，得到的是《艮》之《旅》。从卦象看，《艮》卦卦象䷳，《旅》卦卦象䷷，两卦卦象结合起来看，离为文，互震为王，合象为文王，震为猎，为走，这是文王行猎私访民间；互巽为长发，艮为手，为钓，坤为河，这是太公披发在河边垂钓，遇文王而归周，为文王成就霸业之象；离为凤凰，艮为望，为安，为成，互震为君子，为德，为游，为履，为福禄，这是凤鸟游望，君子得安，履德不息，福禄来成之象。对于企业战略而言，卦象信息，太公的静心等待，是为了王侯的霸业；而君子修德，自有福报，则是天道归于人事的终极道理，战略实施成功。

学生：明白了。那我们继续看《艮》卦六五的爻辞。

䷳六五：艮其辅，言有序，悔亡。

现代文注释：

六五，柔居中，不妄言，说话有条理，时言则言，时止则止，这既是在阐明平时说话要懂得抑止的"止"道，防止祸从口出，也是爬山节省体力的一方面；六五在爬山过程中节省体力而缓行，靠近上九艮主，故能"止"而悔亡。

学生：企业战略的占问结果，要以《艮》卦六五为断。此爻的艮之止，会有怎样的结果，还请老师为我们做个卦象解析。

老师：好的。占问结果以《艮》卦六五为断，得到的是《艮》之《渐》。从卦象看，《艮》卦卦象䷳，《渐》卦卦象䷴，两卦卦象结合起来看，巽为商贾，为利，艮为求，为山，为墙，艮覆震，震为行，覆震为不行，这是利在墙外，在山之外，重山阻隔，求利不得之象。对于企业战略而言，卦象信息，求利不可得，其意已很明确；得此占，战略实施不会成功。

学生：明白了。那我们继续看《艮》卦上九的爻辞。

☶ 上九：敦艮，吉。

现代文注释：

上九，是艮卦的极限上位，"敦"是厚重的意思，寓意艮山的品德。上九之位类同于九三，但上九不但没有危险，还得到"吉"，这是因为上九终得"止"之真义，其德如山，敦实厚重，该止之时可魏然不动，故得吉祥。

学生：企业战略的占问结果，要以《艮》卦上九为断。此爻到了终极之位，主人的敦艮，深得艮德，先前听老师您说过，在艮卦中，艮阳为艮之主，上九是《艮》卦的卦主，结果怎样，还请老师为我们做个卦象解析。

老师：好的。占问结果以《艮》卦上九为断，得到的是《艮》之《谦》。从卦象看，《艮》卦卦象☶，《谦》卦卦象☷，两卦卦象结合起来看，坤为天门，艮与坤皆居戌亥，艮亦为天门，坤为顺，艮为安，震为开，为生，这是天门开，顺天可得利福，得安生之象；艮为星，艮数七，为北斗七星之象；坤为凤，艮为高冈，坤在艮上，是凤鸣高冈之象；坎为酒，艮为山神，为求，为安，坤为民，震为岁，为乐，这是祭祀山神，祈求物多蕃茂，岁丰民安之象；艮为时，为贤人，为山，重艮为深山，坎为隐，坤为身，这是贤人归隐，藏身于深山之象。对于企业战略而言，卦象信息，天门开，代表天时到来，北斗代表团队，凤鸣高冈，是企业福运到来的吉兆；祭祀山神是盼求年岁有得；贤人的归隐，代表时止则止，贤人知止而身隐，把事业交给后来人，战略实施成功。

学生：明白了。止有时，止亦有所；要知其时，知其止所，才能有利。故，"止"，就是时机。

老师：是这样的。人的一生，都在寻找机会，但人们只知道"动"的机会，而不知道"止"的机会。"止"的机会，让人脱离困境，但却不为大部分人所知。故，学习《艮》卦，是很有必要的。

天泽《履》☰☱（卦序号：51）

"履"，其意是行走。《履》卦又被训为礼教的推行，卦旨以"礼的教化"作为太平年景的首务。故，为了强调礼教的重要，卦中"履"的行走被刻意安排跟在一只老虎的后面，寓意要小心谨慎的对待"礼"的践行。礼的教化用柔，而不用刚，故最终是要用"礼"的教化战胜过刚的心志。

先看《履》卦的卦辞，及现代文注释：

履：履虎尾，不咥人。亨。

现代文注释：

履，是卦名。跟在老虎的后面，小心蹑脚的走，一不小心还是踩到了老虎的尾巴，老虎没有生气，不咬人。这里上卦乾，代表老虎；下卦兑，代表少女。老虎不咬人，说明这是太平、亨通的年代，故曰"亨"。

孔子《易传·彖》对《履》卦的卦辞，是这样裁断的：

《彖》曰：履，柔履刚也。说而应乎乾，是以"履虎尾，不咥人"。"亨"，刚中正，履帝位而不疚，光明也。

现代文注释：

彖辞说，《履》卦，柔顺的跟在阳刚的后面。乾在这里代表君王，九五刚强又中正，即位称帝，心安理得，光明正大，没有内心之疚。君王推行"礼"教，正值天下太平的光景，故君王心态平和、快乐，不会采用严厉态度。太平年景的百姓，或卦中的少女，会心情很愉悦的去接近君王或老父亲，跟着、腻着，有时就失去了规矩，此时的君王或老父亲不会生气，不会责罚她。太平的年景，君王和老父亲的心是宽容、柔软的，他会耐心的把"礼"的规矩告诉子民、女儿，用柔的教化培育善德。

学生：老师，孔子对《履》卦卦辞的裁断准确吗？

老师：孔子对《履》卦卦辞的裁断准确。孔子作为儒家代表人物，对礼教的推行十分明白应该怎么做，所以孔子在《履》卦卦辞的裁断上不会出错。

学生：明白了。我们可以进入主题了，企业战略的占问结果，要以《履》卦的卦辞为断，还请老师为我们做个卦象解析。

老师：好的。以《履》卦的卦辞为断，占问结果分为两大类情况。第一类情况《履》卦为本卦，六爻皆不变。第二类情况《履》卦为之卦，本卦有三根爻变，变卦为《履》卦。

学生：老师，您先讲第一类情况，《履》卦为本卦，六爻皆不变。

老师：好的。从卦象看，《履》卦卦象☱，乾为天，为君子，为德，为福，为玉，互巽为商贾，为利，为顺，兑为女，为悦，半震为归，为嫁女，为车，为载，为返，半艮为家，为成，为手，为抱，为金，这是君子顺天道而得利福，抱玉载金而返，女嫁有德夫家之象。对于企业战略而言，卦象信息，是经商顺利，求利可得；嫁女代表合作，与德牵手，事业可成功。

学生：明白了。老师，您继续讲第二类情况，《履》卦为之卦，本卦有三根爻变，变卦为《履》卦。

老师：好的。我举几个例来具体解析，先看占问结果得到《屯》之《履》。从卦象看，《屯》卦卦象☵，《履》卦卦象☱，两卦卦象结合起来看，乾为圣贤，为王，为德，为天福，为宠，为百，坎为忧，震为解，为复立，为足，互巽为虫，坤为政，为死，兑为辅，为倾覆，艮为光，为室，这是百足之虫死而不僵，圣贤辅政，忧患得解，倾而复立，王室重得天福宠光之象。对于企业战略而言，卦象信息，百足之虫代表基业多，有顽强的生命力，一旦有圣贤的加盟，企业与德相伴，就可得天福的宠光，倾而复立，中兴有望，事业成功。

再举一个例，占问结果得到《临》之《履》。从卦象看，《临》卦卦象☷，

《履》卦卦象☱，两卦卦象结合起来看，互震为君王，为驾，为出，为巡游，坤为天下，乾为德惠，为恩福，为长盛，互巽为利市，兑为恩泽，这是君王巡游天下，施惠于民，利市长盛，恩福常在之象。对于企业战略而言，卦象信息，寓意国家有政策优惠的措施出台，刺激市场兴盛，是天时之利，企业可以利用好时机，事业会有成功。

　　学生：明白了。那我们接下来看孔子对《履》卦的观象说了什么。

　　☰　孔子《易传·象》对《履》卦的卦象特点，做了如下表述：

《象》曰：上天下泽，履。君子以辩上下，定民志。

现代文注释：

　　《象》说，上卦乾为天，下卦兑为泽，故曰"上天下泽"，这就是《履》卦的卦象。君子观此卦象，明白其中的道理，就要效法《履》卦的精神，认识"礼"的重要，辨明上下的关系，明尊尊之道；履卦中有艮象，故曰"定"，泽为民，巽为志，故曰"定民志"，《周易》中"志"含有"德"之意，故"定民志"的意思，就是培育民众的善德。

　　老师：孔子对《履》卦的观象准确吗？最后一句话，孔子是在说《履》卦的时义吗？《履》卦的时义，应当怎样准确表述呢？

　　老师：孔子对《履》卦的观象准确。最后的一句话，孔子是在说君子的启示，是说礼的教化的社会功能。《履》卦的时义，就是"礼"的教化，最终战胜过刚的心志。

　　学生：明白了。那接下来我们可以进入到《履》卦的爻辞了。

☰　初九：素履往，无咎。

现代文注释：

初九，位处最下，素装合其身份，素装前往，朴素自然的初九，没有咎错。这里"素履往"寓意初九在其一生中的行事、作为要朴素、实实在在。从礼教的基础看，初九代表最基本、最低层次的"礼"，需要白素无华，六十四卦中叙述"礼"的还有《贲》卦，《贲》卦的上九也说到"白贲，无咎"，道理相同。

学生：企业战略的占问结果，要以《履》卦初九为断。联系我们的主题，还请老师为我们做个卦象解析。

老师：好的。占问结果以《履》卦初九为断，得到的是《履》之《讼》。从卦象看，《履》卦卦象☰，《讼》卦卦象☰，两卦卦象结合起来看，爻变失兑得坎，兑为辅，坎为祸，为忧，这是失辅得祸，有忧之象；乾为天福，为仁德，互巽为陨落，为蠱，为害，这是有蠱害德，天福有损之象。对于企业战略而言，卦象信息，是仁德有亏，天福有损，失辅得祸，不会成功，归于失败。

学生：明白了。那我们继续看《履》卦九二的爻辞。

☰ 九二：履道坦坦，幽人贞吉。

现代文注释：

九二，得中位，但上无应，故需守中正之道，不要对未来抱有过高期待，履道平坦，为人生幸运。九二下卦伏艮，为道路，得中为坦坦，故曰"履道坦坦"，九二居兑，兑为幽昧，其无上应，为幽静，故为"幽人"，九二执着于心的纯正，不求闻达，故曰"幽人贞吉"，这是高洁的品德。占到此爻，吉祥。

学生：企业战略的占问结果，要以《履》卦九二为断。联系我们的主题，还请老师为我们做个卦象解析。

老师：好的。占问结果以《履》卦九二为断，得到的是《履》之《无妄》。从卦象看，《履》卦卦象☰，《无妄》卦卦象☰，两卦卦象结合起来看，乾为天，大离为旱，为燥，为枯槁，艮为时，为日火，震为年岁，为黍稷，为禾苗，巽为损，兑为正秋，为毁折，这是大旱的年岁，禾苗枯槁，秋无收成，不得天时之象；震为耕，艮为山，乾为山巅，这是山巅耕田，不得地利之象；震为举，为飞，艮为鸟，乾为大，为千里，互巽为风，这是大鸟借风一举千里腾飞离去之象。对于企业战略而言，卦象信息里，天时、地利皆失，大鸟腾飞离去，去寻找新的居所；其终，为失败而离去；故，得此占，归于失败。

　　学生：明白了。那我们继续看《履》卦六三的爻辞。

☰ 六三：眇能视，跛能履，履虎尾，咥人，凶。武人为于大君。

现代文注释：

　　六三，阴居阳，位不正，不正为眇，其见不明；爻位不居中，不中为跛，其行不稳；眇且跛，踩到了老虎尾巴。六三不具才德，不明而强行，以此履虎尾，必受伤害，观其象：爻位居兑口，故老虎咬人，有凶。六三伏震，震为武人，其上方的乾为大君，故曰"武人为于大君"，寓意：护卫君王，虽死无怨。

　　学生：企业战略的占问结果，要以《履》卦六三为断。此爻中的人物，仅是一介武夫，却能忠心护主，结果怎样，还请老师为我们做个卦象解析。

　　老师：好的。占问结果以《履》卦六三为断，得到的是《履》之《乾》。从卦象看，《履》卦卦象☰，《乾》卦卦象☰，两卦卦象结合起来看，爻变导致兑变乾，兑为弊，乾为福，这是去弊而得福之象；乾为大君，半艮为执，互巽为鞭，为惩，巽伏震为武人，为卫，兑为小人，为虎，为害，这是大君依规惩罚，小人如虎，武人护卫大君得安之象。对于企业战略而言，卦象信息，原有小人为害，终去弊而得福，得平安；得此占，战略实施会成功。

　　学生：明白了。那我们继续看《履》卦九四的爻辞。

☰ 九四：履虎尾，愬愬，终吉。

现代文注释：

　　九四，居乾之后，故九四即虎尾。居虎尾之位，伴虎前行，故心怀恐惧，这里"愬愬"为畏惧之貌，知惧而能谨慎，终获"吉"。

　　学生：企业战略的占问结果，要以《履》卦九四为断。此爻的主人知惧而谨慎，结果怎样，还请老师为我们做个卦象解析。

　　老师：好的。占问结果以《履》卦九四为断，得到的是《履》之《中孚》。从卦象看，《履》卦卦象☱，《中孚》卦卦象☲，两卦卦象结合起来看，离为旱，大离为大旱，巽为风，风吹云却，这是旱灾之象；巽为虫，为蛊，兑为害，正反巽与正反兑重叠，是蛊上下为害之象；震为春，为神，兑为秋，为祷，为祭祀，艮为求，这是人们在春秋两季的祭祀时求神保佑、给予佑助之象；震为神，为行动，兑为雨，为雨神，为鸡，为鸡神，为夜，为佑助，这是得神助佑，雨神在夜里下雨，润泽大地，鸡神灭掉蛊虫，灾患解除之象；震为春，为生，为福，为万物，巽为入，为齐，艮为飞，为翼，为家，为门，震巽为夫妻，兑为和，正反艮为比翼齐飞，这是家和，春来万物萌生，百福入门之象。对于企业战略而言，卦象信息，先有灾患，人们心怀恐惧，求神佑助，神助再加人和，祸患离去，福泽到来；故，企业知惧而谨慎，终获吉，战略实施成功。

　　学生：明白了。那我们继续看《履》卦九五的爻辞。

☴ **九五：夬履，贞厉。**

现代文注释：

　　九五，居乾的中位，阳刚中正，践履帝王之位；帝行事刚决，故曰"夬履"。在《履》卦中，重在"礼"的教化，过刚不利。故"夬履"非圣人之道，会走向刚愎自用，听不进不同意见。过刚则入危道，占为厉，危险。

　　学生：企业战略的占问结果，要以《履》卦九五为断。此爻的主人，心志过刚，结果怎样，还请老师为我们做个卦象解析。

老师：好的。占问结果以《履》卦九五为断，得到的是《履》之《睽》。从卦象看，《履》卦卦象☰，《睽》卦卦象☲，两卦卦象结合起来看，离为日，为旱，重离为久旱，兑为食，坎为庶民，为榆，食榆树之皮，坎两阴爻皆进入离，离为燥，为枯槁，这是榆树成枯木，庶民无树皮可食，日子更为艰难之象；对应天象，互坎为牢，艮为北斗，坎在艮下，坎数六，为北斗之下的天牢六星，这是贵人受困天牢之象；卦象不吉。对于企业战略而言，卦象信息，旱灾严重，民生艰难，其天象为贵人受困天牢，故，不会成功，归于失败。

学生：明白了。那我们继续看《履》卦上九的爻辞。

䷊ 上九：视履考祥，其旋元吉。

现代文注释：

上九，履卦之终，履为行走，为践行，故需得其善终，终吉才可称为大吉，卦中五刚爻唯上九与六三有应，"其旋"指转回，回视其履，"视履考祥"同时督促六三收敛过刚的心志，遵循礼数，六三获福祥，上九得元吉。

学生：企业战略的占问结果，要以《履》卦上九为断。此爻为终极之位，得到元吉，还请老师为我们做个卦象解析。

老师：好的。占问结果以《履》卦上九为断，得到的是《履》之《兑》。从卦象看，《履》卦卦象☰，《兑》卦卦象☱，两卦卦象结合起来看，一乾三兑，兑为燕雀，为衔，为和，为乐，乾为岁，为福，互巽为茅草，大坎为孚，坎数六，震为生，为生六只小鸟，这是燕雀衔茅草筑巢，岁生六只小鸟，和悦相处之象；乾为圣贤，为高冈，互离为凤，兑为辅，为口，为鸣，这是圣贤辅佐，凤鸣高冈之象；乾为仁德，为王，为长久，互巽为松柏，互大坎为甘露，为心，为感应，艮为国，为安，兑为享，震为福喜，这是王者仁德感应，得甘露降于松柏，福喜长久，国享安宁之象；兑为河海，艮为求，为得，互巽为鱼，离为网，震为举，这是求鱼于河海，网举必得之象。对于企业战略而言，卦象信息，小鸟代表新项目，寓意每年都有新成果、新项目诞生，鱼为利，网举必得，是求利可得，有长久安定，天时、地利、人和得到完美的配合，战略实施成功。

　　学生：明白了。《履》卦六爻都讲完了，卦象解析真的很精彩啊！

地山《谦》䷎（卦序号：52）

《谦》卦，是讲君子道德修为的卦，谦谦君子，就由《谦》卦而来。君子崇尚大山的品德，厚重而给人以依靠，助人而不自功，谦谦而尊，卑恭而不可逾。从卦象观之，山本高于地，却藏于地中；艮阳为天，为光明，同样居坤阴之下，且艮阳居三爻不过中，卦象卦德都在诠释着卦名，这就是"谦"。

先看《谦》卦的卦辞，及现代文注释：

谦：亨。君子有终。

现代文注释：

谦，是卦名。《谦》卦，是亨通的。之所以亨通，是因为君子内心知道抑止，外表谦虚、柔顺，这样必然能够得到支援，会有最终的成功。

孔子《易传·彖》对《谦》卦的卦辞，是这样裁断的：

《彖》曰：谦，"亨"，天道下济而光明，地道卑而上行。天道亏盈而益谦，地道变盈而流谦，鬼神害盈而福谦，人道恶盈而好谦。谦，尊而光，卑而不可逾，"君子"之"终"也。

现代文注释：

彖辞说，谦虚则可以得到亨通。代表天道的"艮"本居上而下行，光明普照，代表地道的"坤"本居下而上行，使阴气上行而交于天。天道的规律，盈满的就要亏损，日中则昃，月满则亏，而谦损的则会转而盈满；地道的规律，是盈满的容易倾坏，如同高山的倾陷，而砂石流入那些低洼的峡谷使其增高；鬼神会祸害那些盈满的，而把福祉给予那些谦虚的，人道的规律，更是厌恶骄傲自满而喜好谦虚的。谦虚使人尊贵而有光辉，"谦"之道，谦卑恭顺，而不逾越原则，只有君子才能终身行"谦"之道，而行谦之道，则君子有终，谦则得到亨通。

学生：老师，孔子对《谦》卦卦辞的裁断准确吗？孔子说到《谦》卦的时义了吗？《谦》卦的时义，应当怎样准确表述呢？

老师：孔子对《谦》卦卦辞的裁断准确，也说到了《谦》卦的时义。《谦》卦的时义，是君子以谦让的情怀处世，终身守持"谦"道，而有君子之终，得其亨通。

学生：明白了。我们可以进入主题了，企业战略的占问结果，要以《谦》卦的卦辞为断，还请老师为我们做个卦象解析。

老师：好的。以《谦》卦的卦辞为断，占问结果分为两大类情况。第一类情况《谦》卦为本卦，六爻皆不变。第二类情况《谦》卦为之卦，本卦有三根爻变，变卦为《谦》卦。

学生：老师，您先讲第一类情况，《谦》卦为本卦，六爻皆不变。

老师：好的。从卦象看，《谦》卦卦象☷☶，艮为手，为扣，为安，为天门，坤亦为天门，互震为君王，为德，为百福，为开，为进，这是君王有德，扣开天门，得平安和百福之象。对于企业战略而言，卦象信息，寓意有德终有福，企业得亨通而有终，战略实施可以成功。

学生：明白了。老师，您继续讲第二类情况，《谦》卦为之卦，本卦有三根爻变，变卦为《谦》卦。

老师：好的。我举几个例来具体解析，先看占问结果得到《鼎》之《谦》。从卦象看，《鼎》卦卦象☲☴，《谦》卦卦象☷☶，两卦卦象结合起来看，离为誉，为成就，互乾为玉，为珠宝，巽为商贾，为利，互震为车，为载，为归，艮为金，为手，为抱，为获，为家，这是商人事业成就，获利丰厚，抱珠载金玉而归之象。对于企业战略而言，卦象信息，寓意事业成就，求利可得，得利丰厚，且获利可平安归回家中，这也是君子有终的体现，终有成功。

再举一个例，占问结果得到《晋》之《谦》。从卦象看，《晋》卦卦象☲☷，

《谦》卦卦象☷☶，两卦卦象结合起来看，震为行，为南，为福，为喜乐，为足，震数三，艮为求，为获，为安，这是南行求福，有获而喜，平安如鼎，三足稳立之象。对于企业战略而言，卦象信息，是所求有获，战略实施成功。

学生：明白了。那接下来我们看孔子对《谦》卦的观象说了什么。

☷ 孔子《易传·象》对《谦》卦的卦象特点，做了如下表述：

《象》曰：地中有山，谦。君子以裒多益寡，称物平施。

现代文注释：

《象》说，上卦坤为地，下卦艮为山，故曰"地中有山"，这就是《谦》卦的卦象。君子观察此卦象，感悟其中的道理，以谦让的情怀，裁取多余的来增益缺乏的，衡量财物的多寡，而公平施予。

学生：老师，孔子对《谦》卦的观象准确吗？

老师：孔子对《谦》卦的观象准确。《谦》卦的道理，就是《谦》卦的时义，是君子以谦让的情怀处世，终身守持"谦"道，而有君子之终，得其亨通。

学生：明白了。那接下来我们可以进入到《谦》卦的爻辞了。

☷☶ **初六：谦谦君子，用涉大川，吉。**

现代文注释：

初六，初始就有谦德，这就是谦而又谦的君子。谦卦上坤下艮，其大象是一个大大的坎卦，面对坎水，初六其上无应，难以涉坎水。然而，君子有谦德，在其上方的中爻有"震"之木道，借木道之便渡过大川可到远方开创事业；古代周的部落时代，古公亶父的长子太伯谦让王位予三弟，自己和二弟涉过黄河长江到荆蛮之地躲避即位，此事记载在《史记》世家的首篇，吉祥。

学生：企业战略的占问结果，要以《谦》卦初六为断。联系我们的主题，还请老师为我们做个卦象解析。

老师：好的。占问结果以《谦》卦初六为断，得到的是《谦》之《明夷》。从卦象看，《谦》卦卦象☷，《明夷》卦卦象☷，两卦卦象结合起来看，坤为海，为鱼，坎为隐，艮为家，为求，为安，离为巷，为藏身，这是鱼儿游入深海，隐藏在如同小巷般的海沟，只求平安之象。对于企业战略而言，卦象信息，寓意在特殊阶段，隐伏藏身而得到平安是必要的，得到平安就是成功。

学生：明白了。那我们继续看《谦》卦六二的爻辞。

☷ 六二：鸣谦，贞吉。

现代文注释：

六二，处中居下，为名符其实的"谦"；六二艮中覆震，震为声，有鸟象，故曰"鸣谦"；太伯兄弟谦虚的名声如同悦耳的鸟鸣，其传广远，占为吉。

学生：企业战略的占问结果，要以《谦》卦六二为断。此爻是太伯兄弟已经到了吴地，名声很快传播，还请老师为我们做个卦象解析。

老师：好的。占问结果以《谦》卦六二为断，得到的是《谦》之《升》。从卦象看，《谦》卦卦象☷，《升》卦卦象☷，两卦卦象结合起来看，巽为商贾，为利，艮为求，为成，互震为行，为时，坤为顺，为多，这是求利得时，利多之象；坤为大地，为千里，艮为丘陵，为山岭，互坎为雨露，巽为松柏，震为生长，互兑为繁茂，这是松柏生长在千里大地和丘陵山岭，得雨露滋润，繁茂之象。对于企业战略而言，卦象信息，是得天时和地利；得此占，事业成功。

学生：明白了。那我们继续看《谦》卦九三的爻辞。

☷ 九三：劳谦，君子有终，吉。

现代文注释：

　　九三，中爻居坎中，坎为劳，故曰"劳谦"。太伯兄弟勤劳又谦虚，君子有好结果，得到民众拥戴，在吴地建立了吴国，终有最后的成就，吉祥。

　　学生：企业战略的占问结果，要以《谦》卦九三为断。此爻，太伯兄弟已经建立了吴国，联系我们的主题，还请老师为我们做个卦象解析。

　　老师：好的。占问结果以《谦》卦九三为断，得到的是《谦》之《坤》。从卦象看，《谦》卦卦象☷☶，《坤》卦卦象☷☷，两卦卦象结合起来看，震为鸿鸟，为翼，为奋，为归，坤为风，为千里，为通途，坎为劳，这是鸿鸟迎风展翼奋飞，不辞劳苦，千里归途之象。对于企业战略而言，卦象信息，是有风助力即可一飞冲天，展翼于高空，归途虽有劳苦，可得风的助力，鸿鸟千里归途，是企业朝着既定的战略目标努力前行，战略实施会成功。

　　学生：明白了。那我们继续看《谦》卦六四的爻辞。

☷☶ **六四：无不利，撝谦。**

现代文注释：

　　六四，阴爻居阴位，尊阳而退避，"撝"为挥手，挥手而退避，故曰"撝谦"。阴能顺阳，比附于阳，故"无不利"。

　　学生：企业战略的占问结果，要以《谦》卦六四为断。此爻的主人遇到比自己更强的贤人，就退避让贤，还请老师为我们做个卦象解析。

　　老师：好的。占问结果以《谦》卦六四为断，得到的是《谦》之《小过》。从卦象看，《谦》卦卦象☷☶，《小过》卦卦象☳☶，两卦卦象结合起来看，爻变导致坤变震，坤为冬，为死，为死地，震为春，为生，为走，为出，这是由寒冬到春天，走出死地，由死到生的转变之象；艮为贤人，为安，坤为政，震为主，互巽为利，坎中实，为得，这是贤人主政，得利为实，平安之象。对于企业战略而言，卦象信息，是企业转安且得利；得此占，战略实施成功。

学生：明白了。那我们继续看《谦》卦六五的爻辞。

☷ 六五：不富以其邻，利用侵伐，无不利。

现代文注释：

六五，坤阴不富，阴爻为其邻，九三象为震，震为侵伐，六五中爻居震，故曰"利用侵伐"，寓意六五比附九三，得九三之阳富，故"无不利"。

学生：企业战略的占问结果，要以《谦》卦六五为断。此爻爻辞寓意深奥，难以准确把握，还请老师为我们做个卦象解析。

老师：好的。占问结果以《谦》卦六五为断，得到的是《谦》之《蹇》。从卦象看，《谦》卦卦象☷，《蹇》卦卦象☵，两卦卦象结合起来看，爻变失坤得坎，坤为虚，为穷，坎中实，为得，这是由虚变实，由穷变为有得之象；艮为辅，为臣，为贤人，互震为征伐，坎中实，为得，这是居君王位的六五在中爻与贤臣九三共同形成震体，利用征伐而有所得之象。对于企业战略而言，卦象信息，有得，是改变贫穷，是得利；得此占，事业走向成功。

学生：明白了。那我们继续看《谦》卦上六的爻辞。

☷ 上六：鸣谦，利用行师，征邑国。

现代文注释：

上六，已居《谦》卦的极致位，此时吴太伯谦虚的美名远扬四方，商朝天子任用他为方伯；上六居坤上位，坤为邑国，与九三有应，九三为震，震为行师，故曰"利用行师，征邑国"。寓意：文武之道，一张一弛，谦道，需辅之以刚武，才更符合治理之道。

学生：企业战略的占问结果，要以《谦》卦上六为断。此爻中的太伯，开始有大的作为，联系我们的主题，还请老师为我们做个卦象解析。

老师：好的。占问结果以《谦》卦上六为断，得到的是《谦》之《艮》。从卦象看，《谦》卦卦象☷☶，《艮》卦卦象☶☶，两卦卦象结合起来看，坤为天下，为文，为志，震为武，为征伐，为治理，艮为邑，为国，重艮为多国，坎坤相连，为平天下，这是行文武之道，平天下之象。对于企业战略而言，卦象信息，寓意治理进入新阶段，战略措施也相应有变化，随着时势的变化，通过兼并手段加快发展步伐，也是正道，战略实施成功。

学生：明白了。《谦》卦的六爻都讲完了，联系企业战略分析，这是比较难的一个卦，特别是六爻都在讲"谦"之道，如若不通过卦象解析，就无法区别六根爻的差别在哪里，爻辞对企业战略分析的指导意义也就无法实现了。

第十六章　大畜、萃、需、晋

在这一章里，解析《大畜》、《萃》、《需》、《晋》四个卦，在这四个卦里，《大畜》、《需》两卦是紧跟在《泰》卦之后的"阳息阴"的卦，其下卦皆为乾，卦序号皆为奇数，是《复》卦之后"阳息阴"一条路线上的卦。而《萃》、《晋》两卦则是紧跟在《否》卦之后的"阴消阳"的卦，其下卦皆为坤，卦序号皆为偶数，是《姤》卦之后"阴消阳"一条路线上的卦。

山天《大畜》☶☰（卦序号：53）

《大畜》卦的卦象，山在天外，天在山中，象征君子之德如巍巍大山，畜德有止。又象征深山密林之地的富饶，宜于畜养。观察此卦象，让人明白蓄积大且多，才能利生，利坚守正道。应该说，《大畜》是国家强盛之卦，大畜之道强调蓄积，同时强调蓄积的用途为养贤，为有才干的贤人提供更多的机会。

先看《大畜》卦的卦辞，及现代文注释：

大畜：利贞。不家食，吉。利涉大川。

现代文注释：

大畜，是卦名。《大畜》卦，艮山之德在卦中充分体现，阳刚的艮之道，刚爻处上，笃实，而不为阴爻所掩，其光明普照之象显见，艮道之辉光，利尚贤，艮在天之上，含住了健，艮之德能止健而畜之，艮德为君子之德，卦象为阳畜阳，阳为大，故曰"大畜"；"大畜"之道，其止与畜，利君子固守正道，鼓励君子在外谋取功名，不家食，为天下养，吉利。"大畜"，卦象刚健，九三互震之象，为动，为舟，木道乃行，利于涉过大川，突破难关，谋取功名。故，尽管"大畜"更多的讲"畜止"之道，但其卦德是鼓励君子成就大事的。

孔子《易传·彖》对《大畜》卦的卦辞，是这样裁断的：

《彖》曰：大畜，刚健笃实辉光，日新其德，刚上而尚贤。能止健，大正也。"不家食，吉"，养贤也。"利涉大川"，应乎天也。

现代文注释：

彖辞说，大畜，下卦刚健，上卦笃实，光辉昭著，日新其德，故其人文属性是阳刚处上而又尚贤。艮能止健，含健而有止，道德目标十分明确，这是很大的天道、正道。君子认识其中的道理，到社会上谋取功名，为天下养，才是吉利的；社会要提供最大可能的养贤能力，为有才干的贤人提供最多的机会。大畜，卦象刚健，利于涉过大江大河，去成就大事业，这是顺应天道啊！

学生：老师，孔子对《大畜》卦卦辞的裁断准确吗？说到《大畜》卦的时义了吗？《大畜》卦的时义，应当怎样准确表述呢？

老师：孔子对《大畜》卦卦辞的裁断准确，也在彖辞里说到了《大畜》卦的时义。《大畜》卦的时义，是止健、蓄积、养贤；是考虑一个国家或一个组织，力量、资源的"畜"和"养"，而后可以达成"大用"。

学生：明白了。我们可以进入主题了，企业战略的占问结果，要以《大畜》卦的卦辞为断，还请老师为我们做个卦象解析。

老师：好的。以《大畜》卦的卦辞为断，占问结果分为两大类情况。第一类情况《大畜》卦为本卦，六爻皆不变。第二类情况《大畜》卦为之卦，本卦三根爻变，变卦为《大畜》卦。

学生：老师，您先讲第一类情况，《大畜》卦为本卦，六爻皆不变。

老师：好的。从卦象看，《大畜》卦卦象▤，乾为圣，为龙马，震为君王，为驾，为游，为开，为进，震数三，艮为天门，为室，为殿堂，这是君王驾驭龙马巡游，天门开，进天门登入殿堂与三圣会面之象；艮为求，为敬，为得，为安，乾为长久，为万年，为福，这是君王笃敬求得三圣施万年福，得长安之象。对于企业战略而言，卦象信息，寓意求事可得，有长久平安，战略实施成功。

学生：明白了。老师，您继续讲第二类情况，《大畜》卦为之卦，本卦三根爻变，变卦为《大畜》卦。

老师：好的。我举几个例来具体解析，先看占问结果得到《师》之《大畜》。从卦象看，《师》卦卦象▤，《大畜》卦卦象▤，两卦卦象结合起来看，震为人，为行，震数三，坤为夜，为自我，为独，为志，为心思，为迷，为乱，为虚，艮为宿，为居室，这是三人行，夜晚别离独宿，异志而多心，心思迷乱，同行而皆无所获之象。对于企业战略而言，卦象信息，寓意虽有合作者，但三人志不同，各怀心思，终无所获，不会成功。

再举一个例，占问结果得到《渐》之《大畜》。从卦象看，《渐》卦卦象▤，《大畜》卦卦象▤，两卦卦象结合起来看，巽为褓褓，互兑为婴儿，震为成长，为动，为自立，为君子，为龙，为马，艮为家，乾为健，这是男孩从婴儿养在家中，成长为一个健康、能干、已能自立成家的君子，动起来如同龙马般的有活力，这是所有人必经的人生过程。对于企业战略而言，卦象信息，寓意成长都有阶段性，从婴儿阶段到成人阶段，不必忧虑着急，也不必拔苗助长，顺从规律即可，做每个阶段应该做的事，可得成功。

学生：明白了。那我们接下来看孔子对《大畜》卦的观象说了什么。

▤ 孔子《易传·象》对《大畜》卦的卦象特点，做了如下表述：

《象》曰：天在山中，大畜。君子以多识前言往行，以畜其德。

现代文注释：

《象》说，上卦艮为山，下卦乾为天，故曰"天在山中"，这就是《大畜》卦的卦象。君子应当效法这一精神，多多学习领会并认同前一代贤人、哲人的言行，以蓄积自己的德性。

学生：老师，孔子对《大畜》卦的观象准确吗？最后一句话好像在说《大畜》卦的时义，又好像不是，老师您给做个详细的解释吧。

老师：孔子对《大畜》卦的观象基本上是准确的，讲到了君子德行的蓄积，但还是没有讲清楚。《大畜》卦的精神，是"止健"，是免除条件不成熟时盲目前进的风险。艮能止健，用艮之德，止健而畜之，是君子效法《大畜》卦精神的中心思想，既有乾天的刚健进取、自强不息，又有艮山的笃实稳重，这就是君子之德。君子不是生来就是君子，而是成长为君子，故君子应当经常察己之过，有道德目标，不做违反道德底线的事，不追求不该得的利益。

《大畜》卦既有上卦艮阳的辉光，又有下卦乾阳"大明终始，六位时成，时乘六龙以御天"的太阳的光辉，故大畜卦有"辉光"之德。理解《大畜》的卦德，进一步理解孔子《象》辞中赞美《大畜》的"刚健笃实辉光，日新其德"，就会明白"大畜"的大光明境界。

学生：明白了。那接下来我们可以进入到《大畜》卦的爻辞了。

☰☶ 初九：有厉，利已。

现代文注释：

初九，健而动的一开始，就感觉到了危险。看到危险而停下来，有利于畜养。上卦艮的卦德是待时而动，"待时而动"在本卦也包含在时义之中。《大畜》卦，总的情势、时用，都在于完成蓄积，而不是前进，故只要符合《大畜》

的卦情、卦德，就是合理的、最好的安排。爻辞中的"已"，就是停止的意思，停下来待命有利，不蓄积而急用就会有厉。初九也可以看作乾卦的初爻，潜龙勿用，说的就是谨慎，不盲目行动，尽量的安分守己，畜养自己。

学生：企业战略的占问结果，要以《大畜》卦初九为断。联系我们的主题，还请老师为我们做个卦象解析。

老师：好的。占问结果以《大畜》卦初九为断，得到的是《大畜》之《蛊》。从卦象看，《大畜》卦卦象☷，《蛊》卦卦象☷，两卦卦象结合起来看，乾为福，巽为利，为双，互兑为毁折，艮为止，为望，大离为目，大坎为心，为忧，为祸患，互震为前行，这是利福损折，眼望心忧，祸不单行，止而不行之象。对于企业战略而言，卦象信息，明确利与福皆折损，且有祸殃，故，遵《大畜》之道，要停止，原来的行动要取消，战略实施不会成功。

学生：明白了。那我们继续看《大畜》卦九二的爻辞。

☷九二：舆说輹。

现代文注释：

九二，前进的途中，车上的辐条脱掉了，只能停下来。九二遇阻而停止，是卦象的情势所致，九二与六五有应，六五主"畜止"，本卦以畜止为大畜之道，故九二不能前进。甚至可以理解为，主动将车厢的木构件卸掉，主动将行动的条件除去，不准备行动，主动的停止。

学生：企业战略的占问结果，要以《大畜》卦九二为断。此爻的主人，主动停止行动，联系我们的主题，还请老师为我们做个卦象解析。

老师：好的。占问结果以《大畜》卦九二为断，得到的是《大畜》之《贲》。从卦象看，《大畜》卦卦象☷，《贲》卦卦象☷，两卦卦象结合起来看，乾为天福，艮为时，为待，为君子，为安，互坎为忧，互震为解，为乐，为来，为福禄，这是君子安乐无忧，福禄自来之象。对于企业战略而言，卦象信息，意味着在不利于行动的时间段，停下来安心的等待，不必忧虑，也不必着急，时机到来之时福禄会自来；得此占，战略实施会成功。

学生：明白了。那我们继续看《大畜》卦九三的爻辞。

☰☷ 九三：良马逐，利艰贞；日闲舆卫，利有攸往。

现代文注释：

九三，在卦象上呈现为良马在原野奔驰之象，故其整体卦象有利于在艰难中坚守正道。日闲之时，每日练习和舆卫有关的武备，舆为战车，卫为步兵，即进行军事训练，这是古代保护农耕文明的民兵训练制度，这样的安排，合乎上卦艮的畜止之意，是利有所往的。

学生：企业战略的占问结果，要以《大畜》卦九三为断。此爻的主人，在做行动之前的准备，联系我们的主题，还请老师为我们做个卦象解析。

老师：好的。占问结果以《大畜》卦九三为断，得到的是《大畜》之《损》。从卦象看，《大畜》卦卦象☰☷，《损》卦卦象☶☱，两卦卦象结合起来看，艮为邑，为国，为虎，乾亦为虎，正反艮相对，乾艮相对，皆为两虎对峙，坤为军，为亡，震为卫，为武，正反震相对，为争，为战，兑为毁折，为伤，这是两虎相争，皆有损伤之象。对于企业战略而言，卦象信息，寓意出现两强相争的格局，虽然早有实力对抗的准备，但折损已成必然，战略实施不成功。

学生：明白了。那我们继续看《大畜》卦六四的爻辞。

☰☷ 六四：童牛之牿，元吉。

现代文注释：

六四，与初九有应，故把六四与初九联系起来，会发现初九就是六四爻辞里的童牛，而"童牛之牿"的牿，就是指六四，六四通过对童牛野性的制约，使之温顺，这种对自然野性的驯服，是《大畜》卦走向成功的过程，也是《大畜》卦的要义之一，这是因为童牛之牿包含了保护性的措施，保护童牛不受伤，故这种制约是含建设性的止，六四就是畜止之道，故"元吉"。

学生：企业战略的占问结果，要以《大畜》卦六四为断。此爻进入到大畜之道，得元吉，联系我们的主题，还请老师为我们做个卦象解析。

老师：好的。占问结果以《大畜》卦六四为断，得到《大畜》之《大有》。从卦象看，《大畜》卦卦象☷，《大有》卦卦象☰，两卦卦象结合起来看，离为明智，居上代表未来光明，艮为止，为贤人，为时，为待，互震为履，为德，为福，乾为长久，互兑为养，兑覆巽，巽为利市，覆巽为无利市，这是无利市之时不急于求利，养贤待时，履德不忒，福自长久之象。对于企业战略而言，卦象信息，是畜积贤才，成功在未来；眼下无利市，不会成功。

学生：明白了。那我们继续看《大畜》卦六五的爻辞。

☷ 六五：豮豕之牙，吉。

现代文注释：

六五，小猪长牙了，豮猪阉割去势后，它锋利的牙就不会伤人。这里讲到了一种从根本上解决问题的方法思路，从人类畜养牲畜的经验，总结出各种均属于"豮豕之牙"的事物，知道最佳的处理之道。六五处卦主之位，得到这样的畜止之道，故为吉祥。

学生：企业战略的占问结果，要以《大畜》卦六五为断。此爻的主人，总结出大畜之道的另一个方面，结果怎样，还请老师为我们做个卦象解析。

老师：好的。占问结果以《大畜》卦为断，得到的是《大畜》之《小畜》。从卦象看，《大畜》卦卦象☷，《小畜》卦卦象☰，两卦卦象结合起来看，艮为时，为安，巽为利，为利市，正反巽相对为利相合，无利益冲突，这是利市之时已到，利益相合，四邻共利相安之象；兑为花，震为开，艮为果，为得，乾为富实，这是花开有果，得利富实之象。对于企业战略而言，卦象信息，是利市到来，利及四邻，花开有果，得利丰厚，战略实施成功。

学生：明白了。那我们继续看《大畜》卦上九的爻辞。

☰ 上九：何天之衢，亨。

现代文注释：

上九，阳刚居尊位之上，得六五的顺承，为"尚贤"之象，"大畜"至上九已到达极致的上位，大畜之道至此已成，而大畜之道的发展和应用，其极致的状态就是事物的大发展，社会的养贤，其时已发展到可以大用了；上九，为天位，居艮之上，艮为道路，故曰"天之衢"；上爻天位，其道通达，亦带有"天之衢"之感叹，寓意"天之道"，这是吉祥的感叹；爻辞问道：什么叫做"天之衢"？就是其道大为亨通啊！

学生：企业战略的占问结果，要以《大畜》卦上九为断。此爻居上位而能得亨通，还请老师为我们做个卦象解析。

老师：好的。占问结果以《大畜》卦上九为断，得到的是《大畜》之《泰》。从卦象看，《大畜》卦卦象☰，《泰》卦卦象☰，两卦卦象结合起来看，艮为堂，为居，为家，为安，为成，乾为圣贤，坤为聚，为平陆，震为行，为大道，为功业，兑为悦，为恩泽，为华，为盛茂，这是圣贤安居，相聚一堂，功业有成，华章盛茂，悦感恩泽，大道平坦之象。对于企业战略而言，卦象信息，意味着已得天时、地利、人和，得长久的兴盛，战略实施成功。

学生：明白了。《大畜》卦的六爻都讲完了，很有心得，战略就是大局，掌控大局不是一句空话啊！要有时势的准确判断，顺应时势者昌。

泽地《萃》䷬（卦序号：54）

《萃》卦，是《否》卦时空之后的第一卦，阴气从末端进入《否》，改变了《否》卦天地阴阳不交的状况，"上乾下坤"改变为"上兑下坤"，兑为泽，其"润下"的特点，改变了乾的一味"上进"，万物依赖泽水的润下而恢复了生机。"萃"，人们到宗庙祭祀，心灵与祖宗、上帝沟通，也利用祭祀的时机与人接触，这样利用祭祀进行人际交往，无害处，故《萃》卦六爻皆有"无咎"。

先看《萃》卦的卦辞，及现代文注释：

萃：亨。王假有庙，利见大人，亨，利贞。用大牲吉，利有攸往。

现代文注释：

萃，是卦名。占到《萃》卦的人，会有亨通。萃卦象征会聚，君王来到宗庙，用自己的德行与先祖的精神相感格，激发起族人的宗族意识和团结奋斗的精神，这有利于大德大才的伟大人物的显见，故会亨通，利于固守正道。用大牲祭祀，献上丰厚的祭品，可获吉祥，利于有所向往的心愿实现。

孔子《易传·彖》对《萃》卦的卦辞，是这样裁断的：

《彖》曰：萃，聚也。顺以说，刚中而应，故聚也。"王假有庙"，致孝享也。"利见大人亨"，聚以正也。"用大牲吉，利有攸往"，顺天命也。观其所聚，而天地万物之情可见矣。

现代文注释：

彖辞说，"萃"，意思是会聚。下卦坤为顺从，上卦兑为喜悦，故曰"顺以说"，九五阳刚居中，应合六二的阴柔，是有刚中之德的君王得到民众拥戴，故能聚在一起。君王来到宗庙，用美德感格神明以护佑宗庙祭祀，并表达对祖先的孝心与至诚的享祭。这样的活动，利于大人的显见，故亨通，是聚而守正道。用大牲祭祀，可获吉祥，利于有所向往的心愿实现，是顺合天命的。观察祭祀时的聚会，从中可看到人的聚散之情和万物兴衰之端倪。

学生：老师，孔子对《萃》卦卦辞的裁断准确吗？《萃》卦的时义，应当怎样准确表述呢？

老师：孔子对《萃》卦卦辞的裁断准确。《萃》卦的时义，是会聚；创造会聚、接纳的环境，接纳外部的世界，也因自己被接纳而喜悦。

学生：明白了。我们可以进入主题了，企业战略的占问结果，要以《萃》卦的卦辞为断，还请老师为我们做个卦象解析。

老师：好的。以《萃》卦的卦辞为断，占问结果分为两大类情况。第一类情况《萃》卦为本卦，六爻皆不变。第二类情况《萃》卦为之卦，本卦有三根爻变，变卦为《萃》卦。

学生：老师，您先讲第一类情况，《萃》卦为本卦，六爻皆不变。

老师：好的。从卦象看，《萃》卦卦象☱，兑为酒，为祭祀，为祷，半震为君，为临，为福，为语，巽为志，为和，为齐，艮为宗祠，为止，为获，坤为民，为忧，为灾患，这是君王来到宗庙与民众在一起，为了战胜灾患，祷告神灵和祖先，诚心的祈求佑助，达成心志的沟通，是蒙福的开端之象。兑为泽，坤为地，大地承载着泽水，泽水也湿润着大地，利于生养化育万物，有繁茂而盛大的气象，故会聚可得亨通。对于企业战略而言，灾难、困难和不顺利都会转化为好事，化为要实现的共同心愿，激发起团结奋斗的力量，得到成功。

学生：明白了。老师，您继续讲第二类情况，《萃》卦为之卦，本卦有三根爻变，变卦为《萃》卦。

老师：好的。我举几个例来具体解析，先看占问结果得到《井》之《萃》。从卦象看，《井》卦卦象☵，《萃》卦卦象☱，两卦卦象结合起来看，艮巽同为栋梁和立柱，坤为多，艮为坚，三个半震为载，是栋梁、立柱坚强可承重之象；

坎为灾患，震为解，是无灾之象；坤为文，为政，为聚，震为武，为功业，兑为辅，为和，为悦，这是文武之才和悦共处，辅政相聚，同谋大业之象。对于企业战略而言，卦象信息，寓意得人和，且人才济济，文武俱备，有谋取功业很好的条件，战略实施可以成功。

再举一个例，占问结果得到《旅》之《萃》。从卦象看，《旅》卦卦象☲☶，《萃》卦卦象☱☷，两卦卦象结合起来看，离为戈兵，兑为毁折，为倾覆，坤为亡，这是兵败之象。对于企业战略而言，卦象信息，有不利于竞争对抗的含义，若此时洽逢激烈的市场竞争，应谨慎的思考退兵之计，保全自己是此时的上策；得此占，会有失败，不会成功。

学生：明白了。那我们接下来看孔子对《萃》卦的观象说了什么。

☱☷　孔子《易传·象》对《萃》卦的卦象特点，做了如下表述：

《象》曰：泽上于地，萃。君子以除戎器，戒不虞。

现代文注释：

《象》说，上卦兑为泽，下卦坤为地，故曰"泽在地上"，这就是《萃》卦的卦象。君子观此卦象，感悟其中的道理，禁戒民间"戎"争，严禁聚斗，防戒不测的事变、动乱发生。

学生：老师，孔子对《萃》卦的观象准确吗？

老师：孔子对《萃》卦的观象，是从民众聚会的角度进行思考，与《萃》卦的精神略有偏离。

学生：明白了。那接下来我们可以进入到《萃》卦的爻辞了。

☱☷　初六：有孚不终，乃乱乃萃，若号，一握为笑，勿恤，往无咎。

现代文注释：

初六，萃的初爻，"有孚"是指九四，"聚"之始，心里已想好要去见正应的九四，但在看见居尊位的九五之时，心志为其所动，因为心志之乱，而导致了行为的迷乱，竟然凑到九五跟前想与九五聚会，这是初六信念不坚定而不能得其终的表现，故曰"有孚不终"；下卦坤为乱，聚会上人来人往，故曰"乃乱乃萃"；初六若醒悟过来，转向其正应者九四呼号，自然会有与九四满意的握手言欢，会有笑声；初六伏象为震，震为呼号，九四中爻为艮象，艮为手，为握，九四上卦兑为笑，故曰"若号，一握为笑"，初六前往四爻则得正，故曰"往无咎"。

学生：企业战略的占问结果，要以《萃》卦初六为断。联系我们的主题，还请老师为我们做个卦象解析。

老师：好的。占问结果以《萃》卦初六为断，得到的是《萃》之《随》。从卦象看，《萃》卦卦象 ䷬，《随》卦卦象 ䷐，两卦卦象结合起来看，互大坎为艰难，兑为祭祀，为祷，坤为民，为心，震为君，为后福，巽为齐，艮为时，为得，这是君民齐心，共克时艰，必得后福之象。对于企业战略而言，卦象信息，寓意前行虽有艰险，然而上下同心共进，必有后福，求事可成功。

学生：明白了。那我们继续看《萃》卦六二的爻辞。

䷬ 六二：引吉，无咎，孚乃利用禴。

现代文注释：

六二，柔爻居中得正，有中正之德，以其柔中，应九五的刚中，"引"之意，等待招引，不主动求应，这不是六二的心志有什么变化，而是避开"求宠"之嫌，同样能得到九五，这样的应是吉祥的，故曰"引吉"。"禴"为春夏的薄祭，在这样的场合被引荐给九五，无咎害。"孚"，为六二孚于九五，六二之上的中爻为互巽，巽为夏，六二居坤，坤为啬啬，寓意为薄祭，因此卦中"禴"是为夏季的薄祭，故曰"孚乃利用禴"。

学生：企业战略的占问结果，要以《萃》卦六二为断。此爻的主人，在等待君王的招引，联系我们的主题，还请老师为我们做个卦象解析。

老师：好的。占问结果以《萃》卦六二为断，得到的是《萃》之《困》。从卦象看，《萃》卦卦象☷☱，《困》卦卦象☵☱，两卦卦象结合起来看，爻变，坤变坎，坤为顺，坎为难，是由顺变难之象；艮为山，为路，坤为失，坎为难，为困，兑为毁折，艮覆震，震为车，为马，覆震为车毁马失，这是高山峻岭路难行，车毁马失，处于困境之象。对于企业战略而言，卦象信息，路险难行，失去辎重和所携带财物，前行道路不通，战略实施不会成功。

学生：明白了。那我们继续看《萃》卦六三的爻辞。

☷☱六三：萃如嗟如，无攸利，往无咎，小吝。

现代文注释：

六三，柔居刚，能力不够，事业无成，欲有萃是六三的愿望，故曰"萃如"；在聚会上有嗟叹和抱怨，即"嗟如"；六三居巽中，巽为利，但六三不得位又无上应，因此不会有利益，故曰"无攸利"，六三往上是重阳，前往无咎害，只是六三无上应，小有遗憾。

学生：企业战略的占问结果，要以《萃》卦六三为断。此爻的主人，人生事业不顺利，有嗟叹，联系我们的主题，还请老师为我们做个卦象解析。

老师：好的。占问结果以《萃》卦六三为断，得到的是《萃》之《咸》。从卦象看，《萃》卦卦象☷☱，《咸》卦卦象☶☱，两卦卦象结合起来看，爻变失坤得艮，坤为虚，为穷，艮为安，为时，为得，这是得时运，由贫穷转为有所得，安定之象；从中爻来看爻变，爻变后中爻得乾，乾为天福，为富实，艮为得，兑为悦，坤为聚，这是天福眷顾，得富实，愉悦的参加聚会之象。对于企业战略而言，卦象信息，是得时运，终由贫穷转为富实，事业成功。

学生：明白了。那我们继续看《萃》卦九四的爻辞。

☷☱ 九四：大吉，无咎。

现代文注释：

　　九四，君王身边的近臣，阳刚居柔位，刚柔并济，又干练有为，操办聚会很成功，增加了交流和感情，还为某些人提供了机会，但九四位不得正，不居中，有遗憾；九四其位不尊，却得到初六的应合，还得到六三亲比的承上，有夺九五在下卦的庶民的越分之嫌，故本应有咎，这是九四爻位隔开九五与下卦坤所导致的，但九四靠近九五时表现出了忠诚，做事尽心尽责，鞠躬尽瘁，率众聚在九五身边，九五不劳心而悦之，故其"夺民"之嫌没有至罪；作为君王近臣，居多惧之位，九四明白如何辅佐君王，才不为君王所忌；上卦兑为悦，去除君王心中之忌，并得到上悦，就能得到"大吉"，免除咎害。

　　学生：企业战略的占问结果，要以《萃》卦九四为断。此爻的主人是君王的近臣，联系我们的主题，还请老师为我们做个卦象解析。

　　老师：好的。占问结果以《萃》卦九四为断，得到的是《萃》之《比》。从卦象看，《萃》卦卦象☷☱，《比》卦卦象☵☷，两卦卦象结合起来看，坤为天下，为平陆，为大道，伏乾为圣君，为天子，兑为恩泽，为雨师，巽为风伯，为散，为驱，互大坎为灾殃，这是天下太平，雨师洒道，风伯驱殃，天子巡狩封禅，以告功业大成之象。对于企业战略而言，卦象信息，寓意天下太平而无灾殃，功业有大成，明示战略实施成功。

　　学生：明白了。那我们继续看《萃》卦九五的爻辞。

☵☷ 九五：萃有位，无咎。匪孚，元永贞，悔亡。

现代文注释：

　　九五，位居中得正，为得正位之君王，故曰"有位，无咎"。但九五与六二之应有九四隔阻，六二为了避嫌而不主动，九五得不到正应之孚，故曰"匪孚"。九五有大志向，九四得民的现状告诉了他，他的地位和信誉还没有得到公认，威信尚未建立，不能随随便便的放松自己，应当修好"元永贞"的品德，"元"为乾元之德，阳刚而中正，"永"为长久，"贞"为纯正而坚固，"永贞"即为长久贞固，有了这样的修为，他的意志就会得以贯彻和光大，后悔就会消失。

　　学生：企业战略的占问结果，要以《萃》卦九五为断。此爻的主人是君王，联系我们的主题，还请老师给我们做个解析。

　　老师：好的。占问结果以《萃》卦九五为断，得到的是《萃》之《豫》。从卦象看，《萃》卦卦象☷☱，《豫》卦卦象☳☷，两卦卦象结合起来看，互坎为灾殃，为忧，震在上，为出，为脱，为解，这是脱去灾殃，无忧之象；坤为野，兑为华，为花，为繁盛，兑居坤上，为花繁锦簇，开遍原野，艮为时，为位，为大道，为得，为辉光，震为君王，为通达，这是君王得其时位，大道通达，辉光普照，原野花繁锦簇之象。对于企业战略而言，卦象信息，是处在繁盛的阶段，得时位之利，无祸无忧，辉光普照，大道通达，战略实施成功。

　　学生：明白了。那我们继续看《萃》卦上六的爻辞。

☷☱ 上六：赍咨涕洟，无咎。

现代文注释：

　　上六，到了不问政事的退休年龄，很少参加聚会，闲暇之时自我反思一生的得失荣辱，也会有心情澎拜的时候，"赍咨涕洟"是流泪之状，带着叹息和悔恨，有"思过"的心情，故无咎。

　　学生：企业战略的占问结果，要以《萃》卦上六为断。进入到上卦的极致位，有悔恨和叹息，联系我们的主题，还请老师为我们做个卦象解析。

　　老师：好的。占问结果以《萃》卦上六为断，得到的是《萃》之《否》。从卦象看，《萃》卦卦象☷☱，《否》卦卦象☰☷，两卦卦象结合起来看，艮为鹿，巽为树林，为入，兑为食，乾为虎，坤为草，为腹，这是鹿儿食草进入树林，为虎所得，而入虎腹之象。对于企业战略而言，卦象信息，吃草的鹿儿遭遇凶祸，也许是时运的缘故，但也有不谨慎的因素，故，此占，提醒占问者要行事谨慎，失败后的叹息于事无补；得此占，归于失败。

学生：明白了。《萃》卦的六爻都讲完了，很有收获。

水天《需》☵☰（卦序号：55）

《需》卦，帛书《易》写为"襦"卦，《归藏》写作"溽"卦。从卦象上看，需卦的自然之象就是人们仰天等待雨水。在宇宙时空次序上，它紧跟《大畜》卦之后，在时间节点上是"小满"时节，这时中国北方地区麦子等夏熟作物的籽粒开始饱满，进入灌浆期，故此节气被称为"小满"，这是农作物最重要的生长期。此节气时令的前后十几天，若有甘霖普降，则夏收之时每亩地会多收一二百斤，故人们在此时，就跟麦苗似的抬头望天，都盼望天上的云变为雨。

先看《需》卦的卦辞，及现代文注释：

需：有孚，光亨，贞吉。利涉大川。

现代文注释：

需，是卦名。《需》卦，象征有信心的等待，天道"有孚"；在大自然中生长的万物，在贴合天体运行的亿万年的演进中，形成了极有信用的年度节气周期记忆，故此卦有如太阳般的光辉、亨通，守正道吉祥。利于涉过大川。

孔子《易传·彖》对《需》卦的卦辞，是这样裁断的：

《彖》曰：需，须也；险在前也。刚健而不陷，其义不困穷矣。需"有孚，光亨，贞吉"，位乎天位，以正中也。"利涉大川"，往有功也。

现代文注释：

彖辞说，"需"，就是必须等待的意思，因为险就在前面。刚健有为的君子，必须不陷入困境，故其时义为不陷入穷困的道。《需》卦，有宝贵的信用，系之于心的诚意，就如同太阳般的光辉，故亨通，守持贞正就会吉祥，这是因为九五居天位，得正中的天德，能行"需"的中正之道。故，利于涉过大川，前进就会成功。

学生：老师，孔子对《需》卦卦辞的裁断准确吗？《需》卦的时义，应当怎样准确表述呢？

老师：孔子对《需》卦卦辞的裁断略有偏离，加进了对君子处坎险而不陷的理解，是赘言，是多余的哲理发挥。《需》卦的时义，是在相信中等待。

学生：明白了。我们可以进入到主题了，企业战略的占问结果，要以《需》卦的卦辞为断，还请老师为我们做个卦象解析。

老师：好的。以《需》卦的卦辞为断，占问结果分为两大类情况。第一类情况《需》卦为本卦，六爻皆不变。第二类情况《需》卦为之卦，本卦有三根爻变，变卦为《需》卦。

学生：老师，您先讲第一类情况，《需》卦为本卦，六爻皆不变。

老师：好的。从卦象看，《需》卦卦象☵，互离为日，为火，离数三，为久旱三年，坎为云，为忧，为愁苦，半震为禾苗，为万物，为干枯矮小，为萎靡不振的状态，半艮为求，为拜，互兑为祷，为巫，乾为岁，为信，为神明，这是久旱三年，人们祷告神明，求神保佑，能让天上的云化成雨，祈雨的巫觋也尽其所能而为之，此时人们心中的希望就是大自然的有信。对于企业战略而言，卦象信息，寓意旱灾之年，只能在相信中等待；除了耐心，最重要的就是，在一场解除干旱的大雨下来之前，自身不要垮掉；得此占，终有成功。

学生：明白了。老师，您继续讲第二类情况，《需》卦为之卦，本卦有三根爻变，变卦为《需》卦。

老师：好的。我举几个例来具体解析，先看占问结果得到《履》之《需》。从卦象看，《履》卦卦象☰，《需》卦卦象☵，两卦卦象结合起来看，乾为仁德，为天福，巽为牵系，为利市，兑为含，为和，半震为建，为德，为福，为行，坎为中，这是中行不忒，含和建德，德牵利市，常得天福之象。对于企业战略而言，卦象信息，寓意德行有牵动利市的功用，利福与德相伴，企业文化里的"和"、"中"这些因素都会影响利市的兴隆，会有成功。

再举一个例，占问结果得到《损》之《需》。从卦象看，《损》卦卦象▤，《需》卦卦象▤，两卦卦象结合起来看，互坤为江河，兑为海，坎为水流，乾为海，这是百流归海之象；艮为求，坤为鱼，为多，离为网，兑为海，乾为获，为丰盛，为河海，这是下网河海，鱼多网满，所获丰盛之象。对于企业战略而言，卦象信息，百流归海代表所行之事符合自然规律，鱼多网满代表获利丰厚，寓意所行之事顺利，战略实施会成功。

学生：明白了。那我们接下来看孔子对《需》卦的观象说了什么。

▤　孔子《易传・象》对《需》卦的卦象特点，做了如下表述：

《象》曰：云上于天，需。君子以饮食宴乐。

现代文注释：

《象》曰，上卦坎为云，下卦乾为天，故曰"云上于天"，这就是《需》卦的卦象。它象征大自然的信用，可以等待到、得到的自然结果。君子观察此卦象，故以饮食宴乐为对应，安心的调养身体，怡养心志，等待天道运行的造化。

学生：老师，孔子对《需》卦的观象准确吗？
老师：孔子对《需》卦的观象准确。最后一句说到《需》卦的时用，说的很到位，在大旱之年，除了耐心的等待，相信大自然的有信，最重要的就是，自身不要垮掉，这样的等待就是一场持久战，要保存好自己。
学生：明白了。那接下来我们可以进入到《需》卦的爻辞了。

▤ 初九：需于郊。利用恒，无咎。

现代文注释：

初九，祈雨的队伍，正走在郊外。已经有一次祈雨失败了，但心诚则灵，要有恒心，这样的坚持是没有过错的。

学生：企业战略的占问结果，要以《需》卦初九为断。祈雨的队伍走到郊外了，联系我们的主题，还请老师为我们做个卦象解析。

老师：好的。占问结果以《需》卦初九为断，得到的是《需》之《井》。从卦象看，《需》卦卦象䷄，《井》卦卦象䷬，两卦卦象结合起来看，坎为云，为忧，为心，为民，乾为天，巽为风，为散，这是风吹云散，民心亦散，民心不聚之象；坎为耳，为阙，为壅塞，互离为目，互兑为暗昧，离兑相连为目不明，这是耳不聪目不明，得不到外界信息之象；也是前景不明之象。对于企业战略而言，卦象信息，是前景不明、民心不聚，因为面对的是类似于大旱的困难；故，得此占，求事不利，不会成功。

学生：明白了。那我们继续看《需》卦九二的爻辞。

䷄九二：需于沙。小有言，终吉。

现代文注释：

九二，走到河滩的沙地，热气袭来，让大家小有微言。但大家终归是同心同德的，最终的结果会吉利。

学生：企业战略的占问结果，要以《需》卦九二为断。祈雨的队伍走到河滩的沙地了，联系我们的主题，还请老师为我们做个卦象解析。

老师：好的。占问结果以《需》卦九二为断，得到的是《需》之《既济》。从卦象看，《需》卦卦象䷄，《既济》卦卦象䷾，两卦卦象结合起来看，震为出，为游，为福，为乐，为解，离为旱，为燥，兑为渴，为饮，坎为泉，为水，为忧，艮为安，这是出游口渴，遇泉水，忧得解，有福自有安乐之象。对于企业战略而言，卦象信息，是在最需要某种资源的时候，发现不缺乏这种资源，这是天福的眷顾，战略实施没有遇到问题，得到成功。

学生：明白了。那我们继续看《需》卦九三的爻辞。

☷ 九三：需于泥，致寇至。

现代文注释：

　　九三，回来的路上，就遇到大雨从天而降，走在泥泞中。从卦象看，九三近坎，坎象为寇，故曰"致寇至"，这里寓意大雨如同强盗般的突如其来。

　　学生：企业战略的占问结果，要以《需》卦九三为断。祈雨队伍归来的路上突然天降大雨，联系我们的主题，还请老师为我们做个卦象解析。

　　老师：好的。占问结果以《需》卦九三为断，得到的是《需》之《节》。从卦象看，《需》卦卦象☷，《节》卦卦象☵，两卦卦象结合起来看，坎为云，为寇，乾为天，兑为雨，为恩泽，为悦，互震为惊，为乐，为功业，为福禄，互艮为成，为获，这是天上的云化为大雨降下，大雨的突如其来，让人受到惊吓，就像遭遇了寇盗，但马上就高兴起来，祈雨功业有成，福禄为获，让人喜悦不禁之象。对于企业战略而言，卦象信息，有功业成的明确含义，所求之事已经成功，忧患已解除，获得了福禄和安定，战略实施成功。

　　学生：明白了。那我们继续看《需》卦六四的爻辞。

☵ 六四：需于血，出自穴。

现代文注释：

　　六四，其爻位进入到上卦坎，坎为血，为穴，故有"需于血，出自穴"之辞。"血"，即洫，古文中为生活区附近的沟渠。在家等待"祈雨"消息的人们看到雨下来了，都从家中跑出来，跑到生活区的沟渠旁等待祈雨的队伍，等待的希望在进入上卦之时实现了，这里"穴"为古代穴居的家。

　　学生：企业战略的占问结果，要以《需》卦六四为断。此爻的主人，是在家中等待祈雨消息的家人，联系我们的主题，还请老师为我们做个卦象解析。

老师：好的。占问结果以《需》卦六四为断，得到的是《需》之《夬》。从卦象看，《需》卦卦象☵，《夬》卦卦象☱，两卦卦象结合起来看，坎为中，为孚，为信，兑为恩泽，为悦，为和，乾为仁德，为天福，这是和乐、孚信为本，中行不忒，积德而福泽自来之象。对于企业战略而言，卦象信息，强调积德对于福泽的重要性，在爻辞中这个福泽就是大雨，旱灾因之而解除，灾患过去，希望到来，雨水代表企业经营急需的资源，战略实施成功。

学生：明白了。那我们继续看《需》卦九五的爻辞。

☵ 九五：需于酒席，贞吉。

现代文注释：

九五，村庄里酒席都准备好了，祈雨的队伍和家中的人们在一起庆祝，守持正道，占为吉祥。

学生：企业战略的占问结果，要以《需》卦九五为断。村中摆酒席庆贺祈雨成功，联系我们的主题，还请老师为我们做个卦象解析。

老师：好的。占问结果以《需》卦九五为断，得到的是《需》之《泰》。从卦象看，《需》卦卦象☵，《泰》卦卦象☷，两卦卦象结合起来看，坎为酒，互兑为食，为饮，为飨，为吃，为羊，为鸡，为悦，坤为众，为饥饿，乾为福庆，为喜，为隆盛，这是祈雨成功后的乡宴，杀鸡宰羊，人们此时在精神放松后也都感到了饥饿，宴会既热闹又食物丰盛，喝酒吃肉，路过村庄的旅客也都加入乡宴共享好酒和美食，尽其欢乐之卦象。对于企业战略而言，卦象信息，是庆祝成功的欢乐，是福庆的到来；得此占，战略实施成功。

学生：明白了。那我们继续看《需》卦上六的爻辞。

☵ 上六：入于穴，有不速之客三人来，敬之终吉。

现代文注释：

上六，酒席散了，回到家中的人们，会遇到躲雨的客人，此时应该做的就是以待客之道，恭敬相待，对于上六，预计中的客人会是九三，九三与上六有应，故本应是上六得一人，但爻辞写的就是"不速之客"，无应而不请自来，是整个下卦的乾体来做客，对于乾体，其结局是三人行而损一人，上六得九三而变爻，导致卦变，《需》卦变为《中孚》卦；上六以礼相待，最终结果，吉祥。

学生：企业战略的占问结果，要以《需》卦上六为断。此爻出现客人到访，结果会怎样，还请老师为我们做个卦象解析。

老师：好的。占问结果以《需》卦上六为断，得到的是《需》之《小畜》。从卦象看，《需》卦卦象☰☵，《小畜》卦卦象☴☰，两卦卦象结合起来看，坎为忧，互兑为害，震为解，为喜乐，巽为旅客，为约，为交易，乾为故旧，为天福，为成，这是一位故旧朋友如约来访，带两位朋友前来，先有忧虑担心，后转为喜乐，达成了合作，如爻辞里的"敬之终吉"，有所获。对于企业战略而言，卦象信息，是有意外的事情发生，用恭敬的态度去处理，最终又出现意外的收获，这是意外的意外，处理得当而得吉祥，战略实施成功。

学生：明白了。《需》卦的六爻都讲完了，很有收获。《需》卦的时义，是在相信中等待。"有孚，光亨。"这就是《需》卦啊！老师，听您说过，《需》是久远古老的卦，爻辞中出现的古代穴居的生活条件，说明《需》卦在人类穴居时代就已经有了对此卦的认识。是吗？

老师：确实是这样！《需》卦的久远古老，以至于注释它的儒家弟子都忘了"需"就是"儒"，《易经》成为儒家经书读本后的二千五百多年里，《需》卦的注释都没有提到祈雨的巫觋，也不提祈雨的事。而在古文字里，"需"和"儒"是同义、同音字，"需"就是祈雨的巫觋，古代专门从事祈雨的"儒"。

学生：明白了。《需》卦的等待，是祈雨的等待，这与六十四卦里其他卦的等待都不同。

火地《晋》䷢（卦序号：56）

《晋》卦，是《周易》六十四卦里，专门讲臣道的卦，卦中出现了一个人物，就是康侯。"康侯"是谁？史学家顾颉刚先生，在他的《古史辨》里指出，康侯是周武王的弟弟，《尚书》中的《康诰》，里面的康叔封就是史载的确定人物。从历史的演进来看，最早的"康侯"，就是西伯侯，是周文王自己。

先看《晋》卦的卦辞，及现代文注释：

晋：康侯用锡马蕃庶，昼日三接。

现代文注释：

晋，是卦名。《晋》卦，象征"进"和"升"。卦体上离下坤，太阳出现在地面上，为晋升的象征。求晋升，是为人臣者之进，故"晋"之道为臣道，周易六十四卦中突出臣道的就是《晋》卦，而臣道的代表人物选康侯，是很合适的，康侯就是"安国侯"，"安国"之意是很大的，卦辞里用繁殖马匹来寓意"安国"，既有至经济于繁盛之意，亦有至国防于强大之意。"康侯用锡马蕃庶，昼日三接。"意思就是：安国侯把君王赏赐的良马来繁殖马群，频繁交配，昼夜多次添加饲料细心照料它们，爱护牛马，繁荣民生。从卦象上看，下卦坤为母马，为牧养，中爻互艮，艮为手，为牵，为接，伏象乾为锡，为赐，上卦离为昼，为日，离数为三，故曰"锡马蕃庶，昼日三接"。

孔子《易传·象》对《晋》卦的卦辞，是这样裁断的：

《象》曰：晋，进也。明出地上，顺而丽乎大明，柔进而上行。是以"康侯用锡马蕃庶，昼日三接"也。

现代文注释：

象辞说，"晋"，意思是升进。太阳从地面升起，象征臣子的恭顺，依附、辅佐大明之君王，以柔顺之道努力上进，此为臣道。康侯是为臣子的典范，故有"康侯用锡马蕃庶，昼日三接。"之卦辞，康侯用君王赏赐的良马来繁殖马群，频繁交配，昼夜多次添加饲料，细心照料，爱护牛马，繁荣民生。

学生：老师，孔子对《晋》卦卦辞的裁断准确吗？《晋》卦的时义，应当怎样准确表述呢？

老师：孔子对《晋》卦卦辞的裁断准确。《晋》卦的时义，是走在晋升的道路上，以德升进。

学生：明白了。我们可以进入主题了，企业战略的占问结果，要以《晋》卦的卦辞为断，还请老师为我们做个卦象解析。

老师：好的。以《晋》卦的卦辞为断，占问结果分为两大类情况。第一类情况《晋》卦为本卦，六爻皆不变。第二类情况《晋》卦为之卦，本卦有三根爻变，变卦为《晋》卦。

学生：老师，您先讲第一类情况，《晋》卦为本卦，六爻皆不变。

老师：好的。从卦象看，《晋》卦卦象☲☷，离为甲兵，为火，为销，为铸，为南，半震为解，为返，互坎为粗，为犁，艮为家，为山坡，坤为牧养，为马，这是甲兵解散返家，兵器销毁后铸为农具，战马放归南山坡牧养之象；是和平的景象，是刀兵铸犁、马放南山之象。对于企业战略而言，卦象信息，是处在和平时代的安定环境，战争资源转化为民生用途，利民生，也寓意军事技术转为民用的现实性，蕴藏着企业的发展机会，可得成功。

学生：明白了。老师，您继续讲第二类情况，《晋》卦为之卦，本卦有三根爻变，变卦为《晋》卦。

老师：好的。我举几个例来具体解析，先看占问结果得到《复》之《晋》。从卦象看，《复》卦卦象☷☳，《晋》卦卦象☲☷，两卦卦象结合起来看，坤为政，为义，为天下，震为生，为茂盛，为仁德，艮为国，为安，为望，为观，互坎为和，离为光明，离居上为前景，这是德义茂生，天下归仁，政和国安，前景光明之象。对于企业战略而言，卦象信息，寓意以德服人可以长久，得人心者得天下，战略实施成功。

再举一个例，占问结果得到《随》之《晋》。从卦象看，《随》卦卦象☰☳，《晋》卦卦象☲☷，两卦卦象结合起来看，震为车，为载，为福喜，为玉，为归，艮为望，为手，为抱，为金，巽为商贾，为利，兑为大雁，离为目，为南，坤为道途，为心，为思，为乡，这是商贾获利，抱金载玉，行走在归途，望见大雁南飞，思乡之心油然而生，加快步履南归之象。对于企业战略而言，卦象信息，寓意商人求利有得，获利丰厚，正在归途中，这意味着战略实施成功。

学生：明白了。那接下来我们看孔子对《晋》卦的观象说了什么。

☷ 孔子《易传·象》对《晋》卦的卦象特点，做了如下表述：

《象》曰：明出地上，晋。君子以自昭明德。

现代文注释：

《象》说，上卦离为明，下卦坤为地，故曰"明出地上"，这就是《晋》卦的卦象。太阳从地面升起，象征"升进"，君子观察此卦象，感悟其中的道理，要效法太阳的精神，如同太阳升入天空一样，向大地昭示自己的光明。君子修德以明德，要昭显正德，如同阳光普照大地。

学生：老师，孔子对《晋》卦的观象准确吗？最后一句的感悟，是在讲太阳的精神，把它作为《晋》卦的精神，是吗？

老师：孔子对《晋》卦的观象准确。孔子以太阳为喻，强调君子在晋升的道路上要昭显正德，也就是明德，把太阳作为《晋》卦的精神是恰当的。从观象的角度，《晋》卦的象，也是"火在地上"，是生活在中国这片土地上的人类祖先最早使用火的记录。从《晋》卦的时空来看，已到了阳历的11月下旬，节气已到小雪，此时人们对阳光的感觉是温暖的，太阳不仅代表光明还代表温暖。上古时代，《晋》卦在卦象上给人们的最大启示就是热源的利用。再从卦名来看，晋是山西省的简称，上古时代的山西是燧人氏后代的一个集中居所，是燧人氏后代里发明制陶技术的一个分支，也称"陶唐氏"，他们用陶罐装着炉灰，炉灰里面放有木炭燃烧的火种，这样不仅可以保存火种并且便于携带。故，这个地区的简称就始终与"火地"卦相联系，最后"火地"卦定名为《晋》卦，山西一带的地名和河流的名称就都与"晋"字连在一起。古代中国的北方，从"火地"卦的保存火种，还创造性的发明了冬天的土炕，故火地《晋》也是山西及北方燧人氏使用土炕取暖的记录。

学生：明白了。那接下来我们可以进入到《晋》卦的爻辞了。

☷ 初六：晋如催如，贞吉，罔孚，裕无咎。

现代文注释：

初六，初始之爻，不得位，与九四有应，单独前行有二阴之阻隔；上卦柔爻进居君位，居离中，有明君在上的希望，故可与下卦坤体共同上进，九四没有在初六的晋升道路上帮忙，还起阻隔的作用，"催"的意思就是抑制，初六的升进因九四多次的抑制而遭受挫败；这种情况下，初六固守自身的贞正，获得吉祥。初六，由于地位低下，下情上达经常是阻塞的，此时的初六还没得到别人的信任，故曰"罔孚"；故，把心放宽些，缓以时日，没有咎害。

学生：企业战略的占问结果，要以《晋》卦初六为断。联系我们的主题，还请老师为我们做个卦象解析。

老师：好的。占问结果以《晋》卦初六为断，得到的是《晋》之《噬嗑》。从卦象看，《晋》卦卦象☲☷，《噬嗑》卦卦象☲☳，两卦卦象结合起来看，坤为民，为政，互坎为忧，为和，震为行动，为解，为乐，互艮为时，为阻，离在上，为前景光明，这是在下的小民暂不得时，但有乐无忧，政通人和自有时，前景光明之象。对于企业战略而言，卦象信息，是暂不得时，有梗阻，震的行动，可解梗阻，故，前景光明，战略实施会成功。

学生：明白了。那我们继续看《晋》卦六二的爻辞。

☷☲六二：晋如愁如，贞吉，受兹介福，于其王母。

现代文注释：

六二，位居中得正，当然可以升进，但它在上卦与六五无应，此为其忧，如若前行，前方有坎，坎亦为忧，故曰"晋如愁如"，这种情况下，守持正道可得吉祥。"介"，其意为安于节守，含有"安守其位"和"有节守正"两层意思，古人有云："介然守正，则远邪恶，行君子之道，福庆及物焉！"就可以解释此处的"介福"，六二承受的福庆是他自己安守其位、自守贞正而得到的。王母指阴爻的尊者，在卦中，六二居坤中，六五居明中，同为阴的尊者，皆有王母之象，《晋》卦着重于讲臣道，故，六二、六五皆为臣，并都做到了恪守其正道，也就是臣道，故"于其王母"的意思就是：六二的情况同于六五，都能做到明其道、自守贞正而升进，故都能得到"介福"。

学生：企业战略的占问结果，要以《晋》卦六二为断。此爻的主人同样也在发愁，还请老师为我们做个卦象解析。

老师：好的。占问结果以《晋》卦六二为断，得到的是《晋》之《未济》。从卦象看，《晋》卦卦象☷☲，《未济》卦卦象☵☲，两卦卦象结合起来看，离为戈兵，坤为民，为军，坎为险，为凶危，艮为关，为城郭，为刀兵，为操练，为卫，半震为粮，半艮为仓庾，为粮食储备，这是一个重兵驻扎的城镇，粮食储备充足，军队操练常备，寓安宁于重险之中，卫师驻扎，设重险之关以御外敌入侵，然而，战事转瞬间即起之地，不利商旅之居，兵争之地随时会有凶危，对经商来说，并无地利。对于企业战略而言，卦象信息，寓意边关之城设险可保国家长安，但不适合商旅，到此地经商，常遇凶危，常有忧愁，不会成功。

学生：明白了。那我们继续看《晋》卦六三的爻辞。

䷢ **六三：众允，悔亡。**

现代文注释：

六三，不在中位，且阴爻居阳位，本有悔，但六三与上九有应，有上进之志，经过努力，终于得到上九的信任，得到众允而升进，悔亡。

学生：企业战略的占问结果，要以《晋》卦六三为断。此爻的主人不得位，联系我们的主题，还请老师为我们做个卦象解析。

老师：好的。占问结果以《晋》卦六三为断，得到的是《晋》之《旅》。从卦象看，《晋》卦卦象䷢，《旅》卦卦象䷷，两卦卦象结合起来看，艮阳进入互坎，艮为安，故有不安之象；艮为贤人，为辉光，覆震为避，坎为困，为隐，为祸患，为晦暗，这是贤人困而隐，晦其辉光，韬晦避祸之象；巽为利，正反巽相背，为利益相背，利不合，巽伏震，震为功业，伏震为无功，互兑为毁折，大坎为反目，坤为劳，这是利不合而反目，功业毁折，劳而无功之象。对于企业战略而言，卦象信息，明确失败，战略实施不会成功。

学生：明白了。那我们继续看《晋》卦九四的爻辞。

䷢ **九四：晋如鼫鼠，贞厉。**

现代文注释：

九四，阳爻居阴位，位不得正，其为阳爻又不利晋升，自身无一技之长，故被称为鼫鼠，九四在中爻居坎中，坎中即险中，寓意四周充满着危险，要警惕自身会遭遇打击，由于九四没有职业专长，处境危险，其占为厉。

学生：企业战略的占问结果，要以《晋》卦九四为断。此爻的主人有危厉，结局会怎样，还请老师为我们做个卦象解析。

老师：好的。占问结果以《晋》卦九四为断，得到的是《晋》之《剥》。从卦象看，《晋》卦卦象☲☷，《剥》卦卦象☶☷，两卦卦象结合起来看，离为戈兵，为网，互坎为破，为缺，艮覆震，覆震为败走，这是兵败出走又落入网中，网有破缺终于逃出之象；爻变，失离得艮，失坎得坤，离失为兵祸解除，得艮为得到安定，坎失为无忧，得坤为得国，这是灾患得解，获长久安定，得国无忧之象。对于企业战略而言，卦象信息，寓意先遇到危厉，得以逃脱，其后灾患得解，得长久安定，战略实施终可得成功。

学生：明白了。那我们继续看《晋》卦六五的爻辞。

☲☷ 六五：悔亡，失得勿恤，往吉，无不利。

现代文注释：

六五，就是《晋》卦之主康侯，这里讲他的品德，也讲他遵从臣道的心得，康侯位尊得中，但他为臣，故在本卦中以阴爻出现，阴爻居刚位，本有悔，但他做到了阴顺阳，臣顺君，因此能得到象辞所说的：顺而丽乎大明，柔进而上行，是以"康侯用锡马蕃庶，昼日三接"也。故，悔恨都消失了，个人的失与得是多方面的，也都无需考虑，不用忧愁了，大胆的去做自己认为对的事情，前往自然有吉祥，无不利。

学生：企业战略的占问结果，要以《晋》卦六五为断。此爻的爻辞吉祥，结果怎样，还请老师为我们做个卦象解析。

老师：好的。占问结果以《晋》卦六五为断，得到的是《晋》之《否》。从卦象看，《晋》卦卦象☲☷，《否》卦卦象☰☷，两卦卦象结合起来看，坤为冬，为北，为云，为心，为忧，互巽为风，乾为寒，为大，离为旱，这是北风寒冷猛烈，风吹云散，冬季雨雪不至，来年会有大旱，让人心忧之象；艮为鸟，为翼，为飞，互坎为矢，为伤，坤为灾凶，互巽为陨，这是鸟为箭矢所伤，有灾凶之象。对于企业战略而言，卦象信息，来年的大旱，代表外部因素不利；鸟为箭矢所伤，而有灾凶，是提醒有风险和祸殃；得此占，求事不会成功。

学生：明白了。那我们继续看《晋》卦上九的爻辞。

䷢上九：晋其角，维用伐邑，厉吉，无咎，贞吝。

现代文注释：

上九，到了《晋》卦的极致之位，走向反面，前进已走进了死胡同，"晋升"本该用柔，而到了上九这里，却转而要用刚，就像野兽要用兽角去顶，要去拼命，"维用伐邑，"开始动用武力了，这样即使胜利也是极为危险的，故称其"厉吉"，吉的前面加厉，危险啊！但还是没有咎害，只是有所遗憾。卦象上，下卦坤为邑，上卦离为戈兵，故这里的伐邑，泛指用武之道，武王伐纣，最终动用武力征伐，也是由于已没有了其他和平手段可供选择，"晋"的道路已经不通了。

学生：企业战略的占问结果，要以《晋》卦上九为断。此爻到达极致位，走向反面，还请老师为我们做个卦象解析。

老师：好的。占问结果以《晋》卦上九为断，得到的是《晋》之《豫》。从卦象看，《晋》卦卦象䷢，《豫》卦卦象䷏，两卦卦象结合起来看，离为戈兵，互坎为困，坤为灾，为死，震为出，为逃，互艮为虎狼，为道，为安，艮阳进入坎中，为不安，这是兵戎为灾，虎狼当道，逃出死地，仍有不安之象。对于企业战略而言，卦象信息，寓意晋升之路不通，不会成功。

学生：明白了。《晋》卦的六爻都讲完了，很有收获。张老师，最后要向您请教一个问题，就是上九到达极致位而走向了反面，那《晋》卦的上九有没有违背臣道？动用武力争天下，还是臣道吗？《晋》卦上九走向反面算不算是臣道的白玉有瑕疵，是不完美，还是"道"的不和谐呢？

老师：《易》道，是阴阳之道，故，若要讲和谐，就要讲阴阳的和谐。那什么是阴阳的和谐？就是阴中有阳，阳中有阴，互含互生。臣道与君道，就是阴阳互含互生的关系，故，没有了君道，臣道就不可能单独存在。君若无道，谏言不再起作用，到了无可救药的地步，走向暴虐，残害忠良，荼毒天下苍生；臣道也就不能再讲顺从、忠诚、君子安守其位的迂腐之理。《坤》卦六二爻讲过，坤德合天德，就是臣德合君德，臣德通过坤德的"动也刚"会在"动"中转化为君德，阴阳转化，这就是《易》理中"变易"的道理，阴阳会互变，故臣道会变为君道，有道征伐无道，武王伐纣之时，武王之道已变为君道，此时的武王已不再为臣，而成为了君；商纣王也不再为君，而是一个狂暴的、为害社会的匹夫。

学生：明白了。谢谢老师的指教。

第十七章　小畜、豫、大壮、观

在这一章里，解析《小畜》、《豫》、《大壮》、《观》四个卦，在这四个卦里面，《小畜》、《大壮》两卦是紧跟在《需》卦之后的"阳息阴"的卦，其下卦皆为乾，卦序号皆为奇数，是《复》卦之后"阳息阴"一条路线上的卦。而《豫》、《观》两卦则是紧跟在《晋》卦之后的"阴消阳"的卦，其下卦皆为坤，卦序号皆为偶数，是《姤》卦之后"阴消阳"一条路线上的卦。

风天《小畜》☴☰（卦序号：57）

《小畜》卦是周文王被囚羑里之时的记载，故其卦辞、爻辞皆隐晦而不明，是六十四卦里最难弄明白的卦之一。因此，不要断然的判断《小畜》卦与《大畜》卦的关系，以为《大畜》从畜牧的角度谈蓄积，而《小畜》卦从农耕的角度谈蓄积，如果这样理解《小畜》与《大畜》的区别，就无法解释通《小畜》卦的六爻。故，必须知道它的卦辞、爻辞的背景，这是周文王被囚羑里，分析自己的处境和国内形势而写下的，知道了其中原因也就能准确理解《小畜》卦。

先看《小畜》卦的卦辞，及现代文注释：

小畜：亨。密云不雨，自我西郊。

现代文注释：

小畜，是卦名。"小畜"是一阴五阳的卦，阴爻六四得位，以阴畜阳，阴为小，故曰"小畜"。下卦为乾，乾有元亨，故曰"亨"。密云在我西郊聚集，云从西边来，却不降雨。卦辞中的"我"，是周文王，此时被囚羑里。他看到密云自西岐飘来，云虽密而不雨，想到西岐此时的国力现状，还要努力畜积，至于行雨布施天下的功德，还有待功行圆满之日。西岐方面，阳刚力量的大聚合，需要有能够吸引、和同、畜止和平衡各方面阳刚力量的主心骨；现在君王缺位的状况是不利的，六四居臣位，故"小畜"为臣畜君，其道危厉；"小畜"一阴畜五阳的状况不能持续太久。

孔子《易传•彖》对《小畜》卦的卦辞，是这样裁断的：

《彖》曰：小畜，柔得位而上下应之，曰小畜。健而巽，刚中而志行，乃"亨"。"密云不雨"，尚往也。"自我西郊"，施未行也。

现代文注释：

彖辞说，小畜，阴柔得位，而上下的阳刚都来应它，所以称"小畜"。下卦刚健而上卦顺逊，九五阳刚居中，而志向可以实行，因此可得亨通。浓云密布却不降雨，说明阳气还在上升。密云从西边飘来，阳刚力量的汇聚已经在西岐进行，但其运行的和冶、阴阳交合的施行都尚未完成。

学生：老师，孔子对《小畜》卦卦辞的裁断准确吗？《小畜》卦的时义，应当怎样准确表述呢？

老师：孔子对《小畜》卦卦辞的裁断准确。《小畜》卦的时义，是君王缺位的时期，忠诚的能臣挑起重担，完成小有积蓄的目标。

学生：明白了。我们可以进入主题了，企业战略的占问结果，要以《小畜》卦的卦辞为断，还请老师为我们做个卦象解析。

老師：好的。以《小畜》卦的卦辭為斷，占問結果分為兩大類情況。第一類情況《小畜》卦為本卦，六爻皆不變。第二類情況《小畜》卦為之卦，本卦三根爻變，變卦為《小畜》卦。

學生：老師，您先講第一類情況，《小畜》卦為本卦，六爻皆不變。

老師：好的。從卦象看，《小畜》卦卦象☴☰，乾為周，為公，為周公，為聖賢，伏坤為天下，為政，互兌為輔，為哺，覆兌為吐哺，巽為心，巽伏震為歸，這是聖賢輔政，周公吐哺，天下歸心之象。對於企業戰略而言，卦象信息，寓意有忠臣輔佐，賢才來歸，求事有成，戰略實施會成功。

學生：明白了。老師，您繼續講第二類情況，《小畜》卦為之卦，本卦三根爻變，變卦為《小畜》卦。

老師：好的。我舉幾個例來具體解析，先看占問結果得到《蒙》之《小畜》。從卦象看，《蒙》卦卦象☶☵，《小畜》卦卦象☴☰，兩卦卦象結合起來看，艮為時，為位，為得，為成，為安，坎為憂，互震為解，為行，為功業，巽為商賈，為利，坤為地，為萬物，為國，為政，兌為和，為享，為繁茂，乾為天，為恩福，這是國安政和，六位時成，配享天地萬物之繁茂，功業成就，商人蒙天福而得利，憂患得解而無憂之象。對於企業戰略而言，卦象信息，寓意得天時，萬事皆得順意，求利有得，戰略實施成功。

再舉一個例，占問得到《明夷》之《小畜》。從卦象看，《明夷》卦卦象☷☲，《小畜》卦卦象☴☰，兩卦卦象結合起來看，震為道路，為爭戰，為商旅，為驚，坤為千里，為荒野，為害，為虎狼，為多，為聚，為災禍，為夷狄，互坎為留宿，為心，為憂，為畏忌，為悔，離為戈兵，為凶，兌為夜，巽為寇盜，為頑虐，這是商旅行路夜宿，為周邊虎狼、金戈之聲所驚，驚懼且心中擔憂此行道路的通暢，得知有兵戈的爭戰正在對峙，此地夷狄為患、盜寇猖獗，荒野千里，道路荒莽難行，故而後悔此行的選擇，打算原道返回，取消此行。對於企業戰略而言，卦象信息，意味著發展環境不利，戰略方向有錯，歸於失敗。

學生：明白了。那接下來我們看孔子對《小畜》卦的觀象說了什麼。

☴ 孔子《易传·象》对《小畜》卦的卦象特点，做了如下表述：

《象》曰：风行天上，小畜。君子以懿文德。

现代文注释：

　　《象》说，上卦巽为风，下卦乾为天，故曰"风行天上"这就是《小畜》卦的卦象。"小畜"，象征小的积蓄。君子观此卦象，效法它的精神，应当努力蓄积才德，使之不断得以充实，趋于完美。

　　学生：老师，孔子对《小畜》卦的观象准确吗？最后一句感悟的话，如何理解呢？

　　老师：孔子对《小畜》卦的观象，以上下卦的巽为风、乾为天，简单表述了卦象，以此感悟天道并及于人事。最后一句感悟的话，是从儒家对君子修身蓄德的要求而阐发的。

　　学生：明白了。那接下来我们可以进入到《小畜》卦的爻辞了。

☴ **初九：复自道，何其咎，吉。**

现代文注释：

　　初九，初阳得位，与上卦六四正应，上往应六四后退回本位，下卦乾为道，故曰"复自道"，自守其正，回到自己的位置，又有何咎，得吉。

　　学生：企业战略的占问结果，要以《小畜》卦初九为断。联系我们的主题，还请老师为我们做个卦象解析。

　　老师：好的。占问结果以《小畜》卦初九为断，得到的是《小畜》之《巽》。从卦象看，《小畜》卦卦象☴，《巽》卦卦象☴，两卦卦象结合起来看，巽为树木，为枝条，巽伏震为春，为生，互兑为华，为繁茂，互离为夏，这是树木的枝条春天萌发，夏天繁茂之象，是大自然中树木春生夏长的现象，体现的道理却是"时"的作用，是道；卦中三巽一乾，巽卦的阳爻均居于阴爻之上，是君王尊而臣逊顺，各安其位之象；"时"的作用，"位"的分别，是自然的道。对于企业战略而言，卦象信息，寓意遵从自然规律，不违反"时"和"位"的要求，这样去做事，可无咎而得吉；得此占，功业可成。

学生：明白了。那我们继续看《小畜》卦九二的爻辞。

☴ 九二：牵复，吉。

现代文注释：

九二，阳刚居中，其应爻是九五，与九五为敌应，但志向相同，故九二先与初九共同前行，而后相牵复回其乾中，守其中道，吉。

学生：企业战略的占问结果，要以《小畜》卦九二为断。此爻的主人与初九共进退，联系我们的主题，还请老师为我们做个卦象解析。

老师：好的。占问结果以《小畜》卦九二为断，得到的是《小畜》之《家人》。从卦象看，《小畜》卦卦象☴，《家人》卦卦象☲，两卦卦象结合起来看，离为星辰，为宫，互坎为北，为北辰，乾为圣贤，为周，为大，伏坤为政，巽为命，为利，互兑为辅，震为福喜，为步，为进，半艮为室，为门，为授，为求，为得，这是圣贤进入北辰之宫，领北辰太一大帝亲授大命，辅佐周室，福喜进门，求利可得之象。对于企业战略而言，卦象信息，寓意所行之事符合天时，且为正道，有圣贤辅佐，得人和，周公吐哺，天下归心，人才汇聚，同心协力，福气和喜庆常相伴随，求利可得，战略实施会成功。

学生：明白了。那我们继续看《小畜》卦九三的爻辞。

☴ 九三：舆说辐，夫妻反目。

现代文注释：

九三，靠近六四，为"亲比"关系，故称夫妻，夫妻拉车走在路上，车的辐条散了，不能前行，九三中爻离为反目，故曰"夫妻反目"。这里是说六四对九三畜止，但出现冲突，九三上无应爻；与六四的关系为亲比，但非正应，此爻的状态，寓意九三不能上行，只能停止。

学生：企业战略的占问结果，要以《小畜》卦九三为断。此爻的主人出现了不能前行的情况，还请老师为我们做个卦象解析。

老师：好的。占问结果以《小畜》卦九三为断，得到的是《小畜》之《中孚》。从卦象看，《小畜》卦卦象☴，《中孚》卦卦象☴，两卦卦象结合起来看，互离为日，为旱，巽为风，兑口为吹，离伏坎，坎为云，坎伏为云散，艮为阳光，为火，为家，为止，震为出行，在艮下，为艮所止，这是旱灾肆虐，风吹云散，不能出行，反归回家之象。对于企业战略而言，卦象信息，寓意出现了不利于做事的因素，只能停止，战略实施不会成功，归于失败。

学生：明白了。那我们继续看《小畜》卦六四的爻辞。

☴ 六四：有孚，血去惕出，无咎。

现代文注释：

六四，为《小畜》卦的主爻，位得正，责任重大，"有孚"指刚爻，六四的中爻离象为孚，五刚爻孚之；六四得到信任，能免去伤害，其伏象为坎，坎为血，为惕，暗伏危厉。六四因得到君王的孚信，暗伏的灾祸可自行免除；伤害去除，惧怕和猜忌也就没有了，故占者如有诚信，则可无咎。

学生：企业战略的占问结果，要以《小畜》卦六四为断。此爻的主人是卦主，也是摄政王，还请老师为我们做个卦象解析。

老师：好的。占问结果以《小畜》卦六四为断，得到的是《小畜》之

《乾》。从卦象看，《小畜》卦卦象☰，《乾》卦卦象☰，两卦卦象结合起来看，爻变导致中爻离变乾，离中虚，乾为富实，为君王，这是由虚转为富实，君王归位之象；此象暗喻周文王回归其位。乾为福，离伏坎，坎为灾患，坎伏为灾伏而自免，是有福无忧之象。对于企业战略而言，卦象信息，有福无忧，灾祸自免，君王归位，由虚转为富实，故，战略实施会顺利，事业成功。

学生：明白了。那我们继续看《小畜》卦九五的爻辞。

☰ 九五：有孚挛如，富以其邻。

现代文注释：

九五，居尊位，对"小畜"之道，给予配合。"有孚"是对六四，与六四紧密连接在一起，故曰"有孚挛如"，"邻"为六四，九五的阳富给以六四，故曰"富以其邻"，阳富为六四畜止是"小畜"的主旨。

学生：企业战略的占问结果，要以《小畜》卦九五为断。此爻之位是君位，联系我们的主题，还请老师为我们做个卦象解析。

老师：好的。占问结果以《小畜》卦九五为断，得到《小畜》之《大畜》。从卦象看，《小畜》卦卦象☰，《大畜》卦卦象☰，两卦卦象结合起来看，艮居西北，乾为大君，为周，乾伏坤为国，震为王，为出，为巡，为游，为德惠，巽为利市，兑为恩泽，为盛茂，这是西周君王巡狩天下，德惠四方，利市为盛，民被福泽之象。对于企业战略而言，卦象信息，寓意有好的政策环境，对利市有诸多优惠刺激，企业战略实施会成功。

学生：明白了。那我们继续看《小畜》卦上九的爻辞。

☰ 上九：既雨既处，尚德载，妇贞厉。月几望，君子征凶。

现代文注释：

上九，到达"小畜"的终了，密云已经降雨，阳已经与阴和冷相处，功德已经圆满，群阳的阳德皆已积载于六四而化雨。上九，巽体之上位，巽为妇，其德虽正亦有厉，故曰"妇贞厉"，这个警示也是对"小畜"卦的卦德的警示，也就是说"小畜"之道有危厉；上卦为覆兑之象，为月，上九阳德化雨寓意"阳"被消，已过满月，故"几望"通"既望"，已是十六"既望"的月亮，满则遭损，故"小畜"之道要适时停止。"君子征凶"，是说此时上九若行动就会有凶险。上卦巽为系，巽体系六四，故这里也同时提醒六四，继续行动会有凶险。

学生：企业战略的占问结果，要以《小畜》卦上九为断。此爻警示如若继续行动则有凶，联系我们的主题，还请老师为我们做个卦象解析。

老师：好的。占问结果以《小畜》卦上九为断，得到的是《小畜》之《需》。从卦象看，《小畜》卦卦象☴，《需》卦卦象☵，两卦卦象结合起来看，坎为隐蔽，离为巢，为新，巽为茅草，为松林，兑为燕雀，为衔，为乐，乾为高山，这是高山松林里的燕雀，衔草在安全隐蔽处又筑新巢，新家温暖安乐之象。对于企业战略而言，卦象信息，寓意在新址建立家园，准备搬迁，企业已有条件迁建新址，可以快乐安居，是战略实施的成功。

学生：明白了。《小畜》卦的六爻都讲完了，明白了很多，收获很大。

雷地《豫》☷☳（卦序号：58）

《豫》卦，讲处安乐之道，君子如何处在安乐之中，还能做到贴合《豫》卦
的时义"有志而动"，这是君子需要深思的。卦主九四，是为震主，震为动，故
《豫》的时义，若离开有效、有利的动，那还有什么呢？而要把"安乐"引向行
动，君子要怎么做呢？古代的圣人，把处安乐之道，放在"利建侯行师"这样的
卦里，其意义确实很深远。《豫》卦，是周易给人留下最多思考的卦之一。

先看《豫》卦的卦辞，及现代文注释：

豫：利建侯行师。

现代文注释：
　　豫，是卦名。占到豫卦的人，利于建立大的功业，利于行师出征开始行动。
之所以如此，是豫卦的卦象与《屯》卦有相同的卦情，故"利建侯"；与《师》
卦有相同的卦义，故"利行师"。《豫》卦的时义，是有志而动，下卦坤为志，
上卦震为动，为了实现志向而行动，故，利建侯行师。

孔子《易传·彖》对《豫》卦的卦辞，是这样裁断的：

**《彖》曰：豫，刚应而志行，顺以动，豫。豫，顺以动，故天地如之，而况"建
侯行师"乎？天地以顺动，故日月不过，而四时不忒。圣人以顺动，则刑罚清而
民服。豫之时义，大矣哉！**

现代文注释：
　　彖辞说，"豫"，意思是安乐。阳刚与阴柔相应与，众志得行，和顺的共同
行动，雷动出，而万物生机勃发，这就是《豫》卦。"豫"，欢乐和谐，是因为

顺应时势、情理而行动，天地的运行也不过如此，何况是建立王侯的基业、行师出征这样的事呢？天地在宇宙物理的规律作用下，顺其自然的道理而运行，所以日月运转遵守恒道而不偏离，四时更替而不出差错。圣人顺应民意、民情而动，刑罚清明，而民众服从。《豫》卦的时义，确实很大啊！

学生：老师，孔子对《豫》卦卦辞的裁断准确吗？《豫》卦的时义，应当怎样准确表述呢？

老师：孔子对《豫》卦卦辞的裁断准确。《豫》卦的卦象，下卦坤为志，上卦震为动，这是君子为其志向而动的卦象，卦象既如此，故其"时义"，必然是"有志而动"。"动"是《豫》卦的主旨，"有志"是《豫》卦的灵魂。

学生：明白了。我们可以进入主题了，企业战略的占问结果，要以《豫》卦的卦辞为断，还请老师为我们做个卦象解析。

老师：好的。以《豫》卦的卦辞为断，占问结果分为两大类情况。第一类情况《豫》卦为本卦，六爻皆不变。第二类情况《豫》卦为之卦，本卦有三根爻变，变卦为《豫》卦。

学生：老师，您先讲第一类情况，《豫》卦为本卦，六爻皆不变。

老师：好的。从卦象看，《豫》卦卦象☷☳，坤为军，为师，互坎为心，为忧，震为解，为出征，为功业，为奋，这是军队集结，即将行师出征，为功业而兴奋之象；艮为山岭，为果，为橘柚，为栗，坤为聚，震为筐，为载，为喜，震伏巽为香，为贾市，为利，这是山岭林果丰收，筐里满溢香气，运往贾市交易，获利为喜之象。对于企业战略而言，卦象信息，是建功出征前的兴奋，是收获的喜悦，战略实施会成功。

学生：明白了。老师，您继续讲第二类情况，《豫》卦为之卦，本卦有三根爻变，变卦为《豫》卦。

老师：好的。我举几个例来具体解析，先看占问结果得到《讼》之《豫》。从卦象看，《讼》卦卦象☰☵，《豫》卦卦象☷☳，两卦卦象结合起来看，巽为鸡，艮为鸠，震为争斗，鸡为鸠所伤，坎为折，震为翅，互离为目，这是鸡与鸠搏斗，折翅伤目之象。对于企业战略而言，卦象信息，是遭遇到了强劲的对手，在竞争中企业遭到重创；得此占，会有失败。

再举一个例，占问结果得到《蒙》之《豫》。从卦象看，《蒙》卦卦象☷☵，《豫》卦卦象☳☷，两卦卦象结合起来看，坎为暗昧，为奸猾，震为武人，为强，为往，为出走，坤为民，为乡，为事，正反震为争，为战，这是有事而起争端，事不能平息而燃起战火，奸猾之徒过强而欺民，民无奈只能离开家乡出走之象。对于企业战略而言，卦象信息，寓意会有事起争端，遇到无理强讼的对手，事态最终会扩大，要做好放弃的准备，不会成功，归于失败。

学生：明白了。那我们接下来看孔子对《豫》卦的观象说了什么。

☳☷　孔子《易传·象》对《豫》卦的卦象特点，做了如下表述：

《象》曰：雷出地奋，豫。先王以作乐崇德，殷荐之上帝，以配祖考。

现代文注释：

《象》说，上卦震为雷，下卦坤为地，故曰"雷出地奋"，这就是《豫》卦的卦象。古人认为雷在冬天潜伏于地下，到春天适时发动，雷从地下震动而出，大地亦为之震奋，故"雷出地奋"，这就是《豫》卦的卦象。先王观察此卦象，得到启示，因此产生了礼乐，以崇扬、赞美功德，并举行盛大的典礼将礼乐献予天帝，配享祖先。

学生：老师，孔子对《豫》卦的观象准确吗？好像孔子把重点放在了礼乐之上了，而且是王庭用于典礼之上的礼乐。

老师：是的。孔子为了把处安乐之道放进《豫》卦，煞费苦心的引入王庭典礼的礼乐起源，作为圣人发议论的话题。

学生：明白了。那接下来我们可以进入到《豫》卦的爻辞了。

䷏ 初六：鸣豫，凶。

现代文注释：

初六，阴爻不得正，伏象震为鸟，为声，故曰"鸣豫"，在安乐中张扬，就像鸟儿在鸣叫，使得大家都知道鸟儿的存在，也就完全暴露了自己，会招来寇盗，故初六的张扬，得志后就沾沾自喜、洋洋得意，甚至到处自吹自擂，是轻浮的举动，也说明他的志气已经穷尽了，没有志气才会轻浮自贱，故"凶"。

　　学生：企业战略的占问结果，要以《豫》卦初六为断。联系我们的主题，还请老师为我们做个卦象解析。

　　老师：好的。占问结果以《豫》卦初六为断，得到的是《豫》之《震》。从卦象看，《豫》卦卦象䷏，《震》卦卦象䷲，两卦卦象结合起来看，震为马，为请，为出，为乐，伏巽为商贾，为贩马的商人，为利，为买卖，艮为时，为止，为蓄留，为待，为位，为价，互坎为心，为平，这是贩马的商人识好马，蓄之时日，以待善价而出手，有客出了好价钱欲买，此时商人已得到善价，乐以成交，心情平稳，无悔之象。对于企业战略而言，卦象信息，待时谋取厚利，并得到了厚利，是求事有成，战略实施成功。

　　学生：明白了。那我们继续看《豫》卦六二的爻辞。

䷏ 六二：介于石，不终日，贞吉。

现代文注释：

　　六二，位居中得正，有中正之德，"介于石，不终日，"原为周朝建立之前西岐境内的法律规定之一，西岐的官员遵照西伯侯的人道旨意，规定轻罪的犯人不捆绑、不戴刑具，不进牢房，只是在大街的边上站立着，用小石头摆上一圈在他身边，寓意牢房，而且不终日站着，每天下午可以早些回去为家里的老母亲准备饭食，不至于家中老母饿死。这是极为守信的社会里才能做到的，故此做法在西周建立后就不再实行，人们也早就忘了"介于石，不终日，"有这样的含义。在其后的时代里，"介"通解"节"，做"节守"之意解，意思就是"有节守正"，而"石"是指"磐石"，寓意坚固，"介于石"就是把"有节守正"安放在磐石之上，表达"固守正道"之意。本卦中的六二，决意"固守正道"，在安乐的环境里不放纵自己，给自己定了一个规矩：绝不娱乐终日，每天都必须有节制，任何一天都不能违反。故曰"介于石，不终日"。在这里，"介于石"也暗含古代典故里的"守信"之意，表达他既然给自己定下"不终日"的生活规矩，就一定做到守信。这里面就包含了守持贞正，其占"吉"。

学生：企业战略的占问结果，要以《豫》卦六二为断。此爻的爻辞真的很难理解，还请老师为我们做个卦象解析。

老师：好的。占问结果以《豫》卦六二为断，得到的是《豫》之《解》。从卦象看，《豫》卦卦象▤，《解》卦卦象▤，两卦卦象结合起来看，互坎为孚信，为志，为栋梁，为不倾，坤为天下，为门，艮为国，为安，为君子，为守，为成，震为仁德，为行，为功业，为福喜，这是仁德行天下，福喜进门，孚信不失，守志介石，功业有成，国安不倾之象。对于企业战略而言，卦象信息，寓意君子重德守信而行天下，可定鼎天下，成就功业，有福喜而无倾危之忧，得长久安定；得此占，战略实施成功。

学生：明白了。那我们继续看《豫》卦六三的爻辞。

▤六三：盱豫，悔，迟有悔。

现代文注释：

六三，睁大眼睛观察"豫"，感觉有悔，"豫"的礼乐形式消磨了"建侯"之志，知其所悔而复有悔，实为悔而有悔，六三往上有互坎之象，坎为困，前往则困，故早去、晚去都"有悔"，六三之所以有这么多的悔，是他的爻位决定的，六三阴居阳位，位不正，又靠近上卦，三爻的爻位多凶险，也就多疑虑，多疑虑也就多"悔"。六三的半象为互巽之象，巽为系，六三为九四所系，为亲比的关系，承应九四本可以快，但六三在艮中，艮为止，未离开"艮中"，怎么能够快，又有了悔恨，与九四的亲近是六三的希望，故曰"迟有悔"。

学生：企业战略的占问结果，要以《豫》卦六三为断。此爻同样是难以理解的爻辞，联系我们的主题，还请老师为我们做个卦象解析。

老师：好的。占问结果以《豫》卦六三为断，得到的是《豫》之《小过》。从卦象看，《豫》卦卦象☷☳，《小过》卦卦象☶☳，两卦卦象结合起来看，艮为山坡，为果，互巽为林木，互兑为华，为盛茂，坎为忧，震为福，为乐，为兴，为仁德，为筐，为载，坤为众，为聚，为采集，这是山坡林果丰收，有采集贩运之忧，仁德以兴，有福无忧，众人携筐来帮忙之象。对于企业战略而言，卦象信息，寓意大丰收到来，得众支援，战略实施成功。

学生：明白了。那我们继续看《豫》卦九四的爻辞。

☷☳ **九四：由豫，大有得。勿疑，朋盍簪。**

现代文注释：

九四，《豫》卦唯一的刚爻，也是震主，为"动"的主导之爻。"由"，意思就是"随缘"。人生随缘，万事"由"它自来，"由"它自去，不主动追求。九四，志在"建侯"，不追求安乐，随缘的看待安乐，就是九四最美好的生命状态，故曰"由豫"。在随遇而乐的人生里，九四因不困于豫，其人生大有所得。人生有时会有沉溺之"困"，而懈怠自己，作为震主，九四持不困于豫的人生态度，就能做到不懈怠自己；故，"由豫"的好处在于心不迷失。九四，是《豫》卦唯一的阳，众阴都来应他、顺从他，这是"勿疑"的好环境，阴爻依附阳爻后就成为阳之友类，故亦可以称"朋"，"盍"即为"合"，"盍簪"，指九四在本卦中，为总合群阴的统领作用。

学生：企业战略的占问结果，要以《豫》卦九四为断。此爻是卦主，联系我们的主题，还请老师为我们做个卦象解析。

老师：好的。占问结果以《豫》卦九四为断，得到的是《豫》之《坤》。从卦象看，《豫》卦卦象☳☷，《坤》卦卦象☷☷，两卦卦象结合起来看，震为大将军，为德，为功业，艮为贤臣，为望，为安，为成，为操练，为常备，坤为军，为兵众，为劳，为年，为天下，互坎为心，为存，为志，为平，这是大将军操练兵马，经年累月常备不懈，心存为国平天下的大志，劳苦终日，德行得众望之象。对于企业战略而言，卦象信息，寓意得到了良将，有九四这样的将帅之才，尽心尽力做事，何愁事业不成，将帅是人才战略的核心，对于建侯的大功业尤为重要；此占，为先得良将，后得天下，战略实施成功。

学生：明白了。那我们继续看《豫》卦六五的爻辞。

☷☳ 六五：贞疾，恒不死。

现代文注释：

六五，柔弱之君，沉溺于安乐，失去正道，"守正"上有问题，故曰"贞疾"；但后果不会太严重，因六五位居中，未失去中道，故虽有"疾"，其疾"恒不死"，会长期生病，但都没有生命危险。这里"疾"和"恒不死"都是六五所处状态的比喻。六五，为了享乐，失去了正道，自身柔弱，故不再有君王的作为，疾病缠身，但尚未死于"疾"，沦落为一个傀儡。

学生：企业战略的占问结果，要以《豫》卦六五为断。此爻的主人是享乐的君王，结果怎样，还请老师为我们做个卦象解析。

老师：好的。占问结果以《豫》卦六五为断，得到的是《豫》之《萃》。从卦象看，《豫》卦卦象☳☷，《萃》卦卦象☱☷，两卦卦象结合起来看，震为春，为黍稷，为粮，为兴，艮为仓庾，为安，坤为民，为国，为大地，互巽为菽，为豆荚，为利市，兑为食，为秋，为收获，为盛茂，为丰，为喜悦，坎为酒，为饱，这是粮食喜获丰收，秋有粮酿酒，民得温饱，仓庾充盈，利市兴盛，国得安宁之象。对于企业战略而言，卦象信息，寓意收成好，利市兴盛，是大好的年景，可加快发展步伐，战略实施会成功。

学生：明白了。那我们继续看《豫》卦上六的爻辞。

☷☳ 上六：冥豫成，有渝，无咎。

现代文注释：

上六，《豫》卦的极致之位，合了人们常说的一句话"乐极生悲"，很快就要进入到反面了。"冥"是黑暗、愚昧。"渝"是改变。沉溺于昏天黑地的娱乐，整天醉生梦死，已经成了生活习惯，故曰"冥豫成"；这种状态若能改变，可以无咎害，故曰"有渝，无咎"。

学生：企业战略的占问结果，要以《豫》卦上六为断。此爻是豫走向反面，成为不好的生活习惯，结果会怎样，还请老师为我们做个卦象解析。

老师：好的。占问结果以《豫》卦上六为断，得到的是《豫》之《晋》。从卦象看，《豫》卦卦象☷☳，《晋》卦卦象☲☷，两卦卦象结合起来看，离为日，为明，坤为夜，为暗昧，震为走，为出，为脱离，震在上，为已走出，为已脱离，互坎为困，为陷，为祸患，这是走出困陷，脱离暗昧，祸患远去，未来光明之象。对于企业战略而言，卦象信息，寓意不良习惯得以改变，已从暗昧走向光明；得此占，事业可成功。

学生：明白了。《豫》卦的六爻都讲完了，收获真的很大。老师，您为我们做个总结吧！《豫》卦体现的主要思想是什么呢？

老师：从古至今流传的一句至理名言，说的是："生于忧患，死于安乐。"常思忧患，可以使人得以"生"；而沉溺于安乐，则可以使人走向"死"。思忧患，利于思想、德行的进步，利于君子志向的建立和固守，也利于志向的实现。君子忧时悯乱，安乐而不忘忧患，志向常存，这就是《豫》卦中体现的思想。

学生：明白了。

雷天《大壮》䷡（卦序号：59）

《大壮》卦，与《泰》卦相比，下面的阳爻多出一根，阳的力量又在壮大，古人观此卦象，雷为鼓，感觉如同敲响了天上的一面大鼓，声势隆盛。然而，深入《大壮》卦的易理，则会发现这只是表象。

先看《大壮》卦的卦辞，及现代文注释：

大壮：利贞。

现代文注释：
　　大壮，是卦名。"大"指阳，"壮"是强盛。连续四个阳爻，成长壮大，是君子壮大强盛的态势，当然亨通。然而，万钧雷霆在九天之上炸响，其声势隆盛，就必须严守正道，否则就会走向强暴；故《大壮》之道，只利于贞正。

孔子《易传·彖》对《大壮》卦的卦辞，是这样裁断的：

《彖》曰：大壮，大者壮也。刚以动，故壮。大壮"利贞"，大者正也。正大，而天地之情可见矣！

现代文注释：
　　彖辞说，"大壮"，大者为阳，天地间只有阳刚可壮。乾为刚，震为动，阳刚处于运动的状态，故在壮大。大壮的行为原则，必须利于贞正，要使大者正。大者即君道、为政之道、父道、师道，等等。正大，大者正，乃天地之常情。

学生：老师，孔子对《大壮》卦卦辞的裁断准确吗？《大壮》卦的时义，应当怎样准确表述呢？

老师：孔子对《大壮》卦卦辞的裁断基本准确，讲到了大者要正，但，孔子没有讲《大壮》卦的时义。《大壮》卦的时义，是君子处壮极之时；知壮而用罔。知壮，君子有条件干一番惊天动地的大事业；用罔，就是不蛮干。

学生：明白了。我们可以进入主题了，企业战略的占问结果，要以《大壮》卦的卦辞为断，还请老师为我们做个卦象解析。

老师：好的。以《大壮》卦卦辞为断，占问结果分为两大类情况。第一类情况《大壮》卦为本卦，六爻皆不变。第二类情况《大壮》卦为之卦，本卦有三根爻变，变卦为《大壮》卦。

学生：老师，您先讲第一类情况，《大壮》卦为本卦，六爻皆不变。

老师：好的。从卦象看，《大壮》卦卦象☳，震为雷，为鼓，乾为天，雷声响彻九天，如同敲响天上的一面大鼓，这是声势隆盛之象；但我在前面就已经说过，这只是《大壮》卦的表象。以《易》学对卦象的理解，《大壮》卦的卦象里蕴含有很重要的信息。震为征伐，为战，兑为虎，为爪牙，为刚猛，卦为阳长阴息，阳逐阴，故为征伐之象；兑为羝羊，反艮为涯，震为上，震数三，为三羝羊上涯，有险，伏巽为陨，为跌落，是征战不利之象；震覆艮，艮为星，为天罡，覆艮为天罡星宿的魁斗朝下，罡魁朝下有冲，下冲兑，兑为羝羊，羝羊冲罡魁，震为征战，兑为毁折，这是战败之象。对于企业战略而言，卦象信息，寓意征战不利，应罢兵息战，不可自恃刚猛，有战败之虞；得此占，事不成。

学生：明白了。老师，您继续讲第二类情况，《大壮》卦为之卦，本卦三根爻变，变卦为《大壮》卦。

老师：好的。我举几个例来具体解析，先看占问结果得到《节》之《大壮》。从卦象看，《节》卦卦象☵，《大壮》卦卦象☳，两卦卦象结合起来看，乾为福禄，为君王，艮为室，震为德，为进，兑为喜悦，这是君王有德，福进王室之象。对于企业战略而言，卦象信息，寓意有德而福禄自来，可得成功。

再举一个例，占问结果得到《谦》之《大壮》。从卦象看，《谦》卦卦象☷，《大壮》卦卦象☳，两卦卦象结合起来看，震为卫，为乐，为解，为开，坤为闭，坎为灾患，为困，艮为防，为安，这是防范灾患，凶祸得解，终有安宁之象。对于企业战略而言，卦象信息，寓意重视风险防范，就没有失败之祸患，企业得安宁，战略实施成功。

学生：明白了。那接下来我们看孔子对《大壮》卦的观象说了什么。

☳☰ 孔子《易传·象》对《大壮》卦的卦象特点，做了如下表述：

《象》曰：雷在天上，大壮。君子以非礼弗履。

现代文注释：

《象》说，上卦震为雷，下卦乾为天，故曰"雷在天上"，这就是《大壮》卦的卦象。震雷响彻云天，声慑万里，象征大而强盛。君子观此卦象，感悟其中的道理，明白天道威严，迅雷可畏，故平时诸事都循礼而动，知进退、守法度，不做败坏纲纪的事情。

学生：老师，孔子对《大壮》卦的观象准确吗？最后一句感悟的话，与时义有关吗？

老师：孔子对《大壮》卦的观象，选择了另外一个角度，讲天道和法纪的威严，君子修德从善的道理，与《大壮》卦的时义，曲径相通。《大壮》卦的时义，是君子处壮极之时；知壮而用罔。

学生：明白了。那我们接下来可以进入到《大壮》卦的爻辞了。

☳☰ 初九：壮于趾，征凶，有孚。

现代文注释：

初九，把强壮体现在脚趾上，为了小利而肆意征伐、欺凌弱小，终归会埋下"凶"的隐患。"壮于趾"，趾高气昂，最终会走向失败，故曰"征凶"；天道总是报应不爽，报应的轮回如同有信，故曰"有孚"。

学生：企业战略的占问结果，要以《大壮》卦初九为断。联系我们的主题，还请老师为我们做个卦象解析。

老师：好的。占问结果以《大壮》卦初九为断，得到的是《大壮》之《恒》。从卦象看，《大壮》卦卦象☳，《恒》卦卦象☳，两卦卦象结合起来看，震为春，为木，为生，为出，震在上为前，互乾为万，为繁盛，互兑为华，为美好，巽覆兑，为无华，为坏，为枯朽，为病树，这是病树前头万木春，大自然中的生命，生生不息之象。对于企业战略而言，卦象信息，寓意春天到来，草木逢春，萌发新的生机，不会停留在只有病树的状态，会有新项目的成功。

学生：明白了。那我们继续看《大壮》卦九二的爻辞。

☳ 九二：贞吉。

现代文注释：

九二，阳刚居于阴柔之位，刚居柔，故懂得用柔，即不以壮为壮，九二具有了柔中之德，其位虽不正，但其贞在中，守持中道就会得正，故可以固守贞正，而得到吉祥。

学生：企业战略的占问结果，要以《大壮》卦九二为断。此爻得吉，结果怎样，还请老师为我们做个卦象解析。

老师：好的。占问结果以《大壮》卦九二为断，得到的是《大壮》之《丰》。从卦象看，《大壮》卦卦象☳，《丰》卦卦象☳，两卦卦象结合起来看，爻变导致中爻失乾得巽，乾为圣贤，巽为商贾，为利，离为陶，色朱，震为公，这是陶朱公范蠡弃政经商，舍弃贤臣的虚名，得实利而富足之象；震为春，为开，为福，为进，互兑为和，为花，为鸟鸣，离为家，互巽为风，为门，这是春风和气，花开鸟鸣，福进家门之象。对于企业战略而言，卦象信息，万物充满生机，利福可得，战略实施会成功。

学生：明白了。那我们继续看《大壮》卦九三的爻辞。

☳ 九三：小人用壮，君子用罔，贞厉。羝羊触藩，羸其角。

现代文注释：

九三，"罔"的意思是"无"，"无"即"道"。小人物会炫耀和使用自己的强壮，喜欢逞强；君子则虽有而若无，虽处于强盛，也不轻易使用蛮力，而是使用存在于天道中的智慧。九三靠近上卦，需警惕危险的存在；这种危险，就像公羊用强壮的角顶篱笆，自己的羊角被卡在篱笆中，容易被猎人捕获。

学生：企业战略的占问结果，要以《大壮》卦九三为断。此爻的爻辞有凶，羝羊的角卡在篱笆中了，结果怎样，还请老师为我们做个卦象解析。

老师：好的。占问结果以《大壮》卦九三为断，得到《大壮》之《归妹》。从卦象看，《大壮》卦卦象☳，《归妹》卦卦象☳，两卦卦象结合起来看，乾为君，震为车，互坎为陷，兑为危，为泽，为倾覆，这是车陷泽中，车覆君危之象；爻变失乾得兑，乾为福，兑为折损，这是失福，折损之象；震伏巽，巽为命，为利，伏巽为命乖，为失利，兑为害，为口舌，震覆艮，艮为墙，为室，艮覆为墙倒无室，这是口舌为害，墙倒无室，命乖失利之象。对于企业战略而言，卦象信息，车覆君危，是出征不利；失福，是不再有好运气，求事不成；口舌为害，是内部言语伤害；墙倒无室，是企业破败；战略实施不会成功。

学生：明白了。那我们继续看《大壮》卦九四的爻辞。

☳ 九四：贞吉，悔亡，藩决不羸，壮于大舆之輹。

现代文注释：

九四，也是刚居柔位，位不正，本来有悔。但此阶段的壮盛，已经知道守正的重要，"大壮"的事业必须高举正义之旗，为天下利，行为原则都要利于贞正，这样的壮盛才是真正的壮，占为吉，后悔消失。九四，刚柔相济，不一味的用刚，更显强壮，能"藩决不羸"，把藩一触而破，体现了壮，这里用大车车轮的坚固辐条来比喻九四的强壮。

学生：企业战略的占问结果，要以《大壮》卦九四为断。此爻得吉，联系我们的主题，还请老师为我们做个卦象解析。

老师：好的。占问结果以《大壮》卦九四为断，得到的是《大壮》之《泰》。从卦象看，《大壮》卦卦象☳，《泰》卦卦象☷，两卦卦象结合起来看，爻变阳刚退而得坤，坤为柔，为天下，这是以柔济刚，更为强壮，得天下之象；乾为明，为公，坤为亡，兑为羊，震为逃，震覆艮，艮为牢，为手，为扶，为补，覆艮为牢破，这是牢破而羊逃走，明公亡羊补牢之象。对于企业战略而言，卦象信息，寓意以柔济刚，可得天下；亡羊补牢，亦为明智之举，企业堵塞漏洞，自身缺陷得以弥补，更为强大；得此占，战略实施会成功。

学生：明白了。那我们继续看《大壮》卦六五的爻辞。

☳ 六五：丧羊于易，无悔。

现代文注释：

六五，居兑，兑为羊，为毁折，故"丧羊"；六五居君位，君临群阳，但阴居阳，不得正，本有悔；"丧羊于易"，是说伏象，其伏象为阳，大壮进一步发展，六五就会变为九五；而现在的情况却是：九五变易为六五，因变易而丧失阳，故曰"丧羊于易"；六五有"柔中"之德，能以柔临刚，故而无悔。

学生：企业战略的占问结果，要以《大壮》卦六五为断。此爻的爻辞难懂，还请老师为我们做个卦象解析。

老师：好的。占问结果以《大壮》六五为断，得到的是《大壮》之《夬》。从卦象看，《大壮》卦卦象☳，《夬》卦卦象☱，两卦卦象结合起来看，兑为花，为华，为食，震为木，为花，为开，为车，为载，为筐，震覆艮为山坡，乾为实，为木果，为橘柚，为栗，为年岁，为富，互乾与乾重叠为果实累累，这是山坡上果林已开花结果，木果味美可食，贩卖可获利，年岁收成好，利多可致富之象。对于企业战略而言，卦象信息，寓意新开发的项目已经成功，开始有利润，收获颇丰，战略实施成功。

学生：明白了。那我们继续看《大壮》卦上六的爻辞。

☳ 上六：羝羊触藩，不能退，不能遂，无攸利，艰则吉。

现代文注释：

上六，大象为兑，故为羝羊，进入大壮的极致，走向反面。羝羊冲向藩篱，羊角被藩篱挂住，六爻处最上，已不能退，又不能如愿冲破藩篱，故没有好处；在壮极之时要学会冷静，坚守正道，审时而进，艰忍守正则可得吉祥。

学生：企业战略的占问结果，要以《大壮》卦上六为断。此爻的爻辞不利，但最后冒出来一个吉，很难判断结果，还请老师为我们做个卦象解析。

老师：好的。占问结果以《大壮》卦上六为断，得到《大壮》之《大有》。从卦象看，《大壮》卦卦象☳，《大有》卦卦象☲，两卦卦象结合起来看，震为伐，为征战，离为戈兵，乾为仁德，互兑为毁折，为损，这是恃强好战，德有折损之象；震为晨，为朝，互兑为露水，离为日，这是朝露短暂，日出而消失之象。对于企业战略而言，卦象信息里，朝露和自恃刚猛，都不能长久，都是短暂、不可靠的，德行方为长久，故，德有折损，又从另一方面影响到战略的可靠性，卦象信息提醒占问者，这些不可靠因素叠加后，战略的可靠性又有何保障呢？得此占，战略实施不会成功，归于失败。

学生：明白了。《大壮》卦的道理，就是君子知壮而用罔。知壮，君子有条件干一番惊天动地的大事业。用罔，就是不蛮干。这是《大壮》卦始终在提醒我们的，故君子学完《大壮》卦，就应当效法它的精神，君子立身在世，循礼而行，做事要符合纲纪、法度，不能持强凌弱，要懂得"自胜者强"的道理，努力战胜自身的弱点和缺陷，完善自身的德行。

风地《观》䷓（卦序号：60）

《观》卦，是《周易》六十四卦中寓意深远的一个卦，"观"是人生的一种境界，没有阅历无法谈《观》。故，能把"观"说清楚，天下还没有多少人能做到。故，要先体会感受"观"的涵义，观己生，也观人生。

先看《观》卦的卦辞，及现代文注释：

观：盥而不荐，有孚颙若。

现代文注释：

观，是卦名。"观"，象征观察。有观察，就有"被观察"，被观察者展示的是行为，而其进一步"展示"出来的就是"内心"。大人观察到，在祭祀场所，地上铺着白茅，主祭者把手洗干净，还没有端上祭品，此时他们将酒浇灌在白茅之上，以诚心孚于神明，此刻他们脸上呈现出庄严肃穆的表情，充满了虔诚和恭敬，这就是主祭者"心"的展示，所谓行"不言之教"，这才是真正具有感召力的教化，参加祭祀的民众看到这些，无不为其感化。

孔子《易传·彖》对《观》卦的卦辞，是这样裁断的：

《彖》曰：大观在上，顺而巽，中正以观天下，观。"盥而不荐，有孚颙若"，下观而化也。观天之神道，而四时不忒，圣人以神道设教，而天下服矣。

现代文注释：

彖辞说，阳刚的九五、上九在全卦的最上面，这就是"大观在上"，大人在观天下，顺情而入，世间万事都是从情开始终归于义，顺世间之情而入于义理，这是观察的规律，下卦坤为顺，上卦巽为入，顺情入理也，故曰"顺而巽"；大人怀着中正之心以观察天下，这就是《观》卦。大人在观察祭祀，看到主祭者把手洗干净，还没有端上祭品，此时他们将酒浇在地上所铺的白茅之上，以诚心孚于神明，此刻他们脸上呈现出庄严肃穆的表情，充满了虔诚和恭敬，参加祭祀的民众看到这些，无不为其感化，这就是对下民的教化啊。观天之神道，春夏秋冬四季的更替，准确而不偏差，圣人效法天道而设立教化，使民众都有了道德信仰，而天下归服。

学生：老师，孔子对《观》卦卦辞的裁断准确吗？《观》卦的时义，应当怎样准确的表述呢？

老师：孔子对《观》卦卦辞的裁断准确。《观》卦的时义，就是人生之"观"。这样表述虽简单，却涵义深刻、广大，可长久领悟之。

学生：明白了。我们可以进入主题了，企业战略的占问结果，要以《观》卦的卦辞为断，还请老师为我们做个卦象解析。

老师：好的。以《观》卦的卦辞为断，占问结果分为两大类情况。第一类情况《观》卦为本卦，六爻皆不变。第二类情况《观》卦为之卦，本卦有三根爻变，变卦为《观》卦。

学生：老师，您先讲第一类情况，《观》卦为本卦，六爻皆不变。

老师：好的。从卦象看，《观》卦卦象䷓，乾阳居天位，为君，乾为周，为古，为公，故为周先祖古公亶父；坤为乱，为灾祸，这是古公亶父避灾乱，迁居西岐，坤位西南，巽为利，故利西南，艮为山，为岐山；巽为芦苇，艮为居，为安，为庐舍，艮为手，为搭建，这是搭几间苇庐以安居之象；坤为失，艮为邦国，为高贵，这是古公亶父失国而不辱，高贵之象；艮为德，为名，为望，坤为麟凤，为民，覆震为逐，为跟从，这是古公亶父的德行名望，贤才跟随，庶民追逐跟从，都来投奔他，西岐得兴旺之象；坤为池塘，艮为山坡，为牛，巽为鱼，为鸡，池塘养鱼，山坡养牛和鸡，这是经济得以发展之象；巽为志，伏震为功业，艮为望，为孙，为贤人，艮伏兑为辅，这是古公亶父盼望有圣贤辅佐其孙姬昌，以成就功业之象；古公亶父盼望的、辅佐其孙西伯侯姬昌的那位圣贤，就是姜太公，最终成就了一番大业，这就是核心人才战略，有了它就能有大成功；这些就是卦象里隐藏的历史信息。对于企业战略而言，卦象信息，寓意失国也可以复立，有德就有未来的兴盛，古公亶父可作借鉴。

学生：明白了。老师，您继续讲第二类情况，《观》卦为之卦，本卦有三根爻变，变卦为《观》卦。

老师：好的。我举几个例来具体解析，先看占问结果得到《节》之《观》。从卦象看，《节》卦卦象 ䷻，《观》卦卦象 ䷓，两卦卦象结合起来看，兑为恩泽，互震为德，为福，为乐，坎为忧，震乐故无忧，巽为利，互艮为门，坤为车，为载，这是有德无忧，利门开启，载福进门之象。对于企业战略而言，卦象信息，寓意有福相随，没有忧愁，求利可得，战略实施成功。

再举一个例，占问结果得到《咸》之《观》。从卦象看，《咸》卦卦象 ䷞，《观》卦卦象 ䷓，两卦卦象结合起来看，艮为高山峻岭，坤为深谷，兑为毁折，震覆，为不能前行，为返，巽为商贾，为利，艮为止，为不可得，这是道路难行，高山险峻，商旅不通，利不可得之象。对于企业战略而言，卦象信息，是前行道路不通，不通利，战略实施不会成功。

学生：明白了。那接下来我们看孔子对《观》卦的观象说了什么。

䷓　孔子《易传·象》对《观》卦的卦象特点，做了如下表述：

《象》曰：风行地上，观。先王以省方，观民设教。

现代文注释：

　　《象》说，上卦巽为风，下卦坤为地，故曰"风行地上"，这就是《观》卦的卦象。先王观察此卦象，感悟其中的道理，效法这种精神，如同风吹拂大地而无处不至，故而巡省四方，观视民情，观民间风俗习惯，设立教化以使社会走向文明。

学生：老师，孔子对《观》卦的观象准确吗？最后一句感悟的话，与《观》卦的时义有关系吗？

老师：孔子对《观》卦的观象，仅从君王的角度来感悟人生之观，我们进入到六爻的爻辞后，就会明显的看到《观》卦的时义，就是人生之"观"。因此，观的角度是多方面的。

学生：明白了。那接下来我们可以进入到《观》卦的爻辞了。

☷☴ 初六：童观，小人无咎，君子吝。

现代文注释：

初六，远离德和事理的教育，所见不明，对事物的观察如同儿童一般，这是初始而幼稚的"观"，对于小人而言，这没有咎害，而对于君子而言，则显见其浅鄙，是观之大忌，会有遗憾。

学生：企业战略的占问结果，要以《观》卦初六为断。联系我们的主题，还请老师为我们做个卦象解析。

老师：好的。占问结果以《观》卦初六为断，得到的是《观》之《益》。从卦象看，《观》卦卦象☷☴，《益》卦卦象☴☳，两卦卦象结合起来看，巽为秋，为风，为蛇，坤为冬，为寒，艮为巢室，为求，为温暖，震为时，为兔，为从，这是时令推移，秋风寒，冬天到，蛇入巢室冬眠，兔入洞穴度过寒冬，只求温暖之象。对于企业战略而言，卦象信息，度过寒冬是"时"的需求，依时则无咎，无关浅鄙，有违自然中的常理才是浅鄙；得此占，可以成功。

学生：明白了。那我们继续看《观》卦六二的爻辞。

☷☴ 六二：闚观，利女贞。

现代文注释：

六二，阴爻居阴位，象征女子，"阚"同窥，从门窗或墙的缝隙偷窥，六二与九五为正应，不能出去正面看他一眼，就从门缝看个仿佛，这是古代的女子之"观"。对君子而言，她所窥见的不甚明了，行为也显得不庄重；但对于六二，这就够了，从闺房的门缝朝外看个大概，满足一下偷窥的愿望，这样的"观"仅限于女子为之，君子则不可有如此行为。六二爻寓意：这样的窥视行为，君子为之不妥，而对于女子是可以的，故曰"利女贞"；女子占到此爻，无不利。

学生：企业战略的占问结果，要以《观》卦六二为断。此爻中的人物是古代的女子，联系我们的主题，还请老师为我们做个卦象解析。

老师：好的。占问结果以《观》卦六二为断，得到的是《观》之《涣》。从卦象看，《观》卦卦象☴☷，《涣》卦卦象☴☵，两卦卦象结合起来看，巽为旅客，为木，互艮为手，为抱，为助，坤为河，坎为水，为险，互震为舟，为涉，这是旅人过河，抱着木头涉水，水深出现危险，舟人出手相助之象。对于企业战略而言，卦象信息，过河是目标，水深是风险，而舟人相助，则是地利加福气；过河对于企业，是进入市场；遇到舟人相助，代表人文环境友善，同行的强者愿意给予提携；得此占，做事可成功。

学生：明白了。那我们继续看《观》卦六三的爻辞。

☴☷ **六三：观我生，进退。**

现代文注释：

六三，失位，上有应；人生走过了将近一半，尚未得志，但坦然与上九应与，观察各自的生命状态，故曰"观我生"。上卦巽为进，前往与上九应，可得位，故曰"进退"。心之坦坦，进退可不失据，可"自见"而达自然之道，生命经常需要"反求诸己"，人生只求我心无愧，求得良心尚存，明心见性，活出自己，还生命本来面目。

学生：企业战略的占问结果，要以《观》卦六三为断。此爻的主人，其人生并不得志，联系我们的主题，还请老师为我们做个卦象解析。

老师：好的。占问结果以《观》卦六三为断，得到的是《观》之《渐》。从卦象看，《观》卦卦象▤，《渐》卦卦象▤，两卦卦象结合起来看，坤为冬，为夜，为寒，为衣裳，巽为丝绵，为女工，为长，艮为君子，为子，为安，互离为戈兵，艮居离下为从军，互坎为心，为平，这是冬天到来，备好丝绵，缝制冬衣，长子从军，愿君平安之象。对于企业战略而言，卦象信息，寓意遇艰难，心平则气和，多做有益的事，平安是福；得此占，可得成功。

学生：明白了。那我们继续看《观》卦六四的爻辞。

▤ 六四：观国之光，利用宾于王。

现代文注释：

六四，其位得正，已近君王位，上卦为巽，巽为宾客，其上乾为君王，故曰"宾于王"。以"宾于王"的身份，观君王之国，下卦坤为国，中爻互艮为观，为光，有"观光"之象，故曰"观国之光，利用宾于王"。反过来看，"宾于王"不只是"观光"的身份，而是内含"观光"的最终目的，"宾"在古代有雇员、门客、臣的意思，这里的"宾于王"同样有"臣于王"的意思，故，六四观国家的光辉，也观察君王的德行，有利于他决定是否从政，有利于走进仕途。

学生：企业战略的占问结果，要以《观》卦六四为断。此爻是贤人要走进仕途，联系我们的主题，还请老师为我们做个卦象解析。

老师：好的。占问结果以《观》卦六四为断，得到的是《观》之《否》。从卦象看，《观》卦卦象▤，《否》卦卦象▤，两卦卦象结合起来看，巽为蚕丝，为桑，为织布，为女工，艮为山，为居，为家，为屋，为男子，为安，坤为牛，为耕田，这是普通人家山下安居，男耕女织之象；艮为君子，为贤人，为栋梁，乾为仁德，为福，坤为天下，为国，为养，为民，这是贤人出仕为天下养，为国栋梁，德施天下，民被其福之象。对于企业战略而言，卦象信息，寓意在安定的社会环境里，贤人有更大的责任，出仕服务社会，企业也有为贤人提供更多机会的责任；得此占，是天时得遇人和，可得成功。

学生：明白了。那我们继续看《观》卦九五的爻辞。

䷓ 九五：观我生，君子无咎。

现代文注释：

九五，位中得正，有中正之德，下面有四个阴爻仰视，表示民众顺服。处在这样顺境中的君王，仍然有反省、检视自己行为的必要，只是九五的"观我生"不同于六三的"观我生"，九五在此时，要更注重于他对天下苍生的责任，不可擅权专享，夺天下之利而不顾民生疾苦，不要像有些君王那样在生命的临终才会"观我生"写出一个《罪己诏》，那样于事又有何益？有君子德行的君王要及时视察民情，听听百姓的反应，及时知道自己的行为是否得当，对于君子这不会有问题，君子只做君子应该做的，故无咎。

学生：企业战略的占问结果，要以《观》卦九五为断。此爻的主人是君王，联系我们的主题，还请老师为我们做个卦象解析。

老师：好的。占问结果以《观》卦九五为断，得到的是《观》之《剥》。从卦象看，《观》卦卦象䷓，《剥》卦卦象䷖，两卦卦象结合起来看，爻变导致阳爻陨落，成"剥"之象，不吉；巽为陨，为高，坤为政，为害，为祸，为乱，为孤寡，艮为止，艮覆震，覆震为闭，为不通，艮伏兑，兑为辅，为悦，伏兑为无辅，为失去快乐，这是君王孤寡，无辅而失政，政乱致祸，国失安宁，位高而倾危之象；卦象不吉。对于企业战略而言，卦象信息，有走向没落的含义，失辅而无助，君王孤寡的状态日趋明显，失政的后果，导致祸殃，君王居高而倾危，这对于企业，意味着行业的领导地位岌岌可危，有失去行业领导地位的危险；故，得此占，安康不会长久，归于失败。

学生：明白了。那我们继续看《观》卦上九的爻辞。

☴ 上九：观其生，君子无咎。

现代文注释：

上九，象征有高尚品德的隐士，是民众景仰的人物，经常成为民众评论的对象，他过去的作为经常为人称道，成为人们用来对照自己的道德标杆，他的"隐"在某些方面如同无隐。对于君子，到了"从心所欲而不逾矩"的阶段，自我方面还有什么是他所要顾虑和"有所求"的呢？上九，此刻观察的境界，从"观我生"转为"观其生"，已不再把注意力放在自己身上了，转向关注天下苍生的生命状态。这样的君子，不论其地位、财富能够起到什么影响和作用，其用心的正确，就能影响周围的人和执政者，这样的君子，其作为又有何咎呢？

学生：企业战略的占问结果，要以《观》卦上九为断。此爻的主人，其"观"为关注天下苍生，联系我们的主题，还请老师为我们做个卦象解析。

老师：好的。占问结果以《观》卦上九为断，得到的是《观》之《比》。从卦象看，《观》卦卦象☴，《比》卦卦象☵，两卦卦象结合起来看，巽为志，为高，乾为大君，为德，为光明，坎为平，坤为天下，为民，为心，艮为道，为得，这是君王有德，心怀平天下之高志，得民心而其道光明之象。对于企业战略而言，卦象信息，寓意有德且志高，得民众追随，可做成大事，得民心者得天下，战略实施可以成功。

学生：明白了。《观》卦的六爻都讲完了，收获很大。《观》卦的爻辞很难，听完卦象解析后，总算都明白了。

第十八章　大有、比、夬、剥

在这一章里，解析《大有》、《比》、《夬》、《剥》四个卦，在这四个卦里，《大有》、《夬》两卦是紧跟在《大壮》卦之后的"阳息阴"的卦，其下卦皆为乾，卦序号皆为奇数，是《复》卦之后"阳息阴"一条路线上的卦。而《比》、《剥》两卦则是紧跟在《观》卦之后的"阴消阳"的卦，其下卦皆为坤，卦序号皆为偶数，是《姤》卦之后"阴消阳"一条路线上的卦。

火天《大有》☲☰（卦序号：61）

《大有》卦，是《周易》六十四卦里，唯一有讲创造财富以及富裕起来之后如何善处其富的卦。故，在经济大发展的时代，读懂《大有》卦对于创业者就十分的重要。《大有》卦的卦辞，只有两个字，就是"元亨"；故，读懂《大有》卦要进入到六爻的爻辞，并理解六爻给出的启示。

先看《大有》卦的卦辞，及现代文注释：

大有，元亨。

现代文注释：

大有，是卦名。其卦象，上离下乾，太阳在天上，其明及远，万物无不照见，为盛大、丰有之象。五根阳爻围绕着君位的六五，阳为大，为富，六五得群富之应，此为"大富有"之象，故曰"大有"，下卦乾，有乾之"元"，上卦离为夏，有夏之"亨"，故曰"元亨"。

孔子《易传·彖》对《大有》卦的卦辞，是这样裁断的：

《彖》曰：大有，柔得尊位大中，而上下应之，曰大有。其德刚健而文明，应乎天而时行，是以"元亨"。

现代文注释：

彖辞说，"大有"，柔者居于尊位，为群阳所包围而得中，上下的阳刚都与它相应，阳为大，为富有，故称为"大有"。《大有》卦所象征的品德，刚健而又文明，能够顺应天道而适时行事，所以是大亨通的。

学生：老师，孔子对《大有》卦卦辞的裁断准确吗？讲到《大有》卦的时义了吗？《大有》卦的时义，应当怎样准确表述呢？

老师：孔子对《大有》卦卦辞的裁断准确，在《彖》里也讲到了《大有》卦的时义。《大有》卦的时义，是刚健而光明正大，可得大的亨通。盛大、丰有的条件具备了，要把握时机创造"大富有"，善处"富有"。

学生：明白了。我们可以进入主题了，企业战略的占问结果，要以《大有》卦的卦辞为断，还请老师为我们做个卦象解析。

老师：好的。以《大有》卦的卦辞为断，占问结果分为两大类情况。第一类情况《大有》卦为本卦，六爻皆不变。第二类情况《大有》卦为之卦，本卦三根爻变，变卦为《大有》卦。

学生：老师，您先讲第一类情况，《大有》卦为本卦，六爻皆不变。

老师：好的。从卦象看，《大有》卦卦象☲，互兑为虎，为西，虎从西方来，乾为周，为太师，为公，这是姜太公从西岐的周朝都城而来之象；离为东，前往东方齐地，这是太公受封齐国，赴营邱上任的卦象；离为朱雀，南方星宿，互兑为斧钺，这是出征之象；太公顺利进入营邱，夷人顺服，是大吉的结局。对于企业战略而言，卦象信息，寓意有大才大德的人物主政，就如太公赴营邱建立齐国，是吉兆，结果必得吉祥，战略实施会成功。

学生：明白了。老师，您继续讲第二类情况，《大有》卦为之卦，本卦三根爻变，变卦为《大有》卦。

老师：好的。我举几个例来具体解析，先看占问结果得到《震》之《大有》。从卦象看，《震》卦卦象☳，《大有》卦卦象☲，两卦卦象结合起来看，离为东，互兑为海，乾为江河，离伏坎，坎为惧，坎伏故不惧，乾伏坤，坤为平陆，坤伏故有险阻，这是江河东流入海，不惧险阻之象；震为稻米，为年岁，为乐，艮为居，为安，为止，止为不迁徙，这是岁丰民乐，民安居而不迁徙之象。对于企业战略而言，战略实施如同江河东流入海，浩浩荡荡，奔腾向前，是吉象；岁丰民乐，是经济效益良好，员工安定；安居而不迁徙，是大项目选择正确，无需再冒业务转向、经营方向大转移的风险，战略实施成功。

再举一个例，占问结果得到《巽》之《大有》。从卦象看，《巽》卦卦象☴，《大有》卦卦象☲，两卦卦象结合起来看，乾为公，为大赤，伏坤为土，离为火，土遇火为陶，故为陶朱公之象，两巽重叠，巽为利，重巽为大富，伏震为子，互兑伏艮为孙，这是陶朱公善于经商，自己大富，子孙不贫之象。对于企业战略而言，卦象信息，寓意会有几代人的富有传承，战略实施成功。

学生：明白了。那我们接下来看孔子对《大有》卦的观象说了什么。

☲ 孔子《易传·象》对《大有》卦的卦象特点，做了如下表述：

《象》曰：火在天上，大有。君子以遏恶扬善，顺天休命。

现代文注释：

《象》说，上卦离为火，下卦乾为天，故曰"火在天上"，这就是《大有》

卦的卦象。"大有"，象征大的富有。君子观此卦象，领悟其中的道理，在富有时，要遏制因财富带来的自我膨胀的心态，防止因福而骄横，炫耀财富，滋长奢侈浪费的恶习，故，要止恶扬善，心中长存善念，回馈乡里和社会，修德养性，顺应天道，活出美好的生命。

学生：老师，孔子对《大有》卦的观象准确吗？最后一句感悟的话，与时义有关吗？

老师：孔子对《大有》卦的观象准确。最后一句感悟的话，是在说富有之后如何使生命更加美好。《大有》卦的时义，是刚健而光明正大，可得大的亨通。而亨通、富有之后，就要善处"富有"，让生命更加美好。

学生：明白了。那接下来我们可以进入到《大有》卦的爻辞了。

☰ 初九：无交害，匪咎，艰则无咎。

现代文注释：

初九，居初爻，地位较低，且是"大有"刚刚开始的阶段，与六五无应无交，不涉及到利害，故不会有交害，又何咎之有。但在"富有"的初始，要常念创业的艰辛，防止骄奢念头的产生，保持艰苦创业精神，则可得无咎。

学生：企业战略的占问结果，要以《大有》卦初九为断。联系我们的主题，还请老师为我们做个卦象解析。

老师：好的。占问结果以《大有》卦初九为断，得到的是《大有》之《鼎》。从卦象看，《大有》卦卦象☰，《鼎》卦卦象☰，两卦卦象结合起来看，离为日，为新，日新之象；巽为松柏，长青之象；乾为百年，乾伏坤，坤为忧，伏坤为无忧，是百年无忧之象；卦象吉，寓意日新，可使企业长青，百年无忧。离为凤凰，乾为山陵，为周，互兑为鸣，这是凤鸣岐山之象；是吉兆，寓意崛起。对于企业战略而言，卦象信息，是一个新生企业的崛起，会有百年的大业，而新生企业的百年长青，要靠日新，也就是不断的推陈出新；而从爻辞来看，则是强调新生企业无外援，靠独立发展而得到了兴盛，更强调艰苦创业的重要；得此占，谋事可成，战略实施成功。

学生：明白了。那我们继续看《大有》卦九二的爻辞。

☲ 九二：大车以载，有攸往，无咎。

现代文注释：

九二，以阳刚居下卦乾之中位，为六五所倚重，是承担重任的大臣，任重道远。要能够胜"大有"之任，就要如大车之材的强壮，可以载重而远行。九二与六五相应，故曰"有攸往"；九二有担当重任的能力，又能固守中道，不自盈，不自满，权大如无权，势大如无势，故可"无咎"。

学生：企业战略的占问结果，要以《大有》卦九二为断。此爻的主人，是承担重任的核心人物，结果怎样，还请老师为我们做个卦象解析。

老师：好的。占问结果以《大有》卦九二为断，得到的是《大有》之《离》。从卦象看，《大有》卦卦象☲，《离》卦卦象☲，两卦卦象结合起来看，离为日，乾为天，是日在天上运行之象；离为夏，乾亦为夏，互巽为草木，为万物，为利市，互兑为华，为兴盛，为繁茂，这是夏季万物繁茂，利市兴盛之象。对于企业战略而言，卦象信息，是处在发展繁荣期，呈现出的是兴盛气象，没有问题，如爻辞的描述，得到的是"大车以载"的结果，可载重而远行，前往有所得；得此占，战略实施会成功。

学生：明白了。那我们继续看《大有》卦九三的爻辞。

☲ 九三：公用亨于天子，小人弗克。

现代文注释：

九三，为王公，阳刚居正位，坚守正道，"用亨"为"朝献"的意思；公按礼仪朝献天子礼物，能敬上尊，如若让小人居大臣之位，则不能做到。

学生：企业战略的占问结果，要以《大有》卦九三为断。此爻难懂，不知其意之所指，联系我们的主题，还请老师为我们做个卦象解析。

老师：好的。占问结果以《大有》卦九三为断，得到的是《大有》之《睽》。从卦象看，《大有》卦卦象☲☰，《睽》卦卦象☲☱，两卦卦象结合起来看，卦中有三个半艮之象和三个半震之象，艮为狐，震为逐，坎为隐伏，为失，这是三狐被逐，隐伏消失之象；震为兔，兑为小，为穴，离为巢窟，三离为三巢窟，这是狡兔三窟，弱小者以其智慧求生存之象；兑为华，离为灯，震为上，为初，乾为大明，这是华灯初上，大放光明之象。对于企业战略而言，卦象信息里，狐和兔都代表弱小者，被强大对手所追逐，狐和兔都逃脱而生存下来，寓意市场竞争中的弱小者最终得以生存；华灯代表生存下来后的光辉阶段，最终大放光明；企业的初创阶段就是如此，先求生存，活着才有未来；得此占，可得成功。

学生：明白了。那我们继续看《大有》卦九四的爻辞。

☲☰ 九四：匪其彭，无咎。

现代文注释：

九四，其位过中，进入上卦；过中，就是有"富有"过盛的含义，"彭"，为盛多的意思；九四提出"匪其彭"的处富有理念，它的意思有几层，第一层的意思是防止物欲之念的膨胀，防止走向骄奢；第二层的意思是防止财富膨胀，浪费资源；第三层的意思是九四的"大有"不能过盛，九四已经接近六五的君位，过盛则会引起君王的忌妒而招损；遵守此三层"处富有"的理念，才能在富有之后得到平安，才能"无咎"。

学生：企业战略的占问结果，要以《大有》卦九四为断。此爻专门讲处富有，联系我们的主题，还请老师为我们做个卦象解析。

老师：好的。占问结果以《大有》卦九四为断，得到《大有》之《大畜》。从卦象看，《大有》卦卦象䷍，《大畜》卦卦象䷙，两卦卦象结合起来看，离为日，为新，为明智，为光明，乾为富有，为大明，为功德，为福祉，为长久，为健动，艮为止，为时，为辉光，为贞正，为道路，为贤人，震为君，为履，为德，为功业，为盛，互兑为养，为恩泽，这是明智的处富有，履德不忒，养贤而有辉光，止健而不过盛，其道贞正，有长久福祉之象。对于企业战略而言，卦象信息，寓意在富有之后，要蓄德养贤，尚贤而得辉光，履德而不逾矩，得长久之福；得此占，求事有成，战略实施成功。

学生：明白了。那我们继续看《大有》卦六五的爻辞。

䷍ 六五：厥孚交如，威如，吉。

现代文注释：

六五，为《大有》的卦主，柔爻居中位，其象虚中，虚心诚恳自然得人心，虚中为有孚之象，其下乾为人，乾亦为信，故君王有诚信待人之道，众阳爻亦以孚信回报君王，"厥"的意思是"其"，"厥孚"就是"其孚"，这里指六五与众阳爻的孚信相交融，"大有"以诚信作为道德基础。但仅有孚信之交是不够的，六五必须有威严加之，才不至失之轻慢，才不失君道；六五既有诚信与上下众爻交往，又有威严，以威济柔，得"吉"。

学生：企业战略的占问结果，要以《大有》卦六五为断。此爻居君王之位，联系我们的主题，还请老师为我们做个卦象解析。

老师：好的。占问结果以《大有》卦六五为断，得到的是《大有》之《乾》。从卦象看，《大有》卦卦象䷍，《乾》卦卦象䷀，两卦卦象结合起来看，离为日，为宫，为光明，互兑伏艮为星，星斗朝上，为乾天顺行，天罡无冲，这是顺天道，得天时之象；六五柔爻居中，其象虚中，为有孚之象，乾为龙，为德，为信，君王与众阳爻孚信相交，以诚信为道德基础，又不失尊，爻变后九五有飞龙在天的自由快乐之象。对于企业战略而言，卦象信息，其天象吉祥，顺天道而光明，飞龙在天，以威济柔，得吉而长安，战略实施会成功。

学生：明白了。那我们继续看《大有》卦上九的爻辞。

☰ 上九：自天祐之，吉无不利。

现代文注释：

上九，已到卦之终，位居离之上，是为至明，故不据富为己有，而不至富之过盛；以阳刚居天位，有天之象，"祐"为助，上九孚于六五，其富能助之六五，故称其为来自天上的助祐，这是隐喻的说法，六五居离中，有文明之德，上九居其上而应之，故曰"自天祐之"。上九助之六五，使得自己不会因自盈而招损，免除盈满之灾，上九与六五为亲比，履柔，故"吉无不利"。

学生：企业战略的占问结果，要以《大有》卦上九为断。此爻到了极致位，没有走向反面，爻辞吉祥，还请老师为我们做个卦象解析。

老师：好的。占问结果以《大有》卦上九为断，得到的是《大有》之《大壮》。从卦象看，《大有》卦卦象☲，《大壮》卦卦象☳，两卦卦象结合起来看，乾为天，为德，为天福，震为履，为乐，这是履德而得天福，快乐之象；震为朝，互兑为露水，离为日，这是朝露短暂，日出而消失之象；离为日，互兑为月，乾为天，为长久，震为君，为德，为运行，这是日月在天上运行，君德长久之象。对于企业战略而言，卦象信息，君德为长久，朝露为短暂，故，它提醒占问者，要区别两类不同的影响因素，在企业的发展过程中，有长久影响企业发展的因素，也有短暂的、稍瞬即逝的因素和事件，作为有远大理想的企业家，要有战略眼光来区分两类不同性质的因素，多做一些能长久影响企业发展的有益的事，不求虚名，不做表面文章，不去炫耀刚猛的力量，育己之君德，这样自有天佑，吉祥而无不利；得此占，战略实施可得成功。

学生：明白了。《大有》卦的六爻都讲完了，其中的道理让人深思，《大有》是企业家都喜欢的，但道理却一定要明白。对财富的追求，是资本的本性，但是如果不能让思想得到升华，不能造福社会，不能让自己活出更美好的生命，那也只是成为一个富翁而已。老师，您觉得呢？

老师：你说的很对，你用了"升华"二字，很准确，人生在事业上获得成功就不容易，升华就更不容易，要学习提高，这也是我们学习《周易》的目的之一。懂得易理后，人生观就会改变，生命也会升华。

水地《比》䷇（卦序号：62）

《比》卦，水在地上之象，水和大地亲近，有所归，万物也得以养育。人类社会同样存在有选择的归附，这种归附是为了合作，也为了共同的使命。

先看《比》卦的卦辞，及现代文注释：

比：吉。原筮，元永贞，无咎。不宁方来，后夫凶。

现代文注释：

比，是卦名。《比》卦，吉祥；上下卦由坎和坤组成，坎居北，刚爻居中，象征周文王所在的西岐居于联盟之北，西岐为盟主居于君王之位；"坎"在这里同样有把军事结盟视为行险之道的意思；坤居西南，是文王预定的战略发展方向，先行局部的统一。坤为原，天下的荒原大地，结盟的仪式在荒原举行，象征结盟的广泛民众基础，得天下之人心；坎为筮，在坤原之上，故曰"原筮"。占辞就是"元永贞，无咎"，"元"代表比卦中乾元的地位，君王九五统合万国，四海唯仰视九五一人，"永贞"代表永守贞正，结盟者永不叛离，这样的规定，无咎，故曰"原筮，元永贞，无咎。"天下不宁，即将起兵戎之争，故大小方国都来比附、结盟，读完"原筮"和结盟的誓言之后，选出的领袖就成为共主。九五之下为大艮之象，艮为夫，故"夫"即为阳爻九五，唯独上六居大艮之外，为"后夫"，"后夫"上六象征有叛离之心的方国，有凶，故曰"后夫凶"。

孔子《易传·彖》对《比》卦的卦辞，是这样裁断的：

《彖》曰：比，"吉"也。比，辅也，下顺从也。"原筮，元永贞，无咎"，以刚中也。"不宁方来"，上下应也。"后夫凶"，其道穷也。

现代文注释：

象辞说，《比》卦，是吉祥的。"比"，是结盟的亲辅关系，"原筮"的占辞"元永贞，无咎"，"元"为初之善，"永贞"为终之善，其义就是"善始且善终"，唯有九五刚中之德可以受之。天下不宁，大小方国都来结盟，阳爻之下的阴爻都与九五正应，唯有上六为阴乘阳的"后夫"敌应，有凶，其道穷尽。

学生：老师，孔子对《比》卦卦辞的裁断准确吗？《比》卦的时义，应当怎样准确表述呢？

老师：孔子对《比》卦卦辞的裁断准确。《比》卦的时义，是结盟、比附。就这么简单。

学生：明白了。我们可以进入主题了，企业战略的占问结果，要以《比》卦的卦辞为断，还请老师为我们做个卦象解析。

老师：好的。以《比》卦的卦辞为断，占问结果分为两大类情况。第一类情况《比》卦为本卦，六爻皆不变。第二类情况《比》卦为之卦，本卦有三根爻变，变卦为《比》卦。

学生：老师，您先讲第一类情况，《比》卦为本卦，六爻皆不变。

老师：好的。从卦象看，《比》卦卦象☵☷，坤为众，为天下，为万国，为乱，为忧，为不宁，艮为时，为同堂，为友，为刀兵，为防卫，为安全，为拜，为盟，坎为众，为友，为和同，为法则，为首，为集聚，这是天下不宁，即将起兵戎之乱，为时势所迫，友邦多国集聚拜盟，推举首领，结成军事同盟，以求得和睦同安之象。对于企业战略而言，卦象信息，寓意结盟合作和规则的制定，会形成有序的共同利益，可提高资源利用的效益，可得成功。

学生：明白了。老师，您继续讲第二类情况，《比》卦为之卦，本卦有三根爻变，变卦为《比》卦。

老师：好的。我举几个例来具体解析，先看占问结果得到《升》之《比》。从卦象看，《升》卦卦象☷☴，《比》卦卦象☵☷，两卦卦象结合起来看，震为耕，为谷粮，为年岁，互兑为悦，为华，为美好，坤为积聚，为多，艮为仓庾，这是年丰岁熟，谷粮丰盈之象；巽为齐，兑为喜悦，震为君，坤为民，这是君民齐乐之象。对于企业战略而言，卦象信息，是年景好，日子好过，有丰盈的积累，上下皆欢乐，战略实施成功。

再举一个例，占问结果得到《颐》之《比》。从卦象看，《颐》卦卦象☲☶，《比》卦卦象☵☷，两卦卦象结合起来看，震为晨，为出，为生，为乐，坎为夜，为暮，为饱，艮为安，为归，坤为土地，为劳，为身，为腹，伏乾为山岭，这是早出晚归，为填饱肚子，劳苦奔波于田间地头，到山坡上垦荒，身虽劳而安乐之象。对于企业战略而言，卦象信息，有遭遇饥荒之年的含义，就是遭遇到不景气的年份，辛苦劳累能换来腹饱就很满足；得此占，归于成功。

学生：明白了。那接下来我们看孔子对《比》卦的观象说了什么。

☵☷　孔子《易传·象》对《比》卦的卦象特点，做了如下表述：

《象》曰：地上有水，比。先王以建万国，亲诸侯。

现代文注释：

《象》说，上卦坎为水，下卦坤为地，故曰"地上有水"，这就是《比》卦的卦象。先王观此卦象，感悟其中的道理，建立了万国，与诸侯相亲相辅。

学生：老师，孔子对《比》卦的观象准确吗？最后一句感悟的话，是说诸侯制的建立与《比》卦有关系吗？

老师：孔子对《比》卦的观象，确实是从诸侯制的建立来谈论《比》卦，在孔子作的《系辞》里，同样有这样的说法。

学生：明白了。那我们接下来可以进入到《比》卦的爻辞了。

☵☷初六：有孚比之，无咎。有孚盈缶，终来有它吉。

现代文注释：

初六，心怀诚信的亲附，没有咎害。上卦坎为孚，为酒，下卦坤为缶，孚信就像美酒从瓦器缶中溢出，酒香四溢，这样的相亲相辅，终有意外的吉祥。

学生：企业战略的占问结果，要以《比》卦初六为断。联系我们的主题，还请老师为我们做个卦象解析。

老师：好的。占问结果以《比》卦初六为断，得到的是《比》之《屯》。从卦象看，《比》卦卦象▦，《屯》卦卦象▦，两卦卦象结合起来看，爻变得震，震为仁德，为兴，是仁德以兴之象；震为马，坤为多，为牧，中爻艮为山，坎伏离为南，这是南山牧马之象；艮为时，为山，为果，为橘柚，为栗，为采摘，为得，坎为忧，震为解，为乐，为功利，为马，为车，为载，为筐，震伏巽为果香，坤为囊，为载重，这是山坡上林果丰收，贩运的忧愁很快得以解决而转为快乐，囊装筐载，马车运输，果香得贾市青睐，销路通畅而得利之象。对于企业战略而言，南山牧马代表安定；林果丰收，卖出而得利，寓意得天时，有天福恩泽，产品市场销售旺盛，得利而有欢乐，战略实施成功。

学生：明白了。那我们继续看《比》卦六二的爻辞。

▦六二：比之自内，贞吉。

现代文注释：

六二，位居中得正，与九五为正应，坤之中为"内"，故曰"比之自内"；内心的纯正导致行为的正，相亲相辅发自内心，坚守贞正，吉祥。

学生：企业战略的占问结果，要以《比》卦六二为断。此爻的主人居位正中，心诚，行为也正，结果怎样，还请老师为我们做个卦象解析。

老师：好的。占问结果以《比》卦六二为断，得到的是《比》之《坎》。从卦象看，《比》卦卦象▦，《坎》卦卦象▦，两卦卦象结合起来看，爻变导致坤变坎，坤为虚，为饥饿，坎中实，为饱，为得，是由虚转实，由饥饿转为饱之象；中爻因爻变而得震，震为仁德，为福，为功业，上有艮，为求，为成，这是求仁得仁，功业有成之象；艮为山，为高，为居，为安，坎为水，为忧，坤为民，互震为乐，这是民居高处而得安乐之象。对于企业战略而言，卦象信息，由虚转实，寓意有了实际的收获；又有发自内心的诚信，求仁得仁，功业有成；居高得安乐，是企业占领战略制高点而得到安定，战略实施成功。

学生：明白了。那我们继续看《比》卦六三的爻辞。

䷇ 六三：比之匪人。

现代文注释：

六三，阴柔，失位，不中不正，上无应，没有依靠，想归附，但不得其人，随天意的安排，又不会是正确的比附对象，这样的状况，很不妙。六三没有给出吉凶的判辞，只给出了警示，提醒六三"比之匪人"，周易中乾为"人"，故"人"指卦中唯一的乾阳九五，寓意六三得不到九五的比附。

学生：企业战略的占问结果，要以《比》卦六三为断。此爻的主人，在比附的决定上失去正确的选择，结果会怎样，还请老师为我们做个卦象解析。

老师：好的。占问结果以《比》卦六三为断，得到的是《比》之《蹇》。从卦象看，《比》卦卦象䷇，《蹇》卦卦象䷦，两卦卦象结合起来看，坎为忧愁，为困，坤为民，为穷，为寒冬，艮为求，艮在坎下，为难求，这是温饱难求之象；九五的艮为高山，爻变得到蹇九三的艮，为庐，这是在高山下搭建草庐以度寒冬之象；互离为乱，坎为困，为忧患，离坎相连，阳陷坎中，是难以脱离困境和忧患之象；卦象中险难重重，无吉祥可言。对于企业战略而言，卦象信息，有困厄的局面难以解脱的含义，寓意战略实施的环境条件很差，遇到了重险，脱离困境暂时还看不到机会，战略实施不会成功。

学生：明白了。那我们继续看《比》卦六四的爻辞。

䷇六四：外比之，贞吉。

现代文注释：

六四，向外寻找比附，与阳刚、中正的九五是亲比，很自然的去追随九五，追随比自己更高尚的人，这是见贤思齐的比附，坚守正道，可获吉祥。

学生：企业战略的占问结果，要以《比》卦六四为断。此爻的主人追随比自己更高尚的人，联系我们的主题，还请老师为我们做个卦象解析。

老师：好的。占问结果以《比》卦六四为断，得到的是《比》之《萃》。从卦象看，《比》卦卦象䷇，《萃》卦卦象䷬，两卦卦象结合起来看，坎为信，为友，艮为贤人，为辉光，坤为聚，乾为日，兑为月，为友，为悦，互巽为随，这是天道有信，月追随日，得日之辉光，贤人相聚，悦而为友之象。对于企业战略而言，卦象信息，是得到正确的追随，战略实施成功。

学生：明白了。那我们继续看《比》卦九五的爻辞。

䷇九五：显比，王用三驱，失前禽。邑人不诫，吉。

现代文注释：

九五，共主，"显"，明也；举行狩猎，用共同在一起狩猎的合作以"明"结盟成功，故曰"显比"。狩猎中，君王采用三面驱围的方法，网开一面，放走正前方的野兽，不赶尽杀绝，以示爱物之"仁"心。九五的仁爱，人人都愿意与之亲比，而不存任何戒心，就如同自己食邑的百姓那样放心的亲比九五，这种信任，代表九五所行的是"比"的中正之道，吉祥。

学生：企业战略的占问结果，要以《比》卦九五为断。此爻是卦主，居君王之位，联系我们的主题，还请老师为我们做个卦象解析。

老师：好的。占问结果以《比》卦九五为断，得到的是《比》之《坤》。从卦象看，《比》卦卦象☷☵，《坤》卦卦象☷☷，两卦卦象结合起来看，坎为幽谷，艮为鸟翼，为飞，这是艮阳可出幽谷之象；艮为辉光，为国，坤为天下，为万国，这是辉光普照万国，大光明之象；《比》卦是结盟比附的卦，爻变得坤，得坤为得天下，是吉祥的卦象。对于企业战略而言，卦象信息，是企业发展前景极好的吉兆，战略实施执行得当，企业会成为行业盟主，稳居首位，还能得到《坤》卦六五爻辞的"黄裳，元吉"，战略实施会有大的成功。

学生：明白了。那我们继续看《比》卦上六的爻辞。

☵☷ 上六：比之无首，凶。

现代文注释：

上六，终极走向反面，对九五无恭顺的态度，乘凌阳刚的九五，出现对"比"的排斥，故曰"无首"，上六与九五的关系最终会转向对立，有凶。

学生：企业战略的占问结果，要以《比》卦上六为断。此爻居极致位，走向反面，结果会怎样，还请老师为我们做个卦象解析。

老师：好的。占问结果以《比》卦上六为断，得到的是《比》之《观》。从卦象看，《比》卦卦象☷☵，《观》卦卦象☴☷，两卦卦象结合起来看，互艮为鸟，为翼，为飞，坎为凶，为弓矢，为患，为折，巽为陨落，坤为地，为亡，为祸殃，这是鸟被弓矢所伤，翼折而坠落地面，遇凶祸之象；卦象不吉。对于企业战略而言，卦象信息，出现凶兆，要止步；得此占，战略实施不会成功。

学生：明白了。《比》卦的六爻都讲完了，很有收获。企业家都有成为行业霸主的心愿，市场经济时代，结盟、比附对于专业化分工和产业链的对接，是需要思考的重大问题，企业在产业链的分工中找到自己的位置，对自身事业的稳定发展是绝对有益的。

泽天《夬》▤ (卦序号：63)

《夬》卦，卦德为"果决"。但从卦象看，泽在天上，水气化雨而润下，故，象征"泽被天下"，恩泽施于天下，这是《夬》卦的天道属性。而现在通行本的解释，把《夬》卦的社会属性的侧重点放在了"对决小人"，这让《夬》卦真的变的怪怪的，难以理解了。《夬》是一阴五阳的卦，阴爻居天位，故，结合文王被囚羑里的历史，这一根阴爻就是文王的母亲太任或是文王的正妻太姒，卦辞中才会有"告自邑，不利即戎"之双关语。本书依北宋易学大师张载对《易》学的的理解："易即天道而归于人事"，照此思路，改写了《夬》卦的注释，在注释上体现文王的本义，也让《夬》卦的注释，天道与人事分离的问题得到解决。故，读者在本书看到的《夬》卦注释，与现行通行本不同。结合历史的背景，这完全符合当年西岐所出现的真实情况，文王写卦辞亦无"对决小人"之意。

先看《夬》卦的卦辞，及现代文注释：

夬：扬于王庭，孚号，有厉，告自邑，不利即戎，利有攸往。

现代文注释：

夬，是卦名。《夬》卦，象征果决。其卦象乾为王，伏艮，艮为庭，为手，"扬"是说话时挥手，故曰"扬于王庭"；伏象为反震，震为号，乾为信，为孚，故曰"孚号"；在王庭之上，大臣们把今年农业收成面临的形势，做了公开，有诚信的大声说出内心的想法，有危险出现，周边的诸侯、方国和部落因为自然灾害导致欠收的现实，有可能会出现到我方土地上抢割的情况。最后做出决定，通知国内各邑，包括大臣们的食邑的民众，动员起来，保卫夏收，如果局势不利，就动用军队，这样做有正当理由和目的，利有所往。

孔子《易传·象》对《夬》卦的卦辞，是这样裁断的：

《彖》曰："夬"，决也，刚决柔也。健而说，决而和，"扬于王庭"，柔乘五刚也。"孚号，有厉"，其危乃光也。"告自邑，不利即戎"，所尚乃穷也。"利有攸往"，刚长乃终也。

现代文注释：

彖辞说，"夬"，意思是果决，是刚爻决胜柔爻。刚健而令人悦服，果决而导致协和。在朝廷上公布小人的罪恶，就是"柔乘凌五刚"；上六因为与九五的亲比，得其孚而张狂，故其由厉而危已经很明显。告知自己的邑人，不适宜使用武力。刚爻继续长，就会得到乾卦，终为有利。

学生：老师，孔子对《夬》卦卦辞的裁断准确吗？孔子说到《夬》卦的时义了吗？《夬》卦的时义，应当怎样准确表述呢？

老师：孔子对《夬》卦卦辞的裁断不准确，有偏差。孔子也没有总结《夬》卦的时义。《夬》卦的时义，是健而悦，做正确的事，努力就有结果。

学生：明白了。我们可以进入主题了，企业战略的占问结果，要以《夬》卦的卦辞为断，还请老师为我们做个卦象解析。

老师：好的。以《夬》卦的卦辞为断，占问结果分为两大类情况。第一类情况《夬》卦为本卦，六爻皆不变。第二类情况《夬》卦为之卦，本卦有三根爻变，变卦为《夬》卦。

学生：老师，您先讲第一类情况，《夬》卦为本卦，六爻皆不变。

老师：好的。从卦象看，《夬》卦卦象☱，兑为秋，为华，为盛茂，为丰，半震为时，乾为果，为熟，为年岁，这是秋天到来，果实成熟，喜获丰收之象。对于企业战略而言，这意味着顺利收获到成果，战略实施成功。

学生：明白了。老师，您继续讲第二类情况，《夬》卦为之卦，本卦有三根爻变，变卦为《夬》卦。

老师：好的。我举几个例来具体解析，先看占问结果得到《无妄》之《夬》。从卦象看，《无妄》卦卦象☳，《夬》卦卦象☱，两卦卦象结合起来看，互艮为山路，为虎狼，兑居西方，为白虎，坤色黑，为黑狼，为害，艮止，为伏伺，等待机会袭击，巽为商旅，这是商旅会遭遇虎狼伺机袭击的卦象。对于企业战略而言，卦象信息，寓意有险难，战略实施不会顺利，归于失败。

再举一个例，占问结果得到《屯》之《夬》。从卦象看，《屯》卦卦象☷，《夬》卦卦象☰，两卦卦象结合起来看，乾为昼，兑为夜，艮为果，为成，坎为难，为灾，故无果，无功，震为时，为晨，为鸣，震伏巽，巽为鸡，为报时，伏巽为失时，坤为民，为劳，这是失时而民劳苦无功之象。对于企业战略而言，卦象信息，寓意选择项目没有掌握时机，故无果，归于失败。

学生：明白了。那接下来我们看孔子对《夬》卦的观象说了什么。

☰　孔子《易传·象》对《夬》卦的卦象特点，做了如下表述：

《象》曰：泽上于天，夬。君子以施禄及下，居德则忌。

现代文注释：

《象》说，上卦兑为泽，下卦乾为天，故曰"泽上于天"，这就是《夬》卦的卦象。君子效法这一精神，就像泽水蒸发上天后化雨而润下，多施恩泽福禄给万民，不居德而自功，那是君子所忌讳的。

学生：老师，孔子对《夬》卦的观象准确吗？最后一句感悟的话，可以看出对于《夬》卦，孔子在《易传·象》里的说法，和《易传·彖》的说法是不一致的，有很大差异，《彖》是说对决小人，而《象》是说施恩泽福禄给万民。

老师：孔子对《夬》卦的观象，没有继续讲"对决小人"，从这里的差异，也可以看出《易传》不是在同一时间内完成的。《象》是对的，《夬》卦是收获季节的决断，决定成果能否归仓，是施恩泽福禄给万民的前提和基础。

学生：明白了。那接下来我们可以进入到《夬》卦的爻辞了。

䷪ 初九：壮于前趾，往，不胜为咎。

现代文注释：

初九，保卫夏收的行动开始了，作为前哨的部分民众和少量军士，步伐坚定而有力，前往我方田地的边界驻扎，若不得胜，就有咎错。

学生：企业战略的占问结果，要以《夬》卦初九为断。联系我们的主题，还请老师为我们做个卦象解析。

老师：好的。占问结果以《夬》卦初九为断，得到的是《夬》之《大过》。从卦象看，《夬》卦卦象䷪，《大过》卦卦象䷛，两卦卦象结合起来看，爻变导致下乾变巽，乾为福，巽为陨落，爻变失乾，这是阳陨而失福之象；兑为雨，大坎为大雨，巽为商人，为利，兑为损折，这是遭遇水灾，商人利损之象。对于企业战略而言，卦象信息，失福，是好运不来，做事不顺利；水灾，是有损失；商人无利，是辛劳而无果；得此占，不会成功，归于失败。

学生：明白了。那我们继续看《夬》卦九二的爻辞。

䷪ 九二：惕号，莫夜有戎，勿恤。

现代文注释：

九二，居中，得"居中慎行"之道，刚柔相济，乾为惕，兑为号，发出惕备的命令，夜晚随时会有军事行动。有九二的细心周到，无忧虑。

学生：企业战略的占问结果，要以《夬》卦九二为断。此爻的主人阳刚居中，能谨慎中行，结果怎样，还请老师为我们做个卦象解析。

老师：好的。占问结果以《夬》卦九二为断，得到的是《夬》之《革》。从卦象看，《夬》卦卦象䷪，《革》卦卦象䷰，两卦卦象结合起来看，兑为花，为华，离为火，为枯槁，这是花枯华干，败落之象；乾为惕，为周，离为戈兵，兑为毁折，互巽为陨落，为败亡，为退却，这是虽有惕备，尽到周全的努力，但仍得到败亡、退却的结局之象。对于企业战略而言，卦象信息，寓意天时不利，败落阶段已经到来，没有成功机会，归于失败。

学生：明白了。那我们继续看《夬》卦九三的爻辞。

≡≡ 九三：壮于頄，有凶；君子夬夬，独行遇雨，若濡有愠，无咎。

现代文注释：

九三，居人位的下者，在夏收的前方，在与前来抢割庄稼的周边方国民众对峙中，忿怒都显露在脸上，有发生冲突的危险。君子执行保卫夏收的决心很大，接受新的行动方案，马上就行动，他带领几个人回去牵羊，配合九四与对方谈判的新方案，到家遇雨，衣服都淋湿了，乾为衣，"濡"为湿，面有愠色，但没有过错，无咎。

学生：企业战略的占问结果，要以《夬》卦九三为断。此爻与上六有应，故容易产生歧义，还请老师为我们做个卦象解析。

老师：好的。占问结果以《夬》卦九三为断，得到的是《夬》之《兑》。从卦象看，《夬》卦卦象≡，《兑》卦卦象≡，两卦卦象结合起来看，兑为华，兑覆巽为枯木，这是枯树生华之象；乾为木果，为君子，为圣德，为福禄，为万年，互乾与下乾相重，重乾为果实累累，为众英聚集，兑为食，为美好，为恩，为养，伏艮为贤人，互巽为利，这是木果甘美，众英聚集，养贤蓄德，利福同来，君子万年之象；三个半震为频繁行动，巽为利，正反巽相对，为利相合，是动而有利之象；乾为天门，半震为开，是天门开之象，乾为百福，为金，为玉，重乾为积聚，这是天门开启，百福齐来，金玉积聚之象。对于企业战略而言，卦象信息，寓意迎来重生、中兴的机会，枯树生华，天门开启，百福齐来，众英聚合，人和逢遇天时，战略实施会成功。

学生：明白了。那我们继续看《夬》卦九四的爻辞。

☰☱ 九四：臀无肤，其行次且；牵羊悔亡，闻言不信。

现代文注释：

九四，爻位居人位的上者，刚居柔，懂得刚柔并济，兑综巽，巽为臀，伏艮为无肤，故曰"臀无肤"；艮为覆震，震为行，覆震为次且，故曰"其行次且"。伏艮为牵，兑为羊，巽为绳，故九四有牵羊之象，他牵羊招待对方首领，和谈的结果，抢割麦子的人都散了，悔亡。兑为耳，为听，兑口在上六，为有言，九四听到上六对他有微辞，且都听着，但不信邪，只做正确的事。

学生：企业战略的占问结果，要以《夬》卦九四为断。此爻是夬卦六爻里面歧义最多的爻，还请老师为我们做个卦象解析。

老师：好的。占问结果以《夬》卦九四为断，得到的是《夬》之《需》。从卦象看，《夬》卦卦象☰☱，《需》卦卦象☵☰，两卦卦象结合起来看，兑为祷，为巫，兑伏艮为求，坎中实，为得，为云，为雨水，为信，乾为天，为日，为干旱，为大，为德，为誉，为成，坎伏离，离数三，这是三年的大旱，云在天上，不降雨，巫觋在祈祷，最终祈雨成功，功成而有誉之象。对于企业战略而言，卦象信息，是遇到了困难，等待时间长，只能遵从信心和德的指引，等待自然的改变，最终得到了所求；得此占，战略实施会成功。

学生：明白了。那我们继续看《夬》卦九五的爻辞。

☰☱ 九五：苋陆夬夬，中行无咎。

现代文注释：

九五，阳刚果决的君王，得到群阳的拥护，"苋陆"有隐喻在其中，"苋"通"见"，"陆"同"六"，六为乾的后天之数，故，"苋陆"就是"见到乾"的意思，《夬》卦爻变为《乾》，这就是九五的决心；西伯侯姬昌为西部诸侯盟主，称"伯"，其与殷商的关系因联姻而变得复杂，导致西伯侯被商纣王以入朝为官的名义邀请到殷都，最后几年失去人身自由，被囚禁在羑里，故"苋陆"暗喻九五可以见到西伯侯归国回到天位。苋陆草，根部坚固相连，再生能力极强，也代表君王与臣下的关系不会有问题。在夏收之际，君王完全明白，不利的情况下只能动用兵戎，即"不利即戎"；但君王有刚中之德，守持中正之道，明白战争不能最终解决问题，故力行"中和"之道，支持九四与前来抢割的来犯者和谈，最终解决了与周边部落、方国的冲突，故无咎。

学生：企业战略的占问结果，要以《夬》卦九五为断。此爻的主人居君王位，心中藏有希望的所求，结果怎样，还请老师为我们做个卦象解析。

老师：好的。占问结果以《夬》卦九五为断，得到的是《夬》之《大壮》。从卦象看，《夬》卦卦象 ䷪，《大壮》卦卦象 ䷡，两卦卦象结合起来看，兑为花，为华，为繁盛，为美好，为食，震为年岁，为开，为车，为载，为筐，为乐，为通利，乾为山坡，为木果，为实，为富，互乾与下乾重叠，为果实累累，这是果林已开花结果，味美可食，筐装车载，贩卖获利，年岁收成好，通利致富，欢乐不禁之象。对于企业战略而言，卦象信息，是秋收的欢乐，成果累累，所上的项目开始有利润，前景美好，战略实施成功。

学生：明白了。那我们继续看《夬》卦上六的爻辞。

䷪ 上六：无号，终有凶。

现代文注释：

上六，伏震为号，伏象不见，故曰"无号"。上六是王后、太后等优柔寡断的贵妇人，没有遵从统一的部署，食邑的田地被周边的部落抢割，损失了也不敢说，此时也无须号啕大哭了，年景不好，粮食没有归仓，其后果可想而知，故曰"终有凶"。

学生：企业战略的占问结果，要以《夬》卦上六为断。此爻的主人处极致位，有凶，结果会怎样，还请老师为我们做个卦象解析。

老师：好的。占问结果以《夬》卦上六为断，得到的是《夬》之《乾》。从卦象看，《夬》卦卦象☱，《乾》卦卦象☰，两卦卦象结合起来看，兑伏艮，艮为夫，伏艮为无夫，重乾伏坤，为不见其妻；卦象不吉。爻辞为"终有凶"，占问者需警觉。对于企业战略而言，卦象信息，阴得不到阳，阳见不到阴，是阴阳不配合的状态；得此占，战略实施无果，不会成功。

学生：明白了。《夬》卦的六爻都讲完了，收获很大。《夬》卦是讲决断的卦，"决断"就是《夬》卦的主旋律。

山地《剥》☶☷（卦序号：64）

《剥》卦，作为阴消阳的最后一卦，其卦序排在六十四卦的最后一卦，有其自然规律的必然性。阳气仅存最后的上九，有如树上的最后一片黄叶，也有如树上的最后一颗果子。阴气继续进逼，而阳气再退，最终阳被剥尽，一个也不剩。大自然走到《剥》卦并非是生命的终结，《剥》卦之后，《坤》卦到来，万物归藏，并等待着转变的那一刻的到来，一切都在等待阳气的重新开始，此时，太阳在地球南北回归线上空的运行轨道停止了南行，开始北移，《复》卦终于到来，"阳息阴"开始，阳气复盛，离春天又不远了。

先看《剥》卦的卦辞，及现代文注释：

剥：不利有攸往。

现代文注释：

剥，是卦名。"剥"的意思，是阳气为阴气所代替，阴气盛而剥蚀阳，或称为阴消阳，阴气进而阳气退，如同打落树上的果子，最终阳被剥尽，一个也不剩。"剥"的状态出现，不利有所往。

孔子《易传·彖》对《剥》卦的卦辞，是这样裁断的：

《彖》曰："剥"，剥也，柔变刚也。"不利有攸往"，小人长也。顺而止之，观象也。君子尚消息盈虚，天行也。

现代文注释：

彖辞说，"剥"，是剥蚀，指阴"消"阳，阴进而阳退，阴柔的力量在起主导，柔的特质在改变阳刚的特质，阴盛而阳衰。"剥"的状态出现，不利有所往，小人之道长也。君子遇“剥”，应当顺应时势而停止行动，从《剥》的内卦、外卦的卦象就可以看出“时止则止”的警示。君子重视宇宙自然间的“阴消阳”、“阳息阴”、日月盈虚，知道这是天道在运行，是不可违背的宇宙运行法则，故接受《剥》的到来，时止则止，顺应天道的安排。

学生：老师，孔子对《剥》卦卦辞的裁断准确吗？《剥》卦的时义，应当怎样准确表述呢？

老师：孔子对《剥》卦卦辞的裁断准确。《剥》卦的时义，就是“阴剥阳”的最后一刻。

学生：明白了。我们可以进入主题了，企业战略的占问结果，要以《剥》卦的卦辞为断，还请老师为我们做个卦象解析。

老师：好的。以《剥》卦的卦辞为断，占问结果分为两大类情况。第一类情况《剥》卦为本卦，六爻皆不变。第二类情况《剥》卦为之卦，本卦有三根爻变，变卦为《剥》卦。

学生：老师，您先讲第一类情况，《剥》卦为本卦，六爻皆不变。

老师：好的。从卦象看，《剥》卦卦象☶☷，坤为政，为国，为小人，坤居内卦为小人当政；艮为君子，为位，为家，伏兑为毁折，为倾危，这是君子失位，家国倾危之象；艮为贤人，为匏瓠，艮伏兑，兑为食，伏兑为不食，这是匏瓠系而不食之象；是指贤人生活无着落、没有饭吃。对于企业战略而言，卦象信息，寓意天时不利，小人当政，战略实施不得时机，归于失败。

学生：明白了。老师，您继续讲第二类情况，《剥》卦为之卦，本卦有三根爻变，变卦为《剥》卦。

老师：好的。我举几个例来具体解析，先看占问结果得到《屯》之《剥》。从卦象看，《屯》卦卦象☵☳，《剥》卦卦象☶☷，两卦卦象结合起来看，艮为山，为果，坎为北，坤为百里，为园，为多，震为年岁，为喜乐，为筐，伏巽为香，果香盈筐，这是北山的百里果园喜获丰收之象。对于企业战略而言，得此占，其结果是好的，有收获，战略实施成功。

再举一个例，占问得到《家人》之《剥》。从卦象看，《家人》卦卦象▤，《剥》卦卦象▤，两卦卦象结合起来看，巽为松柏，坎为溪，为泉，离为灵鸟，艮为山，为君子，为庐，为安居，为观，坤为云，为风，为心，为静，这是灵鸟在山间溪泉边松林筑巢安家，君子在山上结庐安居，观风云在下，心静而有平安之象。对于企业战略而言，卦象信息，寓意在逆境中找到了一块适宜生存的净土，得以安居，战略实施成功。

学生：明白了。那我们接下来看孔子对《剥》卦的观象说了什么。

▤ 孔子《易传·象》对《剥》卦的卦象特点，做了如下表述：

《象》曰：山附于地，剥。上以厚下，安宅。

现代文注释：

《象》说，上卦艮为山，下卦坤为地，故曰"山附于地"，这就是《剥》卦的卦象。山在地之上，情愿用山的土石来加厚大地，其中蕴含的道理，就是要加厚基础，不论是事业，还是论及阴阳力量的消长，基础都先要加固；基础厚固，才有利于"安"其上部的建构，上卦艮为宅，故曰"安宅"。

学生：老师，孔子对《剥》卦的观象准确吗？最后一句话不好理解，与《剥》卦的时空感觉不太吻合。

老师：孔子对《剥》卦的观象，转换了一个角度，因此在感觉上和《剥》卦的时空不对应，这是孔子在设想《剥》卦具有另外一层含义，阴爻对阳爻没有了逼迫，这是孔子的个人观点。

学生：明白了。那接下来我们可以进入到《剥》卦的爻辞了。

▤ 初六：剥床以足，蔑贞凶。

现代文注释：

初六，全卦的大象就是一个大大的艮，艮为床，故本卦六爻的爻辞多次出现"床"被剥蚀的描述。"剥"从下部开始，故曰"剥床以足"，这里"床"象征高山，也象征"载物"之坤。坤的"至德"为"安贞吉"，为顺而承天，以乾阳为主人，顺合天道而生物，而"剥"之时义，最后一根阳也要剥尽，故初爻的"剥"就出现"蔑贞凶"之警告。"蔑"，通灭，"贞"为阳，其意就是阴欲"灭阳"；天道之贞正，随最后一阳的被灭而处在危险之中，生生之道在剥的时空难以固守，万物的生存受到挑战，有凶；故曰"蔑贞凶"。

学生：企业战略的占问结果，要以《剥》卦初六为断。联系我们的主题，还请老师为我们做个卦象解析。

老师：好的。占问结果以《剥》卦初六为断，得到的是《剥》之《颐》。从卦象看，《剥》卦卦象☷☶，《颐》卦卦象☶☳，两卦卦象结合起来看，坤为文，震为王，艮为拘，这是文王被囚羑里之象；坤为水，为身，艮为火，是身处水火之中，也是赴汤蹈火之象；坤为劳，为虚，为无，震为前行，为功业，艮为止，这是劳苦而无功，前行止步之象。对于企业战略而言，卦象信息，文王被囚，是君王有难，企业遇到灾祸，此时的处境，是处在不利于做事的境况中，做的很辛苦，身劳心疲，甚至不辞赴汤蹈火，但都劳而无功，无所得，企业前行止步；得此占，战略实施不会成功。

学生：明白了。那我们继续看《剥》卦六二的爻辞。

☷☶ **六二：剥床以辨，蔑贞凶。**

现代文注释：

六二，"辨"，显也；阴欲灭阳的"剥"现在已清晰可辨了，由下而上，阴的进逼明显就要到达最后的阳爻，在初六之时得到的警告"蔑贞凶"，此时就要到来了。

学生：企业战略的占问结果，要以《剥》卦六二为断。此爻的爻辞，警示凶险，还请老师为我们做个卦象解析。

老师：好的。占问结果以《剥》卦六二为断，得到的是《剥》之《蒙》。从卦象看，《剥》卦卦象☶☷，《蒙》卦卦象☶☵，两卦卦象结合起来看，艮为高贵，为时，为位，为居，为求，坎为留，震为行，为进取，坤为虚，为亡，这是力求留住地位和居所，但，时不利，行动结果为虚，位和居所皆亡失之象。对于企业战略而言，卦象信息，寓意已取得的行业地位会失去，尽管做了努力，但不会有结果，时势不利，努力皆为虚空，战略实施失败。

学生：明白了。那我们继续看《剥》卦六三的爻辞。

☷☷ **六三：剥之无咎。**

现代文注释：

六三，与上九有应，前往应阳；六三无"灭阳"之心，故无咎，"之"不为代词，不指阳爻，其意为"的"，"剥之"意为"剥卦的"。此爻为《剥》卦中对阳爻无咎害的爻，故曰"剥之无咎"。六三独自前行而应阳，无咎。

学生：企业战略的占问结果，要以《剥》卦六三为断。此爻的判辞为无咎，结果怎样，还请老师为我们做个卦象解析。

老师：好的。占问结果以《剥》卦六三为断，得到的是《剥》之《艮》。从卦象看，《剥》卦卦象☶☷，《艮》卦卦象☶☶，两卦卦象结合起来看，艮为辉光，为位，为高，为上，坤为阶，震为登，这是履位登高之象；坤为舆，为车载，为远，为万里，艮为庐，为停歇，为休息，这是半路停歇，恢复体力，利于继续前行之象；艮为鸟，为飞，坤为风，是鸟儿乘风飞行之象。对于企业战略而言，卦象信息，寓意坚定向前，朝着战略目标靠近，可得成功。

学生：明白了。那我们继续看《剥》卦六四的爻辞。

☷ 六四：剥床以肤，凶。

现代文注释：

六四，阴的"剥"蚀进入上卦，上卦艮为肤，伤及体肤，高山有倾颓之危，此爻阴欲"灭阳"的状态更进了一步，故为凶。

学生：企业战略的占问结果，要以《剥》卦六四为断。此爻警示有倾覆之凶，联系我们的主题，还请老师为我们做个卦象解析。

老师：好的。占问结果以《剥》卦六四为断，得到的是《剥》之《晋》。从卦象看，《剥》卦卦象☷，《晋》卦卦象☷，两卦卦象结合起来看，离为戈兵，为网，互坎为破，为缺，艮覆震，震覆为败走，这是兵败出走，又落入网中，网有破缺，终于逃出之象；离为巷，艮为门，为遇，为藏，为安，坤为祸，为孤，互坎为友，为酒，为肉，为饱，这是孤身出巷门遇灾祸，只能躲藏，幸遇友，酒肉款待，饱食得安之象。对于企业战略而言，卦象信息，是遇到灾祸，只能躲藏、逃避，所幸遇友，得助，求得身安；此爻力量弱小，得助，求得身安就是成功；故，得此占，出灾祸而得安，可归于战略实施成功。

学生：明白了。那我们继续看《剥》卦六五的爻辞。

☷ 六五：贯鱼，以宫人宠，无不利。

现代文注释：

六五，处在最上方阳爻之下，地位特殊，得上九君王的临宠最方便，六五之下群阴列队如串，故曰"贯"，阴爻为鱼，故曰"贯鱼"，六五居上卦中位，其位尊，隔开群阴与上九的接触；"以"，意思为控制，故曰"以宫人宠"；此爻明确了本卦有"女主当政"的情况，这是女主、小人当道的时刻，对女主而言，只要不过分的飞扬跋扈、为所欲为，她完全可以控制后宫的宫人，不使群阴进逼，如此，维持上九继续存在，六五的地位也就继续存在，对六五无不利。

学生：企业战略的占问结果，要以《剥》卦六五为断。此爻明确是女主当政，最终结果怎样，还请老师为我们做个卦象解析。

老师：好的。占问结果以《剥》卦六五为断，得到的是《剥》之《观》。从卦象看，《剥》卦卦象䷖，《观》卦卦象䷓，两卦卦象结合起来看，艮为国，为安，坤为政，为虚，为孤寡，艮伏兑，兑为辅，伏兑为无辅，巽为权，为高，为陨落，为利，坤为虚，巽坤相连，为无利，艮覆震，震为开，覆震为闭，这是君王孤寡，失忠言沟通，谋事无利，无辅而失政，国失安宁，居高位而陨之象。对于企业战略而言，卦象信息，有走向没落的含义，居高位而陨，寓意失去行业的领导地位，战略实施失败。

学生：明白了。那我们继续看《剥》卦上九的爻辞。

䷖ **上九：硕果不食，君子得舆，小人剥庐。**

现代文注释：

上九，是《剥》卦时空留下的最后一个阳爻，就像树上留下的最后一颗硕大的果实，故曰"硕果不食"，意思就是一颗硕大的果实不曾被吃掉。对待《剥》卦时空的态度，君子与小人是决然不同的，结果也不同，君子会用好时势，因势利导，安抚和引导身边的女人同乘大车出行，"得舆"隐喻得民，阳爻之下为坤象，坤为民众，但这仅仅是愿望而已，君子的愿望是阳爻可以继续为民所载，如同乘坐大舆；而实际上，这最后的"阳"不会长久；小人会击落这颗最后的硕果，如同"剥"庐，上卦艮为庐，故曰"剥庐"。

学生：企业战略的占问结果，要以《剥》卦上九为断。此爻是阴消阳的最后时刻，联系我们的主题，还请老师为我们做个卦象解析。

老师：好的。占问结果以《剥》卦上九为断，得到的是《剥》之《坤》。从卦象看，《剥》卦卦象䷖，《坤》卦卦象䷁，两卦卦象结合起来看，坤为大地，为祸患，为怯，为忧，为亡，艮覆震，震为进，为开，为事遂，覆震为退，为事不遂，为闭，这是天地闭，忧祸患，怯而退，事不遂之象。对于企业战略而言，卦象信息，寓意环境条件不利于做事，无吉而有吝，有遗憾，无作为；得此占，战略实施不会成功，归于失败。

　　学生：明白了。《剥》卦的六爻都讲完了，很有收获。阴剥阳的最后一刻，最后的一阳被剥尽，庐毁而《剥》变为《坤》，纯阴的坤卦到来。

　　老师：课都上完了，卦象解析与企业战略分析的结合，带来的是宝贵的决策辅助工具，同学们好好理解，掌握这门有用的工具，助力事业的成功。

　　学生：谢谢老师的指导！

张耀建周易研究丛书　　　1300A02

《周易》卦象解析与企业战略

作　　　者	张耀建
责任编辑	蔡雅如
特约校稿	林秋芬
发 行 人	陈满铭
总 经 理	梁锦兴
总 编 辑	陈满铭
副总编辑	张晏瑞
编 辑 所	万卷楼图书股份有限公司
排　　　版	林晓敏
印　　　刷	森蓝印刷事业股份有限公司
封面设计	斐类设计工作室

发 行 万卷楼图书股份有限公司
　　　台北市罗斯福路二段 41 号 6 楼之 3
　　电话 (02)23216565
　　传真 (02)23218698
　　电邮 SERVICE@WANJUAN.COM.TW
大陆经销 厦门外图台湾书店有限公司
　　电邮 JKB188@188.COM
香港经销 香港联合书刊物流有限公司
　　电话 (852)21502100
　　传真 (852)23560735

ISBN 978-986-478-093-8

2017 年 6 月初版一刷

定价：新台币 890 元

如何购买本书：

1. 划拨购书，请透过以下邮政划拨账号：
　　账号：15624015
　　户名：万卷楼图书股份有限公司

2. 转账购书，请透过以下账户
　　合作金库银行　古亭分行
　　户名：万卷楼图书股份有限公司
　　账号：0877717092596

3. 网络购书，请透过万卷楼网站
　　网址 WWW.WANJUAN.COM.TW

大量购书，请直接联系我们，将有专人为您服务。客服：(02)23216565 分机 10

如有缺页、破损或装订错误，请寄回更换

版权所有·翻印必究
Copyright©2017 by WanJuanLou Books CO., Ltd.
All Right Reserved　　　**Printed in Taiwan**

国家图书馆出版品预行编目资料

<<周易>>卦象解析与企业战略 / 张耀建著. --
初版. -- 台北市：万卷楼, 2017.06
　面；　　公分. -- (张耀建周易研究丛书)
简体字版
ISBN 978-986-478-093-8(平装)
1.易经　2.研究考订　3.企业管理
121.17　　　　　　　　　　　　106009205